Dirk Vater

Die Qualität deutscher Private-Equity-Unternehmen

GABLER EDITION WISSENSCHAFT

Dirk Vater

Die Qualität deutscher Private-Equity-Unternehmen

Optimierungsmöglichkeiten bei der Vergabe von Beteiligungskapital

Mit einem Geleitwort von Prof. Dr. Friedrich Thießen

Deutscher Universitäts-Verlag

Bibliografische Information Der Deutschen Bibliothek
Die Deutsche Bibliothek verzeichnet diese Publikation in der Deutschen Nationalbibliografie; detaillierte bibliografische Daten sind im Internet über <http://dnb.ddb.de> abrufbar.

Dissertation Technische Universität Chemnitz, 2002

1. Auflage April 2003

Lektorat: Brigitte Siegel / Sabine Schöller

Der Deutsche Universitäts-Verlag ist ein Unternehmen der Fachverlagsgruppe BertelsmannSpringer.
www.duv.de

Umschlaggestaltung: Regine Zimmer, Dipl.-Designerin, Frankfurt/Main

Gedruckt auf säurefreiem und chlorfrei gebleichtem Papier

ISBN-13: 978-3-8244-7781-4 e-ISBN-13: 978-3-322-81473-9
DOI: 10.1007/978-3-322-81473-9

Meinen Eltern

in Dankbarkeit

Geleitwort

Beteiligungskapital war in Deutschland ein knappes Gut. Während Kredite für die Finanzierung von kleinen und mittleren Unternehmen reichlich zur Verfügung standen, wurde das stärker risikotragende Beteiligungskapital nur in insgesamt unbedeutenden Größenordnungen vergeben. In der zweiten Hälfte der 90er Jahre wandelte sich dieses Bild. Die Beteiligungskapitalvergabe verzeichnete erhebliche Wachstumsraten. Mit den massiven Kurseinbrüchen an den Kapitalmärkten im Frühjahr 2000 setzte eine Konsolidierungsphase ein und das Marktvolumen verringerte sich erheblich.

Es wäre für die deutsche Volkswirtschaft bedauerlich, wenn sich ein leistungsfähiger Markt für Risikokapital insbesondere für kleinere Unternehmen nicht wieder entwickelte. Ein Aspekt der Arbeit von Beteiligungskapitalgesellschaften wurde in den letzten Jahren besonders kontrovers diskutiert: deren Fähigkeit, Investitionseinschätzungen zu treffen. Herzstück der Beteiligungskapitalvergabe ist die Prüfung der Beteiligungswürdigkeit. Mit einer fokussierten Untersuchung der Qualität der Beteiligungswürdigkeitsprüfung leistet die vorliegende Arbeit von Herrn Dr. Dirk Vater einen wesentlichen Beitrag zur Erforschung der Erfolgswirkungen einzelner Wertschöpfungsaktivitäten deutscher Beteiligungskapitalgesellschaften. Sie gibt einen breiten Überblick über den Stand der Beteiligungswürdigkeitsprüfung und leitet darauf aufbauend Erkenntnisse über die Qualität und mögliche Optimierungspotenziale in der Ausgestaltung ab.

Erstmalig in Deutschland wurde im Rahmen einer empirischen Untersuchung nahezu eine Vollerhebung primär erwerbswirtschaftlich orientierter Beteiligungskapitalgesellschaften vorgenommen. Die Ergebnisse der Untersuchung ermöglichen die Beantwortung zentraler Forschungsfragen zum Ablauf und zu qualitätsrelevanten Eigenschaften der Beteiligungswürdigkeitsprüfung und geben im Sinne der praktisch-normativen Betriebswirtschaftslehre konkrete Vorschläge für Verbesserungen. Insofern wünsche ich der Arbeit eine gute Aufnahme nicht nur in der Wissenschaft, sondern ebenso in der Praxis.

Prof. Dr. Friedrich Thießen

Vorwort

Der deutsche Beteiligungskapitalmarkt ist trotz der hohen Wachstumsraten in den letzten Jahren nach wie vor unterentwickelt. Zahlreiche wissenschaftliche und praxisbezogene Beiträge haben in der Vergangenheit primär die nicht immer optimalen rechtlichen, steuerlichen, wirtschaftspolitischen und gesellschaftlichen Rahmenbedingungen für die Verfassung des Beteiligungskapitalmarktes verantwortlich gemacht. Die vorliegende Arbeit verfolgt hierbei einen neuen Erklärungsansatz.

Nicht nur die Rahmenbedingungen sondern die Beteiligungskapitalgesellschaften selbst könnten eine Unterentwicklung des deutschen Beteiligungskapitalmarktes verursacht haben. Defizite im operativen Management der Beteiligungskapitalgesellschaften könnten eine ausreichende Wahrnehmung ihrer eigentlichen Intermediärfunktion verhindern. Die vorliegende Untersuchung ermöglicht eine detaillierte analytische Auseinandersetzung mit der Beteiligungswürdigkeitsprüfung als maßgeblicher Bestandteil der Wertschöpfung einer Beteiligungskapitalgesellschaft. Die Ergebnisse der Arbeit bestätigen teilweise vermutete Qualitätsdefizite in der Beteiligungswürdigkeitsprüfung und geben konkrete Hinweise für Optimierungsmöglichkeiten.

Ohne die Bereitschaft zur fachlichen Betreuung von Herrn Prof. Dr. Friedrich Thießen wäre diese Arbeit nicht zustandegekommen. Ihm danke ich für seine Unterstützung. Einen besonderen Dank gebührt den über 50 Interviewpartnern, deren Auskunftsbereitschaft die empirische Grundlage für diese Arbeit gelegt hat. Eine Reihe von Freunden und Kollegen hat mir mit Rat und Tat zur Seite gestanden. Besonders zu erwähnen sind Marcus Gehr, Claudia Gluth, Thomas Gumsheimer, Ralf H. Krause, Claudia Pösinger, Ingo Scheuermann, Walter Sinn, Ute Wellnitz und Holger G. Wunderlich. Ihnen allen gilt mein herzlicher Dank. Besonders danken möchte ich meiner Freundin Liane Kunz. Ohne sie hätte ich kaum die Kraft und Konsequenz besessen, meine Arbeit tatsächlich noch fertigzustellen. Außerdem hätte diese Arbeit keinerlei Abbildungen, wenn sie mich hierbei nicht professionell unterstützt hätte. Die eigentlichen Grundlagen für die Erstellung dieser Dissertation wurden jedoch weit früher gelegt. Aus diesem Grunde widme ich diese Arbeit meinen Eltern, Wolfgang und Christel Vater, in tief empfundener Dankbarkeit.

Dirk Vater

Inhaltsverzeichnis

Abbildungsverzeichnis

Tabellenverzeichnis

Abkürzungsverzeichnis

a. a. O.	an angegebenem Ort
a. o.	außerordentlich
Abb.	Abbildung
AG	Aktiengesellschaft
Aufl.	Auflage
Bd.	Band
BKG	Beteiligungskapitalgesellschaft
BVK	Bundesverband deutscher Kapitalbeteiligungsgesellschaften – German Venture-Capital Association e. V.
BWP	Beteiligungswürdigkeitsprüfung
bspw.	beispielsweise
bzgl.	bezüglich
bzw.	beziehungsweise
CAGR	Compounded Annual Growth Rate
CAPM	Capital-Asset-Pricing-Modell
c. p.	ceteris paribus
d. h.	das heißt
DCF	Discounted Cashflow
DEM	Deutsche Mark
ders.	derselbe
dies.	dieselben
durchschn.	durchschnittlich(e/er/es)
DV	Datenverarbeitung
ed.	edition
E-Mail	Electronic Mail
empir.	empirisch(e)
erw.	erweitert(e)
etc.	et cetera
EU	Europäische Union
EVCA	European Venture-Capital Association
evtl.	eventuell
f.	folgende
ff.	fortfolgende
FG	Fachgruppe
Fn.	Fußnote
gem.	gemäß
ggf.	gegebenenfalls
GmbH	Gesellschaft mit beschränkter Haftung
GuV	Gewinn- und Verlustrechnung
Hrsg.	Herausgeber
i. d. R.	in der Regel
inkl.	inklusive
insb.	insbesondere
inzw.	inzwischen
IPO	Initial Public Offering

IRR	Internal Rate of Return
IT	Informationstechnologie
KMU	kleine und mittlere Unternehmen
MAK	Mitarbeiterkapazitäten
MBI	Management-Buy-in
MBO	Management-Buy-out
Mio.	Millionen
Mrd.	Milliarden
NVCA	National Venture-Capital Association
o. V.	ohne Verfasser
p. a.	per annum
PU	Portfoliounternehmen
S.	Seite
s.	siehe
sog.	sogenannte(r/s)
spez.	spezifisch(e/en)
Std.-Abw.	Standardabweichung
theoret.	theoretische
u.	und
u. a.	und andere
überarb.	überarbeitete
USA	United States of America
USP	Unique-Selling-Preposition
usw.	und so weiter
UVBG	Universalbeteiligungsgesellschaft
VAG	Versicherungsaufsichtsgesetz
VCG	Venture-Capital-Gesellschaft
verb.	verbesserte
veränd.	veränderte
vgl.	vergleiche
Vol.	Volumen
vollst.	vollständig
vs.	versus
VVF	Verlag V. Florentz
wiss.	wissenschaftlich(e/en/er)
z. B.	zum Beispiel
z. T.	zum Teil
zit.	zitiert nach
zw.	zwischen

1 Einführung

1.1 Ausgangssituation und Problemstellung

Der gesamtwirtschaftliche Nutzen aus der Bereitstellung von Beteiligungskapital für kleine und mittlere Unternehmen (KMU) ist mittlerweile sowohl in der Forschung als auch in der Praxis unbestritten.[1] Neben der Schließung der Eigenkapitallücke bei kleinen und mittleren Unternehmen, der Unterstützung des Strukturwandels durch eine zunehmende Besetzung wachsender Wirtschaftssektoren und durch eine Förderung der Innovationskraft wird Beteiligungskapital immer häufiger als Instrument zur Schaffung von zusätzlichen Arbeitsplätzen gesehen. Aufgrund der in Deutschland zur Zeit vorherrschenden hohen Arbeitslosigkeit wird die Förderung des Beteiligungskapitalmarktes auch von Seiten der Politik als ein Beitrag zur Lösung der wirtschaftspolitischen Probleme betrachtet.[2] Gerade die US-amerikanischen Erfahrungen in den achtziger Jahren konnten verdeutlichen, wie die Beteiligungskapitalbranche erheblich zum Erfolg einer Vielzahl amerikanischer kleiner und mittlerer Unternehmen beigetragen hat. Der amerikanischen Volkswirtschaft wurde es durch diese Unterstützung ermöglicht, einen Teil ihrer Innovationskraft zurück zu gewinnen.[3]

Im Gegensatz zu den USA ist der deutsche Beteiligungskapitalmarkt trotz der hohen Wachstumsraten in den letzten Jahren nach wie vor unterentwickelt, und eine Stützung der Beschäftigung in großem Umfang ist ohne das Erreichen eines signifikanten Bedeutungsanteils nur schwierig vorstellbar.[4] Die Unterentwicklung lässt sich im internationalen Vergleich sowohl nominell zu anderen Volkswirtschaften als auch relativ zum Bruttoinlandsprodukt feststellen. So beträgt die Größe des deutschen Beteiligungskapitalmarktes nur ca. 4,1 ‰ des

---

[1] Vgl. *Gerke, W.*, Wirtschaftspolitische Schlussfolgerungen, 1995, S. 11; *Bundesministerium für Wirtschaft*, Wagniskapital, 1997, S. 1-2; *Drukarczyk, J.*, Finanzierung, 1996, S. 259-270; *Coopers & Lybrand*, Venture-Capital, 1998, S. 5-15. Die Definition von kleinen und mittleren Unternehmen soll in der vorliegenden Arbeit explizit auch Gründungsunternehmen mit einschließen. Zur Definition kleinerer und mittlerer Unternehmen als nicht börsennotierte Gesellschaften vgl. auch *Neus, W.*, Finanzierung, 1995, S. 3; *Wupperfeld, U.*, Seed-Capital-Markt, 1996, S. 13 ff.

[2] Vgl. *Bundesministerium für Wirtschaft*, Wagniskapital, 1997, S. 1; *Klemm, L.*, Innovationsprozess, 1996, S. 270; weitere Quelle aus aktuellem Wahlprogramm der SPD, CDU bzw. Programm der Bundesregierung zitieren.

[3] Vgl. *Albach, H.*, Versorgung, 1983, S. 59.

[4] Vgl. *Gröschel, U.*, Beschäftigung, 1986, S. 199-202.

Bruttoinlandsproduktes verglichen mit z. B. ca. 22,4 ‰ in Großbritannien oder ca. 13,1 ‰ in den Niederlanden (vgl. Abbildung 1).

Abbildung 1: Der deutsche Beteiligungskapitalmarkt im internationalen Vergleich

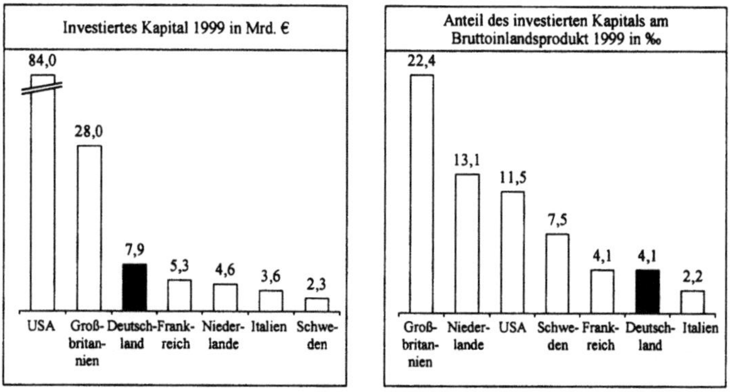

Quellen: NVCA, Annual Report 1999; EVCA, Yearbook 2000

Die im internationalen Vergleich geringe Marktgröße in Deutschland lässt auf den ersten Blick noch weiteres Wachstumspotenzial für die Zukunft vermuten. Diese Vermutung wird durch zwei Entwicklungen in der jüngsten Vergangenheit bestärkt. Zum einen ist die Nachfrage nach Beteiligungskapital von Seiten kleiner und mittlerer Unternehmen in den letzten Jahren kontinuierlich angestiegen. So hat die Anzahl der Anfragen nach Beteiligungskapital in den letzten Jahren deutlich zugenommen. Von 6.100 im Jahre 1993 haben sich die Anfragen nur alleine bei den Mitgliedsunternehmen im Bundesverband deutscher Kapitalbeteiligungsgesellschaften – German Venture-Capital Association e. V. (BVK) mit einer durchschnittlichen Wachstumsrate von 42,8 % p. a. auf 74.000 im Jahre 2000 erhöht.[5] Zum anderen konnte sich der jährliche Fondszuwachs und damit das jährliche

[5] Zur Quantifizierung der Nachfrage nach Beteiligungskapital wäre eigentlich die Betrachtung des tatsächlichen Kapitalbedarfes pro Beteiligungsanfrage notwendig. Da diese Daten aber nicht erhoben werden und somit nicht verfügbar sind, muß als Näherungswert für die Nachfrage nach Beteiligungskapital die Anzahl der Beteiligungsanfragen in der vorliegenden Arbeit verwendet werden.

Angebot an Beteiligungskapital durch Kapitalinvestoren seit 1993 bis 2000 von DM 0,35 Mrd. auf DM 11,4 Mrd. entwickeln.[6]

Die Wachstumsthese wird aber durch die Tatsache eingeschränkt, dass sich das eigentliche Marktvolumen des Beteiligungskapitalmarktes, also das tatsächlich durch die Beteiligungskapitalgesellschaften jährlich investierte Kapital (Bruttoinvestitionen), im gleichen Zeitraum nur unterproportional entwickelt hat. So bleibt die durchschnittliche Wachstumsrate des Beteiligungskapitalmarktes mit ca. 36 % p. a. hinter den Steigerungen der Kapitalnachfrage (ca. 43 % p. a.) und insbesondere des Kapitalangebotes (ca. 65 % p. a.) zurück (vgl. Abbildung 2).

Abbildung 2: Entwicklung des Angebotes, der Nachfrage und des Marktes für Beteiligungskapital

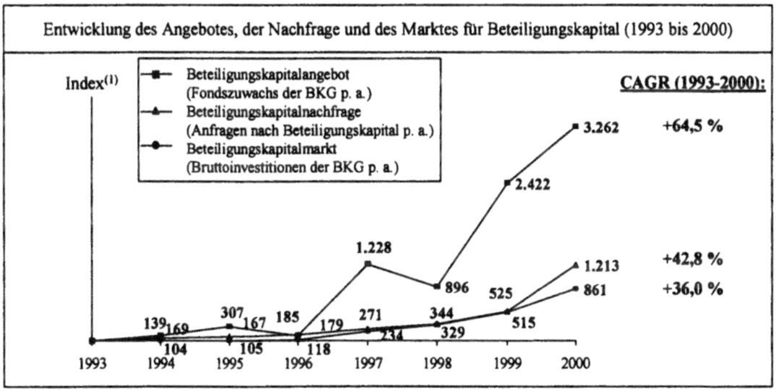

CAGR = Compounded Annual Growth Rate
(1) Index: Basis 1993 = 100
Quellen: BVK-Statistiken 1994-2001; eigene Berechnungen

Die Differenz zwischen Kapitalnachfrage und Kapitalangebot auf der einen Seite und dem eigentlichen Beteiligungskapitalmarktvolumen auf der anderen Seite könnte auf ein mögliches

6 Vgl. *BVK*, Jahrbuch 1998, S. 71; www.bvk.de, 2001.

partielles Marktversagen hindeuten.[7] Die nicht immer optimalen rechtlichen, steuerlichen, wirtschaftspolitischen und gesellschaftlichen Rahmenbedingungen für den Beteiligungskapitalmarkt könnten zum Teil für eine derartige Marktverfassung verantwortlich sein.[8] Partielles Marktversagen könnte aber auch dadurch entstehen, dass der Interessenausgleich zwischen den kapitalanbietenden Investoren und den kapitalsuchenden Unternehmen nicht ausreichend durch die Beteiligungskapitalgesellschaften in ihrer Funktion als Intermediäre auf dem Beteiligungskapitalmarkt bewältigt werden kann.

Eine unzureichende Wahrnehmung der Intermediärfunktion der Beteiligungskapitalgesellschaft (BKG) könnte möglicherweise durch Defizite im operativen Management der Beteiligungskapitalgesellschaft verursacht werden.[9] Zusätzlich zu Problemen bei bspw. der Suche nach geeigneten Beteiligungen oder der laufenden Managementunterstützung könnten insbesondere Qualitätsdefizite in der Beteiligungswürdigkeitsprüfung (BWP) für eine verbesserungsfähige Ausübung der Intermediärfunktion verantwortlich sein. Qualitätsdefizite in der Beteiligungswürdigkeitsprüfung als eine der möglichen Ursachen für eine fehlerhafte Wahrnehmung der Intermediärfunktion durch die Beteiligungskapitalgesellschaft werden auch durch eine detailliertere Analyse des Selektionsverhaltens der Beteiligungskapitalgesellschaften deutlich.

---

7 Vgl. *Schefczyk, M.*, Erfolgsstrategien, 1998, S. 5; für eine detaillierte Auseinandersetzung mit der Hypothese zur Kapitalmarktdiskrepanz in Deutschland vgl. auch *Gerybadze, A./Müller, R.*, Kapitalmarktdiskrepanz, 1990, S. 31 ff.; für Ansätze zur Beseitigung dieser „Risikokapitallücke" vgl. *Hunsdieck, D./Kokalj, L.*, Beseitigung, 1985, S. 839 ff.

8 Da über die Problematik der vorhandenen Rahmenbedingungen im deutschen Beteiligungskapitalmarkt bereits zahlreiche Veröffentlichungen vorhanden sind, wird in der vorliegenden Arbeit nicht näher auf diese Thematik eingegangen. Vgl. zu den Rahmenbedingungen im Allgemeinen etwa *Albach, H./Köster, D.*, Risikokapital, 1997, S. 5 ff.; *Bundesministerium für Wirtschaft*, Wagniskapital, 1997, S. 6-12 und S. 23-27; *Breuer, R.-E.*, Umfeld, 1997, S. 324-329; *Fischer, L.*, Problemfelder, 1987, S. 8-29; zu den rechtlichen Rahmenbedingungen vgl. z. B. *Kürten, S.*, Unternehmensbeteiligungsgesellschaften, 1990, S. 6-37; *Grisebach, R.*, Innovationsfinanzierung, 1989, S. 121-180; zur steuerlichen Problematik vgl. z. B. *Kaufmann, F./ Kokalj, L.*, Risikokapitalmärkte, 1996, S. 81-83; *Nevermann, H./Falk, D.*, Venture-Capital, 1986, S. 121-138; zu den wirtschaftspolitischen Rahmenbedingungen insbesondere zu der finanziellen Förderung in Deutschland vgl. *Bundesministerium für Wirtschaft*, Alte Bundesländer, 1995; *Bundesministerium für Wirtschaft*, Neue Bundesländer, 1995; *Bruhns, K.*, Mittelstandspolitik, 1992, S. 48-64 und abschließend zu den gesellschaftlichen Rahmenbedingungen vgl. exemplarisch *Wupperfeld, U.*, Seed-Capital-Markt, 1996, S. 97-98; *Ludsteck, W.*, Wagnis, 1993, S. 21; *Ludsteck, W.*, Risikoscheu, 1994, S. 23.

9 Zu ähnlichen Vermutungen vgl. bspw. *Schmidt, R. H.*, Qualität, 1988, S. 184-187 und *Zemke, I.*, Unternehmensverfassung, 1995, S. 274.

Denn trotz eines erheblichen Anstiegs der Anfragen nach Beteiligungskapital in den letzten Jahren hat sich die Anzahl der Beteiligungsmanager ("Professionals")[10] vergleichsweise moderat entwickelt (vgl. Abbildung 3). Als Folge dieser unterschiedlichen Wachstumsraten haben sich die Anfragen pro Professional von im Durchschnitt 19,3 in 1993 auf 58,1 in 2000 drastisch erhöht. Auf den ersten Blick scheint sich somit die Produktivität der Branche erheblich verbessert zu haben. Bei einer genaueren Betrachtung der Branchendaten ist jedoch auffällig, dass sich die Quote der realisierten Erstengagements im Verhältnis zur gesamten Anzahl der Anfragen kontinuierlich seit 1993 verringert hat (vgl. Abbildung 3).

Abbildung 3: Entwicklung der Anfragen, Mitarbeiterzahlen und Erstengagements

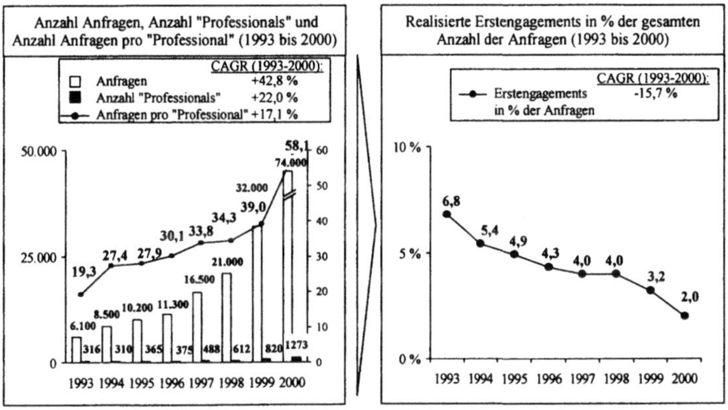

CAGR = Compounded Annual Growth Rate
(1) Index: Basis 1993 = 100
Quellen: BVK-Statistiken 1994-2001; eigene Berechnungen

[10] Die Praxis unterscheidet bei den Mitarbeitern der Beteiligungskapitalgesellschaften zwischen sog. "Professionals" und "Support"-Mitarbeitern. Diese Unterteilung wird in der vorliegenden Arbeit ebenfalls verwendet, obwohl als Synonym für "Professional" auch "Beteiligungsmanager" und für "Support"-Mitarbeiter Sekretärin verwendet wird.

Der Rückgang der realisierten Erstengagements könnte sich auf zwei wesentliche Ursachen zurückführen lassen:

- Die Qualität der kapitalsuchenden kleinen und mittleren Unternehmen in Deutschland hat sich deutlich verschlechtert.
- Die Beteiligungsmanager sind z. B. aufgrund der hohen Arbeitsbelastung nicht in der Lage, sämtliche Anfragen mit der notwendigen Analysentiefe zu prüfen und können somit nicht alle tatsächlich aussichtsreichen Projekte identifizieren.[11]

Der erste Erklärungsansatz ließe sich im Rahmen der volkswirtschaftlichen Forschung untersuchen. Hinterfragt werden müssten hierbei z. B. Faktoren wie die allgemeine Innovationskraft und die zukünftigen Wachstumspotenziale kleiner und mittlerer Unternehmen in Deutschland. Diese Erkenntnisziele sind aber nicht Gegenstand der vorliegenden Arbeit, sondern könnten im Rahmen zukünftiger wissenschaftlicher Untersuchungen analysiert werden.

Die einzelwirtschaftliche Perspektive des zweiten Erklärungsansatzes soll hingegen in der vorliegenden Arbeit weiter vertieft werden. Somit rückt die Untersuchung der vorhandenen Qualität der Beteiligungswürdigkeitsprüfung deutscher Beteiligungskapitalgesellschaften in den Mittelpunkt des Erkenntnisinteresses. Spätestens seit dem globalen, explosionsartigen Kursanstieg der Internetaktien und dem massiven Kurseinbruch an der NASDAQ seit April 2000 wird die Qualität von Investitionseinschätzungen öffentlich sehr kontrovers diskutiert und zeigt die aktuelle Relevanz der Thematik der vorliegenden Arbeit.[12]

Dies gilt insbesondere vor dem Hintergrund, dass die Aussagen in den bisherigen wissenschaftlichen Untersuchungen über die Qualität der Beteiligungswürdigkeitsprüfung

---

[11] Konkrete Beispiele aus der Vergangenheit, bei denen erfolgreichen Managern mittelständischer Unternehmen durch deutsche Beteiligungskapitalgesellschaften die Unterstützung versagt wurde oder bei denen Finanzierungen aufgrund langwieriger Prüfungen oder mangelnder Beurteilungsfähigkeit der Beteiligungsmanager nicht zustande kamen, bestätigen die Vermutung von Qualitätsdefiziten in der Beteiligungswürdigkeitsprüfung; vgl. dazu z. B. *Gerke, W.*, Kapitalbeteiligungsgesellschaften, 1974, S. 61-69; *Seifert, B.*, Venture-Capital, 1989, S. 46; *Stelzer, J.*, Odyssee, 1990, S. 99 ff.; *Flynn, J./Bernier, L.*, Springtime, 1995, S. 38 ff. Auch Schmidt stellte bereits 1988 die Vermutung auf, dass einer der Gründe für das zögerliche Wachstum des Beteiligungskapitalmarktes in Deutschland in der mangelnden Fähigkeit der Beteiligungsmanager, geeignete Projekte zu identifizieren, liege; vgl. *Schmidt, R. H.*, Qualität, 1988, S. 187.

[12] Vgl. *Bjordal, O.*, Fantasie, 2000, S. 29.

deutscher Beteiligungskapitalgesellschaften nur auf Vermutungen und weniger auf empirisch fundierten Ergebnissen basieren.[13] Eine empirische Untersuchung zur Messung der Qualität der Beteiligungswürdigkeitsprüfung ist in der deutschen Forschung bisher noch nicht durchgeführt worden. Insbesondere fehlt die Analyse von Erfolgszusammenhängen im deutschen Beteiligungskapitalgeschäft. Denn nur durch den Nachweis über den Erfolg bzw. Misserfolg von einzelnen Marktteilnehmern lässt sich auch ein fundierter Rückschluss auf die vorhandene Qualität in der Beteiligungswürdigkeitsprüfung treffen.[14]

Eine Ursache für die bisher vernachlässigte Bearbeitung dieses so wichtigen Zusammenhanges besteht u. a. in dem relativ geringen Reifegrad des Beteiligungskapitalmarktes in Deutschland. Untersuchungen von Erfolgszusammenhängen sind nur sinnvoll, wenn der Markt bereits über einen fortgeschrittenen Reifegrad verfügt und damit eine repräsentative Anzahl von Marktteilnehmern einen kompletten Investitionszyklus einzelner Portfolioinvestments durchlaufen haben, d. h. Portfoliounternehmen (PU)[15] von der Beteiligungsakquisition bis zur Desinvestition begleitet haben.[16] Insofern haben die meisten wissenschaftlichen Untersuchungen in der Vergangenheit, insbesondere in den 80er Jahren Vergleiche zwischen den USA und Deutschland, zur Umsetzung des US-amerikanischen Beteiligungskapitalmodelles geführt, Beschreibungen des deutschen Beteiligungskapitalmarktes vorgenommen, einzelne Prozesse bzw. ausgewählte Aspekte der Beteiligungskapitalfinanzierung dargestellt oder finanzierungstheoretische Analysen unternommen.[17]

---

[13] Bisher existieren im wesentlichen vier detailliertere, wissenschaftliche Untersuchungen der Beteiligungswürdigkeitsprüfung deutscher BKG, die aber bereits Ende der 80er Jahre entstanden sind. Vgl. *Fendel, A.*, Investmententscheidungsprozesse, 1987; *Laub, U.D.*, Bewertung, 1989; *Baaken, T.*, Bewertung, 1989; *Pichotta, A.*, Prüfung, 1990.

[14] Zur detaillierten Erläuterung des Zusammenhanges zwischen Erfolg bzw. Misserfolg der BKG und der Qualität der Beteiligungswürdigkeitsprüfung vgl. Abschnitt 1.3.3.

[15] Die Unternehmen, an denen sich Beteiligungskapitalgesellschaften beteiligen, werden im weiteren Verlauf der Arbeit als "Portfoliounternehmen" oder "Beteiligungskapitalnehmer" bezeichnet.

[16] Immerhin hatte es in den USA auch über 30 Jahre seit Entstehung des Beteiligungskapitalmarktes gedauert, bis im Jahre 1984 Tyebjee/Bruno die erste multivariate Untersuchung über Erfolgsbestimmungsgrößen veröffentlichten. Vgl. hierzu *Schefczyk, M.*, Erfolgsstrategien, 1998, S. 159; *Tyebjee, T. T./Bruno, A. V.*, Investment Activity, 1984, S. 1051-1066; *Stedler, H.*, Venture-Capital, 1987, S. 66-67.

[17] Zu einer guten Literaturübersicht zu den verschiedenen Themen vgl. *Zemke, I.*, Unternehmensverfassung, 1995, S. 2 und die dort angegebenen Literaturquellen.

Die Untersuchung von Schefczyk aus dem Jahre 1995/1996 ist bisher die einzige dem Autor bekannte Studie in der deutschen Beteiligungskapitalforschung, die versucht, Erfolgsmuster von deutschen Beteiligungskapitalgesellschaften zu ermitteln.[18] Dabei konnte Schefczyk im Rahmen seiner Untersuchung nicht die Erfolgswirkungen einzelner Aktivitäten von Beteiligungskapitalgesellschaften im Detail analysieren, sondern musste zunächst allgemeine Erfolgszusammenhänge nachweisen, um die bisherigen Forschungslücken aufzuarbeiten.[19] Diese Detaillierung versucht die vorliegende Arbeit mit einer fokussierten Untersuchung der Qualität der Beteiligungswürdigkeitsprüfung deutscher Beteiligungskapitalgesellschaften zu erreichen.

Die Arbeit verwendet dabei als grundlegende Forschungsrichtung die Erfolgsfaktorenforschung, da diese das Management der Beteiligungskapitalgesellschaft bei der Identifikation qualitätserhöhender Maßnahmen in Bezug auf die Ausgestaltung der Beteiligungswürdigkeitsprüfung unterstützen kann.[20] Die vorliegende empirische Arbeit ermöglicht es, mit Hilfe der Erfolgsfaktorenforschung diejenigen Schlüsselfaktoren zu identifizieren, die einen signifikanten Einfluss auf die Qualität der Beteiligungswürdigkeitsprüfung haben und somit einen wesentlichen Anteil der Qualitätsvarianz erklären können.

---

18 Vgl. *Schefczyk, M.*, Erfolgsstrategien, 1998.

19 Vgl. *Schefczyk, M.*, Erfolgsstrategien, 1998, S. 149.

20 Zur Erfolgsfaktorenforschung vgl. z. B. *Bullen, C. V./Rockart, J. F.*, Success Factors, 1981, S. 7-44; *Leidecker, J. K./Bruno, A. V.*, Success Factors, 1984, S. 23-32, *Diller, H./Lücking, J.*, Erfolgsfaktorenforschung, 1993, S. 1229-1248; *Grünig, R./Heckner, F./Zeus, A.*, Erfolgsfaktoren, 1996, S. 3-12.

1.2 Zielsetzung und Aufbau der Arbeit

Ausgehend von der skizzierten Problemstellung verfolgt die vorliegende Untersuchung daher das Ziel, unter Einbeziehung umfassender empirischer Ergebnisse einen möglichst breiten Überblick über den aktuellen Stand der Beteiligungswürdigkeitsprüfung deutscher Beteiligungskapitalgesellschaften zu erlangen, um darauf aufbauend Erkenntnisse über die Qualität und mögliche Optimierungspotenziale in der Ausgestaltung der Beteiligungswürdigkeitsprüfung zu gewinnen. Das Forschungsziel der vorliegenden Arbeit liegt dabei nicht nur in der beschreibenden Erkenntnisgewinnung, sondern im Sinne der praktisch-normativen Betriebswirtschaftslehre in der Unterstützung der Praxis. Den Beteiligungsmanagern sollen Spielräume in Bezug auf die Ausgestaltung ihrer vorhandenen Beteiligungswürdigkeitsprüfung aufgezeigt werden, um dadurch den Erfolg ihrer eigenen Beteiligungskapitalgesellschaft zu verbessern.

Abgeleitet aus der Zielsetzung der Arbeit ergeben sich vier wesentliche Forschungsfragen, die im Rahmen der Untersuchung beantwortet werden:

(1) Wie lässt sich die Beteiligungswürdigkeitsprüfung von Beteiligungskapitalgesellschaften im Detail beschreiben?

(2) Welche Eigenschaften der Beteiligungswürdigkeitsprüfung können eine möglicherweise vorhandene Qualitätsvarianz am besten erklären?

(3) Durch welche Einflussfaktoren können die Eigenschaften der Beteiligungswürdigkeitsprüfung und somit deren Qualität verändert werden?

(4) Welche realwirtschaftlichen Implikationen ergeben sich für das Management von Beteiligungskapitalgesellschaften in Bezug auf die Ausgestaltung ihrer Beteiligungswürdigkeitsprüfung?

Entsprechend der dargestellten Zielsetzung und den abgeleiteten Forschungsfragen gestaltet sich der Aufbau der in fünf Kapitel gegliederten Arbeit folgendermaßen (vgl. Abbildung 4):

Abbildung 4: Aufbau der Arbeit

Kapitel 1: Einführung
Darstellung der Problemstellung, der Zielsetzung, der begrifflichen Grundlagen, des theoretischen Bezugsrahmens und der Forschungskonzeption der Studie

Kapitel 2: Zusammenhänge des Beteiligungskapitalmarktes
Einordnung der Beteiligungswürdigkeitsprüfung in den Gesamtkontext des Beteiligungsmarktes

Kapitel 3: Qualitätsbeurteilung der Beteiligungswürdigkeitsprüfung
1. **Deskriptive Detailanalyse der Beteiligungswürdigkeitsprüfung**
2. **Isolierung wesentlicher Eigenschaften der Beteiligungswürdigkeitsprüfung zur Erklärung einer möglichen Qualitätsvarianz**
3. **Analyse verschiedener Einflussfaktoren auf die Eigenschaften der Beteiligungswürdigkeitsprüfung**

Kapitel 4: Normative Implikationen für die Ausgestaltung der Beteiligungswürdigkeitsprüfung
Realwirtschaftliche Implikationen für das Management zur Ausgestaltung der Beteiligungswürdigkeitsprüfung

Kapitel 5: Zusammenfassung und Ausblick
Zusammenfassung der Ergebnisse und Ausblick

Im nachfolgenden Kapitel 2 der Studie werden dann die wesentlichen Zusammenhänge des Beteiligungskapitalmarktes erarbeitet. Ziel dieses Kapitels ist es, die grundlegenden Charakteristika des Beteiligungskapitalmarktes herauszustellen, um eine Einordnung der Beteiligungswürdigkeitsprüfung in den Gesamtkontext des Beteiligungskapitalmarktes vorzunehmen und auf Basis einer umfassenden Literaturanalyse die speziellen Anforderungen des Beteiligungskapitalmarktes an die Beteiligungswürdigkeitsprüfung herauszuarbeiten. Abschnitt 2.1 beginnt mit der Darstellung der Finanzierungsphasen des Beteiligungskapitalmarktes. Auf Basis des Produktlebenszykluskonzeptes werden die Phasen einer Beteiligungskapitalfinanzierung abgeleitet und der idealtypische Ablauf beschrieben. Anschließend werden im Abschnitt 2.2 die Teilnehmer des Beteiligungskapitalmarktes vorgestellt. Diese werden dabei in Beteiligungskapitalnehmer (Abschnitt 2.2.1), Beteiligungskapitalinvestoren (Abschnitt 2.2.2) und Beteiligungskapitalgesellschaften (Abschnitt 2.2.3) klassifiziert. Im nachfolgenden Abschnitt 2.3 werden dann die einzelnen Wertschöpfungsstufen im Beteiligungsprozess einer Beteiligungskapitalgesellschaft dargestellt, um die Beteiligungswürdigkeitsprüfung im Zusammenhang des gesamten Wertschöpfungsprozesses zu verstehen.

Zum abschließenden Verständnis der Zusammenhänge des Beteiligungskapitalmarktes erfolgt im Abschnitt 2.4 eine Darstellung der Entwicklung und Struktur des deutschen Beteiligungskapitalmarktes.

Kapitel 3 bildet den eigentlichen Kern der Arbeit. Im Abschnitt 3.1 wird zunächst der Prozess der Beteiligungswürdigkeitsprüfung im Detail dargestellt. Dabei wird auf Basis der empirischen Ergebnisse eine differenzierte Betrachtung der Vorgehensweise der einzelnen Teilmarktsegmente vorgenommen. Anschließend werden im Abschnitt 3.2 die zentralen Eigenschaften der Beteiligungswürdigkeitsprüfung herausgearbeitet, die möglicherweise eine vorhandene Qualitätsvarianz in der Projektselektion einzelner Marktteilnehmer erklären könnten. Auch bei der Erarbeitung der Eigenschaften wird eine differenzierte Betrachtung nach einzelnen Teilmarktsegmenten vorgenommen. Abschnitt 3.3 untersucht dann verschiedene Einflussfaktoren auf diese Eigenschaften der Beteiligungswürdigkeitsprüfung und deren Implikationen auf die Qualität der Beteiligungswürdigkeitsprüfung.

Kapitel 4 stellt die normativen Implikationen der vorangegangenen Analysen für das Management der Beteiligungskapitalgesellschaft in Bezug auf die Ausgestaltung ihrer Beteiligungswürdigkeitsprüfung zusammen. Hierbei werden differenziert für die Marktteilnehmer der einzelnen Teilmarktsegmente prinzipielle Maßnahmen zur Erhöhung der Chancenpotenziale und zur Verringerung der Risikopotenziale durch eine optimierte Beteiligungswürdigkeitsprüfung aufgezeigt.

Die gewonnenen Erkenntnisse der Arbeit werden in den Schlussbetrachtungen des Kapitels 5 noch einmal zusammenfassend reflektiert und mit einem Ausblick in die Zukunft des Beteiligungskapitalmarktes abgeschlossen.

1.3 Begriffliche Grundlagen

Im Rahmen der empirischen Untersuchung zeigte sich wiederholt, dass trotz zahlreicher Definitionsbestrebungen in der Vergangenheit bei der Behandlung der Thematik "Beteiligungskapital" immer noch erhebliche Diskrepanzen zwischen den verwendeten Terminologien in der Theorie und Praxis bestehen. Da aber die Auseinandersetzung mit der

Thematik "Beteiligungskapital" in besonderem Maße die Kenntnis der grundlegenden Begriffe und verwendeten Terminologien voraussetzt, erscheint es zunächst sinnvoll, im folgenden Abschnitt 1.3.1 nochmals eine Definition des Begriffes "Beteiligungskapital" vorzunehmen. Darüber hinaus wird in den Abschnitten 1.3.2 und 1.3.3 eine Definition der Begriffe "Beteiligungswürdigkeitsprüfung" und "Qualität der Beteiligungswürdigkeitsprüfung" vorgenommen, um den Untersuchungsgegenstand der vorliegenden Arbeit eindeutig abzugrenzen.

1.3.1 Beteiligungskapital

Als "Beteiligungskapital" wird in der vorliegenden Untersuchung ausschließlich das von Beteiligungskapitalgesellschaften zur Verfügung gestellte Eigenkapital definiert. Bei den vielfältigen wissenschaftlichen Auseinandersetzungen mit dem hier verwendeten Ausdruck "Beteiligungskapital" besteht bei den veröffentlichten Definitionen im Wesentlichen in den folgenden fünf konstitutiven Merkmalen für den Begriff "Beteiligungskapital" Einigkeit:

(1) Beteiligungskapital ist eine Form der Außenfinanzierung mit Eigenkapital oder eigenkapitalähnlichen Mitteln.[21]

(2) Der Anlagehorizont von Beteiligungskapital ist immer zeitlich begrenzt.[22]

(3) Beteiligungskapital wird an kleine und mittlere Unternehmen vergeben, die zum Zeitpunkt der Finanzierung nicht börsennotiert sind.

(4) Die Vergabe von Beteiligungskapital ist mit einem gewissen Grad an unternehmerischer Betreuung des Portfoliounternehmens verbunden.[23]

(5) Beteiligungskapital wird primär in Unternehmen investiert, die über ein relativ hohes Wertsteigerungs- oder Renditepotenzial und somit auch über ein entsprechendes Unternehmensentwicklungsrisiko verfügen.[24]

---

[21] Vgl. z. B. *Büschgen, H. E.*, Beteiligungsfinanzierung, 1976, S. 51; *Coutarelli, S. A.*, Venture-Capital, 1977, S. 17; *Pratt, S. E.*, Guide, 1982, S. 7-9.

[22] Vgl. z. B. *Albach, H.* , Versorgung, 1983, S. 70; *Räbel, D.*, Innovationsfinanzierung, 1986, S. 25.

[23] Die Intensität dieser unternehmerischen Betreuung kann in Abhängigkeit des Typs der Beteiligungskapitalgesellschaft sehr unterschiedlich sein, vgl. hierzu Abschnitt 2.3.5. Zur Managementunterstützung als Bestandteil der Definition von Beteiligungskapital vgl. *Gladstone, D. J.*, Venture-Capital, 1988, S. 3.

[24] Vgl. *Nevermann, H./Falk, D.*, Venture-Capital, 1986, S. 43.

Die Unterschiede bei der Auslegung des Begriffes "Beteiligungskapital" bestehen im Wesentlichen in zwei Punkten. Zum einen werden für den Begriff "Beteiligungskapital" unterschiedliche Synonyme verwendet, zum anderen existieren in Abhängigkeit der jeweiligen Begriffe bzw. Synonyme unterschiedliche Auffassungen der Autoren, in welcher Phase der Unternehmensentwicklung sich die mit Beteiligungskapital finanzierten Portfoliounternehmen befinden. Abgeleitet aus dem jeweiligen Lebenszyklusabschnitt lassen sich die Portfoliounternehmen in verschiedene Phasen einordnen: Gesellschaften, die sich noch in der Gründung befinden, Unternehmen die diese bereits überstanden haben und ein hohes Wachstum aufweisen und Gesellschaften, die sich bereits am Markt etabliert haben.[25]

Ursächlich für die uneinheitliche Begriffsdefinition bzw. die Verwendung verschiedener Synonyme erscheint im Wesentlichen die Tatsache, dass sich die Beteiligungskapitalgesellschaften in Deutschland seit ihren Anfängen in den 60er bzw. 70er Jahren in einem ständigen Wandel ihrer strategischen Ausrichtung befinden. Abgeleitet aus den Geschäftsstrategien standen in der Vergangenheit immer wieder unterschiedliche Arten von Portfoliounternehmen im Anlagefokus der Beteiligungskapitalgesellschaften.

In den Anfängen des Beteiligungskapitalmarktes in Deutschland Mitte der 60er Jahre wurde Beteiligungskapital von sogenannten "Kapitalbeteiligungsgesellschaften" vergeben. Entsprechend dem Geschäftszweck der in erster Linie von Kreditinstituten initiierten Gesellschaften wurde zur damaligen Zeit auch der Begriff "Beteiligungskapital" definiert. Beteiligungskapital sollte von den Kapitalbeteiligungsgesellschaften zur Verbesserung der Eigenkapitalausstattung kleiner und mittlerer Unternehmen vergeben werden, die nicht mehr in der Lage waren, ihr Wachstum durch Selbstfinanzierung oder aus anderen Quellen mit Eigenmitteln zu unterlegen. Beteiligungskapital wurde somit primär in Unternehmen investiert, welche die Gründungsphase bereits überstanden hatten, und die Eigenkapital für ihr weiteres Wachstum benötigten, oder die sich bereits am Markt etabliert hatten.[26]

---

[25] Zu einer detaillierteren Beschreibung der einzelnen Phasen der Unternehmensentwicklung von Portfoliounternehmen vgl. Abschnitt 2.2.1.

[26] Vgl. z. B. *Hax, K.*, Kapitalbeteiligungsgesellschaften, 1969, S. 13-17; *Heynen, A.*, Kapitalbeteiligungsgesellschaften, 1970, S. 8-13.

Mit Beginn der verstärkten, institutionellen Vergabe von Beteiligungskapital in Deutschland Ende der 70er bzw. Anfang der 80er Jahre setzte ebenfalls die erste Diskussion zur Definition des Begriffes "Beteiligungskapital" ein. In dieser Zeit wurde der Begriff "Venture-Capital" von den USA nach Deutschland übernommen, und man versuchte, den amerikanischen Ausdruck in die bisherige Begriffsbestimmung von Beteiligungskapital zu integrieren.[27] Die Literatur subsummierte unter dem Oberbegriff "Beteiligungskapital" die bisherige Form der Finanzierung durch Kapitalbeteiligungsgesellschaften und die neue Form der Kapitalvergabe in Form von "Venture-Capital". Die Finanzierung über Kapitalbeteiligungsgesellschaften bezog sich dabei nach wie vor auf Wachstumsunternehmen bzw. etablierte Unternehmen. Beteiligungskapital in der Form von "Venture-Capital" sollte hingegen in junge "Hightech-Unternehmen" investiert werden, die sich noch in der Gründungsphase befanden.[28] Kennzeichnend für diese Phase der Begriffsdiskussion war ebenfalls der Versuch den englischen Ausdruck "Venture-Capital" in die deutsche Sprache zu übersetzen. Begriffe wie "Wagniskapital", "Risikokapital" und "Chancenkapital" wurden vielfach als Übersetzung von "Venture-Capital" verwendet.[29]

Als aber festgestellt wurde, dass die deutschen Begriffe für "Venture-Capital" in der Öffentlichkeit eher für Verwirrung denn für eine eindeutige Erklärung dieser neueren Finanzierungsform sorgten, übernahm ein großer Teil der Wissenschaftler in der zweiten Phase der Begriffsfindung den Ausdruck "Venture-Capital" als feststehendes Wort in den deutschen Sprachgebrauch.[30] Unter dem Oberbegriff "Beteiligungskapital" wurde somit zwischen der Finanzierung der eher etablierteren oder sich im Wachstum befindlichen Unternehmen über Kapitalbeteiligungsgesellschaften und der Investition in Gründungsunternehmen mit "Venture-Capital" unterschieden.

---

27 Vgl. *Gillner, G.*, Venture-Capital, 1984, S. 12; *Schmidt, H.*, Venture-Capital-Märkte, 1984, S. 281-283; *Büschgen, H. E.*, Venture-Capital, 1985, S. 224.

28 Neben diesem unterschiedlichen Anlagefokus wurden die beiden Finanzierungsformen auch aufgrund ihrer Gewinnerzielungsart voneinander abgegrenzt. Kapitalbeteiligungsgesellschaften erwirtschafteten ihr Ergebnis primär aus der laufenden Gewinnausschüttung ihrer Portfoliounternehmen. Bei Venture-Capital hingegen wurde die Rendite in erster Linie am Ende des Investitionszeitraumes durch die Wertsteigerung des Portfoliounternehmens (sog. "Capital Gain") erzielt. Vgl. hierzu z. B. *Fendel, A.*, Investmententscheidungsprozesse, 1987, S. 18-19; *Schröder, C.*, Strategien, 1992, S. 19-20.

29 Vgl. z. B. *Albach, H.*, Venture-Capital, 1983, S. 993; Cimbal, A., Venture-Capital-Finanzierungen, 1995, S. 12-13.

30 Vgl. z. B. *Nathusius, K.*, Venture Management, 1979, S. 194 ff.; *Albach, H.* , Versorgung, 1983, S. 70; *Grisebach, R.*, Innovationsfinanzierung, 1989, S. 2.

Aufgrund negativer Erfahrungen zogen sich Ende der 80er Jahre die meisten Beteiligungskapitalgesellschaften aus der Finanzierung von Gründungsunternehmen zurück. Dem ursprünglichen Begriff "Venture-Capital" fehlte die inhaltliche Relevanz in der Praxis. Als Konsequenz der Veränderung der strategischen Ausrichtung der Marktteilnehmer wurde fortan der Begriff "Venture-Capital" mit "Beteiligungskapital" gleichgesetzt.[31] Eine Unterscheidung in verschiedene Finanzierungsphasen wurde nicht mehr unternommen. Der Begriff "Venture-Capital" umfasste die gesamte Bandbreite der Finanzierungsphasen, von der Frühphasenfinanzierung bis zur Finanzierung von etablierten Unternehmen.[32]

Doch spätestens Ende der 90er Jahre hatte der Reifegrad des Beteiligungskapitalmarktes in Deutschland derart zugenommen, dass sich einzelne, voneinander eindeutig abgrenzbare Teilmarktsegmente herausgebildet haben. Insofern sollte die synonyme Verwendung der Begriffe "Venture-Capital" und "Beteiligungskapital" erneut hinterfragt werden. Die neuesten Entwicklungen in der Praxis zeigen, dass aufgrund der Heterogenität der einzelnen Teilmarktsegmente der Begriff "Venture-Capital" als Synonym für "Beteiligungskapital" nicht mehr die gesamte Bandbreite des Beteiligungskapitalgeschäftes beschreiben kann und somit als Oberbegriff für Beteiligungskapital ungeeignet ist. In der Praxis hat sich daher bereits der Begriff "Private-Equity" als Synonym für "Beteiligungskapital" weitgehend durchgesetzt.[33] Der Begriff "Venture-Capital" hingegen wird wieder wie in seiner ursprünglichen Begriffsdefinition als Beteiligungskapital für sich in der Gründung befindliche Hightech-Unternehmen verwendet. Er beschreibt demnach nur ein Teilsegment des Beteiligungskapitalmarktes bzw. des Marktes für "Private-Equity".[34]

---

31 Vgl. z. B. *Wupperfeld, U.*, Seed-Capital-Markt, 1996, S. 37.

32 Vgl. *BVK – Bundesverband deutscher Kapitalbeteiligungsgesellschaften*, Directory, 1998, S. 7; *Zemke, I.*, Unternehmensverfassung, 1995, S. 69-70.

33 Vgl. *Anslow, M.*, Time, 1992, S. 2 f.; *Treptow, T. M.*, Private-Equity, 1998, S. 516; *Scherer, H./Zimmermann, H.*, Pensionskassen, 1998, S. 160.

34 Die skizzierte Begriffsverwendung der vorliegenden Untersuchung wurde ebenfalls in zahlreichen Gesprächen mit Entscheidungsträgern der Beteiligungskapitalgesellschaften in Deutschland im Rahmen der empirischen Befragung festgestellt. Die große Mehrheit der Interviewpartner verwendete den Begriff "Venture-Capital" ausschließlich zur Beschreibung der Frühphasenfinanzierung. Der umfassendere Oberbegriff "Beteiligungskapital" wurde hingegen in den meisten Fällen mit "Private-Equity" übersetzt; zu den gleichen Erkenntnissen gelangen Rudolph /Fischer in ihrer Untersuchung; vgl. *Rudolph, B./Fischer, C.*, Private-Equity, 2000, S. 49.

Vor dem Hintergrund der aufgezeigten Entwicklung wird der Begriff "Beteiligungskapital" in der vorliegenden Studie wie folgt definiert: Beteiligungskapital dient als Oberbegriff zur Beschreibung eines Marktes, in dem Investitionen in Form von Eigenkapital oder eigenkapitalähnlichen Mitteln in nicht börsennotierte Unternehmen durchgeführt werden, um dort zukünftige Veränderungen zu bewirken. So z. B. Wachstum in neue Märkte, Neuorientierung, Umstrukturierung, Förderung und Vermarktung von Innovationen und Nachfolgeregelungen des bestehenden Managements.[35] Portfoliounternehmen, in die Beteiligungskapital investiert wird, müssen sich demnach durch ein relativ hohes Wertsteigerungs- oder Renditepotenzial auszeichnen. Ihnen wird das Beteiligungskapital mittel- bis langfristig, aber zeitlich begrenzt zur Verfügung gestellt. Die Vergabe von Beteiligungskapital ist immer mit einer aktiven unternehmerischen Betreuung der Portfoliounternehmen verbunden.

Die Begriffe "Beteiligungskapital" und "Private-Equity" werden in der vorliegenden Arbeit synonym verwendet. In Abhängigkeit der Phase der Unternehmensentwicklung der Portfoliounternehmen, an denen sich die Beteiligungskapitalgesellschaften beteiligen, kann man den Gesamtmarkt für Beteiligungskapital bzw. Private-Equity in einzelne Teilmarktsegmente untergliedern.[36] Beteiligungskapital, das primär zur Finanzierung junger oder erst in der Gründung befindlicher Hightech-Unternehmen eingesetzt wird, erhält die Bezeichnung "Venture-Capital".[37] Werden hingegen in erster Linie Unternehmen finanziert, die bereits die Gründungsphase überstanden haben und die nun Eigenkapital zur Unterlegung ihres weiteren Wachstums benötigen, wird in dieser Arbeit von "Development-Capital" oder "Expansion-Capital" gesprochen.[38] "Buy-out-Capital" beschreibt die Finanzierung von etablierteren Unternehmen, die bereits über eine ausreichende Historie verfügen und bei denen wesentliche

---

[35] In Anlehnung an die Definition von *Leopold, G./Frommann, H.*, Eigenkapital, 1998, S. 4; angemerkt werden muss aber, dass Leopold/Frommann den Inhalt dieser Definition für den Begriff "Venture-Capital" verwendeten. Die in dieser Arbeit gewählte Definition ist mit der von der European Venture-Capital Association (EVCA) verwendeten Begriffsbeschreibung für "Private-Equity" vergleichbar, vgl. *EVCA*, Yearbook, 1997, S. 17 ff.

[36] Zu einer detaillierteren Beschreibung der einzelnen Teilmarktsegmente vgl. Abschnitt 2.4.

[37] Damit folgt die Arbeit der klassischen amerikanischen Definition für "Venture-Capital", vgl. *Bygrave, W./Timmons, J.*, Venture-Capital, 1992, S. 30-32; *Schmidt, R. H.*, Finanzierungstheorie, 1985, S. 421.

[38] Zur zunehmenden Verwendung des Begriffes "Development-Capital" vgl. *Blackman, A.*, Rewards, 1995, S. 42 ff.; *Zemke, I.*, Unternehmensverfassung, 1995, S. 69-70; *Schween, K.*, Corporate Venture-Capital, 1996, S. 101; *Leopold, G./Frommann, H.*, Eigenkapital, 1998, S. 4 und 317.

Anteile des Unternehmens von internen (MBO) oder externen (MBI) Managern übernommen werden.[39] Abbildung 5 verdeutlicht nochmals zusammenfassend die Definition des Beteiligungskapitalbegriffes:

Abbildung 5: Definition des Beteiligungskapitalbegriffes im Überblick

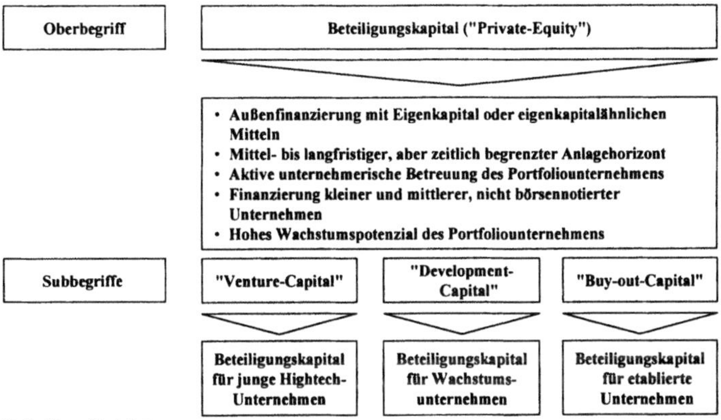

Quelle: Eigene Darstellung

1.3.2 Beteiligungswürdigkeitsprüfung

Im Rahmen der Begriffsbestimmung im nun folgenden Abschnitt gilt es zunächst die Beteiligungswürdigkeitsprüfung in den Gesamtkontext des Investitionsentscheidungsprozesses von Beteiligungskapitalgesellschaften einzuordnen, um darauf aufbauend eine Abgrenzung der Beteiligungswürdigkeitsprüfung gegenüber der reinen Unternehmensbewertung vorzunehmen.

Die Entscheidung zur Beteiligung an einem Unternehmen kann auch als klassische Investitionsentscheidung im Sinne der Investitions- und Finanzierungstheorie verstanden werden.[40] Dabei stellt der zugrunde liegende Investitionsentscheidungsprozess einen Akt der

---

[39] Vgl. zur Definition von Buy-Outs z. B. *Schwien, B.*, Management-Buy-out-Konzept, 1995, S. 15-20.
[40] Vgl. *Heinen, E.*, Betriebswirtschaftslehre, 1982, S. 127.

Willensbildung dar, der entweder zu einer unmittelbaren Beteiligung der Beteiligungskapitalgesellschaft an dem Portfoliounternehmen oder aber zur Ablehnung der Beteiligungsanfrage führt. Ein Entscheidungsprozess ist im Allgemeinen durch die Existenz einer Anzahl von Teilprozessen gekennzeichnet, die durch entsprechende Vor- bzw. Teilentscheidungen abgeschlossen werden; jede Teilentscheidung ist dabei von den vorherigen im Sinne einer Entscheidungskette abhängig.[41]

Einen solchen Teilprozess stellt die Beteiligungswürdigkeitsprüfung dar. Sie ist als konstitutives Element integraler Bestandteil des Investitionsentscheidungsprozesses von Beteiligungskapitalgesellschaften. Ziel der Beteiligungswürdigkeitsprüfung ist die Selektion von potenziellen Portfoliounternehmen, die im Rahmen der investmentpolitischen Ziele der Beteiligungskapitalgesellschaften über ein adäquates Rendite-/Risikoprofil verfügen. Neben der Unternehmensbewertung dient die Beteiligungswürdigkeitsprüfung ebenfalls als Grundlage für die eigentliche Investitionsentscheidung und ist somit der Phase der Entscheidungsvorbereitung zuzurechnen.[42] In Anlehnung an das Phasenschema von Heinen[43] lässt sich der Investitionsentscheidungsprozess von Beteiligungskapitalgesellschaften wie folgt darstellen (vgl. Abbildung 6):

---

[41] Zur Kennzeichnung von Entscheidungsprozessen vgl. *Kosiol, E.*, Organisation, 1959, S. 12 ff.; *Kirsch, W.*, Entscheidungsprozesse, 1977, S. 77 ff.; *Witte, E.*, Entscheidungsprozesse, 1980, S. 633-641.

[42] Vgl. *Hierl, W.*, Entscheidungsverhalten, 1986, S. 200.

[43] Vgl. *Heinen, E.*, Betriebswirtschaftslehre, 1982, S. 52.

Abbildung 6: Investitionsentscheidungsprozess der Beteiligungskapitalgesellschaft

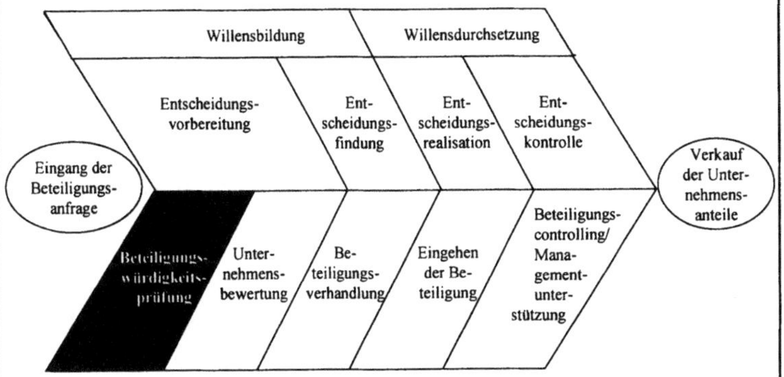

Quelle: Eigene Darstellung; in Anlehnung an das Phasenschema von Heinen; vgl. *Heinen, E.*, Betriebswirtschaftslehre, 1982, S. 52

In Abgrenzung zur klassischen Unternehmensbewertung handelt es sich bei der Beteiligungswürdigkeitsprüfung nicht um ein Verfahren der Kaufpreisfindung, sondern um die Bewertung verschiedener Erfolgsfaktoren und Erfolgsindikatoren des Unternehmens und des zugrunde liegenden Geschäftes, um die zukünftigen Erfolgsaussichten des kapitalsuchenden Portfoliounternehmens prognostizieren zu können.[44] Insofern liefert die Beteiligungswürdigkeitsprüfung die Grundlage für die anschließende Unternehmensbewertung. Denn mit ihrer Hilfe werden nicht nur potenzielle Portfoliounternehmen selektiert, sondern es werden der Beteiligungskapitalgesellschaft realistische Prognosen der zukünftigen Erträge ermöglicht. Darüber hinaus können durch die Beteiligungswürdigkeitsprüfung potenzielle Risiken der Investition abgeschätzt werden. Somit werden durch die Beteiligungswürdigkeitsprüfung die beiden zentralen Parameter des Unternehmensbewertungsmodelles ermittelt: die zukünftige Ertragskraft und der Risikoaufschlag für den Kalkulationszinssatz zur Diskontierung der Erträge.[45]

---

[44] Im internationalen Beteiligungskapitalgeschäft wird oftmals der Begriff " Due-Dilligence" als Synonym für Beteiligungswürdigkeitsprüfung verwendet; vgl. *Leopold, G./Frommann, H.*, Eigenkapital, 1998, S. 143.

[45] Vgl. *Zemke, I.*, Unternehmensverfassung, 1995, S. 243.

Die in der vorliegenden Arbeit verwendete Definition für die Beteiligungswürdigkeitsprüfung entspricht daher eher dem qualitativen, die Definition für die Unternehmensbewertung hingegen eher dem quantitativen Bewertungsverständnis.

Eine wissenschaftliche Untersuchung der Vorgehensweise bei der Unternehmensbewertung kann dabei losgelöst von der Betrachtung der spezifischen Problematik der Beteiligungskapitalfinanzierung durchgeführt werden, da sie dem bei sonstigen Unternehmenskäufen üblichen Vorgehen sehr stark ähnelt. Aufgrund der notwendigen Fokussierung der Arbeit soll die Unternehmensbewertung daher nicht Gegenstand dieser Studie sein.[46]

Abschließend sei noch darauf hingewiesen, dass sich die vorliegende Studie rein auf die Analyse der Beteiligungswürdigkeitsprüfung bei der Erstinvestition in Portfoliounternehmen beschränkt. Die Beurteilung von späteren Folgeinvestitionen bzw. Anschlussfinanzierungen wird im Rahmen dieser Arbeit nicht betrachtet[47]. Im Allgemeinen bestehen bei der Beurteilung von Anschlussfinanzierungen zwar ähnliche Anforderungen wie bei der Erstinvestition. Die asymmetrische Informationsverteilung zwischen der Beteiligungskapitalgesellschaft und dem Portfoliounternehmen konnte aber bereits durch die bisherige Zusammenarbeit und die damit einhergehende Informationsübermittlung verringert werden.[48] Aufgrund der notwendigen Fokussierung der vorliegenden Studie wird dieser Sachverhalt nicht explizit berücksichtigt und sollte im Rahmen späterer Untersuchungen analysiert werden.[49]

---

46 Zum Verständnis der klassischen Unternehmensbewertung sei auf die reichlich vorhandene Literatur verwiesen; für die Verfahren der Unternehmensbewertung im Allgemeinen vgl. z. B. *Ballwieser, W.*, Unternehmensbewertung, 1990; *Moxter, A.*, Unternehmensbewertung, 1991; *Bellinger, B./Vahl, G.*, Unternehmensbewertung, 1992; *Born, K.*, Unternehmensbewertung, 1995; *Drukarczyk, J.*, Unternehmensbewertung, 1998; zur Anwendung der Verfahren im Rahmen der Beteiligungskapitalfinanzierung vgl. z. B. *Moser, U.*, Wachstumsunternehmen, 2001, S. B 6; *Räbel, D.*, Innovationsfinanzierung, 1986, S. 211-277; *Laub, U. D.*, Bewertung, 1989, S. 55-59; *Pichotta, A.*, Prüfung, 1990, S. 99-107; *Schröder, C.*, Strategien, 1992, S. 205-209.

47 Zur Senkung des Risikos einer Beteiligung investieren Beteiligungsgesellschaften die zugesagten Kapitalmittel meistens in mehreren "Finanzierungsrunden". Oftmals werden derartige Anschlussfinanzierungen nicht nur an Zeitpunkte gebunden, sondern sind abhängig von der Erreichung geschäftlicher (Zwischen-) Ziele ("Milestones"); vgl. *Schröder, C.*, Strategien, 1992, S. 7.

48 Zur Problematik der asymmetrischen Informationsverteilung im Rahmen der Beteiligungswürdigkeitsprüfung vgl. Abschnitt 1.4.1.

49 Vgl. zu den Ansatzpunkten für weiteren Forschungsbedarf Abschnitt 5.2

1.3.3 Qualität der Beteiligungswürdigkeitsprüfung

Der Begriff "Qualität" wird in der vorhandenen Literatur nicht eindeutig definiert und kann auf verschiedene Art und Weise interpretiert werden. Grundsätzlich lässt sich eine semantische Bedeutung, eine betriebswirtschaftliche und eine ziel- und zweckorientierte Interpretation des Begriffes "Qualität" unterscheiden.

Bei der semantischen Bedeutung handelt es sich um eine rein sprachliche Interpretation des Qualitätsbegriffes, die sich lediglich auf die Beschaffenheit einer Sache bezieht. Im Gegensatz zum allgemeinen Sprachgebrauch besitzt sie keine wertende Komponente. Die Qualitätsfeststellung eines Objektes erfolgt dabei nur durch die Beschreibung seiner Eigenschaftsausprägungen. Die Aussagen haben nominalen Charakter, d. h. weder die Eigenschaften noch deren Ausprägungen stehen in einer hierarchischen Beziehung zueinander.[50] Somit kann bei einer derartigen Qualitätserfassung nur der Eigenschaftsraum des Objektes aufgezeigt werden. Eine wertende Beurteilung ist bei der semantischen Qualitätsbeschreibung nicht möglich.[51]

Im Rahmen der betriebswirtschaftlichen Interpretation hingegen erscheint der Begriff der Qualität eines Objektes als eine an (extern) vorgegebenen Standards gemessene Größe. Die Qualität eines Objektes kann direkt aus der Erfüllung einer vorab bestimmten Norm abgeleitet werden. Aussagen über die Qualität eines Objektes können dabei in ordinaler Form erfolgen. Denn entweder erfüllt es den Standard oder nicht, und die Erfüllung ist der Nicht-Erfüllung hierarchisch übergeordnet.[52]

Wirz veröffentlicht bereits 1915 eine weitere Definition des Qualitätsbegriffs: "Qualität ist Zielangepaßtheit, ist Lösungsfähigkeit für eine bestimmte Aufgabe."[53] In Abhängigkeit des Beitrages des Objektes zur Zweckerfüllung bzw. Zielerreichung bestimmt sich die Qualität eines Objektes. Nach diesem Verständnis wird das Objekt zu einem Mittel, das dem Zweck

---

50 Dabei kann es sich um Beschreibungen handeln, wie z. B. "bei der Beteiligungswürdigkeitsprüfung sind primär erfahrenere Mitarbeiter involviert".

51 Eine Aussage darüber, welche Objekte besser oder schlechter sind, erlaubt der semantische Begriff der Qualität nicht; vgl. *Gzuk, R.*, Messung, 1975, S. 6 f.

52 Vgl. z. B. *Rinne, H./Mittag, H.-J.*, Qualitätssicherung, 1995, S. 5, die "Qualität als Maß für den Grad der Übereinstimmung eines in Anweisungen, Konstruktionsbeschreibungen und Zeichnungen festgelegten Produktes mit dessen wirklicher Ausführung" definieren.

53 Vgl. *Wirz, W.*, Qualitätsbegriff, 1915, S. 2.

möglichst optimal dienen soll. Unter Qualität von Objekten bzw. Leistungen ist danach deren Zweckmäßigkeit zu verstehen. Das Ausmaß der Qualität (Zweckmäßigkeitsgrad) ist anhand des Grades ihrer Tauglichkeit zur Zweckerfüllung zu beurteilen. Eine Aussage über die Qualität von Leistungen hat deshalb grundsätzlich die explizite Bestimmung der mit ihnen in Verbindung gebrachten Zwecke vorauszugehen. Ist der Verwendungszweck bekannt, kann eine Qualitätsbeschreibung der Leistung bzw. des Objektes jederzeit erfolgen. Wichtig ist die Feststellung von Zweckübereinstimmungen zu objektivieren, um auf allgemeinen Konsens treffende Aussagen über die Qualität von Leistungen zu gelangen. Bei der zweckorientierten Definition des Qualitätsbegriffes sind durch eine objektive Messung des Zweckmäßigkeitsgrades somit hierarchiebildende Aussagen über die Qualität einer Leistung bzw. eines Objektes möglich.[54]

Für das angestrebte Erkenntnisziel der vorliegenden Arbeit erscheint die zweckorientierte Interpretation des Qualitätsbegriffes am geeignetsten. Die Qualität der Beteiligungswürdigkeitsprüfung wird somit als die Fähigkeit verstanden, dem Zweck der Beteiligungswürdigkeitsprüfung zu dienen. In Abschnitt 1.3.2 wurde bereits der Zweck bzw. das Ziel der Beteiligungswürdigkeitsprüfung definiert, der darin besteht, eine Selektion von potenziellen Portfoliounternehmen, die im Rahmen der investmentpolitischen Ziele der Beteiligungskapitalgesellschaften über ein möglichst gutes Rendite-/Risikoprofil verfügen, zu erreichen. In Abhängigkeit der Fähigkeit der jeweiligen Beteiligungswürdigkeitsprüfung derartige Portfoliounternehmen zu selektieren, bestimmt sich somit die Qualität der Beteiligungswürdigkeitsprüfung.[55]

---

[54] Bei der zweckorientierten Begriffsbestimmung sind aber nicht nur Aussagen über die hierarchische Beziehung möglich, sondern es können darüber hinaus im Sinne eines metrischen Meßniveaus Aussagen über die Abstände zwischen den einzelnen Messpunkten getroffen werden. Es ist möglich festzustellen, um z. B. wieviel Prozent eine Leistung im Vergleich zu einer anderen Leistung den Zweck mehr erfüllt, d. h. um wieviel Prozent die Qualität der einen Leistung höher ist als die der anderen.

[55] Die Bestimmung der Messgrößen für den Zweckmäßigkeitsgrad, die der vorliegenden Studie zugrunde liegen, erfolgt im Rahmen der Darstellung der empirischen Untersuchungsmethodik (vgl. Abschnitt 1.5.1.)

1.4 Theoretischer Bezugsrahmen und methodische Vorgehensweise

Zur gedanklichen Strukturierung der oben skizzierten Problemstellung und zur Ordnung der deskriptiv-explorativen Aussagen der Studie bedarf es zunächst eines theoretischen Bezugsrahmens, mit dessen Hilfe die hinter der Problemstellung bestehende Komplexität bewältigt und handhabbar gemacht werden kann. Aus diesem Grunde wird im nachfolgenden Abschnitt 1.4.1 der theoretische Bezugsrahmen dieser Arbeit dargestellt und daran anschließend im Abschnitt 1.4.2 das methodische Vorgehen beschrieben.

1.4.1 Festlegung des theoretischen Bezugsrahmens

Aufgrund der primär heuristischen Funktion des theoretischen Bezugsrahmens müssen zunächst die einzelnen Elemente bestimmt, und das überlagernde Beziehungsgefüge sollte aufgezeigt werden.[56] In Abhängigkeit seines Erklärungsbeitrages zu den sich daraus ergebenden Fragestellungen ist dann der entsprechende theoretische Bezugsrahmen auszuwählen. Nach dem Axiom von Popper hängt dabei das Ergebnis der Forschungsarbeit maßgeblich von dieser Wahl ab, da durch sie die "theoretische Sicht der Welt bzw. der Dinge" determiniert wird.[57]

Bei einer sachlogischen Differenzierung der Themenstellung ergeben sich folgende Elemente des Bezugsrahmens, die in der vorliegenden Studie schwerpunktmäßig untersucht werden:

- die Beteiligungskapitalnehmer
- die Beteiligungskapitalinvestoren
- die Beteiligungskapitalgesellschaft
- und die Beteiligungswürdigkeitsprüfung.

Auf Basis der Elemente ergeben sich im Wesentlichen zwei Problemkreise, die durch den theoretischen Bezugsrahmen beschrieben werden sollten. Zum einen muss er die Existenz des Beteiligungskapitalmarktes als solches und somit insbesondere die Interaktion der

---

[56] Zur heuristischen Funktion des theoretischen Bezugsrahmens vgl. *Szyperski, N./Winand, U.*, Grundbegriffe, 1980, S. 167.

[57] Vgl. *Popper, K. R.*, Logik, 1994, S. 10 ff.

Beteiligungskapitalgesellschaften als Intermediäre zwischen den Beteiligungskapitalinvestoren und den Beteiligungskapitalnehmern analysieren können.[58] Zum anderen muss der theoretische Bezugsrahmen in der Lage sein, die Untersuchung der Beteiligungswürdigkeitsprüfung als Bestandteil der Institution der "Beteiligungskapitalgesellschaft" im Detail zu erlauben und die Erarbeitung alternativer Gestaltungsoptionen zu ermöglichen. Dabei muss auch die Einflussnahme der übrigen Elemente des Bezugsrahmens auf die Beteiligungswürdigkeitsprüfung untersucht werden können.[59]

Da die Prüfung der Beteiligungswürdigkeit potenzieller Portfoliounternehmen eine notwendige Voraussetzung für die eigentliche Finanzierungsentscheidung durch die Beteiligungskapitalgesellschaft darstellt, kommen für die Wahl eines geeigneten theoretischen Bezugsrahmens primär finanzierungstheoretische Ansätze in Frage. Die neoklassische Finanzierungstheorie allerdings bietet dabei nur wenig Erklärungsmöglichkeiten für das Phänomen der "Beteiligungskapitalfinanzierung".[60] Sie geht in ihrer Annahmenkonstellation von einem vollkommenen Kapitalmarkt mit strukturell gleich gut informierten Marktteilnehmern aus und lässt die Existenz von Transaktionskosten unberücksichtigt. Darüber hinaus negiert die neoklassische Modellwelt das Vorhandensein von Finanzintermediären.[61]

Doch gerade der Beteiligungskapitalmarkt ist ein Paradebeispiel für einen unvollkommenen Markt, auf dem weder Transaktionskostenfreiheit noch Informationseffizienz herrschen. Typischerweise liegt bei Beteiligungskapitalfinanzierungen eine asymmetrische Informationsverteilung zwischen den Marktteilnehmern vor, die hohe Transaktionskosten verursachen.

---

58 Zu den allgemeinen Intermediärsfunktionen von Beteiligungskapitalgesellschaften vgl. *Schwilling, W.*, Kapitalanlage, 1989, S. 50 ff.

59 Zu den grundlegenden Funktionen des theoretischen Bezugsrahmens vgl. z. B. *Kubicek, H.*, Organisationsforschung, 1975, S.39 ff. und *Szyperski, N./Winand, U.*, Grundbegriffe, 1980, S. 95 ff.

60 Vgl. *Schmidt, R. H.*, Finanzierungstheorie, 1985, S. 423-425; *Hartmann-Wendels, T.*, Venture-Capital, 1987, S. 17-18; *Schefczyk, M.*, Erfolgsstrategien, 1998, S. 108.

61 Zur neoklassischen Finanzierungstheorie vgl. die wesentlichen Arbeiten von *Modigliani, F./Miller, M. H.*, Cost of Capital, 1958, S. 261-297; *Hamada, R.*, Portfolio Analysis, 1969, S. 13-31; *Stiglitz, J. E.*, Irrelevance, 1974, S. 851-866 und *Fama, E. F.*, Financing-Decisions, 1978, S. 272-284.

Erst durch die Konzeption von Verträgen mit spezifischen Anreizwirkungen für die Vertragspartner und die Delegation und Funktionsteilungen zwischen Investoren und Beteiligungskapitalnehmern kann eine mögliche Verringerung der entstandenen Probleme erreicht werden. Die neoklassische Finanzierungstheorie ist somit aufgrund der in der Praxis vorhandenen Marktunvollkommenheiten kein geeigneter Bezugsrahmen für die vorliegende Problemstellung.

Die neoinstitutionalistische Betrachtungsweise hingegen ist besser geeignet, die vorliegende Problematik zu analysieren und theoretische Lösungsansätze zu liefern.[62] Die auch unter dem Sammelbegriff des "Neoinstitutionalismus" bzw. der "Neuen Institutionenökonomie" zusammengefassten Denkansätze berücksichtigen durch die Abschwächung der zugrunde gelegten Annahmekonstellation der Neoklassik mögliche Unvollkommenheiten des Marktes. Als Argumentation für diese Marktunvollkommenheiten wird von der Annahme begrenzter Rationalität[63] und/oder der Unterstellung opportunistischen Verhaltens von Individuen ausgegangen. Bedingt durch das Versagen der Marktmechanismen müssen die einzelnen Marktteilnehmer in Eigenregie Informationen beschaffen und verarbeiten und explizite Verträge aushandeln sowie deren Einhaltung überwachen.

Die neoinstitutionalistische Finanzierungstheorie geht davon aus, dass die Informationen zwischen den einzelnen Marktteilnehmern asymmetrisch verteilt sind. Insbesondere den Beteiligungskapitalnehmern wird unterstellt, dass sie aufgrund der Nähe und Vertrautheit mit dem Investitionsobjekt tendenziell besser informiert sind als potenzielle Beteiligungskapitalinvestoren. Die Beteiligungskapitalnehmer verfügen durch ihren Informationsvorsprung sowohl vor als auch nach dem Zustandekommen einer Finanzbeziehung über ein

---

[62] Zur Eignung der neoinstitutionalistischen Finanzierungstheorie als erklärendem Bezugsrahmen der Beteiligungskapitalfinanzierung vgl. *Schmidt, R. H.*, Finanzierungstheorie, 1985, S. 425-437; *Hartmann-Wendels, T.*, Venture-Capital, 1987, S. 18-29; *Schefczyk, M.*, Erfolgsstrategien, 1998, S. 129-139.

[63] Begrenzte Rationalität der Individuen sei in diesem Zusammenhang verstanden als beschränkte Information der Marktteilnehmer auf der einen Seite und unzureichende Informationsverarbeitungskompetenz auf der anderen Seite; vgl. *Williamson, O. E.*, Economic-Institutions, 1985, S. 45 f. Zur spezifischen Erläuterung der begrenzten Rationalität im Rahmen der Beteiligungskapitalfinanzierung vgl. *Zemke, I.*, Unternehmensverfassung, 1995, S. 9-10.

Schädigungspotenzial gegenüber den Beteiligungskapitalinvestoren.[64] Diese Marktineffizienzen rechtfertigen die indirekte Finanzbeziehung über Finanzintermediäre, falls es den am Markt aktiven Beteiligungskapitalgesellschaften gelingt, die Informationsasymmetrien mit geringeren Transaktionskosten zu reduzieren als bei einer direkten Beteiligung zwischen Investor und Portfoliounternehmen. Für die Beseitigung der Informationsasymmetrien über Finanzintermediäre zeigt die Neue Institutionenökonomie verschiedene theoretische Lösungsansätze auf.

Die neoinstitutionalistische Finanzierungstheorie bietet als theoretischen Bezugsrahmen somit die Möglichkeit, die Problematik des Beteiligungskapitalmarktes und das Beziehungsgefüge seiner Marktteilnehmer zu analysieren und zeigt theoretische Lösungsansätze auf, wie sich mögliche Schädigungsanreize durch die Beteiligungskapitalgesellschaft bereits im Rahmen der Beteiligungswürdigkeitsprüfung feststellen und eventuell beheben lassen. Somit erscheint die neoinstitutionalistische Finanzierungstheorie für die vorliegende Problemstellung der geeignete theoretische Bezugsrahmen zu sein. Da es sich aber bei der Neuen Institutionenökonomie weniger um eine in sich geschlossene Theorie als vielmehr um den Oberbegriff für verschiedene Denkansätze handelt, müssen die relevanten Ansätze ausgewählt werden, die sich mit der vorliegenden Fragestellung beschäftigen.

Die Beteiligungswürdigkeitsprüfung findet vor Abschluss des eigentlichen Beteiligungsvertrages statt. Aus diesem Grunde sind nur solche Ansätze der neoinstitutionalistischen Finanzierungstheorie für die vorliegende Arbeit relevant, die sich in erster Linie auf die zeitliche Phase vor Vertragsabschluss beziehen. Zur Beantwortung der hier interessierenden Fragestellung scheinen im Wesentlichen die Modelle mit asymmetrischer Information und der Transaktionskostenansatz geeignet zu sein.[65]

---

64 Vgl. *Spremann, K.*, Finanzierung, 1990, S. 622 ff.

65 Auf eine umfassende Darstellung der einzelnen Ansätze sei an dieser Stelle verzichtet. Für eine übersichtliche Darstellung der verschiedenen Ansätze eignen sich bspw. *Picot, A.*, Neuere Ansätze, 1991, S. 145 ff.; *Schmidt, R. H.*, Property-Rights-Analysen, 1988, S. 262 und *Terberger, E.*, Ansätze, 1994.

Die einzelnen Modelle mit asymmetrischer Information können dabei anhand des Zeitpunktes, an dem eine ungleiche Informationsverteilung vorliegt, klassifiziert werden.[66] Grundsätzlich können Situationen, in denen Informationsasymmetrien nach Vertragsabschluss vorliegen, als "Moral Hazard" bezeichnet werden. Nur wenn die Informationsasymmetrie bereits vor dem Vertragsabschluss besteht, liegt "Adverse Selektion" vor.[67] Da bei der Analyse der Problematik der Beteiligungswürdigkeitsprüfung insbesondere die Phase des Informationsaustausches zwischen Beteiligungskapitalgesellschaft und potentiellem Portfoliounternehmen vor dem eigentlichen Vertragsabschluss interessant ist, wird in der vorliegenden Studie in erster Linie auf Modelle zurückgegriffen, die sich mit "Adverser Selektion" beschäftigen.[68] Ansätze zu "Moral Hazard" finden in der Untersuchung nur Verwendung, wenn analysiert werden soll, wie nach Vertragsabschluss vorhandene Informationsasymmetrien bereits zu einem früheren Zeitpunkt im Rahmen der Beteiligungswürdigkeitsprüfung reduziert werden können.[69]

Mit Hilfe des Transaktionskostenansatzes können die verschiedenen Ausprägungsformen der Beteiligungswürdigkeitsprüfung kritisch hinterfragt und gedanklich strukturiert werden.[70] Insbesondere die Kosten der Suche nach Kapitalnachfragern und die Kosten der Informationsbeschaffung und -verarbeitung im Rahmen der Beteiligungswürdigkeitsprüfung können mit Hilfe dieses Ansatzes untersucht werden.

Sofern es zum besseren Verständnis der Arbeit sinnvoll erscheint, wird neben den bereits erwähnten Theorien auf eine Reihe von Ansätzen vor allem aus der Entscheidungstheorie und den Verhaltenswissenschaften zurückgegriffen, auf die dann an den jeweiligen Stellen bei Bedarf kurz eingegangen wird.

---

66 Zu den grundlegenden Studien bzgl. der asymmetrischen Informationsverteilung vgl. *Akerlof, G. A.*, Market Mechanism, 1970, S. 488-500; *Leland, H. E./Pyle, D. H.*, Informational-Asymmetries, 1977, S. 371-387; *Spremann, K.*, Information, 1990, S. 561-586.

67 Die Arbeit folgt hier im wesentlichen der Definition von *Strong, N./Walker, M.*, Information, 1987, S. 178 und *Rasmusen, E.*, Information, 1991, S. 135.

68 Bei der Untersuchung der Beseitigungsmöglichkeiten asymmetrischer Information wird in der vorliegenden Arbeit insbesondere auf die Ansätze des sog. "Screening" und "Signalling" zurückgegriffen; vgl. hierzu *Campell, I./Kracaw, W.*, Market Signalling, 1980, S. 863-883; *Hax, H.*, Theorie, 1991, S. 61.

69 Zu detaillierten Untersuchungen der Situation bei Moral Hazard vgl. *Jensen, M./Meckling, W.*, Agency Costs, 1976, S. 305-360 und *Fama, E. F.*, Agency Problems, 1980, S. 288-307.

70 Zu einer detaillierten Darstellung des Transaktionskostenansatzes vgl. *Coase, R. H.*, Social Cost, 1960, S. 1-44 und *Williamson, O. E.*, Economic-Institutions, 1985, S. 15-42.

1.4.2 Methodische Vorgehensweise der Untersuchung

Bei der Skizzierung der Problemstellung der vorliegenden Arbeit im Abschnitt 1.1 wurde bereits gezeigt, dass aufgrund der Neuartigkeit der Themenstellung eine ausschließliche Sekundärforschung mit Hilfe von Literaturanalysen für die notwendige Erkenntnisgewinnung der Untersuchung als nicht ausreichend erscheint. Zum einen sind keine Arbeiten bekannt, die eine Qualitätsmessung der Beteiligungswürdigkeitsprüfung deutscher Beteiligungskapitalgesellschaften vorgenommen haben und somit den Zusammenhang zwischen Erfolg einer Beteiligungskapitalgesellschaft und der Ausgestaltung ihrer Beteiligungswürdigkeitsprüfung aufgezeigt hätten. Zum anderen erscheinen die bisher in Deutschland publizierten empirischen Studien zum Thema der Beteiligungskapitalfinanzierung im Allgemeinen mit Ausnahme der Untersuchung von Zemke in ihrer Repräsentativität als nicht ausreichend und somit in ihrer empirischen Fundierung als zweifelhaft.[71]

Da aber die Verbreiterung der Erkenntnisbasis die Zielsetzung jeder Wissenschaft und somit auch der Betriebswirtschaftslehre sein sollte, wird für die vorliegende Arbeit die Literaturanalyse im Rahmen der Sekundärforschung durch eine breit angelegte Primärerhebung als weiterer wissenschaftlicher Methode ergänzt.[72] Nur durch die Kombination beider Forschungsaktivitäten kann eine empirisch fundierte Analyse der oben skizzierten Ziele der Studie erfolgen. Empirische Fundierung bedeutet in diesem Zusammenhang, dass durch die systematische und nachvollziehbare Erfassung und Analyse der Realität Aussagen zur Lösung von Entscheidungsproblemen, die über Einzelfälle hinausgehen, in der betrieblichen Praxis möglich sind.[73]

---

[71] Vgl. als positives Beispiel für eine empirische Untersuchung des Beteiligungskapitalmarktes in Deutschland *Zemke, I.*, Unternehmensverfassung, 1995; im Rahmen seiner Arbeit wurden insgesamt 40 Beteiligungskapitalgesellschaften befragt und somit wurde bezogen auf die Anzahl der BKG eine Repräsentativität von 71 % und bezogen auf das investierte Kapital eine Quote von sogar 81 % erzielt; nicht ausreichend repräsentativ erscheint hingegen der Stichprobenumfang bei Schröder, der im Rahmen der ersten breiteren empirischen Untersuchung zum Thema Beteiligungskapital in Deutschland insgesamt nur 15 deutsche BKG befragte; vgl. *Schröder, C.*, Strategien, 1992, S. 48-52. Trotz der herausragenden Ergebnisse der ersten Arbeit zum Thema Erfolgsmessung deutscher BKG von Schefczyk erscheint auch hier die Repräsentativität der Stichprobe zweifelhaft; vgl. *Schefczyk, M.*, Erfolgsstrategien, 1998, S. 228-234.

[72] Zu Methodenfragen im Rahmen der Betriebswirtschaftslehre vgl. *Chmielewicz, K.*, Forschungskonzeptionen, 1979.

[73] Somit ermöglicht die empirische Forschung die Erreichung des mit der Studie verfolgten pragmatischen Wissenschaftszieles; vgl. *Kubicek, H.*, Forschungsdesign, 1977, S. 4 f.

Wissenschaftstheoretisch orientiert sich die Studie überwiegend an der Position des "kritischen Rationalismus" von Popper.[74] Somit haben zunächst umfangreiche Literaturanalysen den Ausgangspunkt der Untersuchung gebildet. Die durch die Analyse gewonnenen qualitativ-theoretischen Überlegungen wurden um die Eindrücke aus verschiedenen Interviews mit Entscheidungsträgern von Beteiligungskapitalgesellschaften ergänzt. Auf Basis dieser Ergebnisse wurden dann entsprechende, eindeutig formulierte Forschungshypothesen aufgestellt. Im Anschluss daran ist ein Fragebogen entwickelt worden, mit dessen Hilfe die Hypothesen mit der Realität konfrontiert wurden. Zur Annahme bzw. Verwerfung der Hypothesen sind dann die überwiegend realen/empirischen, quantitativen Daten der Studie im Detail ausgewertet worden.[75] Nach wiederholter Bewährung der getesteten Hypothesen konnten diese dann zum gesicherten Wissen in Bezug auf die Beteiligungskapitalfinanzierung hinzugezählt werden. Durch diese heuristische Vorgehensweise wurde das Aufzeigen der für die Themenstellung notwendigen Variablenbeziehungen und Funktionszusammenhänge sichergestellt.

Zur Förderung eines problemorientierten Verständnisses der in der Untersuchung aufgezeigten Zusammenhänge wird bei der Darstellungsform auf die explizite Trennung in einen Theorieteil und einen Auswertungsteil mit empirischen Ergebnissen verzichtet. Die theoretischen Befunde und empirischen Ergebnisse werden vielmehr in den einzelnen Kapiteln zusammengefasst aufgeführt. Dabei werden die qualitativen Ergebnisse der Interviews bei den relevanten Problemstellungen der Untersuchung berücksichtigt. Die Auswertung des Fragebogens erfolgt hingegen in quantitativ-strukturierter Form, um die Anwendung statistischer Analyseverfahren zu ermöglichen.

---

[74] Vgl. *Popper, K. R.*, Logik, 1994; zur Entwicklung des Kritischen Rationalismus als dominante wissenschaftstheoretische Lehrmeinung in den Sozialwissenschaften vgl. *Breinlinger-O' Reilly, J.*, Theorien, 1991, S. 47-73.

[75] Teilweise erfolgte auch eine qualitative Überprüfung der Hypothesen, indem einzelne Gesprächspartner im Rahmen der Interviews mit den jeweiligen Hypothesen konfrontiert wurden.

1.5 Anlage der empirischen Untersuchung

Zum Abschluss des ersten Kapitels wird im nun folgenden Abschnitt die Anlage der empirischen Untersuchung der vorliegenden Arbeit beschrieben. Dabei wird zunächst im Abschnitt 1.5.1 ein Modellrahmen entwickelt, der die in der wirtschaftlichen Praxis zu beobachtende Qualität der Beteiligungswürdigkeitsprüfung deutscher Beteiligungskapitalgesellschaften abbilden und messen soll. Im Anschluss daran wird im Abschnitt 1.5.2 die Vorgehensweise bei der Datenerhebung der empirischen Untersuchung dargestellt und die Repräsentativität der zugrunde liegenden Stichprobe ermittelt.

1.5.1 Untersuchungsmethodik zur Messung der Qualität der BWP

Die vorliegende Untersuchung stellt sich die Aufgabe, die Qualität der Beteiligungswürdigkeitsprüfung deutscher Beteiligungskapitalgesellschaften zu messen. Gemäß den üblichen Verfahrensschritten in Messprozessen sind präzise und operationale Definitionen der zu messenden Objekte und die Konkretisierung der Messverfahren vorzunehmen.[76] Das generelle Messobjekt dieser Untersuchung ist die Qualität der Beteiligungswürdigkeitsprüfung.

Auf Basis der Definition des Qualitätsbegriffes aus Abschnitt 1.3.3 bestimmt sich die Qualität der Beteiligungswürdigkeitsprüfung anhand ihrer Fähigkeit, Portfoliounternehmen zu selektieren, die im Rahmen der investmentpolitischen Ziele der Beteiligungskapitalgesellschaft über ein adäquates Rendite-/Risikoprofil verfügen. Bei dieser zweckorientierten Interpretation des Qualitätsbegriffes ist es wichtig, eine objektive Messung des Zweckmäßigkeitsgrades durchzuführen, um eine auf allgemeinen Konsens treffende Aussage über die jeweilige Qualität der Beteiligungswürdigkeitsprüfung vorzunehmen. Die Erreichung eines adäquaten Rendite-/Risikoprofils kann sich bei Beteiligungskapitalgesellschaften über die objektive Messung des Erfolges feststellen lassen. Dieser Aussage liegt die Annahme zugrunde, dass Beteiligungskapitalgesellschaften mit einem adäquaten Rendite-/ Risikoprofil grundsätzlich erfolgreicher sind. Zur Feststellung des Erfolges werden in der Forschung im

---

[76] Vgl. *Gzuk, R.*, Messung, 1975, S. 3.

Wesentlichen folgende Erfolgsmessansätze verwendet: Jahresabschlusskennzahlen, Markterfolgs-, Wachstums-, Rentabilitäts- und Hybridmaße, subjektive Erfolgskriterien und Insolvenzvermeidung.[77] Für die vorliegende Untersuchung erscheinen aufgrund der besseren Vergleichs- und Erhebungsmöglichkeiten insbesondere Rentabilitätsmaße als Erfolgsmessgrößen relevant. Aus diesem Grunde wird die durchschnittlich erzielte Rendite der einzelnen Beteiligungskapitalgesellschaft als Messgröße zur Bestimmung des Zweckmäßigkeitsgrades und somit der Qualität der Beteiligungswürdigkeitsprüfung verwendet.[78]

Die eindeutige Zurechnung der Qualität der Beteiligungswürdigkeitsprüfung zur erzielten Rendite der Beteiligungskapitalgesellschaft ist theoretisch sicherlich nicht unangreifbar ist. Denn neben der Qualität der Beteiligungswürdigkeitsprüfung existieren noch weitere Einflussfaktoren auf die tatsächlich erzielte Rendite der Beteiligungskapitalgesellschaft (vgl. Abbildung 7). Da die Beteiligungswürdigkeitsprüfung nur einen Bestandteil der gesamten Wertschöpfung der Beteiligungskapitalgesellschaft darstellt, müssten auch noch andere endogene Faktoren wie z. B. die Managementunterstützung oder die Desinvestition der Portfoliounternehmen einen Einfluss auf die erzielte Rendite haben. Darüber hinaus kann die tatsächlich erzielte Rendite auch noch durch eine Reihe exogener Faktoren (wie z. B. Börsensituation zum Zeitpunkt der Desinvestition, allgemeine Konjunkturlage etc.) beeinflusst werden.[79]

---

[77] Zu den einzelnen Erfolgsmessansätzen vgl. im Detail *Schefczyk, M.*, Erfolgsstrategien, 1998, S. 162-165 und die dort angegebene Literatur.

[78] Somit liegt der vorliegenden Arbeit folgende grundsätzliche Annahme zugrunde: je höher die durchschnittlich erzielte Rendite der Beteiligungskapitalgesellschaft, desto besser ist ihre Fähigkeit, Portfoliounternehmen mit gutem Rendite-/Risikoprofil zu selektieren und desto höher ist somit die Qualität ihrer Beteiligungswürdigkeitsprüfung.

[79] Zum Einfluss exogener Faktoren auf die Rendite vgl. *Kulicke, M./Muller, E.*, Renditen, 1994, S. 11.

Abbildung 7 : Einflussfaktoren auf die Rendite von Beteiligungskapitalgesellschaften

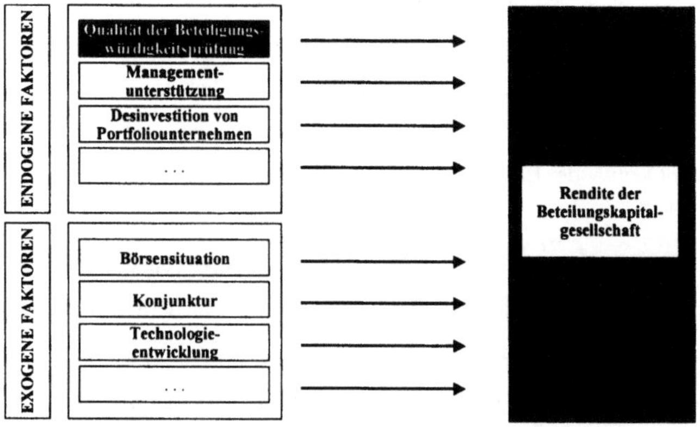

Quelle: Eigene Darstellung

Trotz dieser möglichen Kontingenzbeziehungen soll von den übrigen endogenen und exogenen Einflussfaktoren im Rahmen der vorliegenden Untersuchung abstrahiert werden. Es wird somit die Annahme getroffen, dass die Qualität der Beteiligungswürdigkeitsprüfung den dominierenden Einfluss auf die erzielte Rendite der Beteiligungskapitalgesellschaft hat. Diese Annahme erscheint in Bezug auf die beiden anderen Gruppen von Einflussfaktoren gerechtfertigt zu sein. So wird gegenüber den endogenen Einflussfaktoren die getroffene Hypothese durch die überragende relative Bedeutung der Beteiligungswürdigkeitsprüfung innerhalb der gesamten Wertschöpfung der Beteiligungskapitalgesellschaft bestätigt. Wie Abbildung 8 zeigt, messen über 65 % der im Rahmen der empirischen Untersuchung befragten Beteiligungskapitalgesellschaften der Beteiligungswürdigkeitsprüfung eine höhere Bedeutung bei als den anderen Wertschöpfungsstufen. Den restlichen 35 % der Befragten erscheint die Beteiligungswürdigkeitsprüfung immerhin noch gleich wichtig zu sein.[80]

---

[80] Auch Schween kommt bei seiner empirischen Untersuchung zu dem Schluss, dass in einer sorgfältigen Projektselektion der mit Abstand wichtigste Erfolgsfaktor im Beteiligungskapitalgeschäft liegt; vgl. *Schween, K.*, Corporate Venture-Capital, 1996, S. 246. Zur hohen Bedeutung der BWP vgl. auch *Laub, U. D.*, Bewertung, 1989, S. 138; *Schröder, C.*, Strategien, 1992, S. 165.

Abbildung 8: Relative Bedeutung der Beteiligungswürdigkeitsprüfung aus Sicht der Beteiligungskapitalgesellschaft

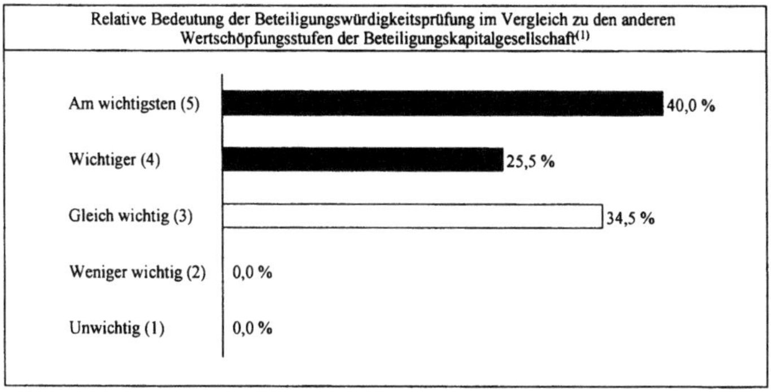

(1) Frage 4: Wie wichtig ist aus Ihrer Sicht die Beteiligungswürdigkeitsprüfung im Vergleich zu den übrigen Aktivitäten Ihrer BKG (Kapitalakquisition, Beteiligungsakquisition, Beteiligungsverhandlung, Managementunterstützung, Desinvestition)?
Quelle: Eigene empirische Untersuchung (N=55)

Die Annahme der Abstraktion der exogenen Einflussfaktoren lässt sich auf der qualitativen Ebene begründen. Denn zum einen sind es gerade auch die exogenen Faktoren, die im Rahmen einer sorgfältigen Beteiligungswürdigkeitsprüfung berücksichtigt werden sollten. Nur bei einer Beurteilung der exogenen Rahmenfaktoren kann im Rahmen einer allgemeinen Unternehmens- und Geschäftsanalyse eine fundierte Aussage über das zukünftige Potenzial eines Unternehmens getroffen werden. So sollten bei der Beurteilung der Zukunftsperspektiven des potenziellen Portfoliounternehmens auch Szenarioanalysen bzgl. z. B. der zukünftigen Konjunktur- und Börsensituation durchgeführt werden. Zum anderen kann davon ausgegangen werden, dass die exogenen Faktoren für sämtliche Beteiligungskapitalgesellschaften während des betrachteten Zeitraumes annähernd identisch waren und somit zur Erklärung einer möglichen Renditevarianz nicht herangezogen werden können.

Zur zusätzlichen Bestätigung der für die Untersuchung wichtigen Annahme über den dominierenden Einfluss der Qualität der Beteiligungswürdigkeitsprüfung auf die erzielte Rendite wurde im Rahmen der Befragung explizit eine subjektive Schätzung der

Kontingenzbeziehung zwischen Rendite und Beteiligungswürdigkeitsprüfung vorgenommen.[81] Der Mittelwert in Höhe von 54 % bestätigt somit nochmals den hohen prozentualen Anteil an der erzielten Gesamtrendite, der aus Sicht der Beteiligungsmanager durch die Beteiligungswürdigkeitsprüfung verursacht wird (vgl. Abbildung 9).

Abbildung 9: Anteil der Beteiligungswürdigkeitsprüfung an der Gesamtrendite

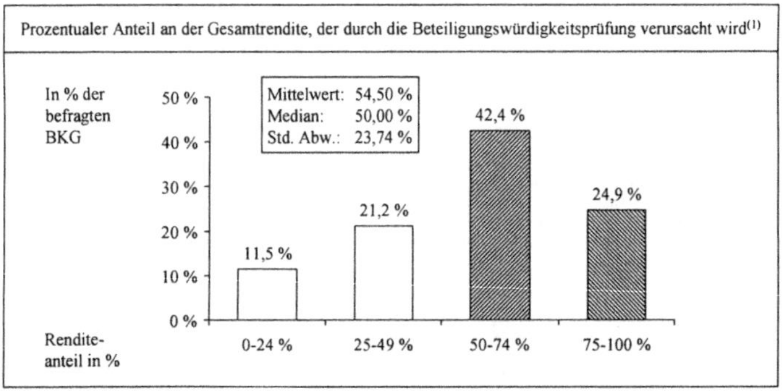

(1) Frage 5: Wie hoch schätzen Sie den prozentualen Anteil an Ihrer erzielten Gesamtrendite, der durch die Beteiligungswürdigkeitsprüfung verursacht wird?
Quelle: Eigene Untersuchung (N = 52)

Problematisch bei der Entwicklung des aufgezeigten Modellrahmens und der erforderlichen Annahmen erschien auch der unterschiedliche Zeitbezug der beiden untersuchten Größen. Denn die Vergleichbarkeit der erzielten, durchschnittlichen Rendite als Vergangenheitsgröße mit der Qualität der Beteiligungswürdigkeitsprüfung als Gegenwartsgröße wäre kritisch.[82]

Aus diesem Grunde wurde der Problematik im Rahmen der empirischen Untersuchung aktiv begegnet. So wurden bei der Erhebung die befragten Beteiligungsmanager explizit mit der Frage konfrontiert, ob sich ihre Beteiligungswürdigkeitsprüfung in den letzten fünf Jahren

[81] Vgl. Frage 5 des Fragebogens (vgl. Anhang I).

[82] Aufgrund der originären Ursächlichkeit müsste eigentlich der Zustand der Beteiligungswürdigkeitsprüfung zum Zeitpunkt der Erstinvestition in die relevanten Portfoliounternehmen betrachtet werden, mit denen die ausgewiesene Rendite erzielt wurde. Da dies aufgrund großer Erhebungsschwierigkeiten nicht möglich ist, muss diese Ungenauigkeit zunächst hingenommen werden.

signifikant verändert hätte.[83] 38 bzw. 68 % der befragten Beteiligungskapitalgesellschaften verneinten diese Frage. Somit stellte sich bei diesen nicht das Problem der mangelnden Vergleichbarkeit. Bei den restlichen 18 bzw. 32 % der Befragten wurden die wesentlichen Veränderungen aufgenommen und im Rahmen der Bearbeitung des Fragebogens berücksichtigt.[84]

Zur Vervollständigung des Modellrahmens zur Messung der Qualität der Beteiligungswürdigkeitsprüfung muss nun noch geklärt werden, welche Renditegröße bei der Messung im Einzelnen verwendet werden soll. Diese Auswahl wird im nachfolgenden Abschnitt kurz erläutert.

1.5.1.1 Internal Rate of Return (IRR) als Erfolgsmaß

Für die vorliegende Untersuchung scheint die "Interne Kapitalverzinsung" das geeignetste Rentabilitätsmaß zur Messung der Qualität der Beteiligungswürdigkeitsprüfung zu sein. Zwei Gründe sind hierfür maßgeblich. Zum einen ist die Methodik der internen Kapitalverzinsung bzw. des internen Zinsfußes ein ausreichend theoretisch fundiertes Maß zur Bestimmung der Rentabilität von Investitionen.[85] Zum anderen scheint sich dieser interne Zinssatz für Investitionen in Portfoliounternehmen, häufig als "Internal Rate of Return" (IRR) bezeichnet, auch in der deutschen Beteiligungsbranche als Standard zur Erfolgsmessung durchgesetzt zu haben, so dass sich entsprechende Daten von den untersuchten Beteiligungskapitalgesellschaften ohne großen Aufwand zur Verfügung stellen lassen sollten.[86]

---

[83] Vgl. Frage 6 des Fragebogens (vgl. Anhang I).

[84] Bei den Befragten mit veränderter Beteiligungswürdigkeitsprüfung hatte vor allem die Analysenintensität im Vergleich zu früher deutlich zugenommen.

[85] Für eine ausführliche Darstellung der Methodik der internen Kapitalverzinsung und der Analyse der Vor- und Nachteile des Verfahrens vgl. z. B. *Runzheimer, B./Barkovic, D.*, Investitionsentscheidungen, 1998, S. 89 ff.

[86] Vgl. *Schober, A.*, Performancemessung, 1995, S. 78. Der Zinsatz wird dabei aus der Ein- und Auszahlungsreihe der Beteiligungskapitalgesellschaft abgeleitet, bei der der Barwert der Zahlungen den Wert Null erreicht.

Nach den Regeln der European Venture-Capital Association (EVCA) zur Ermittlung der IRR wird zwischen drei Renditeebenen unterschieden:[87]

1. *Bruttorendite auf realisierte Beteiligungen* (IRR_1): Bei der Ermittlung dieses internen Zinssatzes werden prinzipiell nur die Zahlungsreihen von Portfoliounternehmen berücksichtigt, die bereits desinvestiert wurden. Die Zahlungsreihen bestehen dabei aus den Barauszahlungen (Investitionen in die Portfoliounternehmen) und den Barrückflüssen (Veräußerungserlöse, Beteiligungserträge usw.) für bzw. aus diesen Portfoliounternehmen.[88]
2. *Bruttorendite auf realisierte und bestehende Beteiligungen* (IRR_2): Bei dieser Renditegröße gelten die gleichen Rechenvorschriften wie bei der IRR_1 jedoch zusätzlich noch für die bestehenden Investitionen in Portfoliounternehmen, die noch nicht desinvestiert wurden. Anstelle des Veräußerungserlöses fließt hier ein nach einheitlichen Richtlinien der EVCA berechneter Endwert in die Renditeberechnung mit ein.[89]
3. *Nettorendite für den Fondsinvestor* (IRR_3): Im Gegensatz zu IRR_1 und IRR_2, welche die Zahlungsströme zwischen Beteiligungskapitalgesellschaft und Portfoliounternehmen messen, bezieht sich die Nettorendite auf die Zahlungsebene zwischen dem Beteiligungskapitalinvestor und der Beteiligungskapitalgesellschaft. Im Vergleich zur IRR_2 werden bei diesem Rentabilitätsmaß zusätzlich noch Gebühren und Kosten der Beteiligungskapitalgesellschaft wie z. B. die Gewinnbeteiligung ("Carried Interest"), die laufende Vergütung der Beteiligungsmanager etc. in die Renditeberechnung mit einbezogen.

Von den dargestellten Renditegrößen ist insbesondere die Nettorendite für Fondsinvestoren (IRR_3) für die Untersuchungsmethodik der vorliegenden Arbeit relevant. Denn neben den allgemeinen Ertragskomponenten berücksichtigt dieses Renditemaß auch die Aufwandseite der Beteiligungskapitalgesellschaft. Dadurch wird eine bessere Messung der Qualität der

---

[87] Zur detaillierten Erläuterung der drei Renditeebenen vgl. *EVCA*, Performance, 1994, S. 4-5; *Schober, A.*, Performancemessung, 1995, S. 78-80; *Schefczyk, M.*, Erfolgsstrategien, 1998, S. 165-167.

[88] Die Ermittlung eines Endwertes für die bestehenden Beteiligungen ist mit erheblichen Unsicherheiten behaftet und ermöglicht Manipulationsmöglichkeiten für die jeweilige Beteiligungskapitalgesellschaft. Als Rahmen hat die EVCA für die Schätzung des Endwertes bestehender Beteiligungen an nicht börsennotierten Portfoliounternehmen Mindeststandards definiert. Demnach sollen Beteiligungen grundsätzlich zu Anschaffungskosten bewertet werden. Unter gewissen Umständen sind aber auch Ausnahmen von diesem Bewertungsgrundsatz möglich. Zu den einzelnen Bedingungen vgl. *Schefczyk, M.*, Erfolgsstrategien, 2000, S. 167; *Schober, A.*, Performancemessung, 1995, S. 79.

[89] Zu den Richtlinien bei der Bewertung bestehender Beteiligungen vgl. *Hertz-Eichenrode, A.*, Performancemessung, 1995, S. 26-27; *Schober, A.*, Performancemessung, 1995, S. 81-85.

Beteiligungswürdigkeitsprüfung im Sinne einer outputorientierten Effizienzbestimmung möglich. Nicht nur die Frage nach der absoluten Selektionsfähigkeit einer Beteiligungskapitalgesellschaft kann durch diese Renditegröße beantwortet werden, sondern die Nettorendite berücksichtigt auch die relative Selektionsfähigkeit der Beteiligungskapitalgesellschaft.[90]

Somit wird in der vorliegenden empirischen Untersuchung die Nettorendite für Investoren (IRR_3) als Renditegröße zur Messung der Qualität der Beteiligungswürdigkeitsprüfung erhoben. Zweifel an der Glaubwürdigkeit der mittels Befragung erhobenen Renditegrößen und eine Unterstellung nach zu positiver Darstellung der einzelnen Beteiligungskapitalgesellschaften erscheinen unangebracht, da eine ausreichende Streuung der Renditen in der Erhebung vorliegt.[91] Somit besteht für die Untersuchung die Möglichkeit einer Unterteilung der einzelnen Gesellschaften in erfolgreiche und weniger erfolgreiche Unternehmen.

Problematisch ist bei der ausschließlichen Verwendung der "Nettorendite für Investoren" als Erfolgsmaß nur die fehlende Berücksichtigung von Risikoaspekten. Zwar wird durch das Renditemaß die Wertentwicklung der Investition sehr gut abgebildet, das damit eingegangene Risiko durch die Beteiligungskapitalgesellschaft wird jedoch außer Acht gelassen. Da die

---

90 Dieser Sachverhalt kann anhand eines Beispiels verdeutlicht werden. Zwei BKG A und B weisen beide eine IRR_2 in Höhe von 25 % p. a. bei DM 50 Mio. investiertem Kapital aus. Auf den ersten Blick hätten also gemäß der Annahme des Messmodells beide dieselbe Qualität in ihrer BWP. Die BKG A hat aber Kosten in Höhe von DM 1 Mio. p. a., die BKG B in Höhe von DM 5 Mio. p. a. Somit erscheint bei der BKG A eine wesentlich höhere Effizienz in ihrer BWP vorzuliegen. Dieser Qualitätsunterschied wird aber erst durch den höheren IRR_3 mit 23 % im Vergleich zur BKG B mit 15 % deutlich.

91 Um das Risiko der zufälligen Betonung untypischer Einzeljahre zu begrenzen, wurde bei den untersuchten Beteiligungskapitalgesellschaften ein Durchschnitt von fünf Jahren erfragt. Zur Vereinfachung und insbesondere zur Optimierung der Auskunftsbereitschaft wurden außerdem fünf bzw. drei Renditeklassen vorgegeben; vgl. Frage 42 bzw. Frage 43 des Fragebogens im Anhang.

Qualität der Beteiligungswürdigkeitsprüfung aber definiert ist als die Fähigkeit, Portfoliounternehmen mit einem guten Risiko-/ Renditeprofil zu identifizieren, muss neben der Renditekomponente auch das eingegangene Risiko der Beteiligungskapitalgesellschaft im Rahmen des Messmodells berücksichtigt werden.[92]

Aus diesem Grunde wird im nachfolgenden Abschnitt ein geeignetes Insolvenzkriterium als weitere Erfolgsgröße ausgewählt, um eine explizite Berücksichtigung des eingegangenen Risikos im Rahmen des Messmodelles vorzunehmen.

1.5.1.2 Insolvenzkriterium als weitere Erfolgsgröße

Grundsätzlich kommen für die Berücksichtigung des eingegangenen Risikos auf Gesamtportfolioebene aus Sicht der Beteiligungskapitalgesellschaft drei Risikomaße in Frage:

1. Die durchschnittliche *Ausfallquote* der Beteiligungskapitalgesellschaft definiert als der Buchwert der liquidierten Beteiligung in Prozent des Gesamtportfolios.
2. Die *Standardabweichung* der Renditen der Beteiligungskapitalgesellschaft
3. Die *Beta-Faktoren* der Beteiligungskapitalgesellschaft[93]

Die beiden zuletzt genannten Risikomaße lassen sich in erster Linie nur für börsennotierte Beteiligungskapitalgesellschaften ermitteln. In Deutschland ist aber der überwiegende Teil der Beteiligungskapitalgesellschaften nicht börsennotiert.[94] Aus diesem Grunde wird im Rahmen des Messmodells der vorliegenden Arbeit auf die durchschnittliche Ausfallquote der

---

92 Die Notwendigkeit zur Berücksichtigung des eingegangenen Risikos zeigt folgendes Beispiel: Bei ausschließlicher Betrachtung der Rendite würden zwei BKG, die beide ein IRR_3 in Höhe von 25 % erzielen, gemäß der Annahme des Modells über die gleiche Qualität in der BWP verfügen. Bei einer Berücksichtigung des eingegangenen Risikos z. B. mit Hilfe der Ausfallrate der BKG lässt sich aber feststellen, dass die BKG A mit einer Ausfallrate in Höhe von 30 % wesentlich höhere Risiken eingegangen ist als die BKG B mit einer Ausfallrate von durchschnittlich 5 %. Somit kann im Rahmen des Modells angenommen werden, dass die BWP bei der BKG A über eine schlechtere Qualität verfügen muss als die BWP der BKG B. Denn letztlich hat die BWP bei der BKG A relativ betrachtet eine geringere Fähigkeit gezeigt entsprechende PU zu selektieren als die BWP der BKG B.

93 Zu den einzelnen Risikomaßen vgl. *Chiampou, G. F./Kallett, J. J.*, Risk Return Profile, 1989, S. 6-8; *Kleimann, R. T./Shulmann, J. M.*, Risk-Return Attributes, 1992, S. 201-207.

94 Anfang 2001 sind insgesamt sogar nur fünf BKG in Deutschland börsennotiert: Die Deutsche Beteiligungs AG – Unternehmensbeteiligungsgesellschaf, die GUB Unternehmensbeteiligungen AG, die Knorr Capital Partner AG, die Konsortium AG und die TFG Venture-Capital AG.

Beteiligungskapitalgesellschaft als relevantes Risikomaß zurückgegriffen. Bei der Verwendung der Ausfallquote handelt es sich nur um ein einfaches Hilfsmittel zur Verdeutlichung des eingegangenen Risikos. Die Ausfallquote kann keinen exakten und aus finanzwirtschaftlicher Perspektive befriedigenden Risikomaßstab darstellen, da sie nur tatsächlich realisierte Misserfolge anstelle des Risikos im eigentlichen Sinne abbildet.[95] Da aber ansonsten in der Praxis des Beteiligungskapitalgeschäftes Risikomessungen fast vollständig fehlen, stellt die Ausfallquote für die vorliegende Untersuchung die praktikabelste Möglichkeit zur Risikomessung dar.[96]

1.5.2 Datenerhebung und Stichprobe der Untersuchung

1.5.2.1 Erhebungsmethode und Erhebungsinstrumentarium

Im Rahmen der empirischen Untersuchung galt es zunächst die zugrunde liegende Erhebungsmethode zu entwickeln, das für die Themenstellung passende Erhebungsinstrumentarium auszuwählen und die spätere Vorgehensweise bei der Auswertung der Studie festzulegen. Im Wesentlichen sollten dabei fünf Aufgaben bearbeitet werden. Erstens mussten die auf Basis der Hypothesen zu erfassenden Variablen konkretisiert und operationalisiert werden. Daran anschließend wurde das notwendige Erhebungsverfahren festgelegt. Nach der frühzeitigen Festlegung der späteren Auswertungserfordernisse konnte dann der Fragebogen für die schriftliche Befragung entwickelt werden. Zum Schluss wurde noch die Konzipierung der zeitlichen Struktur und des Detailablaufs der empirischen Untersuchung vorgenommen.

Auf Basis einer intensiven Literaturanalyse wurden zunächst die für die Fragestellung relevanten Hypothesen aufgestellt. Auf Basis dieser Hypothesen konnten dann die entsprechenden Variablen abgeleitet werden, die es im Rahmen der empirischen Untersuchung zu erfassen galt. Anschließend wurden sowohl die Forschungshypothesen als auch die Variablen in persönlichen Gesprächen mit Entscheidungsträgern ausgewählter

---

95 Letztendlich kann die Ausfallquote ein Indiz für das Risiko sein, mit dem eine erzielte Rendite "erkauft" wurde; vgl. *Schefczyk, M.*, Erfolgsstrategien, 1998, S. 169.

96 Die Erfolgsmessung in der vorliegenden Untersuchung ist eher ein Mittel zum Zweck und nicht Kern des Forschungsgegenstandes dieser Arbeit. Dennoch besteht für die Weiterentwicklung der Risikomaße im Beteiligungskapitalgeschäft sicherlich einiger Forschungsbedarf in der Zukunft.

Beteiligungskapitalgesellschaften auf ihre Relevanz hin überprüft. Auf Basis dieser Gespräche wurden dann irrelevante Hypothesen bzw. Variablen aus der Untersuchung gestrichen und neue Hypothesen bzw. Variablen, die bisher nicht aus den Ergebnissen der Literaturanalyse abgeleitet werden konnten, in die Arbeit mit aufgenommen.

Bei der Festlegung des geeigneten Erhebungsverfahrens musste vor allem berücksichtigt werden, dass die Fragestellung der Studie einen sehr sensiblen und vielschichtigen Bereich des Beteiligungskapitalgeschäftes berührt. Denn zum einen bezieht sich die Frage nach der Beteiligungswürdigkeitsprüfung auf die Kernkompetenz einer Beteiligungskapitalgesellschaft, und zum anderen ist eine Frage nach der erzielten Rendite und nach der Ausfallquote im Allgemeinen immer als kritisch zu betrachten. Vor diesem Hintergrund wurde als Erhebungsverfahren neben der schriftlichen Befragung in Form eines standardisierten Fragebogens zusätzlich das persönliche Interview gewählt.[97] Durch den Weg der schriftlichen Befragung konnte eine möglichst hohe Objektivität der Ergebnisse sichergestellt und ein Vergleich der Ergebnisse zu anderen empirischen Untersuchungen ermöglicht werden. Die persönliche Befragung vor Ort oder per Telefon hingegen erhöhte die Antwortwahrscheinlichkeit bei den besonders sensiblen Fragen nach der Rendite und der Ausfallrate und konnte weitere qualitative Ergebnisse für die komplexe Themenstellung der vorliegenden Arbeit generieren.[98] Gesprächspartner bei den Interviews waren in der Regel Entscheidungsträger der ersten Führungsebene wie Geschäftsführer bzw. Vorstände der Beteiligungskapitalgesellschaften. Die einzelnen Interviews dauerten im Durchschnitt 90 Minuten.

Vor der Entwicklung des eigentlichen Fragebogens mussten zunächst die späteren Auswertungserfordernisse der Studie festgelegt werden. So sollte mit Hilfe der Diskriminanzanalyse der Nachweis unterschiedlicher Teilmarktsegmente im deutschen Beteiligungskapitalmarkt erbracht werden, um darauf aufbauend, die Hypothese einer unterschiedlichen Vorgehensweise der einzelnen Marktsegmente bei der Beteiligungswürdigkeitsprüfung

---

[97] Zu den Vorteilen der Befragung in Form von Interviews vgl. *Köhler, R.*, Forschungskonzeptionen, 1977, S. 24 f.

[98] Die über den Inhalt des Fragebogens hinausgehenden Informationen der Gesprächspartner wurden schriftlich festgehalten und hinsichtlich der wesentlichen Aussagen in die Auswertung mit einbezogen. Zu den verschiedenen Interviewtechniken der empirischen Sozialforschung vgl. *Friedrichs, J.*, Methoden, 1983, S. 207-236.

untersuchen zu können. Die Prüfung der Hypothesen wurde dabei mit Hilfe von Varianzanalysen durchgeführt.[99] Die eigentliche Qualitätsmessung erfolgte mit bivariaten Korrelationsanalysen oder bei Bedarf ebenfalls mittels Varianzanalysen.

Aufgrund der frühzeitigen Berücksichtigung der Auswertungserfordernisse und des guten Vorverständnisses der Thematik konnten bei der Konzipierung des Fragebogens weitgehend geschlossene Fragen verwendet werden.[100] Dadurch wurde sichergestellt, dass sich das gewonnene Datenmaterial für anspruchsvollere statistische Auswertungen eignet.[101] Die Erhebung der Variablenausprägung erfolgte in erster Linie durch Rating-Skalen. Für den in dieser Studie verwendeten Fragebogen wurde eine fünfstufige Skala gewählt, da sie eine hinreichende und zugleich sinnvolle Differenzierung der Variablenausprägung ermöglicht, ohne die Differenzierungskapazität des Urteilers zu überfordern. Zur Gewährleistung einer zielorientierten Befragung sowie einer hohen Zuverlässigkeit und Gültigkeit der Aussagen wurden vor der Durchführung der Hauptuntersuchung Pre-Test-Gespräche mit insgesamt vier Beteiligungskapitalgesellschaften geführt. Das Antwortverhalten der Befragten hatte ergeben, dass der größte Teil der Fragen verständlich formuliert war. Dennoch wurden einige Fragestellungen nochmals kritisch überarbeitet, Umformulierungen, Ergänzungen sowie formale Korrekturen vorgenommen.

Die empirische Untersuchung startete im Herbst 1997 mit einer intensiven Literaturanalyse. Im März 1998 wurde erstmals die empirische Relevanz der auf Basis der Literaturanalyse aufgestellten Hypothesen überprüft. Anschließend wurde mit Hilfe der Gesprächsergebnisse der Fragebogen im Sommer 1998 erstellt. Die Pre-Test-Gespräche für die Überprüfung des Fragebogens erfolgten anschließend im September 1998. Nach der Einarbeitung der entsprechenden Änderungen wurde die breite Hauptuntersuchung innerhalb von vier Monaten

---

99 Da eine ausführliche Darstellung der einzelnen Ergebnisse der Varianzanalyse den Umfang der Arbeit bei weitem übersteigen würde, beschränken sich die einzelnen Darstellungen in der Arbeit auf die Angabe der jeweiligen Gruppenmittelwerte der interessierenden Variablen unter Angabe des jeweiligen Signifikanzniveaus. Dabei wird die Signifikanz durch die Irrtumswahrscheinlichkeit ("p"- bzw. "F-Probability“) angegeben. Folgender Sprachgebrauch wird in der vorliegenden Untersuchung verwendet: $p > 0.05$ = nicht signifikant, $p \leq 0.05$ = signifikant (*), $p \leq 0.01$ = sehr signifikant (**) und $p \leq 0.001$ = höchst signifikant (***); vgl. *Zöfel, P.*, Varianzanalysen, 1992, S. 30.

100 Der Fragebogen ist im Anhang I der vorliegenden Arbeit beigefügt.

101 Bei der Auswertung der Daten der empirischen Untersuchung wurde die Statistikstandardsoftware SPSS/PC eingesetzt; zur Anwendung von SPSS vgl. *Voß, W.*, Statistik, 2000; *Bühl, A./Zöfel, P.*, Datenanalyse, 2000.

von Ende Oktober 1998 bis Ende Februar 1999 durchgeführt. Die Auswertung der Daten wurde bis Mai 1999 vorgenommen, und die wesentlichen Ergebnisse wurden in die vorliegende Arbeit integriert.

Zum detaillierteren Verständnis der empirischen Untersuchungen wird im nun abschließenden Kapitel der Einführung der Arbeit die Repräsentativität der Stichprobe hergeleitet und analysiert.

1.5.2.2 Repräsentativität der Stichprobe

Den Beteiligungskapitalmarkt in Deutschland kann man auf der obersten Segmentierungsebene in einen organisierten und in einen nicht-organisierten Markt unterteilen. Untersuchungsgegenstand der vorliegenden Arbeit ist aber aufgrund mangelnder Transparenz des nicht-organisierten Beteiligungskapitalmarktes nur der organisierte Teil.[102] Innerhalb dieses organisierten Marktsegmentes werden wiederum nur Beteiligungskapitalgesellschaften mit einem offiziellen Firmensitz in Deutschland untersucht, d. h. ausländische Gesellschaften ohne eine Niederlassung oder Repräsentanz in Deutschland, die direkt aus dem Ausland in Deutschland investieren, wurden nicht in die Studie mit einbezogen.[103] Darüber hinaus beschränkt sich die vorliegende Untersuchung auf die Betrachtung primär erwerbswirtschaftlich-orientierter Beteiligungskapitalgesellschaften und schließt somit die Gesellschaften, die überwiegend öffentliche Wirtschaftsförderung betreiben, aus.[104]

---

102 Beim nicht-organisierten Beteiligungskapitalmarkt wird Beteiligungskapital vor allem über sog. "Business Angels" vermittelt. Unter "Business Angels" werden erfahrenere Manager verstanden, die sowohl über Gründungs- und Geschäftserfahrung als auch über ein liquides Vermögen von über USD 1 Mio. verfügen. In den USA bspw. schätzt man, dass jedes Jahr Beteiligungskapital in Höhe von ca. USD 15 Mrd. von "Business Angels" in Portfoliounternehmen investiert wird. Für Deutschland liegen bisher zu diesem Markt noch keine aussagefähigen Schätzungen vor; vgl. *Hake, B.*, Firmengründer, 1998, S. 226.

103 Aufgrund der mangelnden Transparenz muss die direkte Investition von Kapital aus dem Ausland von der Untersuchung ausgeschlossen werden; vgl. hierzu auch *Achleitner, A.-K.*, Investment-Banking, 1999, S.562.

104 Der Grund für den Ausschluss liegt zum einen in der durch die verschiedenen Zielsetzungen geprägten unterschiedlichen Vorgehensweise in der Selektion von potentiellen Portfoliounternehmen, zum anderen in der möglichen Fehlinterpretation der Qualitäts- bzw. Renditemessung aufgrund der fehlenden Renditeorientierung.

Weiteres einschränkendes Kriterium für die Bestimmung der Grundgesamtheit ist der Zeitpunkt der Gründung der Beteiligungskapitalgesellschaften. So werden in der Studie nur Gesellschaften berücksichtigt, die vor dem 31. Dezember 1997 gegründet wurden. Zwar machen die an der Untersuchung teilnehmenden Beteiligungskapitalgesellschaften, deren Gründung zwischen 1995 und Ende 1997 erfolgte, auch keine Angaben zu den erfragten Renditegrößen, da aber diese Gesellschaften in der Regel auch noch keine ausreichende Anzahl von Portfoliounternehmen wieder desinvestiert haben, wäre eine aussagefähige Renditemessung verfrüht bzw. nicht möglich. Aus diesem Grunde wurde bei diesen Gesellschaften auf eine Renditemessung verzichtet. Nichts desto trotz wurden die sonstigen Angaben bei den rein deskriptiven Analysen berücksichtigt.

Da eine Analyse einzelner Projekte oder einzelner Fonds über ihre Lebensdauer den zeitlichen Rahmen der Studie überschreiten würde, wird in der vorliegenden Arbeit eine sogenannte Querschnittsanalyse von Beteiligungskapitalgesellschaften durchgeführt.[105] Untersuchungseinheiten sind Beteiligungskapitalgesellschaften der oben skizzierten Grundgesamtheit. Der überwiegende Teil dieser Gesellschaften ist im Bundesverband deutscher Kapitalbeteiligungsgesellschaften – German Venture-Capital Association e. V. (BVK) zusammengeschlossen. Es konnten aber auch einige Beteiligungskapitalgesellschaften aus der Grundgesamtheit von der Teilnahme an der Untersuchung überzeugt werden, die nicht Mitglied im BVK sind.[106]

Die Ermittlung der Grundgesamtheit erfolgte somit im Wesentlichen auf Basis der Angaben des BVK.[107] Darüber hinaus wurden weitere Quellen wie das Mitgliederverzeichnis der EVCA, die Markus-Datenbank und allgemeine Zeitungsveröffentlichungen genutzt, um eine vollständige Erhebung der Grundgesamtheit zu gewährleisten.[108] Auf Basis dieser Angaben konnten bis zum 31. Dezember 1997 insgesamt 68 primär erwerbswirtschaftliche

---

[105] Zu den Verfahren der Querschnittsanalyse vgl. *Friedrichs, J.*, Methoden, 1983, S. 116 und S. 236-246.

[106] Die von einigen Forschern in der Vergangenheit beklagte mangelnde Kooperationsbereitschaft von Beteiligungskapitalgesellschaften gegenüber Forschungsanliegen kann im Rahmen dieser Studie in keinster Weise bestätigt werden; vgl. z. B. *Fendel, A.*, Investmententscheidungsprozesse, 1987, S. 11; *Wrede, T.*, Venture-Capital, 1987, S. 98 f.; *Pichotta, A.*, Prüfung, 1990, S. 11.

[107] Vgl. *BVK*, Jahrbuch, 1998 und *BVK*, Directory, 1998.

[108] Vgl. *EVCA*, Yearbook, 1998.

Beteiligungskapitalgesellschaften mit Firmensitz in Deutschland als Grundgesamtheit für die eigene Untersuchung identifiziert werden (vgl. Abbildung 10).

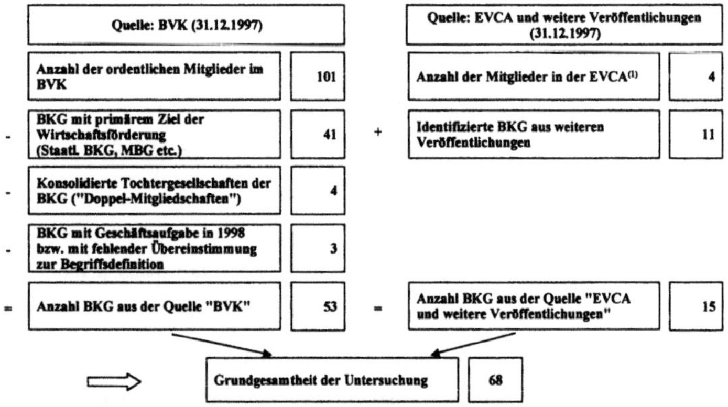

Abbildung 10: Ermittlung einer vollständigen Grundgesamtheit für die Untersuchung

(1) Nur Beteiligungskapitalgesellschaft in Deutschland und nur Mitglieder, die nicht gleichzeitig Mitglied im BVK sind
Stand: 31. Dezember 1997
Quellen: BVK, Directory, 1998; EVCA, Yearbook, 1998; *Schefczyk, M.*, Erfolgsstrategien, 1998, S. 426-429; eigene Untersuchung

Sämtliche 68 Beteiligungskapitalgesellschaften wurden zunächst vom Verfasser telefonisch kontaktiert, um sie persönlich von einer Teilnahme an der empirischen Untersuchung zu überzeugen. Insgesamt erklärten sich 60 Beteiligungskapitalgesellschaften bereit, an der Studie teilzunehmen. 43 dieser Gesellschaften wurden persönlich vor Ort interviewt. Bei 13 Beteiligungskapitalgesellschaften wurden im Rahmen eines längeren Telefonates die wesentlichen Fragestellungen geklärt. Sämtliche der 56 Beteiligungskapitalgesellschaften reichten jeweils einen nahezu vollständig bearbeiteten Fragebogen ein.[109] Vier Gesellschaften konnten zwar nicht überzeugt werden, den Fragebogen zu bearbeiten. Dennoch konnte mit ihnen ein ausführliches persönliches Gespräch geführt werden. Die qualitativen Ergebnisse dieser Gespräche wurden dann bei Auswertung der empirischen Untersuchung berücksichtigt.

[109] Aufgrund der teilweise höchst sensiblen Daten wurde den an der Untersuchung teilnehmenden Beteiligungskapitalgesellschaften absolute Vertraulichkeit zugesichert. Aus diesem Grunde wird auch von einer Veröffentlichung der einzelnen Namen der Teilnehmer der empirischen Untersuchung abgesehen.

Die Berechnung der Repräsentativität der Stichprobe erfolgt für zwei unterschiedliche Bezugsgrößen. Die Aussagekraft der Studie soll sowohl im Vergleich mit der absoluten Anzahl der Beteiligungskapitalgesellschaften als auch in Bezug auf das von den Beteiligungskapitalgesellschaften in Portfoliounternehmen investierte Kapital verdeutlicht werden. Innerhalb dieser beiden Bezugsgrößen wird die Repräsentativität nochmals nach BVK-Mitgliedern und nach Beteiligungskapitalgesellschaften, die nicht im BVK organisiert sind ("Nicht-BVK-Mitglieder"), unterschieden.[110] Für den Gesamtmarkt der primär erwerbswirtschaftlich orientierten Beteiligungskapitalgesellschaften erreicht die vorliegende

Abbildung 11: Repräsentativität der Studie im Überblick

Repräsentativität bezogen auf die Anzahl der Beteiligungskapitalgesellschaften	**Anzahl**
1. **Grundgesamtheit der Untersuchung**	
Anzahl BKG gesamt(1):	**68**
• **davon BVK-Mitglieder:**	**53**
• **davon "Nicht-BVK-Mitglieder":**	**15**
2. **Stichprobenumfang der Untersuchung**	
Anzahl BKG gesamt:	**60**
• **davon BVK-Mitglieder:**	**46**
• **davon "Nicht-BVK-Mitglieder":**	**14**
3. **Repräsentativität der Untersuchung**	
Anzahl BKG gesamt:	**88,2 %**
• **davon BVK-Mitglieder:**	**86,8 %**
• **davon "Nicht-BVK-Mitglieder":**	**93,3 %**

Repräsentativität bezogen auf das investierte Kapital der Beteiligungskapitalgesellschaft	**Investiertes Kapital (in Mio. DM)**
1. **Grundgesamtheit der Untersuchung**	
Anzahl BKG gesamt(1):	**9.519,2**
• **davon BVK-Mitglieder:**	**5.154,2**
• **davon "Nicht-BVK-Mitglieder":**	**4.365,0**
2. **Stichprobenumfang der Untersuchung**	
Anzahl BKG gesamt:	**9.140,4**
• **davon BVK-Mitglieder:**	**4.790,4**
• **davon "Nicht-BVK-Mitglieder":**	**4.350,0**
3. **Repräsentativität der Untersuchung**	
Anzahl BKG gesamt:	**96,0 %**
• **davon BVK-Mitglieder:**	**92,9 %**
• **davon "Nicht-BVK-Mitglieder":**	**99,7 %**

(1) Stand: 31. Dezember 1997
Quellen: BVK, Directory, 1998; EVCA, Yearbook, 1998; *Schefzyk, M*; Erfolgsstrategien, 1998, S. 426-429; eigene Untersuchung

[110] Diese Unterscheidung wurde bewusst vorgenommen, da im Rahmen der vorliegenden Arbeit erhebliche Unterschiede zwischen den vom BVK veröffentlichten Daten zu den "Nicht-BVK-Mitgliedern" und den in der eigenen Erhebung ermittelten Daten festgestellt wurden. So umfasste das vom BVK veröffentlichte investierte Kapital durch "Nicht-BVK-Mitglieder" 1997 ein Volumen von DM 703,1 Mio. Bei der eigenen Primärerhebung wurde aber auf Basis der Angaben der teilnehmenden Beteiligungskapitalgesellschaften ein Volumen für das investierte Kapital in Höhe von DM 4.365,0 Mio. errechnet. Ursache für diese erhebliche Abweichung scheint die unvollständige Erfassung der "Nicht-BVK-Mitglieder" durch den BVK zu sein. Diese Vermutung wird durch die Tatsache bestätigt, dass bspw. die BW Kapitalbeteiligungsgesellschaft mbH für 1997 ein Beteiligungsvolumen von DM 700 Mio. veröffentlichte, und somit bereits ein einziges "Nicht-BVK-Mitglied" das angegebene Gesamtvolumen des BVK erreicht; vgl. *o. V.*, Branchenspitze, 1998, S. 20.

Studie bezogen auf die Anzahl der Beteiligungskapitalgesellschaften eine Repräsentativität von 88,2 %, bezogen auf das investierte Kapital eine Repräsentativität von 96,0 %. Abbildung 11 zeigt die Repräsentativität der Studie im Überblick. Angesichts dieser extrem hohen Repräsentativität der Stichprobe kann bei der vorliegenden Studie annähernd von einer Totalerhebung gesprochen werden. Die definierte Grundgesamtheit stimmt mit der Stichprobe der empirischen Untersuchung nahezu vollständig überein. Es kann also angenommen werden, dass die durch die Untersuchung generierten Daten den deutschen Beteiligungskapitalmarkt für primär erwerbswirtschaftlich orientierte Beteiligungskapitalgesellschaften zur Zeit am besten beschreiben können. Insofern kann an dieser Stelle von einer detaillierten Charakterisierung der Stichprobe abgesehen werden.[111] Vielmehr werden die Daten teilweise zur Beschreibung der Zusammenhänge des Beteiligungskapitalmarktes im nachfolgenden Kapitel 2 der Arbeit genutzt.

[111] Da die Stichprobe mit der Grundgesamtheit nahezu vollständig übereinstimmt, muss nicht erst bewiesen werden, dass die Charakteristika der Stichprobe mit den Eigenschaften der Grundgesamtheit übereinstimmen.

2 Zusammenhänge des Beteiligungskapitalmarktes

Im einleitenden Kapitel wurde bereits im Rahmen der Definition des Beteiligungskapitalbegriffes deutlich, dass die Beteiligungskapitalfinanzierung eine komplexe Finanztechnologie darstellt. Die Komplexität wird zum einen durch die jeweiligen Finanzierungsbedürfnisse der Portfoliounternehmen verursacht, die in Abhängigkeit ihrer spezifischen Entwicklungsphase im Lebenszyklus unterschiedlich sein können. Zum anderen erhöhen die Beteiligungskapitalgesellschaften selbst den Komplexitätsgrad der Beteiligungskapitalfinanzierung. Die verschiedene strategische Ausrichtung der Gesellschaften in Bezug z. B. auf die Zusammensetzung ihres Beteiligungsportfolios, die Struktur ihrer Investoren und die Ausprägung ihrer Wertschöpfungstiefe führt zu einer unterschiedlichen Verwendung der Finanztechnologie "Beteiligungskapital". Das Verständnis dieser Komplexität und der damit einhergehenden Zusammenhänge ist aber eine notwendige Voraussetzung, um die Beteiligungswürdigkeitsprüfung durch Beteiligungskapitalgesellschaften richtig einschätzen und analysieren zu können.

Zielsetzung des folgenden Kapitels ist es daher, zum einen die Zusammenhänge des Beteiligungskapitalmarktes aufzuzeigen und zum anderen eine Einordnung der Beteiligungswürdigkeitsprüfung in den Gesamtkontext des Beteiligungskapitalmarktes vorzunehmen. Aus diesem Grunde werden im Abschnitt 2.1 zunächst die Besonderheiten der einzelnen Phasen der Beteiligungskapitalfinanzierung herausgearbeitet. Auf Basis des Lebenszykluskonzeptes der Unternehmen werden der idealtypische Ablauf und die spezifischen Anforderungen der Beteiligungskapitalfinanzierung abgeleitet. Im Abschnitt 2.2 wird dann das Beziehungsgefüge zwischen Beteiligungskapitalnehmer, Beteiligungskapitalinvestor und Beteiligungskapitalgesellschaft dargestellt, und die Charakteristika der einzelnen Marktteilnehmer und ihrer spezifischen Implikationen für die Beteiligungswürdigkeitsprüfung werden beschrieben.

Bei der Betrachtung der Beteiligungskapitalgesellschaften erfolgt im Abschnitt 2.2.3.3 die Herleitung eines neuen Segmentierungsansatzes, der die Beteiligungskapitalgesellschaften in eindeutig voneinander abgrenzbare Teilmarktsegmente untergliedert. Im späteren Verlauf der Untersuchung ist es mit Hilfe dieses Erklärungsmusters möglich, die unterschiedlichen

Eigenschaften der Beteiligungswürdigkeitsprüfung der einzelnen Segmente heraus zu arbeiten und mögliche qualitätserhöhende Einflussfaktoren zu erforschen.[112]

Im nachfolgenden Abschnitt 2.3 erfolgt dann die Einordnung der Beteiligungswürdigkeitsprüfung in den Wertschöpfungsprozess der Beteiligungskapitalgesellschaften. Ziel dieses Abschnittes ist das Verständnis der Beteiligungswürdigkeitsprüfung auf der Mikroebene, um die relative Position und Bedeutung der Beteiligungswürdigkeitsprüfung in den einzelnen Beteiligungskapitalgesellschaften herauszuarbeiten und Anforderungen der einzelnen Wertschöpfungsstufen an die Beteiligungswürdigkeitsprüfung abzuleiten. Zum abschließenden Verständnis der Zusammenhänge des Beteiligungskapitalmarktes erfolgt im Abschnitt 2.4 eine Darstellung der Entwicklung und Struktur des deutschen Beteiligungskapitalmarktes.

2.1 Phasen der Beteiligungskapitalfinanzierung

Bereits bei der Definition des Beteiligungskapitalbegriffes wurde ersichtlich, dass Beteiligungskapitalgesellschaften Eigenkapital oder eigenkapitalähnliche Mittel in Portfoliounternehmen investieren, die sich in verschiedenen Lebenszyklusphasen befinden können. In Abhängigkeit der Phase der Unternehmensentwicklung führen die einzelnen Portfoliounternehmen jeweils unterschiedliche Vorhaben durch, für die sich wiederum unterschiedliche Finanzierungserfordernisse ergeben. Art des Vorhabens und somit auch die Phase der Unternehmensentwicklung haben folglich unterschiedliche Finanzierungsbedürfnisse der Portfoliounternehmen zur Folge und führen zu unterschiedlichen Anforderungen an

---

[112] Die Differenzierung in einzelne Teilmarktsegmente hat für die gesamte Studie eine hohe Bedeutung, da auf der einen Seite davon auszugehen ist, dass sich die Beteiligungswürdigkeitsprüfung der einzelnen Teilmarktsegmente erheblich unterscheidet. Auf der anderen Seite ist dem Autor bisher keine Forschungsarbeit bekannt, die eine differenzierte Betrachtungsweise der Beteiligungswürdigkeitsprüfung nach Marktsegmenten vornimmt. Somit wird durch die explizite Berücksichtigung der verschiedenen Teilmarktsegmente bei der Auswertung der empirischen Ergebnisse eine weitere Forschungslücke geschlossen. Nur Bygrave/Timmons stellen in ihrer Arbeit für den amerikanischen Markt fest, dass sich die einzelnen Investmentkriterien in Abhängigkeit von der Strategie und Spezialisierung der Beteiligungskapitalgesellschaft deutlich voneinander unterscheiden müssten, ohne diese Behauptung aber empirisch belegen zu können; vgl. *Bygrave, W. D./Timmons J. A.*, Venture-Capital, 1992, S. 6.

die Beteiligungskapitalgesellschaften.[113] Aus diesem Grunde werden zunächst auf Basis des Lebenszykluskonzeptes der Unternehmen die unterschiedlichen Eigenschaften der einzelnen Finanzierungsphasen herausgearbeitet, bevor dann im nachfolgenden Abschnitt 2.2.1 den einzelnen Finanzierungsphasen verschiedene Unternehmenstypen zugeordnet und die Implikationen der entsprechenden Portfoliounternehmen für die Beteiligungswürdigkeitsprüfung herausgearbeitet werden.

Im Allgemeinen kann der Lebenszyklus eines Unternehmens in einzelne Entwicklungsphasen unterteilt werden.[114] Die Übergänge der Phasen sind dabei fließend und der Verlauf des Entwicklungsprozesses ist unternehmensindividuell gestaltbar. Aus diesem Grunde werden die unterschiedlichen Eigenschaften der Finanzierungsphasen anhand eines idealtypischen Phasenverlaufes herausgearbeitet. In Abbildung 12 ist das überwiegend in der Literatur verwendete Phasenmodell der Beteiligungskapitalfinanzierung dargestellt.[115] In diesem Modell sind die einzelnen Entwicklungsphasen, die (Portfolio-)Unternehmen idealtypischerweise durchlaufen, zu erkennen und die Konsequenzen für die Unternehmensfinanzierung aufgeführt. Demnach lassen sich die Phasen der Beteiligungskapitalfinanzierung in eine Gründungsphase (sog. "Early-Stage-Financing"), in eine Wachstums- bzw. Erweiterungsphase (sog. "Expansion-Stage-Financing") und in eine Reifephase (sog. "Late-Stage-Financing") unterteilen.[116] Innerhalb der einzelnen Phasen kann eine weitere Untergliederung in einzelne Entwicklungsstufen vorgenommen werden. Im Folgenden werden die Eigenschaften der einzelnen Phasen beschrieben und insbesondere ihre finanzierungsrelevanten Konsequenzen herausgearbeitet.[117]

---

[113] Vgl. *Pence, C. C.*, Investment Decisions, 1981, S. 1 ff.

[114] Durch die Verknüpfung des klassischen Lebenszyklusmodelles eines (innovativen) Produktes mit dem eines Unternehmens wird implizit die vereinfachende Annahme getroffen, dass es sich bei dem betrachteten Unternehmen um ein Einproduktunternehmen handelt.

[115] Die Turnaround-Finanzierung ist dabei nicht abgebildet, da diese Phase nicht eindeutig in den zeitlichen Ablauf eingeordnet werden kann.

[116] Da die englischen Bezeichnungen der einzelnen Finanzierungsphasen vollständig in die deutschsprachige Literatur übernommen wurden, sollen sie auch im Rahmen der vorliegenden Arbeit verwendet werden; vgl. *Leopold, G.*, Gewinnung, 1993, S. 356; *BVK*, Jahrbuch, 1998, S. 90.

[117] Ergänzend sei noch darauf hingewiesen, dass der gesamte Zyklus der Beteiligungskapitalfinanzierung neben der beschriebenen Investitionsphase noch die Phase der Managementunterstützung und der Desinvestition des Portfoliounternehmens umfasst; vgl. hierzu Abschnitt 2.3.5 bzw. Abschnitt 2.3.6.

Abbildung 12: Phasenmodell der Beteiligungskapitalfinanzierung

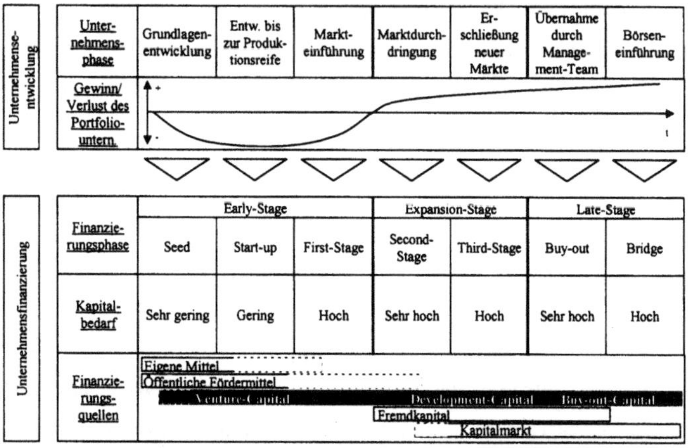

Quellen: In Anlehnung an *Schmidtke, A.*, Praxis, 1985, S. 50; *Klemm, H.A.*, Innovationsvorhaben, 1988, S.41

2.1.1 Early-Stage-Financing-Phase

Die Early-Stage-Financing-Phase der Beteiligungskapitalfinanzierung kann in drei idealtypisch aufeinanderfolgende Finanzierungsphasen unterteilt werden: in das "Seed-Financing", das "Start-up-Financing" und das "First Stage-Financing".[118] Bei allen drei Phasen handelt es sich letztlich um die Finanzierung von Gründungsunternehmen. Die einzelnen Phasen unterscheiden sich hinsichtlich des Zeitpunktes bzw. des Anlasses, zu dem im Prozess der Unternehmensgründung eine Finanzierung stattfindet.

In der Seed-Financing-Phase existiert zunächst nur eine Idee bzw. die Vorstellung für eine Produktkonzeption. Der Unternehmer befindet sich erst in der Vorbereitung der eigentlichen Firmengründung. In dieser Phase wird Kapital zum einen für die Grundlagenforschung, für Marktanalysen und zur Erstellung eines Unternehmenskonzeptes benötigt, zum anderen sollen durch die Investitionsmittel die weiteren Forschungs- und Entwicklungsaktivitäten bis hin zur Entstehung eines Prototypen finanziert werden.[119] Den Aufwendungen in dieser Phase stehen

[118] Vgl. *Stedler, H.*, Venture-Capital, 1987, S. 42 f.; *Posner, D.*, Early-Stage-Finanzierungen, 1996, S. 10.
[119] Vgl. *Sidler, S.*, Jungunternehmen, 1996, S. 8 f.

keinerlei Erträge gegenüber. Insgesamt ist der Kapitalbedarf aber noch vergleichsweise gering, sodass die Finanzierung über die Bereitstellung von eigenen Mitteln durch den Unternehmer selbst oder durch öffentliche Fördermittel abgedeckt werden kann.[120] In den seltensten Fällen wird bereits zu diesem frühen Zeitpunkt der Unternehmensentwicklung Venture-Capital[121] durch Beteiligungskapitalgesellschaften bereitgestellt.[122] Dennoch erfolgt in Deutschland in jüngster Zeit eine immer intensivere Versorgung derartiger Gründungsunternehmen mit Venture-Capital über sog. "Business Angels".[123]

Im Rahmen der Start-up-Financing-Phase wird der fertiggestellte Prototyp bis zur eigentlichen Markteinführung weiterentwickelt. Die wesentlichen Maßnahmen, die in dieser Phase durchgeführt werden, sind die eigentliche Gründung des Unternehmens und die Vorbereitung der Produktion. Dabei muss der Aufbau eines ersten Mitarbeiterstammes und die Anschaffung der maschinellen Einrichtung bewältigt werden. Darüber hinaus sollte in dieser Phase zur Vorbereitung der späteren Markteinführung ein detailliertes Marketingkonzept erstellt und das Produkt auf Testmärkten erprobt werden.[124] Den deutlich gestiegenen Aufwendungen stehen nach wie vor keinerlei Erträge gegenüber. Durch die Zunahme der Kapitalintensität steigt auch der Finanzierungsbedarf des Unternehmens. Neben weiteren eigenen Mittel des Unternehmers und der Bereitstellung von öffentlichen Fördermitteln kann der Kapitalbedarf in dieser Phase verstärkt auch durch Venture-Capital seitens der Beteiligungskapitalgesellschaften oder von Seiten der "Business Angels" gedeckt werden.[125]

---

[120] Nach einer Untersuchung von Hielscher/Dorn/Lampe entfallen 5-10 % der kumulierten Gesamtkosten der Early-Stage-Phase auf die Seed-Phase. Im Vergleich dazu liegen die Kosten der Start-up-Phase bei 10-20 % und die der First Stage-Phase bei 45-75 % der Gesamtkosten der Early-Stage-Phase. In Abhängigkeit des Technologiegrades der zugrunde liegenden Branche können diese Werte mehr oder weniger stark schwanken. So wird z. B. der Kostenanteil der Start-up-Phase bei forschungs- und kapitalintensiven Technologien wie der Gen- oder Biotechnologie deutlich höher sein als die hier angegebenen Durchschnittswerte; vgl. *Hielscher, U./Dorn, G./Lampe, G.*, Innovationsfinanzierung, 1982, S. 14.

[121] Der Begriff "Venture-Capital" wird hier bewusst anstelle des Oberbegriffes "Beteiligungskapital" verwendet, da sich die Finanzierung der Early-Stage-Phase auf junge Gründungsunternehmen bezieht und somit der Begriffsdefinition von Venture-Capital im Sinne der vorliegenden Arbeit entspricht; vgl. Abschnitt 1.3.1.

[122] Vgl. *Pratt, S. E.*, Guide, 1982, S. 47; *Rudolph, B.*, Venture-Capital, 1984, S. 499.

[123] Vgl. *Stedler, H. R./Peters, H. H.*, Business Angels, 2001, S. 308 ff. ; *Boehm-Bezing von, C. L.*, Business Angels, 1999, S. 598 ff.; *Bell, M. G.*, Angel, 1999, S. 372 ff.

[124] Vgl. *Christen, D. V.*, Venture-Capital-Fonds, 1991, S. 39 f.

[125] Vgl. *Nevermann, H./ Falk, D.*, Venture-Capital, 1986, S. 74 f.

Mit der tatsächlichen Markteinführung des Produktes beginnt die First-Stage-Financing-Phase, die letzte Phase der Early-Stage-Finanzierung. Wie bereits aus der Bezeichnung hervorgeht, tritt das Unternehmen in dieser Phase zum ersten Mal als Anbieter auf dem Markt auf.[126] Schwerpunkt bildet die Produktionsaufnahme und die Markteinführung des Produktes. Die ersten Verkaufserfolge führen bei dem Unternehmen zwar zu ersten Einnahmen, doch die Kosten steigen durch die Markteinführung weiter deutlich an, was den Kapitalbedarf letztlich noch größer werden lässt.[127] In dieser Phase können die Aktivitäten vor allem durch Beteiligungskapitalgesellschaften finanziert werden. Teilweise stehen aber auch noch öffentliche Fördermittel zur Verfügung.[128]

2.1.2 Expansion-Stage-Financing-Phase

Nach der Markteinführung der Produkte beginnt aus Sicht der Beteiligungskapitalfinanzierung die Expansion-Stage-Financing-Phase. Das Unternehmen wird nun versuchen, weiteres Wachstum zu erzielen. Grundsätzlich kann man dabei zwei Wachstumsphasen unterscheiden: die sog. Second-Stage-Financing-Phase und die Third-Stage-Financing-Phase.

In der Second-Stage-Financing-Phase wird das Unternehmen versuchen, durch den Auf- und Ausbau seines Vertriebes die Marktdurchdringung auf den bestehenden Märkten zu erhöhen.[129] Aufgrund der deutlichen Zunahme der Einnahmen erreicht das Unternehmen erstmals die Gewinnzone. Da das Betriebsvermögen inzwischen auch einige Sicherheiten bieten kann, besteht in dieser Phase die Möglichkeit, Fremdfinanzierungen durch Banken in Anspruch zu nehmen. Daneben wird durch die Beteiligungskapitalgesellschaften Development-Capital[130] zur Finanzierung des weiteren Wachstums bereitgestellt. In Ausnahmefällen können die Finanzierungsvorhaben auch durch die Inanspruchnahme des Kapitalmarktes realisiert werden.

---

[126] Vgl. *Christen, D. V.*, Venture-Capital-Fonds, 1991, S. 41.

[127] Vgl. zur relativen Höhe der Kosten während der First-Stage-Financing-Phase Fn. 120

[128] Vgl. *Stedler, H.*, Venture-Capital, 1987, S. 43.

[129] Vgl. *Schmidtke, A.*, Praxis, 1985, S. 49.

[130] Auch hier wird bewusst der Begriff "Development-Capital" anstelle des Oberbegriffes "Beteiligungskapital" verwendet, da sich die Finanzierung der Expansion-Stage-Phase auf Wachstumsunternehmen nach der Gründungsphase bezieht und somit der Begriffsdefinition von Development-Capital im Sinne der vorliegenden Arbeit entspricht; vgl. Abschnitt 1.3.1.

Die Third-Stage-Financing-Phase beginnt mit der Erschließung neuer Märkte. In dieser Phase expandiert das Unternehmen entweder in ausländische Märkte, oder es diversifiziert mit neu entwickelten Produkten in andere Geschäftsfelder. Die Erweiterung des entsprechenden Produktions- und Vertriebssystems erfordert aber weiteres Kapital von außen. Als Finanzierungsquelle kommt neben Banken und Beteiligungskapitalgesellschaften nun auch der Kapitalmarkt in Frage.[131]

2.1.3 Late-Stage-Financing-Phase

In der letzten Phase der Beteiligungskapitalfinanzierung hat sich das Unternehmen auf den eigenen Märkten bereits etabliert. Im Sinne der Begriffsdefinition von Beteiligungskapital ergeben sich aber durch verschiedene Veränderungen bei dem Unternehmen neue Wertsteigerungspotenziale in der Zukunft. Anlässe dafür können die Übernahme der Gesellschaft durch ein neues Managementteam (sog. Buy-out-Financing), die beabsichtigte Notierung des Unternehmens an der Börse (sog. Bridge-Financing) oder die Sanierung der Gesellschaft (sog. Turnaround-Financing) sein.

Die größte Bedeutung innerhalb des Late-Stage-Financing hat das Buy-out-Financing. Aufgrund eines Generationswechsels in der Unternehmensführung, der Auswechslung bestehender Gesellschafterkreise oder allgemeiner Umstrukturierungen bekommen interne Manager (Management-Buy-out) oder externe Manager (Management-Buy-in) die Möglichkeit, sich während dieser Phase der Unternehmensentwicklung am Unternehmen zu beteiligen. Da die Manager aber oftmals nicht in der Lage sind, derartige Unternehmensübernahmen aus eigenen Mitteln zu finanzieren, besteht in dieser Phase in Abhängigkeit von der Größe und Ertragskraft des Unternehmens ein sehr hoher Kapitalbedarf zur Finanzierung des Kaufpreises.

---

[131] Vgl. *Christen, D. V.*, Venture-Capital-Fonds, 1991, S. 41.

Neben Eigenkapital in Form von Beteiligungskapital bzw. Buy-out-Capital werden zur Finanzierung derartiger Transaktionen vor allem eigenkapitalähnliche Mittel wie Mezzanine-Kapital, aber auch klassisches Fremdkapital eingesetzt.[132]

Beim Bridge-Financing wird mit der Beteiligungskapitalfinanzierung die Börseneinführung des Unternehmens vorbereitet. Durch die Vorfinanzierung einer späteren Kapitalerhöhung wird die Eigenkapitalquote in der Bilanz verbessert.[133] Das Beteiligungskapital dient in dieser Phase bis zur eigentlichen Börseneinführung letztlich als Überbrückungsfinanzierung, um auch in dieser Zeit dem Unternehmen Kapital für weiteres Wachstum zur Verfügung zu stellen. Typischerweise stehen bei der Finanzierung dieser Phase neben den Beteiligungskapitalgesellschaften vor allem Investmentbanken den Unternehmen als Partner zur Verfügung.[134]

Das Turnaround-Financing verfügt im Rahmen der Beteiligungskapitalfinanzierung derzeit nur über eine geringe Bedeutung. Als Turnaround-Unternehmen werden klassischerweise Unternehmen bezeichnet, die sich in einer Sanierungsphase befinden. Dieser sehr spezielle Bereich der Beteiligungskapitalfinanzierung wird von den meisten Beteiligungskapitalgesellschaften nur aus der Not heraus abgedeckt. Nämlich nur dann, wenn sich eigene Portfoliounternehmen, in die zu einer anderen Phase der Unternehmensentwicklung investiert wurde, zu Turnaround-Kandidaten entwickelt haben. Darüber hinaus haben sich jedoch in jüngster Zeit auch spezialisierte Beteiligungskapitalgesellschaften in ihrer strategischen Ausrichtung bewusst auf dieses Segment fokussiert, da sie hier außerordentlich hohe Wertsteigerungspotenziale vermuten.[135] Dabei erfolgt die Finanzierung des "Sanierungsfalls" zu einem Zeitpunkt, an dem das Unternehmen die größten Schwierigkeiten bereits überwunden hat und beginnt, sich aus der Verlustzone herauszubewegen.[136]

---

[132] Zur detaillierten Darstellung der Buy-Out-Finanzierung vgl. *Luippold, T. L.*, Management Buy-Outs, 1994, S. 16 f.; *Schmid, H.*, Leveraged Management Buy-Out, 1994, S. 17 ff.; *Schwien, B.*, Management-Buy-Out-Konzept, 1995, S. 15-20; *Neukirchen, D.*, Steuerung, 1996, S. 4-10; *Leopold, G./Frommann, H.*, Eigenkapital, 1998, S. 23.

[133] Vgl. *Fanselow, K.-H./Stedler, H.*, Mezzanine Money, 1992, S. 395-398.

[134] Vgl. *Leopold, G./Frommann, H.*, Eigenkapital, 1998, S. 28 f.

[135] Vgl. z. B. *Alchemy Beteiligungsberatung GmbH*, Privatkapital, 1998.

[136] Vgl. *Leopold, G./Frommann, H.*, Eigenkapital, 1998, S. 29.

Nach der Beschreibung der einzelnen Phasen der Beteiligungskapitalfinanzierung auf Basis des Lebenszykluskonzeptes werden im nun folgenden Abschnitt die Konsequenzen für die einzelnen Marktteilnehmer dargestellt.

2.2 Marktteilnehmer im deutschen Beteiligungskapitalmarkt

Mit Hilfe der auf Basis des Lebenszykluskonzeptes abgeleiteten Finanzierungsphasen lassen sich die einzelnen Marktteilnehmer im deutschen Beteiligungskapitalmarkt eindeutig voneinander abgrenzen, und die Komplexität der Beteiligungskapitalfinanzierung kann verringert werden. Die eindeutige Abgrenzung der einzelnen Segmente ist dabei von hoher Bedeutung, da sich die Heterogenität der Struktur der Marktteilnehmer auch in der unterschiedlichen Ausgestaltung der entsprechenden Beteiligungswürdigkeitsprüfung widerspiegelt. Als relevante Beurteilungsobjekte müssen somit zunächst im Abschnitt 2.2.1 die einzelnen Unternehmenstypen der Beteiligungskapitalnehmer charakterisiert und ihre spezifischen Implikationen für die Beteiligungswürdigkeitsprüfung herausgearbeitet werden. Anschließend werden im Abschnitt 2.2.2 die unterschiedlichen Zielsetzungen der Beteiligungskapitalinvestoren im Hinblick auf mögliche Konsequenzen für die Beteiligungswürdigkeitsprüfung analysiert. Zur Vervollständigung der Gesamtbetrachtung der Marktteilnehmer folgt dann im Abschnitt 2.2.3 eine Untersuchung der Beteiligungskapitalgesellschaften auf ihre speziellen Eigenschaften, um auch hier Schlussfolgerungen in Bezug auf die Beteiligungswürdigkeitsprüfung herauszustellen.

2.2.1 Beteiligungskapitalnehmer

Als Beteiligungskapitalnehmer werden in der vorliegenden Arbeit die Portfoliounternehmen der Beteiligungskapitalgesellschaften bezeichnet. Entsprechend den aufgezeigten Phasen der Unternehmensentwicklung und somit den Finanzierungsphasen der Beteiligungskapitalfinanzierung lassen sich verschiedene Typen von Unternehmen den einzelnen Phasen zuteilen. So können Unternehmen, die sich in der Early-Stage-Phase befinden, als Gründungsunternehmen bezeichnet werden.

Für Portfoliounternehmen in der Expansion-Stage-Phase erscheint der Ausdruck "Wachstumsunternehmen" am geeignetsten. Als "etablierte kleinere und mittlere Unternehmen" werden die Portfoliounternehmen bezeichnet, in die in der Late-Stage-Phase der Beteiligungskapitalfinanzierung investiert wird.

Vor dem Hintergrund der verschiedenen Finanzierungsphasen ergeben sich für die einzelnen Unternehmenstypen unterschiedliche Implikationen für die Beteiligungswürdigkeitsprüfung. Verursacht wird diese Differenzierung zum einen durch das Ausmaß an grundsätzlich vorhandenen Informationen über das Investitionsobjekt. Zum anderen verändert sich in den einzelnen Finanzierungsphasen der Grad der Ungleichheit in der Informationsverteilung über das Investitionsobjekt zwischen Beteiligungskapitalnehmer und Beteiligungskapitalgesellschaft. Mit zunehmender Entwicklung des Portfoliounternehmens verbreitert sich die Basis zugänglicher Informationen und die Informationsasymmetrien verringern sich, da die Beteiligungskapitalgesellschaften besseren Zugang zu relevanten internen und externen Informationen erhalten. Dadurch ist es den Beteiligungskapitalgesellschaften leichter möglich, potenzielle Investitionsrisiken einzuschätzen. Gerade bei der Beurteilung dieser potenziellen Risiken lassen sich Unterschiede bei den einzelnen Unternehmenstypen feststellen. Grundsätzlich kann man bei der Betrachtung der Risikoprofile der Portfoliounternehmen folgende Risikoarten unterscheiden: Managementrisiken, finanzwirtschaftliche und leistungswirtschaftliche Unternehmensrisiken und Marktrisiken[137] (vgl. Abbildung 13).

[137] In Anlehnung an die Darstellung der Risikostruktur von *Leopold, G./Frommann, H.*, Eigenkapital, 1998, S. 33 und *Neukirchen, D.*, Steuerung, 1996, S. 57.

Abbildung 13: Ableitung von Unternehmenstypen auf Basis der Unternehmens- und Finanzierungsphasen

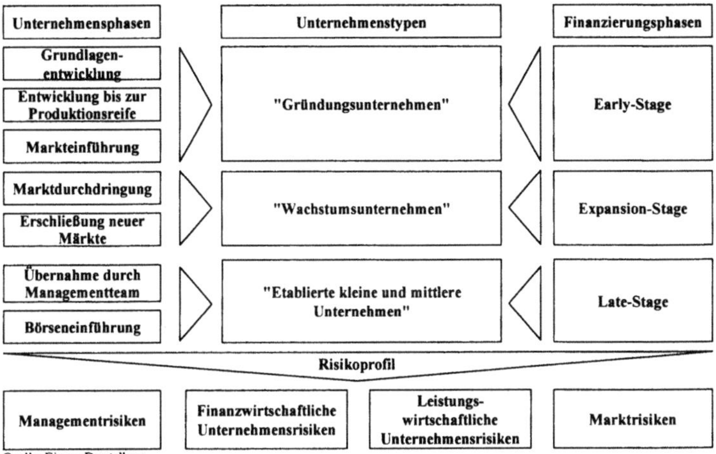

Quelle: Eigene Darstellung

In den nachfolgenden Abschnitten sollen nun die unterschiedlichen Risikoprofile der einzelnen Unternehmenstypen und deren Implikationen für die Beteiligungswürdigkeitsprüfung herausgearbeitet werden.

2.2.1.1 Gründungsunternehmen

Grundsätzlich ist das Gesamtrisiko einer Investition in Gründungsunternehmen im Vergleich zu den sonstigen Unternehmenstypen als am höchsten einzustufen.[138] Die Informationsasymmetrien zwischen Beteiligungskapitalgesellschaft und potenziellen Portfoliounternehmen sind in dieser Entwicklungsphase am größten. Die internen überwiegen dabei die externen Risiken deutlich.[139]

---

[138] Vgl. *Stedler, H.*, Venture-Capital, 1987, S. 61; *Tyebjee, T. T./Bruno, A. V.*, Venture-Capital, 1981, S. 223 f.; *Poindexter, J. B.*, Efficiency, 1975, S. 182 f.; *Wells, W. A.*, Venture-Capital, 1976, S. 120.

[139] Nach Ruhnka/Young sind 72 % der Risiken in der Seed-Financing-Phase interner Natur. In der Start-up-Financing-Phase steigt der Anteil im Vergleich zu den externen Risiken sogar auf 76 % an. In der First-Stage-Phase hingegen tragen interne Risiken nur noch 58 % zu dem Gesamtrisiko bei; vgl. *Ruhnka, J. C./Young, J. E.*, Venture-Capital Model, 1987, S. 167-184

Insbesondere die Beachtung der Managementrisiken ist nach Auffassung diverser wissenschaftlicher Untersuchungen bei Gründungsunternehmen erfolgsentscheidend.[140] Diese Tatsache wird auch immer wieder aus der Praxis bestätigt. So ist z. B. Arthur Rock, einer der erfolgreichsten Venture-Capital-Manager in den USA von der hohen Bedeutung der Managementqualität überzeugt: "If you can find good people, they can always change the product. Nearly every mistake I' ve made has been in picking the wrong people, not the wrong idea.... Most entrepreneurs have no problem coming up with a good strategy, but they usually need all the help they can get in developing and implementing the tactics that will make them successful in the long run."[141] Die zentrale Stellung des Unternehmers des Gründungsunternehmens verursacht eine hohe Abhängigkeit der Beteiligungskapitalgesellschaft von dessen Managementfähigkeiten. Die Investitionsgelegenheit ist weitgehend oder vollkommen an die Person des Unternehmers geknüpft, sie ist also nicht übertragbar. Diese hohe Personengebundenheit ist insbesondere bei Unternehmen in der Seed-Financing-Phase gegeben.[142]

Die Abhängigkeit und damit auch das Managementrisiko wird durch die in dieser Entwicklungsphase in der Regel noch nicht vorhandene Organisations- bzw. Managementstruktur noch vergrößert. Das Portfoliounternehmen ist vollkommen auf die Person des Unternehmers ausgerichtet und somit von seiner Qualifikation abhängig. Da der Unternehmer aber in den meisten Fällen primär über technisches Know-how verfügt, sind bei Portfoliounternehmen in diesem Entwicklungsstadium oftmals Defizite im kaufmännischen Bereich feststellbar.[143] Diese kaufmännischen Fähigkeiten sind aber insbesondere in der First-Stage-Phase bei der tatsächlichen Markteinführung des Produktes von hoher Bedeutung.[144] Verstärkt wird die Problematik insbesondere bei Unternehmen in der Start-up-Phase, da diese oft nicht in der Lage sind adäquate Führungskräfte zu rekrutieren.

---

[140] Vgl. *Schmidt, R. H.*, Finanzierungstheorie, 1985, S. 426; vgl. auch *Posner, D.*, Early-Stage-Finanzierungen, 1996, S. 79 f. und die dort angegebene Literatur.

[141] Vgl. *Bygrave, W. D./Timmons J. A.*, Venture-Capital, 1992, S. 6.

[142] Vgl. *Zemke, I.*, Unternehmensverfassung, 1995, S. 30.

[143] Vgl. *Wupperfeld, U.*, Seed-Capital-Markt, 1996, S. 33 f.

[144] Diese Problematik wird durch die eher produktorientierte Grundeinstellung (Product-Driven) deutscher Unternehmer verstärkt. In den USA steht im Gegensatz zu Deutschland meist der Markt im Fokus der Aktivitäten (Market-Driven), was bei einer schnellen kommerziellen Umsetzung von Innovationen von großem Vorteil für das Unternehmen ist; vgl. *Klemm, H. A.*, Innovationsvorhaben, 1988, S. 75.

Bei der Betrachtung der übrigen Risikoarten wird eine weitere wesentliche Eigenschaft von Gründungsunternehmen deutlich. Die fehlende Existenz von Informationen aus der Vergangenheit verlangt nämlich eine ausschließlich zukunftsorientierte, sog. prospektive Prüfung der Portfoliounternehmen. So kann bei der Analyse der finanzwirtschaftlichen Risiken keine sinnvolle Vergangenheitsbetrachtung vorgenommen werden. Aufgrund der mangelnden Vergangenheitswerte und der teilweise schwer prognostizierbaren zukünftigen Entwicklung ist insbesondere in der Seed- und Start-up-Phase der Gesamtfinanzierungsbedarf des Portfoliounternehmens schwierig abschätzbar. Den teilweise sehr hohen Aufwendungen stehen zunächst keine Einnahmen zur Stabilisierung der finanzwirtschaftlichen Situation gegenüber. So sind bei besonders erforschungs- und kapitalintensiven Technologien wie der Gen- oder Biotechnologie die Aufwendungen in der Gründungsphase sehr hoch. Mögliche Erträge lassen teilweise zunächst Jahre auf sich warten und sind erfahrungsgemäß aufgrund der Komplexität der Einschätzung von Idee und Markt nur schwierig prognostizierbar. Die aus der Verschiebung der Zahlungsströme resultierenden Finanzierungsengpässe sind insbesondere für Gründungsunternehmen von teilweise existentieller Bedeutung. Zur Abschätzung des tatsächlichen Finanzierungsbedarfs von Gründungsunternehmen ist die Prognose der "Burn Rate" elementar[145].

Verstärkt wird das finanzwirtschaftliche Unternehmensrisiko insbesondere bei Gründungsunternehmen in der Seed-Phase durch die Tatsache, dass diese Unternehmen nur in begrenztem Maße Zugang zu Kapital zur Deckung der Finanzierungsengpässe haben. Wie bereits im Kapitel 2.1.1 ausgeführt, decken Unternehmen in der Seed-Phase ihren Kapitalbedarf meist aus eigenen Mitteln oder über Fördermittel des Staates. Eigenkapital durch Beteiligungskapitalgesellschaften wird eher selten zur Verfügung gestellt. Vor allem "Business Angels" können als Quelle für Beteiligungskapital genutzt werden. Über die Fördermittel hinausgehendes Fremdkapital durch Banken wird aufgrund der nicht vorhanden Sicherheiten de facto nicht angeboten.

[145] Die "Burn Rate" gibt an, mit welcher Geschwindigkeit und in welcher Höhe die bereitgestellten Mittel im Rahmen der Gründungsphase verbraucht werden, bevor die Investition in das Portfoliounternehmen "Break-Even" erreicht; vgl. *Posner, D.*, Early-Stage-Finanzierungen, 1996, S. 9.

Auch bei der Analyse der leistungswirtschaftlichen Risiken des Gründungsunternehmens steht die zukunftsorientierte Prüfung des Portfoliounternehmens im Vordergrund der Betrachtungen. So existieren in diesem Stadium noch keine umfassenden Lieferanten- und Kundenbeziehungen und der zukünftige Aufbau derartiger Beziehungen muss durch die Beteiligungskapitalgesellschaft kritisch beurteilt werden. Die Beschaffungsrisiken als Bestandteil der leistungswirtschaftlichen Risiken sind durch die Abhängigkeit von einzelnen Lieferanten und von bestimmten Rohstoffen gerade in dieser Phase besonders hoch. Auch hat das Gründungsunternehmen aufgrund seiner meist vernachlässigbaren Marktstellung Nachteile bei der Gestaltung der Einkaufsbedingungen bzw. Einkaufskonditionen. Die in der Wertschöpfungskette den Beschaffungsrisiken vorausgehenden Risiken in der Forschung und Entwicklung sind ebenfalls insbesondere in der Seed-Phase als sehr hoch einzuschätzen. Das Produktentwicklungsrisiko erfordert aufgrund der Frage nach der technischen Machbarkeit eine detaillierte Betrachtung innerhalb der Beteiligungswürdigkeitsprüfung.[146] Die tatsächliche Gestaltung des Produktes ist aufgrund der fehlenden Erfahrung über die Akzeptanz im Markt schwierig.[147]

Die Produktionsrisiken sind bei Gründungsunternehmen ebenfalls erheblich. Zum einen existieren meist keine Erfahrungen über den effizientesten Produktionsablauf für das neu entwickelte Produkt, zum anderen können aufgrund der Planungsunsicherheiten fehlende Kapazitäten zu Produktionsengpässen führen. Verstärkt wird dieses Risiko gerade bei Gründungsunternehmen durch möglicherweise auftretende Produktionsmängel und Lieferschwierigkeiten, die vor allem am Anfang negative Auswirkungen auf die vom Kunden wahrgenommene Produktqualität haben können. Risiken bestehen grundsätzlich auch im Vertrieb des neuen Produktes an die Kunden. Die verschiedenen Vertriebswege sind meist noch nicht vollständig auf- bzw. ausgebaut. Der Prozess zur Kundenakquisition und Kundenerschließung muss erst sukzessive etabliert werden.

---

146 Vgl. *Bader, H.*, Private Equity, 1996, S. 105.

147 Vgl. *Amit, R./Glosten, L./Muller, E.*, Entrepreneurial firms, 1990, S. 103.

Aufgrund des in den meisten Fällen vorliegenden Innovationscharakters der Produkte von Gründungsunternehmen ist auch bei der Analyse der Marktrisiken eine zukunftsorientierte Prüfung notwendig. Die Marktfähigkeit des innovativen Produktes bzw. der Leistung ist generell schwierig abschätzbar, da die Beteiligungskapitalgesellschaft kaum auf Anhaltspunkte aus vergleichbaren Projekten zurückgreifen kann.[148] Die eigentliche Marktgröße und das Wachstumspotenzial in der Zukunft muss die Beteiligungskapitalgesellschaft detailliert analysieren, um das Risiko eines zu kleinen oder zu langsam wachsenden Marktes für das Gründungsunternehmen abschätzen zu können. Auch ist eine detaillierte Analyse des Wettbewerbs erforderlich, um die allgemeine Konkurrenzfähigkeit des Produktes und die sich abzeichnende Wettbewerbsintensität bei der Analyse der Marktrisiken berücksichtigen zu können.[149]

Grundsätzlich ist bei der Analyse der Gründungsliteratur im deutschsprachigen Raum auffällig, dass dem Bereich der Marktrisiken nur eine äußerst geringe Bedeutung zugemessen wird.[150] Die Auseinandersetzung mit der Tatsache, dass ein Unternehmen in Märkten agiert, und damit der Markt als solcher von zentraler Bedeutung für das Gründungsunternehmen sein könnte, ist in der deutschen Gründungsdiskussion eher untergewichtet. In der amerikanischen Gründungsliteratur hingegen stehen die Diskussion und Problematisierung der Verhältnisse in den Märkten und die Hinweise zur Gewinnung von Markttransparenz an oberster Stelle. Die Notwendigkeit des Einbeziehens marktbeschreibender Größen in den Gründungsprozess wird als zentraler Bestandteil des gesamten Gründungsvorganges gesehen.[151]

Aufgrund der Höhe des Gesamtrisikos von Gründungsunternehmen und der Breite des zu analysierenden Risikoprofils müsste sich für Beteiligungskapitalgesellschaften eigentlich die Notwendigkeit ergeben, Gründungsunternehmen einer sehr detaillierten Prüfung zu unterziehen. Da aber das zu investierende absolute Beteiligungskapitalvolumen im Vergleich

---

[148] Vgl. *Hartmann-Wendels, T.*, Venture-Capital, 1987, S. 19.

[149] Vgl. *Klemm, H. A.*, Innovationsvorhaben, 1988, S. 60 f.

[150] Vgl. *Baaken, T.*, Bewertung, 1989, S. 204 und die dort angegebene Literatur.

[151] Vgl. *Baaken, T.*, Bewertung, 1989, S. 205. Zur fehlenden Betrachtung des Produktes als integralen Bestandteil einer Produkt-Markt-Kombination in Deutschland vgl. auch Fn. 144.

zu späteren Unternehmensentwicklungsphasen geringer ist, ergibt sich für die Beteiligungskapitalgesellschaft c.p. eine grundsätzlich ungünstigere Kosten-Erlös-Situation.[152] Die relativen Prüfungskosten eines Projektantrages im Verhältnis zum Beteiligungsvolumen scheinen somit wesentlich höher als bei einer Finanzierung in der Late-Stage-Phase zu sein. Gleichzeitig sind aber auch die Beurteilung der Fähigkeiten des Unternehmers, die Einschätzung der finanz- und leistungswirtschaftlichen Risiken und die Abschätzung der Marktchancen schwieriger. Wenn Beteiligungskapitalgesellschaften überhaupt unter diesen Bedingungen zu einer Beteiligung bereit sind, so müssen sie aufgrund des hohen Risikos mit hohen Diskontierungsraten bei der Bestimmung des Barwertes der zukünftigen Erträge arbeiten. Das bedeutet aber letztlich, dass der Unternehmer einen geringeren absoluten Kapitalbetrag für die Hergabe von Unternehmensanteilen erhält.[153]

2.2.1.2 Wachstumsunternehmen

Im Vergleich zu den im vorherigen Abschnitt beschriebenen Gründungsunternehmen verschiebt sich das Risikoprofil bei Wachstumsunternehmen deutlich. Sowohl die zentrale Bedeutung des Unternehmers als auch die Ausschließlichkeit der zukunftsorientierten Prüfung des Unternehmens ist nicht mehr in der gleichen Form gegeben. Die internen Risiken tragen in der Second-Stage-Phase nur noch zu 37 % zu dem Gesamtrisiko bei. In der Third-Stage-Phase geht der Anteil der internen Risiken sogar auf 35 % zurück.[154]

Die Verschiebung des Risikoprofils führt zu einer deutlich höheren Beachtung der Marktrisiken, denen sich das zu untersuchende Wachstumsunternehmen auszusetzen hat. Da ein wachsender Markt im Allgemeinen neu eintretende Wettbewerber attrahiert, nimmt der Wettbewerbsdruck für das Wachstumsunternehmen zu und die Notwendigkeit zur Anpassung verlangt von dem Unternehmen interne Verhaltensänderungen. So erfordert der einsetzende Preiswettbewerb Veränderungen im leistungswirtschaftlichen Bereich des Unternehmens wie bspw. der Rationalisierung der Produktion. Auch besteht durch den aufkommenden Wettbewerb die Gefahr der Substitution des Produktes des Wachstumsunternehmens.

[152] Vgl. *Zemke, I.*, Unternehmensverfassung, 1995, S. 39 f.
[153] Vgl. *Schween, K.*, Corporate Venture-Capital, 1996, S. 98.
[154] Vgl. *Ruhnka, J. C./Young, J. E.*, Venture-Capital Model, 1987, S. 167-184.

Insbesondere Großunternehmen sind aufgrund ihrer Ressourcenvielfalt trotz des meist späteren Markteintritts in der Lage, entscheidende Wettbewerbsvorteile durch z. B. die günstigere Produktion von Substitutionsprodukten zu erzielen. Zusätzlich kann das sich verändernde Nachfrageverhalten der Kunden substantielle Anpassungserfordernisse für das Wachstumsunternehmen zur Folge haben. Stand am Anfang noch die technologische Leistungsfähigkeit des neuen Produktes im Vordergrund des Interesses der Kunden, so können in späteren Phasen Marketingkonzepte oder zusätzliche Dienstleistungen für den Erfolg ausschlaggebend sein.[155]

Zur Sicherstellung der Konkurrenzfähigkeit sollte das Wachstumsunternehmen demnach auf die sich verändernden Marktverhältnisse mit strukturellen Anpassungen im leistungswirtschaftlichen Bereich reagieren. Diese potenziellen Veränderungen müssen bei der Betrachtung der leistungswirtschaftlichen Risiken entsprechend berücksichtigt werden. So können Weiterentwicklungen an bestehenden Produkten zu notwendigen Anpassungen im Produktionsprozess und zu möglicherweise ungeplanten Kostenüberschreitungen führen. Durch die bereits weiter oben erwähnte Notwendigkeit zur Rationalisierung der Produktion kommt es meist zu einer Optimierung und weitgehenden Automatisierung des Produktionssystemes. Mengen- und Erfahrungseffekte werden angestrebt, um das Kostenniveau zu senken und die Produktionsqualität zu erhöhen.

Das Wachstum und die damit verbundenen innerbetrieblichen Veränderungen haben auch erhebliche Auswirkungen auf die zu beurteilenden Managementrisiken. Die Fähigkeiten der Unternehmer sollten im Zuge des Wachstumsprozesses weiter professionalisiert werden. Die Produktion steht nicht mehr im Fokus der Aktivitäten des Topmanagements, sondern die Überwachung und Delegation von Entscheidungskompetenzen. Der Ausbau der Unternehmensorganisation zur Erhöhung der Marktdurchdringung verlangt in verstärktem Maße die Einstellung und Entwicklung professionellen Personals. Gerade in dieser Phase ist der Ausbau des kaufmännischen Know-hows von großer Bedeutung für den Vertriebserfolg des Unternehmens. Doch oftmals stellt insbesondere die Akquisition von entsprechendem Personal einen Engpassfaktor für das Unternehmen dar.

---

[155] Vgl. *Fendel, A.*, Investmententscheidungsprozesse, 1987, S. 128 f.

Auch das Finanzmanagement gewinnt zunehmend an Bedeutung für das Wachstumsunternehmen. Die Überwachung und Steuerung der finanzwirtschaftlichen Risiken nehmen dabei eine zentrale Rolle ein. Die marktbedingten Veränderungen erfordern Investitionen für die Produktverbesserungen, und für das Wachstum des Unternehmens sind Investitionen in die Markterschließung notwendig. Dadurch entstehen finanzwirtschaftliche Risiken für das Unternehmen. Zum einen besteht zunächst die Notwendigkeit, die erforderlichen Kapitalressourcen bereitzustellen und eventuell neue Kapitalgeber für das Wachstumsunternehmen zu suchen, zum anderen entstehen durch die Investitionsentscheidungen Risiken der Kostenüberschreitung und des Nichteintretens des gewünschten Markterfolges des modifizierten Produktes bzw. des ausgebauten Vertriebes.

Insgesamt erscheint sich bei Wachstumsunternehmen im Vergleich zum Risikoprofil von Gründungsunternehmen die Notwendigkeit zur intensiveren Prüfung der markt- und leistungswirtschaftlichen Risiken zu ergeben. Das Managementrisiko sollte zwar auch noch detailliert analysiert werden, es hat aber nicht mehr die zentrale Bedeutung wie bei Gründungsunternehmen.

2.2.1.3 Etablierte kleine und mittlere Unternehmen

Im Gegensatz zu den beiden vorher beschriebenen Unternehmenstypen besteht bei etablierten kleinen und mittleren Unternehmen aus Sicht der Beteiligungskapitalgesellschaft keine spezifische Besonderheit bei der Zusammensetzung des Risikoprofils. Nur der Finanzierungsanlass (Buy-out, Turnaround oder Bridge) in dieser Phase der Beteiligungskapitalfinanzierung führt zu Besonderheiten bei der Betrachtung der einzelnen Risikoarten.[156] So führt im Rahmen einer Buy-out-Finanzierung die Beteiligung interner Manager (Management-Buy-out) oder externer Manager (Management-Buy-in) meist zu Veränderungen in der Ausrichtung und/oder Struktur des Unternehmens. Derartige Veränderungsprozesse bergen aber wiederum Risiken in sich, die systematisch auf Basis der vier aufgezeigten Risikoarten untersucht werden können.

---

[156] Aufgrund der überragenden Bedeutung der Buy-out-Finanzierungen im Vergleich zur Bridge- oder Turnaround-Finanzierung werden in diesem Abschnitt nur die Besonderheiten der einzelnen Risikoarten dieses Finanzierungsanlasses herausgearbeitet.

Aufgrund der meist zu geringen Eigenmittel der übernehmenden Manager besteht ein teilweise sehr hoher Kapitalbedarf zur Finanzierung des Kaufpreises. Folge dieser Konstellation ist, dass zwei Risikoarten bei der Untersuchung durch eine Beteiligungskapitalgesellschaft wieder mehr in den Vordergrund des Interesses gerückt werden. Zum einen muss eine detaillierte Analyse der Managementrisiken ergeben, ob das Management die Fähigkeit besitzt mit dem überlassenen Kapitalbetrag auch das gewünschte Ergebnis zu erzielen.[157] Zum anderen sollte die Betrachtung der leistungswirtschaftlichen Risiken ergeben, dass die Ertragskraft des Unternehmens ausreichen wird, um die notwendigen Kapitaldienste der Investition leisten zu können.

Bei der Analyse der Managementrisiken stehen vor allem die Fähigkeiten des neuen Managementteams im Vordergrund der Untersuchung.[158] Der Eintritt neuer Manager in den Gesellschafterkreis des Unternehmens führt meist zu innerbetrieblichen Veränderungen. Die Fähigkeit des Managements sollte darin bestehen, diesen Veränderungsprozess professionell steuern zu können. Zum einen muss wie bei Wachstumsunternehmen neues und bereits vorhandenes Personal entwickelt, zum anderen die Auf- und Ablauforganisation des Unternehmens ständig den neuen Markterfordernissen angepasst werden. Finanzierungskenntnisse des Topmanagements sind in diesem Stadium in stärkerem Umfang erforderlich als technisches Verständnis oder operative Managementerfahrung in der Linie. Im Gegensatz zu den anderen Unternehmenstypen hat die Beteiligungskapitalgesellschaft bei der Analyse der Managementrisiken von Buy-out-Finanzierungen eher die Möglichkeit, auf in der Vergangenheit erzielte Erfolge des Managements als Anhaltspunkte für eine Beurteilung zurückzugreifen.[159]

Auch bei der Untersuchung der finanzwirtschaftlichen Risiken ist es bei diesem Unternehmenstyp möglich, Vergangenheitsanalysen durchzuführen. Die Beteiligungskapitalgesellschaft hat die Möglichkeit einzelne Kennzahlen wie z. B. Umsatzrentabilität,

---

157 Vgl. *Barber, G. P.*, Leveraged Buyouts, 1985, S. 72 f.

158 Zu detaillierten Anforderungen an das Managementteam vgl. *Schwien, B.*, Management-Buy-out-Konzept, 1995, S. 57 f.

159 Vgl. *Zemke, I.*, Unternehmensverfassung, 1995, S. 35 f.

Verschuldungsgrad, Cashflow etc. im Detail zu analysieren. Auf Basis der Vergangenheitsanalysen und der Prognose der zukünftigen Entwicklung lässt sich dann feststellen, ob der erwartete Kapitalbedarf ausreichend ist, um die notwendigen Investitionsvorhaben durchzuführen. Darüber hinaus muss die Beteiligungskapitalgesellschaft abschätzen, ob die Ertragskraft des Unternehmens eine Rückführung des zur Verfügung gestellten Kapitals gewährleisten kann.[160] Die Erzielung einer ausreichenden Ertragskraft ist wiederum abhängig von der Leistungsfähigkeit des Unternehmens und der Entwicklung des Marktes im Allgemeinen.

Bei der Betrachtung der leistungswirtschaftlichen Risiken muss insbesondere bei ehemaligen Konzernunternehmen die Analyse der Konsequenzen des Entfalls der Unterstützungsleistungen innerhalb des ursprünglichen Konzernverbundes im Vordergrund der Prüfung durch die Beteiligungskapitalgesellschaft stehen. Durch den möglichen Wegfall etablierter Lieferanten- und Kundenbeziehungen bestehen für die Unternehmen in der Beschaffung wie auch im Vertrieb erhebliche Risiken. Auch im Forschungs- und Entwicklungsbereich könnten durch den fehlenden Zugang zu Konzernressourcen Probleme für das analysierte Unternehmen entstehen. Ansonsten bestehen auf der leistungswirtschaftlichen Ebene ähnliche Herausforderungen wie bei Wachstumsunternehmen.[161]

Im Gegensatz zu Gründungs- bzw. Wachstumsunternehmen besteht aber bei etablierten kleinen und mittleren Unternehmen, die im Rahmen von Buy-outs finanziert werden sollen, bereits ein signifikanter Marktanteil. Bei der Analyse der Marktrisiken gilt es daher im Detail zu analysieren, wie hoch die Chancen eines Marktanteilsgewinnes und wie hoch die Risiken eines Marktanteilsverlustes sind. Die Beteiligungskapitalgesellschaft muss sich dabei die Frage stellen, ob es sinnvoller ist, sich an einem Marktführer zu beteiligen, oder ob eine Beteiligung an bspw. der Nr. 10 im Markt sinnvoller erscheint.

---

[160] Vgl. *Krebs, A.*, MBO-Konzept, 1998, S. 29.
[161] Vgl. Abschnitt 2.2.1.2.

In Abhängigkeit des relevanten Marktes kann es z. B. für einen Marktführer einfacher sein, Marktanteile zu gewinnen, aber es könnte noch leichter sein, dass er Marktanteile an seine Wettbewerber verliert. Gerade das Risiko des Verlustes von Marktanteilen aufgrund verstärkten Wettbewerbes sollte bei der Analyse der Risiken im Detail untersucht werden.

Aufgrund des meist hohen Anteils an Fremdkapital bei der Finanzierung einer Buy-out-Transaktion muss neben der allgemeinen Marktanalyse insbesondere die zukünftige Zinsentwicklung durch die Beteiligungskapitalgesellschaft abgeschätzt werden. Veränderungen des Zinsniveaus können gerade bei Buy-out-Finanzierungen erhebliche Auswirkungen auf die Gesamtprofitabilität der Beteiligung haben.[162]

Da im eigentlichen empirischen Teil der Arbeit die Forschungsergebnisse differenziert nach den einzelnen Teilmarktsegmenten dargestellt werden, erfolgt eine Ableitung von konkreten Forschungshypothesen auf Basis der Analyse der unterschiedlichen Risikoprofile der einzelnen Unternehmenstypen erst im Abschnitt 3.2.2.2 dieser Untersuchung. Für das Gesamtverständnis der Marktteilnehmer werden jedoch zuvor erst noch in den nachfolgenden Abschnitten die spezifischen Auswirkungen unterschiedlicher Beteiligungskapitalinvestoren und Beteiligungskapitalgesellschaften auf die Beteiligungswürdigkeitsprüfung herausgearbeitet.

2.2.2 Beteiligungskapitalinvestoren

Der eigentliche Geschäftszweck von Beteiligungskapitalgesellschaften wird maßgeblich von den Interessen ihrer Investoren bestimmt. Denn die Kapitalgeber verbinden ihre Kapitalüberlassung mit Auflagen für die Beteiligungskapitalgesellschaft. Diese Auflagen bzw. Investitionsanforderungen konkretisiert die Beteiligungskapitalgesellschaft in ihren Anlagegrundsätzen bzw. in ihrer Investmentpolitik. Anlagegrundsätze beinhalten dabei im Wesentlichen Regelungen über die Phasen- und Branchenverteilung der Beteiligungen, die Beteiligungshöhe, die Umsatzgrößenklassen der Portfoliounternehmen, die Höhe der Beteiligungsquote, die Renditeerwartung und die Verwendung von Beteiligungserlösen.

---

[162] Vgl. *Krebs, A.*, MBO-Konzept, 1998, S. 16.

Somit wird durch die Anlagegrundsätze die Investitionsstrategie der Beteiligungskapitalgesellschaften operationalisiert, indem Vorgaben für die Kapitalverwendung festgelegt werden und der Investitionsfokus eingeschränkt wird.[163] Dieser maßgebliche Einfluss der Anlagegrundsätze auf die Investitionsstrategie der Beteiligungskapitalgesellschaft lässt ebenfalls Auswirkungen der festgelegten Anlagegrundsätze auf die Beteiligungswürdigkeitsprüfung vermuten.[164]

Gerade aus diesem Grunde ist es notwendig, die Motive von Investoren, Beteiligungskapitalgesellschaften finanzielle Mittel zur Verfügung zu stellen, im Detail zu verstehen, um die Implikationen auf die Beteiligungswürdigkeitsprüfung zu berücksichtigen. Die Ziele der Investoren lassen sich dabei in drei Kategorien unterteilen:

- Finanzielle Ziele,
- strategische Ziele und
- Ziele der Wirtschaftsförderung.[165]

In Abhängigkeit des Typs des Beteiligungskapitalinvestors unterscheidet sich vor allem die Ausprägungsform der einzelnen Ziele. In den nachfolgenden Abschnitten sollen daher verschiedene Typen von Beteiligungskapitalinvestoren systematisch auf die Ausprägung der einzelnen Zielkategorien hin untersucht werden.

---

[163] Vgl. *Zemke, I.*, Unternehmensverfassung, 1995, S. 152.

[164] Zur detaillierten Untersuchung der Auswirkungen der Anlagegrundsätze auf die Beteiligungswürdigkeitsprüfung vgl. Abschnitt 3.1.1.1.

[165] Vgl. *Wupperfeld, U.*, Seed-Capital-Markt, 1996, S. 123.

2.2.2.1 Kreditinstitute

Für Kreditinstitute ohne öffentlich-rechtlicher Trägerschaft sind insbesondere finanzielle und strategische Ziele bei der Investition in Beteiligungskapital relevant.[166] Bei den finanziellen Zielen steht vor allem das Rentabilitätsziel durch die Erzielung von Kapitalgewinnen bei der Veräußerung erfolgreicher Beteiligungen im Vordergrund.[167] Als weiteren Bestandteil der finanziellen Ziele können Kreditinstitute durch die Vergabe von Beteiligungskapital an bereits bestehende Kunden versuchen, ihre Risikokosten aus dem Kreditgeschäft zu senken und somit die Gesamtrentabilität aus ihrem originären Kundengeschäft zu erhöhen. Durch die zur Verfügungstellung von Beteiligungskapital an bestehende Kunden parallel zum Kreditgeschäft kann die Eigenkapitalbasis ihrer Kunden verbessert werden, und gleichzeitig kann die Bank erweiterte Informations-, Kontroll- und Mitspracherechte gewinnen.[168] Beide Komponenten reduzieren insofern die Risiken der Bank.

Neben den rein finanziellen Zielen sind bei Kreditinstituten aber auch die strategischen Ziele von hoher Bedeutung. Denn Beteiligungskapital stellt für Kreditinstitute auch einen Ansatz zur Erweiterung der Betreuungsmöglichkeiten von Firmenkunden dar.[169] Durch die Investition von Beteiligungskapital in Gründungs- und Wachstumsunternehmen kann die Bank frühzeitig intensiven Kontakt zu potenziellen Firmenkunden bekommen und eine entsprechende Kundenbindung aufbauen.[170] Durch die anfängliche Finanzierung mit Beteiligungskapital lassen sich auch Folgegeschäfte in traditionellen Sparten des

---

166 In den 60er Jahren wurden durch die Gründung der ersten Kapitalbeteiligungsgesellschaften durch deutsche Kreditinstitute sicherlich ergänzend auch noch Ziele zur Wirtschaftsförderung verfolgt. Vor dem Hintergrund niedriger und weiter sinkender Eigenkapitalquoten wollte man durch die Gründung kleinen und mittleren Unternehmen Eigenkapital und eigenkapitalähnliche Mittel zur Verfügung stellen. Renditeziele und strategische Ziele waren zunächst nicht von ausschließlicher Bedeutung. Zur detaillierten Analyse der Ziele von deutschen Kapitalbeteiligungsgesellschaften vgl. *Gerke, W.*, Kapitalbeteiligungsgesellschaften, 1974; *Fanselow, K.-H./Stedler, H.*, Venture-Capital, 1988, S. 554-560; *Feldbausch, F. K.*, Kapitalbeteiligungsgesellschaft, 1969, S. 90-92.

167 Auch die Detailausprägung des Rentabilitätszieles hat sich bei Kreditinstituten mit der Zeit verändert. War das Rentabilitätsziel bei den Kapitalbeteiligungsgesellschaften in den 60er Jahren vor allem auf die Erzielung laufender Dividenden bzw. Zinsen ausgerichtet, so steht mittlerweile das Erreichen von Kapitalgewinnen bei der Veräußerung erfolgreicher Beteiligungen (der sog. „Capital Gain") im Vordergrund. Vgl. hierzu auch Abschnitt 1.3.1 und die dort angegebene Literatur.

168 Vgl. *Schefczyk, M.*, Erfolgsstrategien, 1998, S. 29.

169 Vgl. *Hierl, W.*, Entscheidungsverhalten, 1986, S. 86-153; *Schmidtke, A.*, Praxis, 1985, S. 107-109 und S. 227 ff. und *Schefczyk, M.*, Erfolgsstrategien, 1998, S. 29.

170 Vgl. *Büschgen, H. E.*, Banken, 1985, S. 284-292.

Bankgeschäftes generieren.[171] Zusätzlich zu der Erweiterung des Bankdienstleistungsangebotes lassen sich noch zwei weitere strategische Zielsetzungen für Kreditinstitute identifizieren. Zum einen erhalten die Banken durch die Teilnahme am Geschäft mit Beteiligungskapital Einblick in die neusten technologischen Trends und Innovationen.[172] Zum anderen können Kreditinstitute durch die Unterstützung von Gründungs- und Wachstumsunternehmen mit Beteiligungskapital auch einen positiven Imageeffekt in der Öffentlichkeit erzielen.[173]

Bei Kreditinstituten mit öffentlich-rechtlicher Trägerschaft wie z. B. Sparkassen und Landesbanken müssen vor allem noch Ziele zur Förderung der meist regionalen Wirtschaft berücksichtigt werden, denn die Sparkassen sehen in der Kapitalversorgung der in der Region ansässigen kleinen und mittleren Unternehmen eine ihrer Hauptaufgaben und verstehen Beteiligungskapital auch als Instrument der Wirtschaftsförderung.[174] Finanzielle und strategische Ziele können daher insbesondere bei Sparkassen in Einzelfällen auch Zielen zur Wirtschaftsförderung untergeordnet werden.[175]

2.2.2.2 Versicherungen

Aufgrund des nicht vorhandenen Förderauftrages und der fehlenden Cross-Selling-Möglichkeiten verfolgen Versicherungsunternehmen bei der Investition in Beteiligungskapital primär finanzielle Ziele. Die Erzielung einer möglichst hohen Rendite steht dabei an vorderster Stelle. Doch gerade Versicherungsunternehmen müssen aufgrund ihres treuhänderischen Auftrages besondere Sicherheits- und Liquiditätsanforderungen berücksichtigen. Durch den § 54a Abs. 2 Nr. 5a VAG hat der Gesetzgeber versucht, diesen besonderen Rahmenbedingungen Rechnung zu tragen. Demnach dürfen Versicherungen

---

171 Vgl. *Stedler, H.*, Beteiligungskapital, 1993, S. 348-349.

172 Dieser direkte Einblick kann zu einem vertieften und aktuellen Verständnis der Anforderungen an Industriefinanzierungen führen und somit als Basis für die Entwicklung eigener Finanzinnovationen genutzt werden; vgl. *Grisebach, R.*, Innovationsfinanzierung, 1989, S. 2; *Schefczyk, M.*, Erfolgsstrategien, 1998, S. 29 und die dort angegebene Literatur.

173 Vgl. *Büschgen, H. E.*, Banken, 1985, S. 285.

174 Vgl. *Nolte, B./Stummer, F.*, Sparkassen, 2000, S. 36 f.

175 Vgl. *Töpfer, P.*, Sparkassen, 1984, S. 333. Bei den oftmals von Sparkassen selbst gegründeten Tochtergesellschaften für das Beteiligungskapitalgeschäft stehen nicht nur erwerbswirtschaftliche, sondern auch regionalwirtschaftliche Ziele im Vordergrund; vgl. hierzu auch Abschnitt 1.5.2.2.

maximal 5 % ihres gebundenen Vermögens (Deckungsstock) in nicht börsennotierte Unternehmen anlegen. Dadurch bleibt das Gesamtrisiko in Bezug auf die Sicherheits- und Liquiditätsziele begrenzt.[176]

2.2.2.3 Industrieunternehmen

Die Bereitstellung von Beteiligungskapital durch Industrieunternehmen wird im Allgemeinen als "Corporate Venture-Capital" bezeichnet.[177] Vor allem Großunternehmen treten hierbei als Kapitalgeber auf. Neben der Erzielung einer attraktiven Verzinsung auf das eingesetzte Kapital als finanzieller Zielsetzung verfolgen Industrieunternehmen mit der Investition in Beteiligungskapital insbesondere strategische Ziele.[178] Im Wesentlichen stehen dabei vier Teilziele im Vordergrund

1. Gewährleistung des Zuganges und des Einblicks zu neuen Technologien und Produkten durch die Wahrnehmung von Opportunitäten ("Window on Technology")
2. Sicherung von Absatz- und Beschaffungsmärkten durch die Gewinnung bzw. Bindung von Abnehmern, Zulieferern und Kooperationspartnern
3. Sicherung des Zuganges zu kritischen Ressourcen wie z. B. Forschungs- und Entwicklungskapazitäten
4. Schaffung von Möglichkeiten zur Ausgliederung und Verselbständigung von Unternehmensteilen ("Spin-off").[179]

---

[176] Die tatsächlichen Investitionen von Versicherungen in nicht börsennotierte Unternehmen unterschritten bisher deutlich den gesetzlich vorgegebenen Grenzwert. Insofern stellt die gesetzliche Beschränkung kein Investitionshindernis für Versicherungen dar. Vgl. *Grisebach, R.*, Innovationsfinanzierung, 1989, S. 103 f. Zu einer detaillierten Analyse des Anlageverhaltens von Versicherungsunternehmen in Bezug auf die Investition von Beteiligungskapital vgl. *Schwilling, W.*, Kapitalanlage, 1989.

[177] Für eine ausführliche Definition und Abgrenzung des Begriffes „Corporate-Venture-Capital" vgl. auch *Schween, K.*, Corporate-Venture-Capital, 1996, S. 21 f.; *McNally, K.*, Corporate-Venture-Capital, 1997, S. 33-41; *Wallace, D.*, Corporate-Venture-Capital, 2001, S. B 4

[178] Dies gilt vor allem für Unternehmen, die nicht einfach nur Kapital wie z. B. Pensionsrückstellungen hochverzinslich anlegen wollen; vgl. *Schefczyk, M.*, Erfolgsstrategien, 1998, S. 30; *Nathusius, K.*, Venture-Management, 1979, S. 205. Bei diesen rein finanziell motivierten Industrieunternehmen wird ein möglicher strategischer Zusatznutzen nur opportunistisch verwertet und hat auf keinen Fall Auswirkungen auf die Investitionsentscheidung; vgl. *Schween, K.*, Corporate-Venture-Capital, 1996, S. 79.

[179] Zur detaillierten Darstellung der einzelnen strategischen Ziele vgl. *Schween, K.*, Corporate-Venture-Capital, 1996, S. 78 ff; *Schefczyk, M.*, Erfolgsstrategien, 1998, S. 29 f.; *Klemm, H. A.*, Innovationsvorhaben, 1988, S. 141-143; *Schröder, C.*, Strategien, 1992, S. 121-122.

Diese strategischen Dimensionen werden bei einem Großteil der Industrieunternehmen zum erstrangigen Kriterium oder zur notwendigen Bedingung einer Investitionsentscheidung. Die Rentabilitätsziele treten dabei zumindest vorübergehend in den Hintergrund der Überlegungen.

2.2.2.4 Privatpersonen

Als Investoren in Beteiligungskapital kommen ohnehin meist nur Privatanleger mit einem überdurchschnittlich hohen Einkommen bzw. Vermögen in Frage.[180] Derartige Privatpersonen verfolgen bei der Investition in Beteiligungskapital im Wesentlichen das finanzielle Ziel, die Rendite auf ihr eingesetztes Kapital zu maximieren. Ein Spezialsegment der allgemeinen Privatpersonen stellen die informellen Investoren dar, die sog. "Business Angels".[181] Neben den finanziellen Zielen dieser Anlegergruppe nehmen auch Ziele zur Wirtschaftsförderung eine nicht zu unterschätzende Bedeutung bei den informellen Investoren ein. Amerikanische Untersuchungen haben nämlich ergeben, dass diese "Business Angels" als erfahrene Geschäftsleute in der Regel in einem Umkreis von 50 Meilen um ihren Wohnort oder ihren Geschäftssitz investieren. Somit spielen neben den mit Sicherheit dominierenden finanziellen Zielen auch Ziele der regionalen Wirtschaftsförderung bei der Vergabe von Beteiligungskapital eine Rolle.[182]

2.2.2.5 Staat

Der Staat als Beteiligungskapitalinvestor verfolgt in der Regel keine finanziellen Interessen, sondern im Vordergrund seiner Aktivitäten stehen Ziele zur Förderung der Wirtschaft. Der Staat investiert in Beteiligungskapital primär mit der Absicht, die Eigenkapitalausstattung von Gründungs-, Wachstums- und kleinen und mittleren Unternehmen zu verbessern, deren Innovationskraft zu unterstützen und Arbeitsplätze zu schaffen bzw. zu sichern. Somit liegt

---

180 Vgl. die Ergebnisse der Empirie von *Ruda, W.*, Kapitalanleger, 1988, S. 237-244 und *Klemm, H. A.*, Innovationsvorhaben, 1988, S. 256-257.

181 Vgl. auch Fußnote 102.

182 Die regionalen Netzwerke bzw. persönlichen Kontakte der informellen Investoren werden diese bei der Vergabe von Beteiligungskapital mit größter Wahrscheinlichkeit nicht völlig unbeeindruckt lassen; vgl. *Posner, D.*, Early-Stage-Finanzierungen, 1996, S. 39.

das Ziel staatlicher Bereitstellung von Beteiligungskapital in der Förderung volkswirtschaftlich wünschenswerter Projekte.[183] Über das reine Interesse der Wirtschaftsförderung hinaus lassen sich keine weiteren wesentlichen strategischen Ziele der öffentlichen Hand ausmachen.

Nach der Analyse der unterschiedlichen Zielstrukturen der Beteiligungskapitalinvestoren werden in dem nun folgenden Abschnitt als letztes Element des Beteiligungskapitalmarktes die Beteiligungskapitalgesellschaften untersucht.

2.2.3 Beteiligungskapitalgesellschaften

Seit seiner Entstehung in den 60er bzw. 70er Jahren befindet sich der Beteiligungskapitalmarkt in Deutschland in einem ständig stattfindenden Wandel. Die sich verändernden strategischen Ausrichtungen der deutschen Beteiligungskapitalgesellschaften führen auch in der wissenschaftlichen Forschung immer wieder zu neuen Ansätzen, die Beteiligungskapitalgesellschaften sinnvoll zu segmentieren.[184] Die verschiedenen Segmentierungsansätze der einzelnen Forschungsarbeiten haben dabei aber eine zentrale Gemeinsamkeit. Sie verdeutlichen, dass sich der deutsche Beteiligungskapitalmarkt von einer anfänglich weitgehenden monolithischen Struktur hin zu mehreren, voneinander weitgehend unabhängigen Segmenten innerhalb eines Gesamtmarktes für Beteiligungskapital bewegt.[185]

Für ein detailliertes Verständnis der Charakteristika der einzelnen Typen von Beteiligungskapitalgesellschaften werden nachfolgend zunächst kurz die ersten Segmentierungsansätze in Deutschland dargestellt. Anschließend werden dann die auf Basis der Erkenntnisse der "Neuen Institutionenökonomie" entwickelten neueren Segmentierungsansätze erläutert, und abschließend erfolgt die Vorstellung des eigenen Segmentierungsansatzes der vorliegenden Studie.

---

[183] Vgl. *Bruhns, K.*, Mittelstandspolitik, 1992, S. 19f.

[184] Zur historischen Entwicklung des Beteiligungskapitalmarktes in Deutschland und den Konsequenzen für die Beteiligungskapitalgesellschaften vgl. Abschnitt 1.3.1.

[185] Vgl. hierzu insbesondere *Schröder, C.*, Strategien, 1992, S. 317.

2.2.3.1 Erste Segmentierungsansätze der Beteiligungskapitalgesellschaften

Aufgrund fehlender empirischer Untersuchungen und des sich erst im Aufbau befindlichen Beteiligungskapitalmarktes war es für die wissenschaftliche Forschung in Deutschland anfänglich schwierig die Beteiligungskapitalgesellschaften nach einem aussagekräftigen, einheitlich verwendbarem Kriterium zu klassifizieren. Durch die Verknüpfung verschiedener Kriterien wurde in ersten Ansätzen versucht, eine Segmentierung der deutschen Beteiligungskapitalgesellschaften vorzunehmen. Als Kriterien wurden dabei beispielsweise die Gesellschafterstruktur, die Beteiligungspolitik, die eingesetzten Finanzierungsinstrumente, die zeitliche Dauer des Engagements oder die Intensität der Managementunterstützung verwendet. Am häufigsten erfolgte eine Unterscheidung der Beteiligungskapitalgesellschaften in Kapitalbeteiligungsgesellschaften, mittelständische Beteiligungsgesellschaften, Venture-Capital-Gesellschaften und Unternehmensbeteiligungsgesellschaften nach dem UBG.[186] Zum besseren Verständnis werden die wesentlichen Eigenschaften dieser Typen von Beteiligungskapitalgebern im Folgenden kurz erläutert.

Als quasi erste Beteiligungskapitalgesellschaften in Deutschland wurden Mitte der 60er Jahre vor dem Hintergrund eigenkapitalschwacher kleiner und mittlerer Unternehmen die ersten erwerbswirtschaftlich orientierten Kapitalbeteiligungsgesellschaften meist als Tochtergesellschaften von Banken und Sparkassen gegründet.[187] Bis heute sind diese Gesellschaften mit teilweise veränderter strategischer Ausrichtung immer noch auf dem Beteiligungskapitalmarkt tätig. Ihre Tätigkeit beschränkt sich im Allgemeinen auf die Vergabe von Eigenkapital und eigenkapitalähnlichen Mitteln.[188] Eine begleitende Managementunterstützung der Portfoliounternehmen erfolgt nur sehr eingeschränkt und geht meist nicht über die Wahrnehmung von Aufsichtsratsmandaten bei den entsprechenden Unternehmen hinaus. Die primäre Ertragsquelle stellt die laufende Verzinsung des eingesetzten Kapitals durch die

---

[186] Vgl. *Schröder, C.*, Strategien, 1992, S. 19 ff.; vergleichbar zu dieser Segmentierung unterteilte auch der BVK den deutschen Beteiligungskapitalmarkt in sog. durch Fachgruppen (FG) repräsentierte Teilmärkte; FG 1: Universalbeteiligungsgesellschaften, FG 2: öffentlich geförderte Kapitalbeteiligungsgesellschaften, FG 3: Seed-, Start-up- und Wachstumsbeteiligungsgesellschaften, FG 4: Unternehmensbeteiligungsgesellschaften, vgl. *BVK*, Jahrbuch 1995, S. 120.

[187] Zur Entwicklung der Kapitalbeteiligungsgesellschaften in Deutschland vgl. *Nevermann, H./Falk, D.*, Venture-Capital, 1986; zur Bedeutung und Funktion der Kapitalbeteiligungsgesellschaften vgl. auch Abschnitt 1.3.1.

[188] Vgl. *Roesner, G.*, Kapitalgesellschaften, 1968, S. 74.

Beteiligung am laufenden Ergebnis der Portfoliounternehmen dar. Als Zielsetzung der Kapitalbeteiligungsgesellschaften steht die Gewährleistung der Bedienung des eingesetzten Kapitals vor der Erreichung eines kontinuierlichen Wachstums ihrer Portfoliounternehmen. Aus diesem Grunde beteiligen sich Kapitalbeteiligungsgesellschaften schwerpunktmäßig an Unternehmen, die sich in einem fortgeschrittenen Entwicklungsstadium befinden und die erzielten finanziellen Überschüsse primär nicht zur Finanzierung weiteren Wachstums bedürfen.[189] Da ein Großteil der heute noch verbliebenen Kapitalbeteiligungsgesellschaften Tochtergesellschaften von Sparkassen sind, verfolgen sie nicht nur erwerbswirtschaftliche, sondern auch regionale Wirtschaftsförderungsziele.[190]

Zur Umsetzung der von der damaligen Bundesregierung verabschiedeten staatlichen Mittelstandsförderung wurden in den 70er Jahren in den einzelnen Bundesländern mittelständische Beteiligungsgesellschaften (MBG) gegründet.[191] Die Ziele dieser Institutionen der öffentlichen Hand konzentrieren sich ebenfalls ausschließlich auf die Förderung der regionalen Wirtschaft.[192] Auch hier beschränkt sich die Wertschöpfung meist auf die Vergabe von Eigenkapital oder die Vermittlung von Fremdkapital aus den Förderprogrammen des Bundes.[193] Durch die günstigen Refinanzierungsmöglichkeiten sind die mittelständischen Beteiligungsgesellschaften in der Lage, potenziellen Portfoliounternehmen vergleichsweise günstige Konditionen anzubieten. Als weiteres besonderes Merkmal dieser Beteiligungs-kapitalgesellschaften ist die Tatsache auffällig, dass mittelständische Beteiligungsgesellschaften bevorzugt Beteiligungen als typisch stiller Gesellschafter eingehen.[194]

---

[189] Vgl. *Schlegelmilch, K.*, Kapitalbeteiligungsgesellschaften, 1976, S. 36-44.

[190] Vgl. *Engeken, G.*, Mittelstandsförderung, 1976, S. 73-84; zu den Wirtschaftsförderungszielen von Sparkassen als Beteiligungskapitalinvestoren vgl. auch Abschnitt 2.2.2.1.

[191] Vgl. *Krahnen, J. P.*, Kapitalbeteiligungsgesellschaften, 1988, S. 674.

[192] Die fehlende erwerbswirtschaftliche Orientierung der Beteiligungskapitalgesellschaften führte wie bereits ausgeführt zum Ausschluss bei der empirischen Untersuchung; vgl. Abschnitt 1.5.2.2.

[193] Über die Aktivitäten von Beteiligungskapitalgesellschaften im Landesbesitz vgl. *Nathusius, K.*, Erfahrungen, 1986, S. 682-683.

[194] Vgl. *Cimbal, A.*, Venture-Capital-Finanzierungen, 1995, S. 92.

In Abgrenzung zu den anderen Beteiligungskapitalgebern handelt es sich bei den im Rahmen dieser ersten Segmentierung definierten Venture-Capital-Gesellschaften meist um Unternehmen, die primär in sehr frühen Unternehmensentwicklungsphasen Beteiligungen bei Gründungsunternehmen eingehen.[195] Neben der Bereitstellung von Eigenkapital stellt insbesondere die begleitende Managementunterstützung der Portfoliounternehmen einen hohen Wertbeitrag dieser Beteiligungskapitalgesellschaften dar. Die Erlösgenerierung von Venture-Capital-Gesellschaften erfolgt nicht über die jährliche Entnahme von Gewinnen, sondern primär durch die Realisierung des Wertzuwachses ("Capital Gain") im Wege der Veräußerung des Portfoliounternehmens nach einer Haltedauer von fünf bis zehn Jahren.[196]

Hinter dem gesetzlich geschützten Titel "Unternehmensbeteiligungsgesellschaft" verbirgt sich eine durch das vom 17. Dezember 1986 verabschiedete Gesetz über Unternehmensbeteiligungsgesellschaften (UBGG) spezifisch geschaffene Institution. Vom Prinzip her handelt es sich hierbei um eine Kapitalbeteiligungsgesellschaft modernerer Prägung, mit dem wesentlichen Unterschied, dass sie den gesetzlichen Regelungen des UBGG unterstellt ist. Dadurch unterscheidet sich die Unternehmensbeteiligungsgesellschaft von der klassischen Kapitalbeteiligungsgesellschaft zum einen in ihrer Rechtsform, in ihrer Besteuerung und in ihren Refinanzierungsmöglichkeiten. Zum anderen investieren Unternehmensbeteiligungsgesellschaften teilweise ihre Mittel auch in jüngere Unternehmen. Durch die Möglichkeit eine Unternehmensbeteiligungsgesellschaft auch als Aktiengesellschaft an der Börse zu notieren, wurde für den privaten Anleger die Möglichkeit geschaffen, sich durch den Erwerb von Aktien an dieser Gesellschaft mittelbar an teilweise jungen und innovativen Wachstumsunternehmen zu beteiligen. Diesem Refinanzierungsvorteil stehen aber umfassende gesetzliche Regelungen und Auflagen für die Unternehmensbeteiligungsgesellschaften wie beispielsweise bestimmte Anlagegrundsätze und –grenzen gegenüber.[197]

---

195 Zum Begriff Venture-Capital vgl. auch Abschnitt 1.3.1; zur Beschreibung der Charakteristika von Gründungsunternehmen vgl. Abschnitt 2.2.1.1.

196 Zur ausführlichen Definition von Venture-Capital-Gesellschaften vgl. u. a. *Räbel, D.*, Innovationsfinanzierung, 1986, S. 20-34.

197 Zu einer detaillierten Vorstellung von Unternehmensbeteiligungsgesellschaften und ihren gesetzlichen Reglementierungen vgl. u. a. *Drukarczyk, J.*, Unternehmensbeteiligungsgesellschaft, 1991, S. 529-531; *Kürten, S.*, Unternehmensbeteiligungsgesellschaften, 1990, S. 6-37, *Köhler, P.*, Unternehmensbeteiligungsgesellschaften, 1992, S. 39-43.

2.2.3.2 Neuere Segmentierungsansätze der Beteiligungskapitalgesellschaften

Im Gegensatz zu den ersten Segmentierungsansätzen versuchen die neueren Segmentierungslogiken basierend auf den Erkenntnissen der "Neuen Institutionenökonomie" die originäre Intermediärfunktion der Beteiligungskapitalgesellschaft zu berücksichtigen. Im Blickwinkel der Beobachtungen stehen dabei die aus der Principal-Agent-Beziehung zwischen Beteiligungskapitalgesellschaft und Beteiligungskapitalnehmer auf der einen Seite und zwischen Beteiligungskapitalgesellschaft und Beteiligungskapitalinvestor auf der anderen Seite resultierenden Verhaltensweisen der Marktteilnehmer.

In den beiden nachfolgenden Abschnitten werden zunächst die neueren Segmentierungsansätze vorgestellt, bevor dann im Abschnitt 2.2.3.3 das Erklärungsmuster für die eigene Untersuchung folgt.

2.2.3.2.1 Finanzierungsphase als Segmentierungskriterium

Anfang der 90er Jahre wurde in der Forschung zunächst ein Erklärungsmuster für die Gestaltungsunterschiede von Beteiligungskapitalgesellschaften aus dem Blickwinkel der Beteiligungskapitalnehmer entwickelt. Es galt die These, dass sich Beteiligungskapitalgesellschaften primär durch die phasenspezifische Verteilung ihrer Beteiligungsportfolios unterscheiden.[198] In Abhängigkeit der Phase der Unternehmensentwicklung würden die Portfoliounternehmen über unterschiedliche Finanzierungsbedürfnisse verfügen und somit unterschiedliche Anforderungen an die Beteiligungskapitalgesellschaften vorweisen.[199] Als zentrale Annahme für den phasendeterministischen Segmentierungsansatz wurde daraus abgeleitet, dass sich Beteiligungskapitalgesellschaften aufgrund der heterogenen Anforderungen der Beteiligungskapitalnehmer auf bestimmte Unternehmensentwicklungsphasen spezialisieren, sich entsprechend aufbau- und ablauforganisatorisch ausrichten und

---

[198] Vgl. *Schröder, C.*, Strategien, 1992, S. 302 ff.

[199] Dieser Feststellung kann auch nach den neusten Erkenntnissen in der Forschung nicht widersprochen werden. Zu den unterschiedlichen Finanzierungsbedürfnissen in Abhängigkeit der Phase der Unternehmensentwicklung vgl. auch Abschnitte 2.1 und 2.2.1 dieser Untersuchung.

sich somit in ihrer Gesamtstruktur unterscheiden.[200] Insbesondere ließen sich strukturelle Unterschiede zwischen Beteiligungskapitalgesellschaften, die auf die "Early-Stage-Financing-Phase" und die auf die "Late-Stage-Financing-Phase" spezialisiert waren, feststellen.[201]

Als Beteiligungskapitalgesellschaften mit einem Fokus auf die Early-Stage-Financing-Phase wurden im Wesentlichen zwei Typen von Beteiligungskapitalgebern identifiziert: Zum einen die klassischen Venture-Capital-Gesellschaften, deren Charakterisierung mit der Beschreibung der ersten Segmentierungsansätze übereinstimmt,[202] zum anderen eine für Deutschland neuere Form von Beteiligungskapitalgebern, sog. Corporate-Venture-Capital-Gesellschaften. In Abgrenzung zu den klassischen Venture-Capital-Gesellschaften handelt es sich bei diesen ausschließlich um Tochtergesellschaften von etablierten Industrieunternehmen. Zwei weitere wesentliche Unterschiede grenzen diesen ansonsten gleich agierenden Unternehmenstyp von den klassischen Venture-Capital-Gesellschaften ab:

1. Neben einer attraktiven Verzinsung auf das eingesetzte Kapital verfolgen Corporate-Venture-Capital-Gesellschaften mit ihrer Finanzierung auch noch strategische Ziele.[203]
2. Trotz einer in der Regel fünf- bis zehnjährigen Haltedauer der Portfoliounternehmen ist bei Corporate-Venture-Capital-Gesellschaften auch das langfristige Halten einer Beteiligung denkbar.[204]

In dem Segment der Marktteilnehmer, die sich primär auf die "Late-Stage-Financing-Phase" spezialisiert haben, wurden ebenfalls zwei Typen von Beteiligungskapitalgesellschaften identifiziert, die sog. Universalbeteiligungsgesellschaften und die Buy-out-Fonds.

---

200 Finanzierungstheoretisch betrachtet bedeutet diese Feststellung, dass spezialisierte Beteiligungskapitalgesellschaften die Principal-Agent-Beziehung zu ihren Portfoliounternehmen besser steuern können und somit die im Wesentlichen durch asymmetrische Informationsverteilung entstandenen Transaktionskosten in einem höheren Maße senken können, als sie das als unspezialisierte Marktteilnehmer könnten. Aus diesem Grunde muss dem Marktmechanismus folgend automatisch eine Spezialisierung der Marktteilnehmer stattfinden; vgl. zur Agency-Theorie u. a. *Jensen, M./Meckling, W.*, Agency Costs, 1976, S. 308.

201 Für die verhältnismäßig „Expansion-Stage"-lastigen Beteiligungskapitalgesellschaften konnten bzgl. der strukturellen Ausgestaltung kaum signifikante Aussagen gemacht werden; vgl. *Schröder, C.*, Strategien, 1992, S. 186.

202 Vgl. Abschnitt 2.2.3.1.

203 Zu den einzelnen Ausprägungsformen dieser strategischen Ziele vgl. Abschnitt 2.2.2.3.

204 Vgl. *McNally, K.*, Corporate Venture-Capital, 1997, S. 33-41; *Schween, K.*, Corporate-Venture-Capital, 1996, S. 21 ff.; *Sykes, H. B.*, Corporate-Venture-Capital, 1990, S. 40-42; *Siegel, R./Siegel, E./ MacMillan, I.C.*, Corporate-Venture-Capitalists, 1988, S. 235-236.

Die Universalbeteiligungsgesellschaften werden von Schefczyk als der Grundtyp der Beteiligungskapitalgesellschaften in Deutschland bezeichnet.[205] Eine Spezialisierung auf bestimmte Phasen oder Branchen erfolgt meist nicht. Ähnlich wie bei den Kapitalbeteiligungsgesellschaften beschränkt sich ihre Tätigkeit meist auf die Vergabe von Eigenkapital und eigenkapitalähnlichen Mitteln. Eine Managementunterstützung der Portfoliounternehmen erfolgt auch hier nur teilweise und in sehr begrenztem Maße. Im Gegensatz zu Kapitalbeteiligungsgesellschaften hat die Generierung von Erträgen aus dem Wertzuwachs ihrer Portfoliounternehmen neben der laufenden Kapitalverzinsung bei Universalbeteiligungsgesellschaften einen deutlich höheren Stellenwert. Neben Unternehmen, die sich in späteren Unternehmensentwicklungsphasen befinden, können sie sich somit in geringfügigem Maße auch bei jungen Unternehmen engagieren.

Buy-out-Fonds lassen sich von den übrigen Beteiligungskapitalgesellschaften vor allem aufgrund ihrer wesentlich größeren Beteiligungshöhe pro Transaktion und durch das Streben nach Mehrheitsbeteiligungen unterscheiden.[206] Während Venture-Capital- und Universalbeteiligungsgesellschaften typischerweise längerfristig orientierte Minderheitsbeteiligungen eingehen, um über Aufsichtsratsmandate und andere Einwirkungsmechanismen Unterstützung bei der betrieblichen Weiterentwicklung zu geben, suchen Buy-out-Fonds primär Mehrheiten und setzen auf aggressives Financial Engineering und straffes Cashflow-Management.[207] Buy-out-Fonds gehen bei ihren Beteiligungen in der Regel von kürzeren Laufzeiten zwischen fünf und sieben Jahren aus.[208] Bei der Feinsegmentierung dieser Beteiligungskapitalgesellschaften unterscheidet man mittlerweile noch kleine, mittlere und große Buy-out-Fonds.[209]

Hintergrund dieser Überlegung ist der mit der Größe steigende Drang der Beteiligungskapitalgesellschaft zur Internationalisierung, die zunehmende, insbesondere nach Branchen stattfindende Spezialisierung und der bessere Zugang der größeren Fonds zu der Ressource Personal.

---

[205] Vgl. *Schefczyk, M.*, Erfolgsstrategien, 2000, S. 16.
[206] Vgl. *Sewing, P.*, Privatinvestoren, 1992, S. 140.
[207] Vgl. *Wittek, B.*, Buy-out-Fonds, 1990, S. B17.
[208] Vgl. *Schwien, B.*, Management-Buy-Out-Konzept, 1995, S. 15-20; *Neukirchen, D.*, Steuerung, 1996, S. 4-10.
[209] Vgl. www.bvk.de, 2001.

2.2.3.2.2 Trägerschaft als Segmentierungskriterium

In Anlehnung an bestehende Segmentierungsansätze in den USA bzw. in Großbritannien wurde Mitte der 90er Jahre in Deutschland erstmals ein Erklärungsmuster aus der Perspektive der Beteiligungskapitalinvestoren erarbeitet. In der empirisch fundierten Arbeit von Zemke wurde die Trägerschaft als Segmentierungskriterium für deutsche Beteiligungskapitalgesellschaften erstmalig verwendet.[210] In Anlehnung an den "Strategic Constituencies-Ansatz" von Pfeffer/Salancik konnte man in der Untersuchung nachweisen, dass sich Beteiligungskapitalgesellschaften aufgrund der Abhängigkeit ihrer Existenz von den von ihnen bereitgestellten Mitteln in ihrer institutionellen Gestaltung nach den Interessen ihrer Beteiligungskapitalinvestoren richten.[211] Die Institutionalisierung dieser Kapitalgeberinteressen erfolgt finanzierungstheoretisch gesehen durch unterschiedliche Kooperationsdesigns, die in der Praxis ihre Entsprechung in der unterschiedlichen Trägerschaft von Beteiligungskapitalgesellschaften finden.[212] Im Allgemeinen wird dabei zwischen der unabhängigen, sog. independent, der abhängigen, sog. captive, und der halbabhängigen, sog. semi-captive Trägerschaft unterschieden.[213]

Die Unabhängigkeit der deutschen independent Beteiligungskapitalgesellschaften lässt sich anhand der Kriterien "Eigentumsverhältnisse"/"Kapitalgeberstruktur" und "Entscheidungsfindung" feststellen. Derartige Beteiligungskapitalgesellschaften befinden sich mehrheitlich im Eigentum ihrer (geschäftsführenden) Partner und agieren unabhängig von übergeordneten Organisationsstrukturen. Keiner der Beteiligungskapitalinvestoren hat eine dominierende Eigentümerstellung.[214] Die Gesellschaften können ihre Entscheidungen selbstständig und unabhängig von Weisungen der Kapitalgeber treffen.

---

[210] Vgl. *Zemke, I.*, Unternehmensverfassung, 1995.

[211] Vgl. *Zemke, I.*, Unternehmensverfassung, 1995, S. 93; zum detaillierten Verständnis des „Strategic Constituencies-Ansatzes" vgl. *Pfeffer, J./Salancik, G. R.*, Organizations, 1978.

[212] Vgl. *Zemke, I.*, Unternehmensverfassung, 1995, S. 5 f.

[213] Vgl. beispielsweise *EVCA*, Yearbook, 1997 und *British Venture-Capital Association*, Report, 1992, S. 18; als Anerkennung dieses Segmentierungsansatzes in der Praxis des deutschen Beteiligungskapitalgeschäftes kann auch die Übernahme der Segmentierung in die jährliche Statistik des BVK verstanden werden; vgl. www.bvk.de, 2001.

[214] Vgl. *Zemke, I.*, Unternehmensverfassung, 1995, S. 84.

Die captive Beteiligungskapitalgesellschaft ist in Deutschland primär durch ihre Integration als Tochtergesellschaft in eine übergeordnete Organisations- bzw. Konzernstruktur gekennzeichnet. Dabei wird durch die Gesellschaft ausschließlich das von der Muttergesellschaft bereitgestellte Kapital verwaltet. Die Anlageentscheidungen werden nicht selbstständig von der Beteiligungskapitalgesellschaft, sondern meist von einem Gremium, in dem die Kapitalgeber vertreten sind, getroffen.

Eine Mischform der beiden vorgenannten Typen stellt die semi-captive Beteiligungskapitalgesellschaft dar. Dabei befindet sich die Gesellschaft nicht im Eigentum eines einzelnen Investors, sondern sie gehört mehreren Kapitalgebern im Verhältnis ihrer Kapitalanteile. Im Vergleich zu den independent Gesellschaften ist das Management zwar in die Entscheidungsvorbereitung involviert, bei der eigentlichen Anlageentscheidung aber kaum stimmberechtigt. Die Kapitalgeber dominieren bei diesem Gesellschaftstyp die Investitionsentscheidung.[215]

Auf Basis der Trägerschaft als Segmentierungskriterium konnten Unterschiede im institutionellen Design und hierbei insbesondere in den Verfassungsmerkmalen deutscher Beteiligungskapitalgesellschaften herausgearbeitet werden.[216]

Die Richtigkeit der oben aufgeführten neueren Segmentierungsansätze soll nicht angezweifelt werden. Denn vor dem Hintergrund des zum Zeitpunkt der einzelnen Arbeiten vorherrschenden Entwicklungsstandes des Beteiligungskapitalmarktes und zur Beantwortung der spezifischen Fragestellungen der einzelnen Untersuchungen erscheinen die bisherigen Segmentierungsansätze als Erklärungsmuster sehr zweckdienlich. Angezweifelt wird aber, ob sich die bisherigen Ansätze auch nach den jüngsten Marktentwicklungen in Deutschland auf die heutigen Beteiligungskapitalgesellschaften übertragen lassen und ob die gewählten Segmentierungsansätze tatsächlich einen Großteil der Unterschiede in der Ausrichtung deutscher Beteiligungskapitalgesellschaften erklären können. Denn die einzelnen Forschungsarbeiten nutzten selbstverständlich ihre erarbeiteten Segmentierungsansätze als

---

[215] Für eine detaillierte Abgrenzung der einzelnen Beteiligungskapitalgesellschaften nach ihrer Trägerschaft vgl. ua. *Bovaird, C.*, Introduction, 1990, S. 159-164.

[216] Eine detaillierte Darstellung der einzelnen Unterschiede würde an dieser Stelle den Rahmen der Untersuchung sprengen. Für eine zusammenfassende Darstellung der Merkmale der jeweiligen Trägerschaftscluster vgl. *Zemke, I.*, Unternehmensverfassung, 1995, S. 276 f.

Erklärungsmuster zur Beantwortung ihrer jeweils untersuchungsspezifischen Fragestellungen. So standen bei den phasenspezifischen Segmentierungsansätzen eher Forschungsfragen zum grundsätzlichen Vorgehen von Beteiligungskapitalgesellschaften im Mittelpunkt der Untersuchungen.[217] Bei den Erklärungsmustern auf Basis der Trägerschaft wurden hingegen insbesondere Unterschiede in der Ausgestaltung der Verfassungsmerkmale deutscher Beteiligungskapitalgesellschaften festgestellt.[218]

Unbestritten ist, wie wichtig ein geeigneter Segmentierungsansatz zur Klärung der spezifischen Fragestellung der einzelnen Untersuchung ist. Da die Eignung der bisherigen Segmentierungsansätze als Erklärungsmuster für die unterschiedliche Durchführung der Beteiligungswürdigkeitsprüfung angezweifelt wird, soll im nachfolgenden Abschnitt ein neuer Ansatz erarbeitet werden, der den spezifischen Anforderungen dieser Untersuchung in Bezug auf die Ausgestaltung der Beteiligungswürdigkeitsprüfung gerecht wird.

2.2.3.3 Segmentierungsansatz der eigenen Untersuchung

Bei der Wahl eines geeigneten Segmentierungsansatzes für die eigene Untersuchung wird zunächst wieder die Principal-Agent-Beziehung zwischen der Beteiligungskapitalgesellschaft und dem Beteiligungskapitalnehmer in den Mittelpunkt der Betrachtungen gestellt. Aus den historischen Entwicklungen des Beteiligungskapitalmarktes in Deutschland lässt sich u. a. erkennen, dass immer wieder unterschiedliche Arten von Portfoliounternehmen im Anlagefokus der Beteiligungskapitalgesellschaften standen.[219] Die unterschiedlichen Orientierungen des Anlagefokus wurden dabei durch Änderungen der strategischen Ausrichtung der Beteiligungskapitalgesellschaften verursacht. Somit scheinen spezifische Eigenschaften der Portfoliounternehmen Auswirkungen auf die strategische Positionierung der Beteiligungskapitalgesellschaften zu haben. Diese Hypothese erscheint vor allem vor den Erkenntnissen der "Neuen Institutionenökonomie" schlüssig.

---

[217] Für einen phasendeterministischen Segmentierungsansatz vgl. *Schröder, C.*, Strategien, 1992.

[218] Für einen Segmentierungsansatz nach der Trägerschaft der Beteiligungskapitalgesellschaft vgl. *Zemke, I.*, Unternehmensverfassung, 1995.

[219] Zu den historischen Entwicklungen des Beteiligungskapitalmarktes in Deutschland vgl. Abschnitt 1.3.1.

Denn um eine Existenzberechtigung als Finanzintermediär im Beteiligungskapitalmarkt zu haben, müssen Beteiligungskapitalgesellschaften u. a. über eine erhöhte Informationsverarbeitungskompetenz im Vergleich zu den sonstigen Marktteilnehmern verfügen.[220] Diese Bedingung setzt ihrerseits aber voraus, dass Informationen zwischen den einzelnen Marktteilnehmern unterschiedlich verteilt sind und dass Beteiligungskapitalgesellschaften gegenüber Beteiligungskapitalinvestoren einen Spezialisierungs- bzw. Informationsvorteil aufweisen können.

Nur bei einem entsprechenden Spezialisierungsvorteil können sich durch eine Einschaltung einer Beteiligungskapitalgesellschaft tatsächlich Transaktionskosten senken lassen. Im Rahmen des Wertschöpfungsprozesses der Beteiligungskapitalgesellschaften müssten sich neben der Managementunterstützung und dem laufenden Monitoring der Portfoliounternehmen insbesondere bei der Beteiligungswürdigkeitsprüfung Spezialisierungsvorteile durch eine erhöhte Informationsverarbeitungskompetenz erzielen lassen.[221] Da nämlich die Einschätzungen hinsichtlich der Vorteilhaftigkeit bzw. Rentabilität eines Projektes aufgrund der asymmetrisch verteilten Informationen zwischen Kapitalanlegern und Kapitalnachfragern im Allgemeinen sehr unterschiedlich sind, sollte der Intermediär durch eine Spezialisierung insbesondere hier Transaktionskosten senken können.

Die sich daraus ergebenden Spezialisierungsanforderungen setzen aber den Aufbau eines entsprechenden Expertentums bei der Beteiligungskapitalgesellschaft voraus. Aufgrund der dadurch entstehenden Kosten wird eine einzelne Beteiligungskapitalgesellschaft vermutlich nicht in sämtlichen Teilbereichen des Marktes spezialisiertes Wissen vorhalten können. Denn die aus der Intermediärfunktion heraus resultierenden zusätzlichen Kosten dürfen nicht den ursprünglichen Transaktionskostenvorteil wieder überkompensieren. Insofern ergibt sich für

---

[220] Neben der notwendigen Informationsverarbeitungskompetenz für die Risikoselektion im Rahmen der Risikotransformation sollten Beteiligungskapitalgesellschaften als Intermediäre zwischen Beteiligungskapitalinvestor und -nehmer nach neoinstitutionalistischem Verständnis noch über weitere Funktionen verfügen wie z. B. der Transformationsfunktion in Bezug auf Losgrößen, Anlagehorizonte bzw. Fristen oder in Bezug auf die Risikodiversifikation; vgl. *Schefczyk, M.*, Erfolgsstrategien, 2000, S. 144 f. Vor dem Hintergrund des Untersuchungszieles steht aber vor allem die Informationsverarbeitungskompetenz im Mittelpunkt der Betrachtungen.

[221] Bereits Schröder vermutete in seiner Arbeit, dass in der Projektprüfung die höchsten Potenziale zur Effizienzsteigerung liegen müssten; vgl. *Schröder, C.*, Strategien, 1992, S. 30.

die Beteiligungskapitalgesellschaft die Notwendigkeit, sich auf bestimmte Teilbereiche bzw. auf Portfoliounternehmen mit spezifischen Eigenschaften zu spezialisieren bzw. zu fokussieren.[222] Diese Spezialisierung könnte theoretisch nach der Branche, der Unternehmensphase oder der Region, in der sich die Portfoliounternehmen befinden, erfolgen.[223]

Auf Basis der Analyse der bestehenden Literatur und zahlreicher Diskussionen mit Vertretern aus der Praxis kommen zur Untersuchung von Spezialisierungsvorteilen in der Beteiligungswürdigkeitsprüfung zwei wesentliche Kriterien zur Segmentierung der Beteiligungskapitalgesellschaften in Deutschland in Frage: die Intensität der Fokussierung der Beteiligungskapitalgesellschaft auf bestimmte Branchen, in denen sich die relevanten Portfoliounternehmen positionieren und die Intensität der Fokussierung auf bestimmte Unternehmens- bzw. Finanzierungsphasen, in denen sich die Portfoliounternehmen befinden.[224] Durch die intensive Kenntnis bestimmter Branchen müssten sich in der Beteiligungswürdigkeitsprüfung Spezialisierungsvorteile erzielen lassen, die dann wiederum unterschiedliche Vorgehensweisen und somit unterschiedliche Qualitäten in der Untersuchung von entsprechenden Portfoliounternehmen bei den Beteiligungskapitalgesellschaften zur Folge haben sollten. Gleichzeitig müssten detaillierte Erfahrungen und Know-how in Bezug auf eine bestimmte Phase der Unternehmensentwicklung ebenfalls Spezialisierungsvorteile mit entsprechenden Konsequenzen für die Beteiligungswürdigkeitsprüfung ermöglichen. Im Gegensatz zu dem rein phasendeterministischen Segmentierungsansatz steht bei dem Kriterium der

[222] Neben dieser transaktionskostenorientierten Herleitung ergibt sich die Notwendigkeit zur Fokussierung auch durch die erst junge Historie des deutschen Beteiligungskapitalmarktes. Im Zuge allgemeiner Konsolidierungsprozesse des Marktes werden sich auch nach Auffassung des BVK einzelne Anbieter auf ihre Kernkompetenzen konzentrieren müssen; vgl. *Franke, D.*, Konsolidierung, 2001, S. 666. Zur Konsolidierung des deutschen Beteiligungskapitalmarktes vgl. auch *Knauth, K.-W.*, Kapital, 2001, S. B1 f.; *Boehringer, S.*, Geld, 2001, S. 15.

[223] Unabhängig von den Portfoliounternehmen wäre theoretisch auch eine Spezialisierung der Beteiligungskapitalgesellschaften entlang der Funktionen ihres Wertschöpfungsprozesses denkbar. Aufgrund der Projektorientierung des Beteiligungskapitalgeschäftes findet eine Arbeitsteilung nach Leistungsstufen aber nicht statt; vgl. *Schröder, C.*, Strategien, 1992, S. 86 f.

[224] Beide Kriterien wurden bereits in zahlreichen Untersuchungen analysiert. Als Ergebnis konnte in den einzelnen Arbeiten festgestellt werden, dass beide Kriterien von den Marktteilnehmern jeweils deutlich unterschiedlich erfüllt werden; vgl. hierzu für den deutschen Markt *Zemke, I.*, Unternehmensverfassung, 1995, S. 157 ff.; *Schröder, C.*, Strategien, 1992, S. 34 ff.; für den US-amerikanischen Markt vgl. *Norton, E./Tenenbaum, B.*, Specialization, 1993, 432 ff. Das Kriterium der regionalen Spezialisierung konnte bisher für den deutschen Markt noch nicht nachgewiesen werden. Vgl. hierzu u. a. *Schröder, C.*, Strategien, 1992, S. 302 ff.

Phasenfokussierung weniger die Frage im Vordergrund, auf welche Phase der Unternehmensentwicklung sich eine Beteiligungskapitalgesellschaft spezialisiert hat. Vielmehr ist bei dieser Betrachtungsweise entscheidend, ob sich die Beteiligungskapitalgesellschaft auf eine oder nur wenige bestimmte Phasen spezialisiert hat.

Aus der Verknüpfung beider Kriterien könnte sich ein geeignetes Erklärungsmuster zur Segmentierung der Beteiligungskapitalgesellschaften entwickeln lassen, mit Hilfe dessen mögliche Unterschiede in den wesentlichen Eigenschaften der Beteiligungswürdigkeitsprüfung erklärt werden könnten. Als wesentliche Annahme hinter dieser Verknüpfung steht die Vermutung, dass durch die Kombination aus Phasen- und Branchenfokussierung die Spezialisierung der Beteiligungskapitalgesellschaften am höchsten sein müsste und somit die geringsten Transaktionskosten entstehen würden. Wie in Abbildung 14 dargestellt, ergeben sich durch die Segmentierung der Beteiligungskapitalgesellschaften nach ihrem Investitionsfokus insgesamt vier Gruppen: "Universalbeteiligungsgesellschaften", "Buy-out-Fonds", "Branchenspezialisten" und "Venture-Capital-Gesellschaften".

Abbildung 14: Segmentierung der Beteiligungskapitalgesellschaften in Deutschland nach ihrem Investitionsfokus

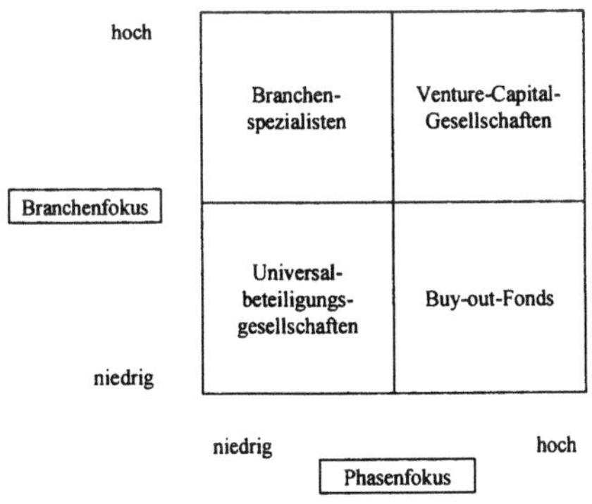

Quelle: Eigene Darstellung

Segmentiert man die untersuchten Beteiligungskapitalgesellschaften anhand der beiden Kriterien ergibt sich für die vorliegende Arbeit folgendes Bild: Gemessen an der Anzahl der befragten Beteiligungskapitalgesellschaften handelt es sich bei den Universalbeteiligungsgesellschaften mit insgesamt 24 (40 %) um das größte Segment der Untersuchung (vgl. Abbildung 15). Vergleicht man die Beteiligungskapitalgesellschaften anhand der Anzahl Professionals und des investierten Kapitals bilden die Universalbeteiligungsgesellschaften mit insgesamt 210 Beteiligungsmanagern und DM 4,3 Mrd. Investitionsvolumen ebenfalls das größte Segment. Mit 17 Beteiligungskapitalgesellschaften stellen die Buy-out-Fonds das zweitgrößte Segment der Untersuchung dar. 34 % des gesamten Investitionsvolumens und 20 % der Professionals werden von den Buy-out-Fonds in Anspruch genommen. Das drittgrößte Segment repräsentieren die Branchenspezialisten. Sie vereinen 20 % der Beteiligungskapitalgesellschaften, 22 % der Professionals und 13 % des investierten Kapitals auf sich. Das Segment mit der höchsten Spezialisierung, die Venture-Capital-Gesellschaften, stellen zur Zeit mit 12 % der untersuchten Beteiligungskapitalgesellschaften noch die kleinste Untersuchungseinheit dar. Auch gemessen an der Anzahl der Beteiligungsmanager (7 %) und dem Investitionsvolumen (6 %) lässt sich dieses Segment bisher eher als Marktnische bezeichnen.

Abbildung 15: Größe der einzelnen Segmente in der Untersuchung

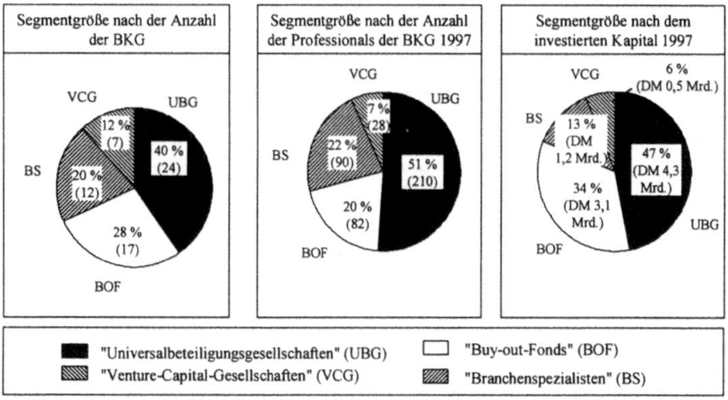

Quelle: Eigene empirische Untersuchung; N = 60

Die vier Typen von Beteiligungskapitalgesellschaften werden im Folgenden kurz dargestellt. Zur ersten Einschätzung der unterschiedlichen Eigenschaften der Segmente erfolgt neben einer segmentspezifischen Portfoliobetrachtung nach Finanzierungsphase und Branche auch eine Unterscheidung nach der Eigentümerstruktur.[225] Die detaillierte Betrachtung der einzelnen Segmente findet sich dann aber im Wesentlichen im Kapitel 3 dieser Arbeit.

Die "Universalbeteiligungsgesellschaften" spezialisieren sich gemäß des hier verwendeten Segmentierungsansatzes weder auf bestimmte Finanzierungsphasen noch auf bestimmte Branchen. Wie aus Tabelle 1 ersichtlich ist der Anteil der Expansion-Stage-Finanzierungen mit durchschnittlich 58,1 % am Gesamtportfolio[226] der "Universalbeteiligungsgesellschaften" zwar am größten, doch lassen sich bei diesem Segment auch eindeutig Aktivitäten in den beiden anderen Finanzierungsphasen erkennen (30,1 % bei Late-Stage- und 11,8 % bei Early-Stage-Finanzierungen). Die relative Konzentration des Portfolios auf einzelne Finanzierungsphasen ist mit einem durchschnittlichen Gini-Koeffizienten von GK_{Phasen} = 0,652 sehr niedrig.[227] Auch Anzeichen einer fehlenden Branchenfokussierung können aus den Ergebnissen der Tabelle 2 entnommen werden. Bis auf die eher traditionellen Branchen Maschinenbau (15,7 %) und Handel (14,5 %) scheint sich das Gesamtportfolio auf sämtliche Branchen breit zu verteilen. Die relativ geringe Konzentration des Portfolios auf bestimmte Branchen wird durch einen niedrigen Gini-Koeffizienten von $GK_{Branchen}$ = 0,648 bestätigt.[228]

---

225 Die Analyse der unterschiedlichen Eigenschaften der Segmente erfolgt dabei bereits anhand der Ergebnisse der empirischen Befragung der vorliegenden Untersuchung (vgl. Abschnitt 1.5.2). Die insgesamt 56 Beteiligungskapitalgesellschaften, die an der Befragung teilgenommen hatten, lassen sich wie folgt aufteilen: Universalbeteiligungsgesellschaften N=24 (43 %); Buy-out-Fonds N=17 (30 %); Branchenspezialisten N= 10 (18 %); Venture-Capital-Gesellschaften N=8 (9 %). Die Gruppierung erfolgte dabei auf Basis der Fragen 35 (Branchenstruktur des Portfolios) und 34 (Phasenstruktur des Portfolios).

226 Die Begriffe „Gesamtportfolio" bzw. „Portfolio" werden im Rahmen dieser Untersuchung synonym für den Ausdruck „investiertes Kapital" verwendet.

227 Der Gini-Koeffizient wird in der Untersuchung als das Maß für die relative Konzentration des Portfolios verwendet. Die Obergrenze für den Gini-Koeffizienten in Bezug auf die Phasenkonzentration liegt bei GK_{Phasen} (Max) = 0,833 (vollständige Konzentration). Bei dieser Obergrenze und einem durchschnittlichen Gini-Koeffizienten von 0,695 erscheint die Einschätzung der geringen Phasenfokussierung der Universalbeteiligungsgesellschaften somit gerechtfertigt; zu Verfahren der Konzentrationsmessung vgl. *Hippmann, H.-D.*, Statistik, 1994, S. 91 ff.

228 Wenn sich Beteiligungskapitalgesellschaften auf bestimmte Branchen spezialisieren, dann nur auf einige ausgewählte. Aus diesem Grunde scheint auch in diesem Zusammenhang die Verwendung des Gini-Koeffizienten als Maß für die relative Konzentration des Portfolios sinnvoll. Die Obergrenze des Koeffizienten in Bezug auf die Branchenfokussierung liegt bei $GK_{Branchen}$ (Max) = 0,929 (vollständige Konzentration). Bei dieser Obergrenze und einem durchschnittlichen Wert von 0,700 aller Beteiligungskapitalgesellschaften erscheint die Einschätzung der geringen Branchenfokussierung der Universalbeteiligungsgesellschaften ebenfalls gerechtfertigt.

Wie in Tabelle 1 erkennbar verfügen die "Universalbeteiligungsgesellschaften" mit einem durchschnittlichen Gesamtportfolio von DM 177 Mio. über das zweitgrößte Portfolio der Beteiligungskapitalgesellschaften. Gemessen an der Anzahl der Portfoliounternehmen hingegen ist das Portfolio der Universalbeteiligungsgesellschaften mit durchschnittlich ca. 45 Unternehmen das umfangreichste der vier Segmente. Das Fondsvolumen beträgt durchschnittlich DM 182 Mio. Bei der Analyse der Investorenstruktur wird deutlich, dass das Segment der "Universalbeteiligungsgesellschaften" von den Kreditinstituten als wesentlicher Investor mit zusammen 44,5 % dominiert wird (vgl. Tabelle 3).

Aufgrund dieser Struktur lässt sich vermuten, dass sich in diesem Segment einige der klassischen bankabhängigen Kapitalbeteiligungsgesellschaften wiederfinden. Gestützt wird diese Annahme von der Verteilung der "Universalbeteiligungsgesellschaften" nach ihrer Trägerschaft. Demnach sind in diesem Segment 33,3 % den captive und 45,9 % den semi-captive Gesellschaften zuzuordnen. Nur 20,8 % der "Universalbeteiligungsgesellschaften" würden die Trägerschaft ihrer Beteiligungskapitalgesellschaft als independent bezeichnen.

Als weiteres Indiz für die Vermutung, dass sich in dem Segment der "Universalbeteiligungsgesellschaften" vor allem die klassischen Kapitalbeteiligungsgesellschaften positionieren, spricht die Tatsache, dass diese Beteiligungskapitalgesellschaften mit einer durchschnittlichen Existenz von 13,4 Jahren (Median = 11,0 Jahre) die höchste Lebensdauer im Vergleich zu den anderen Segmenten vorweisen.[229]

---

[229] Wie im Abschnitt 1.3.1 bereits dargestellt, waren es die Kapitalbeteiligungsgesellschaften deutscher Banken, die in den 60er Jahren als erstes Beteiligungskapital in Deutschland angeboten hatten; vgl. Abschnitt 1.3.1.

Tabelle 1: Segmentspezifische Portfoliostruktur der Beteiligungskapitalgesellschaften

	Universalbeteiligungs-gesellschaften				Buy-out-Fonds				Branchenspezialisten				Venture-Capital-Gesellschaften			
	M	S	Md	N	M	S	Md	N	M	S	Md	N	M	S	Md	N
Fondsvolumen 1997 (in Mio. DM)	182,3	231,7	85,0	23	299,2	491,4	155,0	16	180,9	170,1	105,0	10	72,0	122,1	20,0	5
Investiertes Kapital 1997 (in Mio. DM)	177,1	231,7	70,0	23	186,3	234,6	61,0	17	91,2	113,8	54,5	10	44,0	71,2	9,0	5
Anzahl Portfoliounter-nehmen 1997	40,4	87,3	17,0	23	8,0	8,3	5,0	17	26,6	25,9	16,0	10	21,8	33,0	9,0	5
Verteilung des investierten Kapitals nach Phasen 1997 (in %)																
• Early-Stage	11,8	25,1	0,5	22	0,3	1,2	0,0	17	38,4	39,7	27,5	10	83,0	47,1	70,0	5
• Expansion-Stage	58,1	23,2	54,0	22	9,3	20,3	0,0	17	31,4	15,8	30,5	10	15,0	15,0	15,0	5
• Late-Stage	30,1	36,6	18,0	22	90,4	33,2	100,0	17	30,2	47,1	5,5	10	2,0	4,5	0,0	5

Abkürzungen: M = (Arithmetischer) Mittelwert; S = Standardabweichung; Md = Median; N = Fallzahl
Quelle: Eigene empirische Untersuchung; Frage 32, 33 und 34; N = 56

Tabelle 2: Segmentspezifische Branchenstruktur der Beteiligungskapitalgesellschaften

Verteilung des investierten Kapitals nach Branchen (in %)	Universalbeteiligungs-gesellschaften				Buy-out-Fonds				Branchenspezialisten				Venture-Capital-Gesellschaften			
	M	S	Md	N	M	S	Md	N	M	S	Md	N	M	S	Md	N
• Chemie	2,4	3,4	0,0	20	6,9	15,4	0,0	14	4,2	9,6	0,0	10	12,5	25,0	0,0	4
• Eisen/Stahl	4,3	7,6	0,0	20	0,7	2,7	0,0	14	1,0	3,2	0,0	10	0,0	0,0	0,0	4
• Maschinenbau	15,7	11,5	15,5	20	14,5	17,8	10,0	14	7,5	18,7	0,0	10	4,5	7,1	1,5	4
• Elektrotechnik	4,5	7,2	1,6	20	6,4	11,7	0,0	14	5,8	10,2	0,0	10	20,0	26,1	12,5	4
• EDV	6,9	9,8	3,0	20	10,0	18,0	0,0	14	24,7	25,5	11,0	10	21,3	25,3	17,5	4
• Biotechnologie	0,9	2,4	0,0	20	2,1	5,8	0,0	14	22,1	33,1	7,5	10	28,8	24,6	30,0	4
• Holz/Papier	3,6	6,9	0,0	20	3,6	13,4	0,0	14	0,5	1,6	0,0	10	0,0	0,0	0,0	4
• Leder/Textil	2,7	5,0	0,0	20	1,4	3,6	0,0	14	2,0	4,8	0,0	10	0,0	0,0	0,0	4
• Nahrung	5,2	6,4	2,5	20	0,0	0,0	0,0	14	3,2	7,0	0,0	10	0,0	0,0	0,0	4
• Bau	8,4	12,2	4,0	20	2,7	8,8	0,0	14	0,8	2,5	0,0	10	0,0	0,0	0,0	4
• Handel	14,5	14,0	11,0	20	13,3	16,1	5,0	14	7,7	14,5	0,0	10	0,0	0,0	0,0	4
• Verkehr	2,6	7,0	0,0	20	3,9	10,0	0,0	14	2,0	3,5	0,0	10	0,5	1,0	0,0	4
• Finanzdienst-leistung	1,0	3,8	0,0	20	0,2	0,8	0,0	14	0,5	1,6	0,0	10	0,0	0,0	0,0	4
• Sonstige	27,3	25,2	25,5	20	34,3	35,5	33,5	14	18,0	19,2	17,5	10	12,4	25,0	0,0	4

Abkürzungen: M = (Arithmetischer) Mittelwert; S = Standardabweichung; Md = Median; N = Fallzahl
Quelle: Eigene empirische Untersuchung; Frage 35; N = 56

Tabelle 3: Segmentspezifische Investorenstruktur der Beteiligungskapitalgesellschaften

Finanzierungsquelle (in %)	Universalbeteiligungs-gesellschaften				Buy-out-Fonds				Branchenspezialisten				Venture-Capital-Gesellschaften			
	M	S	Md	N	M	S	Md	N	M	S	Md	N	M	S	Md	N
• Privat	22,8	40,3	0,0	24	11,4	25,5	0,0	17	36,1	37,0	28,5	10	38,4	41,5	42,0	5
• Institutionelle Investoren	5,0	20,4	0,0	24	70,0	34,4	75,0	17	25,7	27,0	20,0	10	15,0	22,4	0,0	5
• Industrie	4,2	20,4	0,0	24	4,4	8,3	0,0	17	15,9	31,0	0,0	10	23,6	43,0	8,0	5
• Private Banken	27,6	38,7	0,0	24	5,9	9,9	0,0	17	5,0	10,8	0,0	10	2,0	4,5	0,0	5
• Öffentliche Banken/ Sparkassen	16,9	38,0	0,0	24	1,2	3,8	0,0	17	2,0	6,3	0,0	10	2,5	5,6	0,0	5
• Versicherungen	19,3	32,6	0,0	24	7,1	14,6	0,0	17	10,7	14,7	6,2	10	16,0	33,1	0,0	5
• Staat	4,2	16,7	0,0	24	0,0	0,0	0,0	17	4,6	8,6	0,0	10	2,5	5,6	0,0	5

Trägerschaft (in %)	Universalbeteiligungs-gesellschaften Verteilung (in %)	Verteilung (Fallzahl)	Buy-out-Fonds Verteilung (in %)	Verteilung (Fallzahl)	Branchenspezialisten Verteilung (in %)	Verteilung (Fallzahl)	Venture-Capital-Gesellschaften Verteilung (in %)	Verteilung (Fallzahl)
• Independent	20,8	5	70,6	12	90,0	9	80,0	4
• Semi-captive	45,9	11	29,4	5	10,0	1	0,0	0
• Captive	33,3	8	0,0	0	0,0	0	20,0	1

Abkürzungen: M = (Arithmetischer) Mittelwert; S = Standardabweichung; Md = Median; N = Fallzahl
Quelle: Eigene empirische Untersuchung; Frage 40 und 41

Bei den "Buy-out-Fonds", die sich per Definition zwar auf keine Branche aber auf eine bestimmte Finanzierungsphase spezialisieren, ist mit einem Portfolioanteil der Late-Stage-Finanzierungen von durchschnittlich 90,4 % ein eindeutiger Phasenfokus erkennbar (vgl. Tabelle 1).[230] Der Gini-Koeffizient mit GK_{Phasen} = 0,800 bestätigt diese hohe Phasenfokussierung der Buy-out-Fonds. Innerhalb der Late-Stage-Finanzierungen haben sich diese Gesellschaften insbesondere auf Buy-out-Finanzierungen mit einem Anteil von 86,3 % an ihrem Portfolio spezialisiert. Investitionen in Expansion-Stage-Finanzierungen scheinen mit einem Anteil von nur 9,3 % eine untergeordnete Rolle zu spielen. Early-Stage-Finanzierungen kommen als Investitionsmöglichkeit für Buy-out-Fonds offensichtlich überhaupt nicht in Betracht (0,3 %).

Die fehlende Branchenfokussierung dieses Segmentes lässt sich ebenfalls anhand der Tabelle 2 erkennen. Auch die "Buy-out-Fonds" weisen eine breite Verteilung und mit einem Gini-Koeffizienten von $GK_{Branchen}$ = 0,682 einen geringen Konzentrationsgrad ihrer Portfolios auf. Hier dominieren ebenfalls die eher traditionellen Branchen der deutschen Wirtschaft wie Maschinenbau (14,5 %) und Handel (13,3 %). Einzig die EDV-Branche mit einem Anteil von 10,0 % lässt sich eher dem Hightech-Sektor zurechnen.

Sowohl gemessen an ihrem durchschnittlichen Fondsvolumen in 1997 von DM 299 Mio. als auch an ihrem investierten Portfolio in Höhe von DM 186 Mio. sind die Buy-out-Fonds die größten Beteiligungskapitalgesellschaften in Deutschland. Die geringe Anzahl der Portfoliounternehmen von durchschnittlich 8,0 verdeutlicht allerdings eine der Ursachen für derartig große Volumina. Denn das Investitionsvolumen pro Beteiligung ist mit DM 23,3 Mio. pro Investment mit Abstand das größte der vier Segmente.

Bei der Analyse der Investorenstruktur fällt im Vergleich zu den "Universalbeteiligungsgesellschaften" ein deutlich höherer Anteil an Independent- Gesellschaften auf (70,6 %). Captive-Gesellschaften sind in diesem Segment überhaupt nicht vertreten. Als semi-captive haben sich insgesamt 29,4 % der befragten Buy-out-Fonds bezeichnet (vgl. Tabelle 3).

---

230 Von einer Fokussierung bzw. Spezialisierung auf eine bestimmte Phase wird in diesem Zusammenhang nur gesprochen, wenn der Portfolioanteil der jeweiligen Phase bei der einzelnen Beteiligungskapitalgesellschaft 70 % übersteigt.

Mit Abstand größte Finanzierungsquelle für die Buy-out-Fonds sind institutionelle Investoren mit einem Anteil von 70 % an ihrem gesamten Fondsvolumen.

Auf Basis der Segmentierung der Beteiligungskapitalgesellschaften nach ihrem Investitionsfokus ergibt sich für die "Branchenspezialisten" eine niedrige Fokussierung auf ausgewählte Finanzierungsphasen und eine hohe Fokussierung auf bestimmte Branchen. Die geringe Fokussierung auf Finanzierungsphasen lässt sich wie in Tabelle 1 aufgeführt aus der Portfoliostruktur erkennen. Demnach ist das durchschnittliche Portfolio dieses Segmentes breit auf die einzelnen Finanzierungsphasen verteilt. Die relative Konzentration des Portfolios auf bestimmte Phasen ist bei den Branchenspezialisten mit einem Gini-Koeffizienten von GK_{Phasen} = 0,609 sogar am niedrigsten von allen vier Segmenten. Insgesamt ist zwar ein leichter Schwerpunkt bei Early-Stage-Finanzierungen (38,4 %) erkennbar, doch mit 31,4 % bzw. 30,2 % verfügen die Expansion-Stage- bzw. Late-Stage-Finanzierungen ebenfalls über einen hohen Anteil. Die Branchenfokussierung dieses Segmentes lässt sich vor allem aufgrund des hohen Konzentrationsgrades des Portfolios feststellen (vgl. Tabelle 2). So können allein die Branchen EDV (24,7 %), Biotechnologie (22,1 %), Handel (7,7 %), Maschinenbau (7,5 %) und Elektrotechnik (5,8 %) bereits knapp 70 % des investierten Kapitals auf sich vereinen. Der Gini-Koeffizient erreicht mit $GK_{Branchen}$ = 0,773 den zweithöchsten Wert unter den Segmenten der Beteiligungskapitalgesellschaften.

Das Fondsvolumen der untersuchten "Branchenspezialisten" betrug 1997 insgesamt DM 181 Mio.. Knapp über 50 % des Volumens waren 1997 auch investiert und verteilten sich auf insgesamt durchschnittlich 26,6 Portfoliounternehmen. Die Analyse der Investorenstruktur zeigt, dass private (36,1 %), institutionelle Investoren (25,7 %) und die Industrie (15,9 %) mit insgesamt fast 78 % die größten Finanzierungsquellen der "Branchenspezialisten" darstellen. Auffällig ist ebenfalls der hohe Anteil (90 %) der Independent-Gesellschaften unter den "Branchenspezialisten".

Als letztes Segment des in der Untersuchung verwendeten Erklärungsansatzes können die "Venture-Capital-Gesellschaften" den höchsten Spezialisierungsgrad vorweisen. Die Gesellschaften sollten sich gemäß Segmentierungsansatz im Rahmen ihrer strategischen Ausrichtung sowohl auf bestimmte Finanzierungsphasen als auch auf ausgewählte Branchen konzentrieren. Eine derartige Fokussierung lässt sich bei den als Venture-Capital-Gesellschaften identifizierten Beteiligungskapitalgesellschaften feststellen. Zum einen ist aus Tabelle 1 ersichtlich, dass sich Venture-Capital-Gesellschaften mit 83,0 % ihres Portfolios auf Frühphasenfinanzierungen im Bereich Early-Stage spezialisieren. Expansion-Stage-Finanzierungen haben mit einem Anteil von nur 15,0 % eine untergeordnete, Late-Stage-Finanzierungen mit einem Anteil von sogar nur 2,0 % kaum eine Bedeutung für dieses Segment.[231] Zum anderen kann die Branchenfokussierung dieses Segmentes auch hier wieder an dem relativ hohen Konzentrationsgrad des Portfolios ausgemacht werden. Der Gini-Koeffizient für die Portfolios der Venture-Capital-Gesellschaften erreicht mit $GK_{Branchen} = 0{,}840$ den höchsten durchschnittlichen Wert aller Segmente. Demnach werden bei den "Venture-Capital-Gesellschaften" insgesamt knapp 83 % des Gesamtportfolios durch Portfoliounternehmen aus den Branchen Biotechnologie (28,8 %), EDV (21,3 %), Elektrotechnik (20,0 %) und Chemie (12,5 %) gebunden.

Das durchschnittliche Fondsvolumen und das investierte Kapital der "Venture-Capital-Gesellschaften" ist mit DM 72,0 Mio. bzw. DM 44,0 Mio. das kleinste der vier Segmente. Eine mögliche Ursache besteht in der mit 4,2 Jahren relativ kurzen Existenz dieser Beteiligungskapitalgesellschaften. Eine weitere Erklärungsmöglichkeit für die niedrigeren Kapitalvolumina könnten die geringen Investitionsvolumina pro Beteiligung bei den "Venture-Capital-Gesellschaften" sein. So investieren diese Gesellschaften pro Beteiligung nur ca. DM 2,0 Mio. Wie bereits bei den "Branchenspezialisten" ist bei den "Venture-Capital-Gesellschaften" auffällig, dass mit 80,0 % der deutlich größte Teil der Gesellschaften über eine Independent-Trägerschaftsform verfügt. Die Investorenstruktur ist ebenfalls relativ breit ausgerichtet. Die "Venture-Capital-Gesellschaften" werden im Wesentlichen durch private Kapitalanleger (38,4 %), die Industrie (23,6 %), Versicherungen (16,0 %) und institutionelle Investoren (15,0 %) finanziert.

Nach dieser kurzen Charakterisierung der einzelnen Segmente soll nun nochmals abschließend in einem Vergleich mit den bisherigen Segmentierungsansätzen überprüft werden, ob sich der in dieser Untersuchung verwendete Segmentierungsansatz tatsächlich

---

[231] Die hohe Phasenfokussierung wird auch von einem überdurchschnittlichen Gini-Koeffizienten von $GK_{Phasen} = 0{,}710$ bestätigt.

eignet, um eine mögliche Qualitätsvarianz in der Beteiligungswürdigkeitsprüfung besser erklären zu können. Da die Qualität der Beteiligungswürdigkeitsprüfung in der vorliegenden Arbeit auf Basis der erzielten Rendite der Beteiligungskapitalgesellschaft nachgehalten wird, sollte durch einen Renditevergleich der jeweiligen Segmente geprüft werden, welche Segmentierung trennschärfere Ergebnisse liefert.[232]

Bei einem Vergleich der drei Segmentierungsansätze (Trägerschaft, Finanzierungsphasen und Investitionsfokus) ergibt sich mit Hilfe der Diskriminanzanalyse folgendes Bild (vgl. Tabelle 4). Alle drei Segmentierungsansätze ermöglichen zwar auf Basis der Rendite eine trennscharfe Unterteilung in ihre jeweiligen Segmente, die Signifikanz der Trennung ist aber bei den Ansätzen unterschiedlich. Ein Vergleich der Gruppenmittelwerte zeigt bei dem Segmentierungsansatz "Trägerschaft" das größte Wilks-Lamda von 0,841 und das geringste Signifikanzniveau von $p = 0{,}026^{*}$, das nur einen signifikanten Unterschied zwischen den einzelnen Segmenten belegen kann. Die beiden anderen Segmentierungsansätze können beim Gleichheitstest der Gruppenmittelwerte hingegen einen höchst signifikanten Unterschied vorweisen. Das Signifikanzniveau des Segmentierungsansatzes "Investitionsfokus" mit $p = 0{,}000^{***}$ ist dabei geringfügig höher als das des Segmentierungsansatzes "Finanzierungsphasen" ($p = 0{,}001^{***}$).

[232] Diese Überprüfung muss durch einen Signifikanztest erfolgen, der als multivariates Verfahren zur Analyse von Gruppenunterschieden geeignet ist. Aus diesem Grunde soll mit Hilfe der Diskriminanzanalyse festgestellt werden, bei welcher Segmentierung (abhängige Variable) durch die Rendite als unabhängige Variable die höchste Trennschärfe entsteht. Zur Anwendung der Diskriminanzanalyse vgl. u. a. *Backhaus, K./Erichson, B./Plinke, W./Weiber, R.*, Analysemethoden, 1996, S. 90-165; *Hippmann, H.-D.*, Statistik, 1994, S. 179-184; *Bortz, J.*, Statistik, 1993, S. 559-581.

Tabelle 4: Untersuchung der Trennschärfe der einzelnen Segmentierungsansätze

Diskriminanzanalyse	Segmentierungsansatz "Trägergeschäft"	Segmentierungsansatz "Finanzierungsphase"	Segmentierungsansatz "Investitionsfokus"
I. Gleichheitstest der Gruppenmittelwerte			
• Wilks-Lambda	0,841	0,713	0,407
• Signifikanz	0,026*	0,001***	0,000***
II. Eigenwerte			
• Eigenwert	0,189	0,402	1,458
• Kanonische Korrelation	0,399	0,535	0,770
III. Klassifizierung			
• Apriori-Zuordnungs-wahrscheinlichkeit	33,3 %	33,3 %	25,0 %
• Treffergenauigkeit	51,1 %	60,0 %	68,9 %

Quelle: Eigene empirische Untersuchung; N = 45

Noch eindeutiger wird das Ergebnis aber, wenn man die Eigenwerte der Diskriminanzfunktion vergleicht. Demnach kann der Segmentierungsansatz "Investitionsfokus" mit einem Eigenwert von 1,458 und einem kanonischen Korrelationskoeffizienten von 0,770 mit Abstand die höchste Trennschärfe zwischen den einzelnen Segmenten vorweisen. Eine Prognose der Segmentzugehörigkeit im Rahmen einer Klassifikationsanalyse bestätigt nochmals das Ergebnis der Untersuchung. Bei einer Apriori-Zuordnungswahrscheinlichkeit von 25 % (vier Segmente) würde der Segmentierungsansatz "Investitionsfokus" immerhin eine Treffergenauigkeit von 68,9 % erzielen. Die Segmentierungsansätze "Trägerschaft" bzw. "Finanzierungsphase" hingegen könnten bei einer Apriori-Wahrscheinlichkeit von 33,3 % (drei Segmente) nur einen Prognosewert von 51,1 % bzw. 60,0 % erreichen.

Auf Basis dieser Ergebnisse lässt sich somit festhalten, dass der in der Untersuchung verwendete Segmentierungsansatz nach dem Investitionsfokus der Beteiligungskapitalgesellschaften noch vor dem Ansatz der Finanzierungsphasen und der Trägerschaft tatsächlich über die höchste Trennschärfe in Bezug auf die erzielte Rendite zu verfügen scheint.[233] Somit sollte dieses Erklärungsmuster auch am besten geeignet sein, um mögliche Qualitätsvarianzen in der Beteiligungswürdigkeitsprüfung der einzelnen Segmente zu erklären und somit die Zielsetzung dieser Arbeit zu erreichen. Aus diesem Grunde wird in den nachfolgenden Abschnitten auf Basis dieses Segmentierungsansatzes eine differenzierte Analyse der Beteiligungswürdigkeitsprüfung der einzelnen Beteiligungskapitalgesellschaften erfolgen.[234] Durch die Feststellung unterschiedlicher, segmentspezifischer Eigenschaften lassen sich dann evtl. mögliche Qualitätsvarianzen in der Beteiligungswürdigkeitsprüfung erklären.

Bevor aber die einzelnen Eigenschaften der Beteiligungswürdigkeitsprüfung im Detail analysiert werden, soll sie zunächst in den Wertschöpfungsprozess der Beteiligungskapitalgesellschaften eingeordnet werden. Zum abschließenden Verständnis der Zusammenhänge des Beteiligungskapitalmarktes erfolgt dann eine Darstellung der Entwicklung und Struktur des deutschen Beteiligungskapitalmarktes.

2.3 Wertschöpfungsprozess der Beteiligungskapitalgesellschaften

Bereits im Abschnitt 1.5.1 der vorliegenden Untersuchung wurde auf die überragende Bedeutung der Beteiligungswürdigkeitsprüfung im Vergleich zu den sonstigen Wertschöpfungsstufen einer Beteiligungskapitalgesellschaft hingewiesen. Trotz dieser Dominanz erfolgt im nachfolgenden Abschnitt die Darstellung der einzelnen Wertschöpfungsstufen im Beteiligungsprozess einer Beteiligungskapitalgesellschaft, um die Beteiligungswürdigkeitsprüfung im Kontext des gesamten Wertschöpfungsprozesses zu verstehen.

---

[233] Auch Zemke konnte in seiner Studie bereits feststellen, dass bei einer Spezialisierung der Beteiligungskapitalgesellschaft der Phasenverteilung eine höhere Erklärungskraft zukommt als der Trägerschaft. Da sich seit der Erhebung von Zemke im Jahre 1992 der Beteiligungskapitalmarkt in Deutschland weiterentwickelt hat, erscheint die durch die Empirie der vorliegenden Untersuchung ermittelte höhere Erklärungskraft der Phasenverteilung nicht verwunderlich; vgl. *Zemke, I.*, Unternehmensverfassung, 1995, S. 275.

[234] Diese Vorgehensweise schließt aber nicht aus, dass in einigen Themenbereichen am Rande der Beteiligungswürdigkeitsprüfung ggf. auch einer der beiden anderen Segmentierungsansätze verwendet wird. An gegebener Stelle wird in Abhängigkeit der Höhe der Erklärungskraft über die Verwendung des geeigneten Segmentierungsansatzes einzelfallbezogen entschieden.

Der aus dem "Modell der Wertkette" von Porter abgeleitete Wertschöpfungsprozess der Beteiligungskapitalgesellschaften lässt sich, wie in Abbildung 16 dargestellt, in sechs wesentlichen Stufen abbilden.[235]

Die Kommunikation der Investmentpolitik gegenüber den Beteiligungskapitalinvestoren und die Einwerbung von Kapital steht bei der Wertschöpfungsstufe der *Kapitalakquisition* im Mittelpunkt der Aktivitäten. Im Rahmen der *Beteiligungsakquisition* kommunizieren die Beteiligungskapitalgesellschaften ihre Investmentpolitik gegenüber potenziellen Portfoliounternehmen, um sich einen Zugang zu Beteiligungsobjekten zu verschaffen.[236] In Abhängigkeit der gewählten Maßnahmen kann es sich hierbei um eine aktive oder eher reaktive Akquisitionsstrategie handeln.

Im Anschluss an die Beteiligungsakquisition erfolgt die *Beteiligungswürdigkeitsprüfung* der eingehenden Anfragen. In einem mehrstufigen, gefilterten Selektionsprozess erfolgt zunächst ein Abgleich mit den investmentpolitischen Kriterien (Anlagegrundsätzen) der Beteiligungskapitalgesellschaft. Anschließend wird das Unternehmenskonzept des potenziellen Portfoliounternehmens einer ersten Kurzbewertung unterzogen. Bei einer positiven Beurteilung werden dann das Management, der Markt, die Produkte und das Unternehmen selbst detaillierter analysiert. Kommen beide Parteien nach der Prüfung zu einem positiven Ergebnis, werden in der *Beteiligungsverhandlung* die Beteiligungs-konditionen abgestimmt, und ggf. wird der gemeinsame Beteiligungsvertrag unterschrieben. Nach Abschluss der Beteiligung wird im Rahmen der *Managementunterstützung* des Portfoliounternehmens ein laufendes Controlling bzw. Monitoring durchgeführt und bei Bedarf Beratungsleistungen zur Verfügung gestellt. Der Wertschöpfungsprozess endet mit der *Desinvestition* der Beteiligung. Dabei wird das Portfoliounternehmen durch die Beteiligungskapitalgesellschaft als ganzes oder auch nur in Teilen veräußert.[237]

---

235 Zu dem „Modell der Wertkette" vgl. *Porter, M. E.*, Competitive Advantage, 1985, S. 51 ff.; zu der Ableitung auf den Wertschöpfungsprozess der Beteiligungskapitalgesellschaften vgl. *Schröder, C.*, Strategien, 1992, S. 40; *Zemke, I.*, Unternehmensverfassung, 1995, S. 103 und *Schefczyk, M.*, Erfolgsstrategien, 2000, S. 34.

236 Im Allgemeinen wird die Beteiligungsakquisition auch als Maßnahme zur Generierung des „Deal-Flows" bezeichnet. Als „Deal-Flow" gilt die Summe der eingehenden Projekte bzw. Anfragen potenzieller Portfoliounternehmen; vgl. *Fendel, A.*, Investmententscheidungsprozesse, 1987, S. 153.

237 Zur Kurzbeschreibung der einzelnen Wertschöpfungsstufen vgl. u. a. *Schefczyk, M.*, Erfolgsstrategien, 2000, S. 34 f.; *Schröder, C.*, Strategien, 1992, S. 40 ff.

Abbildung 16: Der Wertschöpfungsprozess der Beteiligungskapitalgesellschaften in Deutschland

Verteilung der Mitarbeiterkapazität auf den Wertschöpfungsprozess der Beteiligungskapitalgesellschaften nach Segmenten

Kapazitäts-verteilung(1)	Kapital-akquisition	Beteiligungs-akquisition	Beteiligungs-würdigkeits-prüfung	Beteiligungs-verhandlung	Management-unterstützung	Desinvestition
	• Kommunikation der Investment-politik gegenüber den Investoren • Einwerbung von Kapital	• Kommunikation der Investment-politik gegenüber potenziellen Port-foliounternehmen • Aktive und reaktive Akquisition von potenziellen Port-foliounternehmen	• Abgleich mit investment-politischen Kriterien • Kurzbewertung • Detaillierte Beur-teilung	• Abstimmung der Beteiligungs-konditionen • Ggf. Abschluss der Beteiligung	• Laufendes Con-trolling/Monitoring der Beteiligung • Beratung der Be-teiligung	• Veräußerung von Beteiligungen, ggf. anteilig
Alle Segmente	4,6 %	18,6 %	37,3 %	12,3 %	19,5 %	7,7 %
Universalbeteiligungsges.	3,7 %	18,3 %	39,4 %	14,7 %	15,9 %	7,8 %
Buy-out-Fonds	4,7 %	24,2 %	34,6 %	9,9 %	18,4 %	8,2 %
Branchenspezialisten	5,8 %	9,9 %	33,5 %	10,8 %	32,0 %	8,0 %
Venture-Capital-Gesellschaften	5,5 %	20,5 %	45,0 %	11,2 %	13,8 %	4,0 %

(1) (Arithmetischer) Mittelwert

Quellen: Wertschöpfungsprozess in Anlehnung an *Schefzyk, M.*, Erfolgsstrategien, 2000, S. 34; *Schröder C.*, Strategien, 1992, S. 40; *Zemke, J.*, Unternehmensverfassung, 1995, S. 103, segmentspezifische Auswertung aus eigener empirischer Untersuchung; Frage 38; N = 53

Bei der segmentspezifischen Untersuchung des Ressourceneinsatzes für die einzelnen Wertschöpfungsstufen lassen sich drei wesentliche Auffälligkeiten feststellen. Zum einen scheint sich die hohe Bedeutung der Beteiligungswürdigkeitsprüfung im Vergleich zu den anderen Wertschöpfungsstufen nochmals durch die über alle Segmente hinweg höchste Kapazitätsbindung von durchschnittlich 37,3 % der gesamten Mitarbeiterkapazität zu bestätigen.[238] Zum anderen deuten die sehr signifikant unterschiedlichen Kapazitätsbindungen der einzelnen Segmente bei der Beteiligungsakquisition und der Managementunterstützung auf eine möglicherweise differenzierte Verhaltensweise dieser Gruppen in diesen Wertschöpfungsstufen hin.[239] Als drittes kann bei der relativen Analyse der Wertschöpfungsprozesse als erster Eindruck festgehalten werden, dass sich die einzelnen Segmente bei der Kapazitätsbindung bezogen auf die gesamte Mitarbeiterkapazität in der Beteiligungswürdigkeitsprüfung scheinbar nicht signifikant voneinander unterscheiden.

In den folgenden Abschnitten werden die einzelnen Wertschöpfungsstufen detaillierter dargestellt und auf ihre möglichen Interdependenzen zur Beteiligungswürdigkeitsprüfung hin untersucht.

2.3.1 Kapitalakquisition

Da captive und semi-captive Beteiligungskapitalgesellschaften ihr Kapital von ihren Eigentümern im Zuge eines Zuteilungsprozesses erhalten, ist der Kapitalakquisitionsprozess im Wesentlichen für independent Beteiligungskapitalgesellschaften von entsprechender Relevanz.[240] Die Kapazitätsbindung dieser Wertschöpfungsstufe bei Captive- (1,7 %) und

---

238 Interessanterweise wird im Gegensatz zu den deutschen Beteiligungskapitalgesellschaften bei Venture-Capital-Gesellschaften in den USA der überwiegende Teil der Arbeitszeit der Beteiligungsmanager (über 50 %) durch die Managementunterstützung gebunden. Bei den untersuchten Venture-Capital-Gesellschaften beträgt der Kapazitätsanteil für die Managementunterstützung hingegen nur durchschnittlich 13,8 %. Zu den Studien in den USA vgl. *Wells, W. A.*, Venture-Capital, 1976, S. 1; *Gorman, W./Sahlmann*, W. A., Venture-Capitalist, 1989, S. 235 f.; *MacMillan, I. C./Kulow, D. M./Khoylian, R.*, Involvement, 1988, S. 39 ff.

239 Die Signifikanz der Trennschärfe bzw. der Unterschiede zwischen den einzelnen Segmenten wurde auf Basis einer einfaktoriellen Varianzanalyse untersucht. Mit Hilfe der SPSS-Standard-Prozedur ONEWAY wurde die Gesamtsignifikanz der Gruppenunterschiede ermittelt. Bei den Wertschöpfungsstufen „Beteiligungsakquisition" (p = 0,022*) und „Managementunterstützung" (p = 0,004**) konnten dabei signifikante bzw. sehr signifikante Unterschiede festgestellt werden.

240 Vgl. *Zemke, I.*, Unternehmensverfassung, 1995, S. 125 f.

Independent- (5,2 %) Beteiligungskapitalgesellschaften könnte demnach auch als Indiz für die unterschiedliche Priorisierung der Kapitalakquisition gewertet werden.

Im Rahmen der Kapitalakquisition versuchen independent Beteiligungskapitalgesellschaften durch die intensive Kommunikation ihrer spezifischen Investmentpolitik zu Beginn des Wertschöpfungsprozesses Kapitalinvestoren von ihrer Leistungsfähigkeit zu überzeugen. Die Identifikation und Überzeugung geeigneter Beteiligungskapitalinvestoren dient dabei ausschließlich dem übergeordneten Ziel dieser Wertschöpfungsstufe, Kapital für spätere Investitionen einzuwerben.

Die größte Interdependenz zwischen der Kapitalakquisition und der später stattfindenden Beteiligungswürdigkeitsprüfung besteht in der durch die Beteiligungskapitalgesellschaft festgelegten Investmentpolitik. So sollten bereits für den Prozess der Kapitalakquisition die investmentpolitischen Ziele bzw. Grundsätze der Beteiligungskapitalgesellschaft festgelegt und kommunikationsfähig sein. Die Beteiligungskapitalgesellschaft muss bereits in diesem frühen Stadium in der Lage sein, ihre Leistungsinhalte bzw. ihr Leistungsangebot und insbesondere ihre Anlagegrundsätze gegenüber potenziellen Beteiligungskapitalinvestoren zu präsentieren. Diese können dann wiederum auf Basis ihrer eigenen investmentpolitischen Zielsetzungen entscheiden, ob die einzelne Beteiligungskapitalgesellschaft grundsätzlich für sie als Investitionsmöglichkeit in Frage kommt.[241]

Der eigentliche Prozess der Einwerbung von Kapital scheint ansonsten kaum Zusammenhänge mit der unterschiedlichen Ausgestaltung der Beteiligungswürdigkeitsprüfung zu haben und wird daher für die eigene Untersuchung nicht weiter vertieft.[242] Die Investmentpolitik als gemeinsamer Bestandteil beider Wertschöpfungsstufen wird aber im Abschnitt 3.1.1.1 detailliert analysiert.

---

241 Zu den Zielsetzungen der einzelnen Beteiligungskapitalinvestoren vgl. Abschnitt 2.2.2.

242 Zur detaillierten Analyse der Kapitalakquisition von Beteiligungskapitalgesellschaften vgl. u. a. *Zemke, I.*, Unternehmensverfassung, 1995, S. 125-152; *Schröder, C.*, Strategien, 1992, S. 118-150; *Silver, A. D.*, Venture-Capital, 1985, S. 31-45.

2.3.2 Beteiligungsakquisition

Im Rahmen der Beteiligungsakquisition versuchen die Beteiligungskapitalgesellschaften potenzielle Portfoliounternehmen zu identifizieren und zu kontaktieren. Zielsetzung dieser Aktivitäten ist es dabei, auf der einen Seite eine hohe Anzahl von Kontakten zu kapitalsuchenden Unternehmen herzustellen, um einen ausreichenden "Strom" von Beteiligungsanträgen/-anfragen durch potenzielle Beteiligungskapitalnehmer zu gewährleisten (Quantität des Deal-Flow). Auf der anderen Seite versuchen die Beteiligungskapitalgesellschaften zur Minimierung ihrer Kosten für die anschließende Beteiligungswürdigkeitsprüfung nur solche Unternehmen zu kontaktieren, die ihren investmentpolitischen Zielsetzungen prinzipiell entsprechen und über ein adäquates Rendite-/Risikoprofil verfügen (Qualität des Deal-Flow).[243] Die Identifikation und Kontaktaufnahme von bzw. mit potenziellen Portfoliounternehmen entspricht somit bereits einer Vorselektion der Unternehmen für die spätere Beteiligungswürdigkeitsprüfung und könnte somit erhebliche Auswirkungen auf die nachgelagerten Wertschöpfungsstufen haben.

Zur Generierung des Deal-Flow existieren in der Praxis unterschiedliche Quellen bzw. Möglichkeiten für die Beteiligungskapitalgesellschaften. Grundsätzlich kann man zwischen der Wahrnehmung direkter Marketingaktivitäten und dem Aufbau von Netzwerken unterscheiden. Als direkte Marketingaktivitäten kommen dabei Vorträge bei Konferenzen, Seminaren und Kongressen, der Besuch von Fachmessen, die Durchführung von Werbemaßnahmen oder die Publikation von Fachbeiträgen in Frage. Zum Aufbau von breiten Netzwerken in Deutschland eigenen sich grundsätzlich Kontakte zu Geschäftsbanken, Investmentbanken, M&A-Beratern, Wirtschaftsprüfern, Steuerberatern, Universitäten, Technologiezentren und anderen Beteiligungskapitalgesellschaften.[244] Auch die persönlichen/privaten Kontakte der Beteiligungsmanager sind sehr gut geeignet, um breite Netzwerke zu etablieren.[245] Nicht zu unterschätzen ist ebenfalls die Deal-Flow-Quelle der großen Industriekonzerne. Im Zuge der Refokussierung auf Kernkompetenzen und dem damit

---

[243] Vgl. *Wupperfeld, U.*, Seed-Capital-Markt, 1996, S. 55. Vor dem Hintergrund der hohen Kosten der Beteiligungswürdigkeitsprüfung sollten bereits im Rahmen der Beteiligungsakquisition nur solche Unternehmen kontaktiert werden, bei denen eine hohe Wahrscheinlichkeit für den Abschluss eines Beteiligungsvertrages besteht; vgl. hierzu *Schröder, C.*, Strategien, 1992, S. 151.

[244] Vgl. *Schröder, C.*, Strategien, 1992, S. 156; *Zemke, I.*, Unternehmensverfassung, 1995, S. 209.

[245] Vgl. ergänzend *Coutarelli, S. A.*, Venture-Capital, 1977, S. 68 ff.

einhergehenden Verkauf von Tochtergesellschaften können Konzerne eine weitere Quelle für Deals insbesondere in der Late-Stage-Financing-Phase darstellen.[246]

Für die Beurteilung der Eignung einzelner Quellen zur Generierung eines ausreichenden und qualitativ hochwertigen Deal-Flow ist ein tieferes Verständnis des Spannungsfeldes zwischen quantitativen und qualitativen Erfordernissen notwendig. Denn je geringer die Qualität der Anträge im Hinblick auf die Abdeckung der investmentpolitischen Ziele der Beteiligungskapitalgesellschaft ist, desto höher müsste c. p. die Ablehnungsquote im Rahmen der Beteiligungswürdigkeitsprüfung sein und desto mehr Anträge wären notwendig, um eine ausreichende Anzahl von Beteiligungen eingehen zu können. Umgekehrt nimmt mit steigender Qualität der Anfragen die Bedeutung einer hohen Quantität der Finanzierungsgesuche ab. Somit müssten bei einer Erhöhung der Qualität des Deal-Flow die Transaktionskosten der Beteiligungswürdigkeitsprüfung sinken, da weniger Anfragen durch die Beteiligungskapitalgesellschaft geprüft würden, die von vornherein nicht den investmentpolitischen Zielen entsprechen.[247] Eine zieladäquate Steuerung des Deal-Flow wäre demnach im Interesse der einzelnen Beteiligungskapitalgesellschaft. Die Eignung einzelner Deal-Flow-Quellen ist daher abhängig von der segmentspezifischen Investmentpolitik der Beteiligungskapitalgesellschaften und ihrer Zieladäquanz in Bezug auf die jeweilige Investmentpolitik. In Abhängigkeit der jeweiligen Segmentzugehörigkeit würde sich in Folge dessen eine unterschiedliche Nutzung einzelner Deal-Flow-Quellen ergeben.[248]

Neben der Frage der adäquaten Quelle zur Generierung eines ausreichenden und hochwertigen Deal-Flows muss bei der Analyse der Beteiligungsakquisition auch noch die Verhaltensweise der Beteiligungskapitalgesellschaft in diesem Kontext beleuchtet werden. So reicht das Spektrum der Suchstrategien von Beteiligungskapitalgesellschaften in der Praxis von reaktiven bis aktiven Ansätzen. Bei den reaktiven Ansätzen geht die Initiative primär von

---

[246] Vgl. *Lerner, J.*, Private Equity, 1997, S. 1.

[247] Zum Spannungsfeld zwischen quantitativen und qualitativen Erfordernissen vgl. auch *Zemke, I.*, Unternehmensverfassung, 1995, S. 211 ff.

[248] In Abschnitt 3.1.1.2 dieser Untersuchung wird die segmentspezifische Nutzung der einzelnen Deal-Flow-Quellen analysiert.

den potenziellen Portfoliounternehmen aus, die unaufgefordert an die Beteiligungskapitalgesellschaft herantreten. Bei den aktiven Ansätzen hingegen sucht die Beteiligungskapitalgesellschaft entweder direkt oder indirekt über ihre Netzwerkkontakte gezielt potenzielle Portfoliounternehmen und spricht diese ggf. direkt an.[249] Die Beurteilung der Vorteilhaftigkeit der einzelnen Ansätze dürfte wiederum segmentspezifisch unterschiedlich ausfallen, da sie maßgeblich von der jeweiligen Transaktionskostenwirkung abhängig ist. Allein die unterschiedliche Kapazitätsbindung der Beteiligungsakquisition in den einzelnen Segmenten spricht für eine differenzierte Verhaltensweise der Beteiligungskapitalgesellschaften in dieser Wertschöpfungsstufe (vgl. Abbildung 16).

Bereits nach der kurzen Darstellung der ersten beiden Wertschöpfungsstufen "Kapitalakquisition" und "Beteiligungsakquisition" sollte die hohe Interdependenz der Beteiligungswürdigkeitsprüfung mit den vorgelagerten Wertschöpfungsstufen deutlich geworden sein. Die Auswirkungen der im Rahmen der Beteiligungswürdigkeitsprüfung festzulegenden investmentpolitischen Ziele bzw. Anlagegrundsätze sind unverkennbar. Betrachtet man den gesamten Wertschöpfungsprozess der Beteiligungskapitalgesellschaften als eine Abfolge verschiedener Filterungsprozesse, so kommt der Beteiligungswürdigkeitsprüfung die zentrale Selektionsfunktion zu.[250] Durch die Festlegung der Investmentpolitik der Beteiligungskapitalgesellschaft wird nicht nur im Rahmen der Kapitalakquisition der Kreis potenzieller Investoren eingegrenzt, sondern auch in der Beteiligungsakquisition werden bestimmte Typen von Portfoliounternehmen durch eine zieladäquate Ansprache vorselektiert.

[249] Vgl. *Kürten, S.*, Unternehmensbeteiligungsgesellschaften, 1990, S. 72; *Zemke, I.*, Unternehmensverfassung, 1995, S. 213. Schierenbeck differenziert hierbei ebenfalls zwischen drei alternativen Methoden des Suchprozesses: Die autonome, analytisch-deduktive Alternativensuche als die aktive, direkte Suche von potentiellen Portfoliounternehmen, die autonome, synthetisch-induktive Alternativensuche als die aktive Suche von entsprechenden Kandidaten über Netzwerke und die reaktive Alternativensuche, bei welcher der eigentliche Suchprozess fast vollständig verkümmert ist; vgl. *Schierenbeck, H.*, Beteiligungsentscheidungen, 1973, S. 134 ff.

[250] Vgl. *Schröder, C.*, Strategien, 1992, S. 42.

2.3.3 Beteiligungswürdigkeitsprüfung

Bereits bei der Segmentierung der Marktteilnehmer wurde den Beteiligungskapitalgesellschaften aufgrund ihrer Funktion als Finanzintermediäre auf dem Beteiligungskapitalmarkt eine erhöhte Informationsverarbeitungskompetenz unterstellt. Im Rahmen der Beteiligungswürdigkeitsprüfung lässt sich diese erhöhte Informationsverarbeitungskompetenz in zwei Dimensionen feststellen: zum einen in der ablauforganisatorischen Ausgestaltung der Selektionsprozesse, zum anderen in der Festlegung und Beurteilung geeigneter Auswahlkriterien.

Die ablauforganisatorische Ausgestaltung der Prozesse ergibt sich dabei als Resultat des Optimierungsansatzes der Beteiligungskapitalgesellschaften, den Prozess der Beteiligungswürdigkeitsprüfung im Spannungsfeld zwischen notwendiger Informationstiefe und entstehenden Prüfungskosten effizient zu organisieren. Denn auf der einen Seite wäre eine möglichst intensive Prüfung notwendig, um einen möglichst umfassenden Informationsstatus über das potenzielle Portfoliounternehmen zu erreichen und die Informationsasymmetrien zwischen Beteiligungskapitalgesellschaft und Beteiligungskapitalnehmer abzubauen. Auf der anderen Seite rechtfertigt sich unter Effizienzgesichtspunkten eine intensive Prüfung aber nur bei potenziellen Portfoliounternehmen mit einer sehr hohen Beteiligungswahrscheinlichkeit.[251] Aus diesem Grunde ist es notwendig, den Entscheidungsprozess derart zu gestalten, dass eine transaktionskostengünstige Trennung von Finanzierungsgesuchen in Abhängigkeit ihrer Beteiligungswahrscheinlichkeit möglich ist. Die Beteiligungskapitalgesellschaften haben zur Lösung dieses Optimierungsproblems den Ablauf der Beteiligungswürdigkeitsprüfung als einen mehrstufigen Selektionsprozess organisiert.[252] Die Mehrstufigkeit dieses Prozesses soll somit das Dilemma der wechselseitigen Abhängigkeiten von notwendiger Informationstiefe und entstehenden Prüfungskosten lösen. Durch die stufenweise Abfolge von Entscheidungspunkten während des Gesamtprozesses erfolgt eine Steigerung der Intensität der Analyse erst bei Erfüllung entsprechender Qualitäts- bzw. Leistungsanforderungen des potenziellen

---

[251] Zu dem Dilemma der wechselseitigen Abhängigkeiten von Informationsstatus und Prüfungskosten vgl. *Zemke, I.*, Unternehmensverfassung, 1995, S. 214.

[252] Die Mehrstufigkeit dieses Prozesses wurde in den USA erstmalig von Briskman (1966) und Wells (1976) untersucht; vgl. *Briskman, E. F.*, Venture-Capital, 1966; *Wells, W. A.*, Venture-Capital, 1976. In Deutschland war der Prozess hingegen erst 1987 durch die Arbeit von Fendel Gegenstand wissenschaftlicher Forschung; vgl. *Fendel, A.*, Investmententscheidungsprozesse, 1987, S. 158-195.

Portfoliounternehmens. Somit kann sich die Beteiligungskapitalgesellschaft vor jeder Stufe der Prüfungsintensivierung die Frage stellen, ob zusätzliche (transaktionskostenverursachende) Prüfungsanstrengungen zu einem relevanten Nettoinformationsgewinn führen.

Der mehrstufige Prozess der Beteiligungswürdigkeitsprüfung ist, wie in Abbildung 17 dargestellt, auf der ersten Ebene in zwei Phasen untergliedert: in die Grob- und in die Feinanalyse der Beteiligungsanfragen.[253]

Innerhalb der Grobanalyse werden die eingehenden Beteiligungsanfragen zunächst im Rahmen einer Eingangsprüfung mit den investmentpolitischen Zielsetzungen der Beteiligungskapitalgesellschaft abgeglichen, die meist in Form von K.-o.-Kriterien konkretisiert sind.

Abbildung 17: Der Prozess der Beteiligungswürdigkeitsprüfung

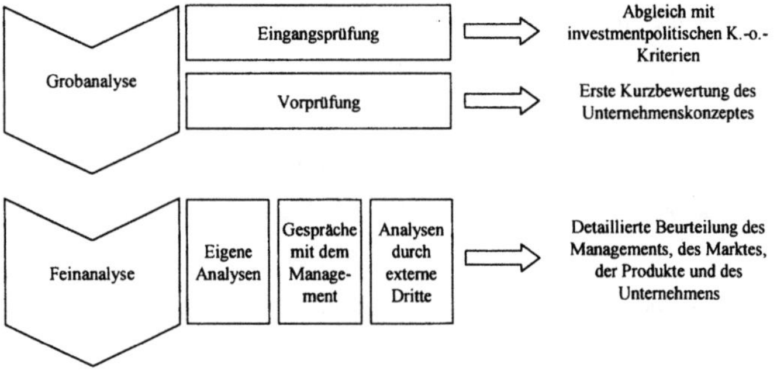

Quelle: Eigene Darstellung

[253] Bei der eigenen empirischen Untersuchung bestätigten 98 % der Befragten den in Abbildung 17 skizzierten Prozess der Beteiligungswürdigkeitsprüfung; vgl. Fragebogen Frage 10 im Anhang. Zur Darstellung des Prozesses in der Wissenschaft vgl. exemplarisch *Fendel, A.*, Investmententscheidungsprozesse, 1987, S. 158 ff., *Pichotta, A.*, Prüfung, 1990, S. 35 ff. , *Grisebach, R.*, Innovationsfinanzierung, 1989, S. 47 ff.

Entspricht das potenzielle Portfoliounternehmen den Anlagegrundsätzen der Beteiligungskapitalgesellschaft erfolgt anschließend die sog. Vorprüfung des Finanzierungsgesuches, indem das Unternehmenskonzept des potenziellen Portfoliounternehmens einer ersten Kurzbewertung unterzogen wird. Bei einer positiven Beurteilung wird im Rahmen der dann folgenden Feinanalyse das Management, der Markt, die Produkte und das Unternehmen selbst detaillierter analysiert. Hierfür werden zahlreiche Analysen durch die Beteiligungskapitalgesellschaft selbst und bei Bedarf durch externe Dritte wie z. B. Wirtschaftsprüfer, Unternehmensberater etc. in ihrem Auftrag durchgeführt. Zusätzlich erfolgen intensive Gespräche mit dem Management des potenziellen Portfoliounternehmens.

Neben der ablauforganisatorischen Ausgestaltung der Selektionsprozesse besteht die erhöhte Informationsverarbeitungskompetenz der Beteiligungskapitalgesellschaften auch in der Festlegung und Beurteilung geeigneter Auswahlkriterien. So müssen für die einzelnen Stufen des Auswahlprozesses geeignete Kriterien definiert und deren Prioritäten bzw. Bedeutung festgelegt werden. Zusätzlich sollte die Beteiligungskapitalgesellschaft für sich entscheiden, mit welchen Instrumentarien und vor allem wie intensiv die einzelnen Kriterien für eine abschließende Beurteilung analysiert werden.

Für die Phase der Eingangsprüfung muss die Beteiligungskapitalgesellschaft somit zunächst ein Bündel von K.-o.-Kriterien definieren. Diese Kriterien entsprechen meist den Anlagegrundsätzen bzw. den investmentpolitischen Zielen der Beteiligungskapitalgesellschaft.[254] Die Frage der Prioritäten der einzelnen Kriterien ist an dieser Stelle des Prozesses genausowenig relevant wie die Frage nach den Beurteilungsinstrumentarien bzw. –intensitäten. Denn meist erfolgt der Abgleich mit den Anlagegrundsätzen nach standardisierten Routinen und die Nichterfüllung eines der K.-o.-Kriterien führt zur Ablehnung des Beteiligungsantrages. Sowohl in der Vorprüfung als auch in der Feinanalyse sind die einfachen Anlagegrundsätze als Kriterien nicht mehr ausreichend. In dieser Phase der Beteiligungswürdigkeitsprüfung müssen die relevanten Kriterien aus Sicht der Beteiligungskapitalgesellschaft vorgegeben werden. Diese lassen sich meist in vier wesentliche Kategorien bündeln: Kriterien zur Abschätzung der Fähigkeiten des Managements, der finanz- und

[254] Durch diese Filterfunktion der Anlagegrundsätze wird nochmals die hohe Bedeutung der Qualität des Deal-Flows und somit die zieladäquate Ausrichtung der Beteiligungsakquisition verdeutlicht.

leistungswirtschaftlichen Fähigkeiten des potenziellen Portfoliounternehmens und der Attraktivität des Marktes.[255] Die Vorprüfung unterscheidet sich dabei von der Feinanalyse nicht unbedingt in der unterschiedlichen Gewichtung der Kriterien, sondern vor allem in der Intensität der Analyse zur Beurteilung der einzelnen Kriterien.[256]

Sowohl die ablauforganisatorische Ausgestaltung des Selektionsprozesses als auch die Festlegung und Beurteilung der Auswahlkriterien ist Gegenstand detaillierter empirischer Analysen im Kapitel 3 der vorliegenden Untersuchung.

2.3.4 Beteiligungsverhandlung

Im Falle einer positiven Gesamtbeurteilung schließt sich an den Prozess der Beteiligungswürdigkeitsprüfung die Beteiligungsverhandlung an. In dieser Wertschöpfungsstufe wird der endgültige Kapitalbedarf des potenziellen Portfoliounternehmens festgelegt, die Unternehmensbewertung vorgenommen, der Preis der Anteile bestimmt sowie die Beteiligungskonditionen definiert.[257] Darüber hinaus werden ggf. weitere Partner wie z. B. andere Beteiligungskapitalgesellschaften, Kreditinstitute und industrielle Investoren in die Verhandlungen mit einbezogen.[258] Als Ergebnis dieses Verhandlungsprozesses bleibt der Abschluss oder die endgültige Ablehnung der Beteiligung.

Die größte Interdependenz zwischen der Beteiligungsverhandlung und der Beteiligungswürdigkeitsprüfung dürfte in der Beurteilung des Wertes des potenziellen Portfoliounternehmens bestehen. Wie bereits im Abschnitt 1.3.2 im Rahmen der Begriffsabgrenzung erläutert, liefert die Beteiligungswürdigkeitsprüfung die Grundlage für die anschließende Unternehmensbewertung. Denn erst durch die Beteiligungswürdigkeitsprüfung können zukünftige Erträge und potenzielle Risiken des Portfoliounternehmens realistisch eingeschätzt

---

255 In Anlehnung an die Klassifizierung der Risikoarten im Abschnitt 2.2.1.

256 In Abgrenzung zur späteren Feinanalyse der Beteiligungsanträge wird im Rahmen der Vorprüfung das Unternehmenskonzept auf Basis des zugrunde liegenden Businessplans geprüft und plausibilisiert, wohingegen es Zielsetzung der Feinanalyse ist, sich einen eigenen Eindruck der Chancen- und Risiken-Struktur des Konzeptes zu verschaffen, d. h. ggf. einen eigenen Businessplan zu erstellen.

257 Die Darstellung der Details der Beteiligungsverhandlung würde den Rahmen der vorliegenden Untersuchung sprengen und ist für den weiteren Erkenntnisfortschritt auch nicht zwingend erforderlich. Für Details der Beteiligungsverhandlung vgl. u. a. *Schröder, C.*, Strategien, 1992, S. 194 ff.; *Cimbal, A.*, Venture-Capital-Finanzierungen, 1995, S. 149 ff.; *Wupperfeld, U.*, Seed-Capital-Markt, 1996, S. 58 f.

258 Vgl. *Schefczyk, M.*, Erfolgsstrategien, 2000, S. 34.

werden. Somit lassen sich durch die Beteiligungswürdigkeitsprüfung die beiden zentralen Parameter der Unternehmensbewertung ermitteln: die Ertragsgröße und der Risikoaufschlag für den Kalkulationszinssatz zur Diskontierung der Erträge.[259] Interessanterweise scheinen die meisten Beteiligungskapitalgesellschaften erst über die Vorteilhaftigkeit einer Beteiligung zu entscheiden, bevor sie in Verhandlungen mit den Beteiligungskapitalnehmern über den Preis des Portfoliounternehmens eintreten, d. h. zunächst erfolgt die Bestimmung der Vorteilhaftigkeit eines Engagements unabhängig von seinem Preis.[260]

Betrachtet man den gesamten Wertschöpfungsprozess der Beteiligungskapitalgesellschaft bis zu diesem Zeitpunkt, wird der selektive Charakter dieses Prozesses noch einmal sehr deutlich. Wie in Abbildung 18 dargestellt wird nur bei 2,7 % der ursprünglich eingereichten Beteiligungsanträge auch tatsächlich eine Investition seitens der Beteiligungskapitalgesellschaft vorgenommen.

Abbildung 18: Entwicklung der Restquoten der Beteiligungsanträge im Wertschöpfungsprozess

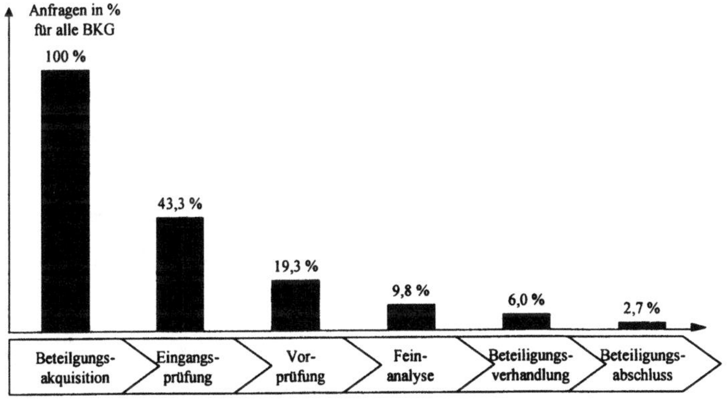

Quelle: Eigene empirische Untersuchung; N = 56; Frage 11

[259] Vgl. *Zemke, I.*, Unternehmensverfassung, 1995, S. 243.

[260] Schmidt folgerte aus dieser Feststellung, dass investitionstheoretische Fundierungen von Beteiligungsentscheidungen bei Beteiligungskapitalgesellschaften eher die Ausnahme zu sein scheinen. Dennoch erscheint es unter Effizienzgesichtspunkten nur konsequent, wenn die Beteiligungskapitalgesellschaft zunächst für sich selbst entscheidet, ob ein Investment überhaupt in Frage kommt, bevor man in die aufwendige Phase der Beteiligungsverhandlung eintritt und über die Preisgestaltung verhandelt; vgl. *Schmidt, R. H.*, Qualität, 1988, S. 186.

Insbesondere durch die Eingangsprüfung erfolgt die höchste relative Selektion im Vergleich zu den anderen Entscheidungsstufen. Nur durchschnittlich 43,3 % der ursprünglich eingereichten Anträge überstehen diese erste Hürde der Beteiligungswürdigkeitsprüfung, d. h. 57,7 % der Finanzierungsgesuche werden bereits nach dem ersten Abgleich mit den investmentpolitischen Ziele der Beteiligungskapitalgesellschaft abgelehnt.

Mit einer durchschnittlichen Ablehnungsquote von 55,0 % der dann noch verbliebenen Anträge wird die zweithöchste Auslese durch die Vorprüfung vorgenommen. Nur noch 19,3 % der ursprünglichen Anträge haben diese Entscheidungsstufe überstanden und durchlaufen den aufwendigeren Prozess der Feinanalyse. Somit werden insgesamt durch die deutlich kostengünstigere Grobanalyse immerhin 80,7 % der eingereichten Beteiligungsanfragen frühzeitig im Rahmen der Beteiligungswürdigkeitsprüfung herausgefiltert.[261]

Bei der Analyse der Entwicklung der Restquoten im weiteren Verlauf des Wertschöpfungsprozesses erscheint abschließend die Differenz zwischen der Restquote der Anträge nach der Beteiligungsverhandlung von 6,0 % und der tatsächlichen Abschlussquote (Beteiligungsquote) von 2,7 % relativ hoch. Diese Differenz würde bedeuten, dass trotz einer positiven Beteiligungsabsicht seitens der Beteiligungskapitalgesellschaft bei 6,0 % der Anträge weniger als 50 % dieser Beteiligungen auch tatsächlich eingegangen werden. Mögliche Gründe für diese hohe Differenz wäre beispielsweise die Entscheidung des potenziellen Beteiligungskapitalnehmers für eine konkurrierende Beteiligungskapitalgesellschaft, oder dass er doch keine Beteiligungskapitalgesellschaft in den Kreis der Eigentümer aufnehmen möchte. Doch auch eine erhöhte Preissensitivität seitens der Beteiligungskapitalgesellschaften wäre als Ursache für die hohe Differenz denkbar.

Nach der Unterzeichnung des Beteiligungsvertrages wird das Portfoliounternehmen mehrere Jahre dem Portfolio der Beteiligungskapitalgesellschaft angehören. Bevor es zur Desinvestition und somit zur Trennung kommt, wird die Beteiligungskapitalgesellschaft das Portfoliounternehmen unternehmerisch begleiten. Wie diese Begleitung im einzelnen ausgestaltet wird, soll im nachfolgenden Abschnitt kurz erläutert werden.

---

[261] Interessanterweise entspricht dieser Wert exakt dem Ergebnis, das Schröder bereits 1992 im Rahmen seiner empirischen Untersuchung ermittelt hatte; vgl. *Schröder, C.*, Strategien, 1992, S. 192.

2.3.5 Managementunterstützung

Neben der Beteiligungswürdigkeitsprüfung stellt die Managementunterstützung die zentrale Aufgabe von Beteiligungskapitalgesellschaften dar.[262] Während der typischerweise fünf bis zehn Jahre dauernden Laufzeit der Beteiligung besteht zwischen der Beteiligungskapitalgesellschaft und dem Beteiligungskapitalnehmer eine Kooperationsbeziehung in Form der Betreuung des Portfoliounternehmens.[263] In dieser Zeit verfolgt die Beteiligungskapitalgesellschaft zwei wesentliche Zielsetzungen: Zum einen sollen die Ausfall- und damit die Verlustrisiken für die Beteiligungskapitalgesellschaft minimiert werden. Zum anderen soll ein positiver Einfluss auf die Geschäftsentwicklung der Portfoliounternehmen ausgeübt und damit eine Wertsteigerung der Anteile (Capital Gain) bzw. eine höhere Gewinnausschüttung realisiert werden.[264]

Zur Ereichung dieser Ziele führt die Beteiligungskapitalgesellschaft ein laufendes Controlling bzw. Monitoring der Beteiligungen durch und bietet teilweise bei Bedarf Beratungsleistungen an. Dabei gilt es die Wertsteigerungseffekte und die laufenden Betreuungskosten der Zusammenarbeit immer gegeneinander abzuwägen. Betsch et al. unterscheiden dabei die Intensität der Zusammenarbeit in drei verschiedene Kategorien: passives, reaktives und aktives Monitoring. Bei dem passiven Monitoring ist die Zusammenarbeit rein auf die Kontrolle von Monats- und Quartalsberichten im Sinne eines Reportings begrenzt. Über diese Kontrolle hinaus wird die Beteiligungskapitalgesellschaft beim reaktiven Monitoring nur auf Anfrage bzw. Initiative des Portfoliounternehmens tätig. Das aktive Monitoring hingegen erstreckt sich von der Steuerung über einen Katalog zustimmungspflichtiger Geschäfte bis zu strategischen und operativen Initiativen der Beteiligungskapitalgesellschaft.[265]

---

[262] Vgl. *Liles, P. R.*, Venture-Capital-Firms, 1974, S. 11; Die ebenfalls hohe Bedeutung dieser Wertschöpfungsstufe lässt sich auch aufgrund der relativ hohen Kapazitätsbindung der Managementunterstützung (19,5 %) vermuten; vgl. Abbildung 16.

[263] Die Betreuung des Portfoliounternehmens wird auch immer wieder als Venture Management bezeichnet; vgl. hierzu *Münch, D./Weber, H.*, Wagnisfinanzierung, 1984, S. 569 und *Servatius, H.-G.*, New-Venture-Management, 1988, S. 7 f.

[264] Vgl. *Wupperfeld, U.*, Seed-Capital-Markt, 1996, S. 60.

[265] Vgl. *Betsch, O./Groh, A. P./Lohmann, L. G. E.*, Corporate Finance, 1998, S. 257.

Die Intensität der Zusammenarbeit ist dabei von verschiedenen Faktoren abhängig: der Phase der Unternehmensentwicklung des Portfoliounternehmens[266], den Erfahrungen des Managementteams des Portfoliounternehmens[267], der absoluten und relativen Höhe der Beteiligung[268] und der konkreten Situation des Portfoliounternehmens zum Betreuungszeitpunkt.[269]

Die bei entsprechendem Bedarf angebotene Beratungsleistung umfasst die Unterstützung bei Fragen zur Finanzierung, zur strategischen Planung, zur Personalentwicklung und -beschaffung, zum Marketing und Vertrieb und zur Produktentwicklung.[270]

2.3.6 Desinvestition

Die Veräußerung des Portfoliounternehmens stellt die letzte Phase des Wertschöpfungsprozesses der Beteiligungskapitalgesellschaft dar.[271] Dabei werden unter "Veräußerung" sämtliche Abgänge von Portfoliounternehmen aus dem Beteiligungsportfolio der Beteiligungskapitalgesellschaft verstanden. So gilt ein Unternehmen als veräußert, wenn auch nur ein (Groß-)Teil des Portfoliounternehmens verkauft wird, oder das gesamte Unternehmen aufgrund massiver Fehlentwicklungen Konkurs anmelden muss.[272]

---

266 Vgl. *Schröder, C.*, Strategien, 1992, S. 244 f.

267 Vgl. *Zapp, H.*, Kapital, 1985, S. 218; *Gorman, M./Sahlmann, W. A.*, Venture-Capital, 1989, S. 238 ff.

268 Vgl. *Cimbal, A.*, Venture-Capital-Finanzierungen, 1995, S. 167 f.

269 Vgl. *Grisebach, R.*, Innovationsfinanzierung, 1989, S. 59.

270 Vgl. *Theis, S./Niederdrenk, R.*, Fingerspitzengefühl, 2001, S. B 5; *Schröder, C.*, Strategien, 1992, S. 238.

271 Bei offenen Beteiligungskapitalfonds schließt sich an die Desinvestitionsphase noch die Phase der Definanzierung im Wertschöpfungsprozess der Beteiligungskapitalgesellschaft an. In dieser Phase werden die zur Verfügung gestellten finanziellen Mittel inkl. der Gewinnanteile an die Beteiligungskapitalinvestoren zurückgezahlt; vgl. *Cimbal, A.*, Venture-Capital-Finanzierungen, 1995, S. 191 ff.

272 In Anlehnung an die Definition von Cimbal; vgl. *Cimbal, A.*, Venture-Capital-Finanzierungen, 1995, S. 172.

Unter diesen Voraussetzungen stehen einer Beteiligungskapitalgesellschaft fünf sog. Exitkanäle zur Veräußerung ihrer Portfoliounternehmen zur Verfügung:

- Desinvestition durch Trade Sales; im Rahmen dieses Exitkanals wird das Portfoliounternehmen an einen industriellen Investor verkauft.
- Rückkauf durch das Management des Portfoliounternehmens (Buy-back); hier erfolgt der Rückkauf der Anteile nach Beendigung der Zusammenarbeit durch den Alteigentümer.
- Desinvestition durch Going-Public; die Unternehmensanteile werden durch eine Börseneinführung verkauft.
- Verkauf an andere Beteiligungskapitalgesellschaften bzw. Finanzinvestoren (Secondary-Purchase)
- Desinvestition durch Abschreibung. Bei einer Fehlentwicklung des Portfoliounternehmens erfolgt die Veräußerung durch eine Abschreibung bei der Beteiligungskapitalgesellschaft[273]

Im Zusammenhang mit der Beteiligungswürdigkeitsprüfung weisen Praktiker immer wieder auf die Tatsache hin, wie wichtig es bereits zum Zeitpunkt der Investition ist, die präferierte Exitstrategie für das Portfoliounternehmen konzipiert und ausgearbeitet zu haben.[274] Denn in Abhängigkeit der Veräußerungsform und des Veräußerungszeitpunktes ändert sich zum einen die Höhe der Illiquiditätsprämie und dadurch der Wert des Risikoaufschlages. Zum anderen variiert die Investitionsdauer und dadurch der Diskontierungszeitraum. Beide Parameter fließen aber in die Analyse der Beteiligungswürdigkeitsprüfung und über die Unternehmensbewertung in die Phase der Beteiligungsverhandlung mit ein.[275] Somit sollten bereits während der Beteiligungswürdigkeitsprüfung verschiedene Exitszenarien analysiert werden, um die entsprechenden Konsequenzen für die Beteiligungskapitalgesellschaft bei der Gesamtbeurteilung des Portfoliounternehmens zu berücksichtigen.

---

[273] Zu detaillierten Darstellungen der einzelnen Exitkanäle vgl. *Hennings, R./Vogt, M.*, Exit-Alternativen, 2001, S. B1; *Cimbal, A.*, Venture-Capital-Finanzierungen, 1995, S. 173-191; *Schröder, C.*, Strategien, 1992, S. 251-266.

[274] Zur Bestätigung durch empirische Untersuchungen in den USA vgl. *Schröder, C.*, Strategien, 1992, S. 251. Diese Feststellung konnte aber auch im Rahmen der Empirie der vorliegenden Untersuchung in zahlreichen Gesprächen mit Entscheidungsträgern für deutsche Beteiligungskapitalgesellschaften bestätigt werden.

[275] Vgl. *Schröder, C.*, Strategien, 1992, S. 251.

Nach der Einordnung der Beteiligungswürdigkeitsprüfung in den Wertschöpfungsprozess der Beteiligungskapitalgesellschaften und der Darstellung der einzelnen Kontingenzbeziehungen soll im nachfolgenden Abschnitt zum abschließenden Verständnis der Zusammenhänge des Beteiligungskapitalmarktes eine Darstellung der Entwicklung und Struktur des deutschen Beteiligungskapitalmarktes erfolgen.

2.4 Entwicklung und Struktur des Beteiligungskapitalmarktes

Zum Gesamtverständnis des Beteiligungskapitalmarktes in Deutschland erscheint es abschließend noch sinnvoll, seine aktuelle Entwicklung zu analysieren. Die Gesamtperspektive erlaubt dabei nochmals, wesentliche Entwicklungstrends aufzuzeigen und Rückschlüsse für die eigene Untersuchung zu erhalten. Die Darstellung der Entwicklung und Struktur des deutschen Beteiligungskapitalmarktes bezieht sich aufgrund mangelnder Transparenz ausschließlich auf den organisierten Teil des Marktes.[276]

Das Fondsvolumen der Beteiligungskapitalgesellschaften in Deutschland, die Mitglied im BVK sind, hat sich seit 1994 bis 2000 von 7,7 Mio. DM auf insgesamt 36, 4 Mio. DM entwickelt. Wie in Abbildung 19 erkennbar entspricht dies einer durchschnittlichen jährlichen Wachstumsrate von 29,6 %. Die bereits sehr positiven Wachstumsraten bis 1998 (durchschnittliches jährliches Wachstum von 1994 bis 1998: + 21,6 %) konnten in den Folgejahren nochmals deutlich gesteigert werden (CAGR 1998-2000: + 47,4 %). Auch das tatsächlich investierte Kapital der Beteiligungskapitalgesellschaften folgte dem hohen Anstieg des Fondsvolumens.

[276] Vgl. Abschnitt 1.5.2.2 und hier insbesondere Fußnote 102. Die Auswertungen und Angaben in diesem Abschnitt beruhen auf den jährlich erscheinenden Statistiken des Bundesverbandes deutscher Kapitalbeteiligungsgesellschaften – German Venture-Capital Association e. V. (BVK). Als Bezugsgröße wurden dabei ausschließlich die BVK-Mitglieder verwendet. Die Vollständigkeit der Angaben des BVK in Bezug auf den Gesamtmarkt für Beteiligungskapital werden angezweifelt und daher im Rahmen dieser Analyse nicht benutzt (vgl. hierzu auch die Erkenntnisse aus der eigenen empirischen Untersuchung in Fußnote 110). Durch die Verwendung der Daten der BVK-Mitglieder wird der Markt für Beteiligungskapital sicherlich nicht vollständig beschrieben. Dennoch wird in der Untersuchung bei den Auswertungen von dem „Markt für Beteiligungskapital" gesprochen werden, da zum einen keine verlässlicheren Zahlen aufgrund mangelnder Transparenz verfügbar sind, und sich zum anderen wesentliche Markttrends auch aus diesen Daten auswerten lassen.

Abbildung 19: Entwicklung des Fondsvolumens und des Portfolios der BVK-Mitglieder (in Mrd. DM)

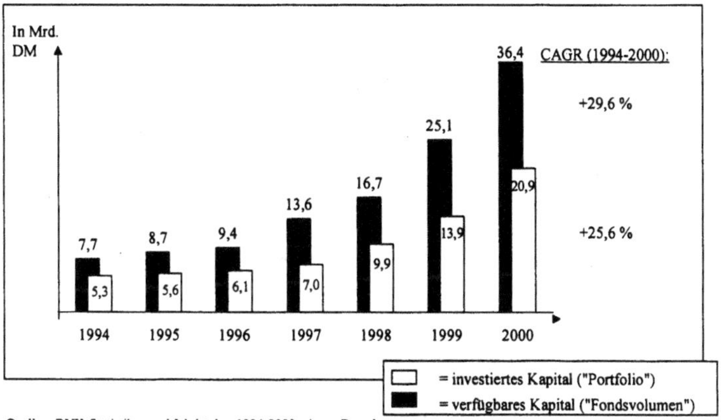

Quellen: BVK-Statistiken und Jahrbücher 1994-2000; eigene Berechnungen

Mit durchschnittlichen Raten von 25,6 % fiel das Wachstum nur geringfügig niedriger aus. Somit hat sich der Umfang des Kapitalvorrats bzw. der "Kriegskasse" der Beteiligungskapitalgesellschaften nur geringfügig um durchschnittlich 5,8 % p. a. erhöht.[277]

Neben der allgemeinen Euphorie an den Kapitalmärkten und den immensen Finanzierungsbedürfnissen der Gründungsunternehmen der "New Economy" erscheint auch die Etablierung des Finanzierungsinstrumentes "Beteiligungskapital" in Deutschland ursächlich für dieses rasante Marktwachstum zu sein. Insbesondere die Zunahme der Finanzierung von Gründungsunternehmen lässt sich bei einer Analyse der Entwicklung der Phasenstruktur der Portfolios der BVK-Mitglieder, wie in Abbildung 20 dargestellt, erkennen.

Erstmals in der Geschichte des deutschen Beteiligungskapitalmarktes war im Jahr 2000 der Anteil der Early-Stage-Finanzierungen, also Seed- und Start-up-Finanzierungen, gemessen an der Anzahl der Beteiligungen, mit insgesamt über 47 % größer als der Anteil der Expansionsfinanzierungen. Selbst unter Berücksichtigung des investierten Kapitals konnten

[277] Als „Kriegskasse" wird die Differenz zwischen verfügbarem (Fondsvolumen) und investiertem Kapital (Portfolio) bezeichnet; vgl. *Schefczyk, M.*, Erfolgsstrategien, 2000, S. 90. Der relative Anteil der „Kriegskasse" im Verhältnis zum Fondsvolumen hat sich seit 1994 von 30,3 % auf 42,5 % in 2000 erhöht.

Abbildung 20: Entwicklung der Phasenstruktur des Portfolios der BVK-Mitglieder

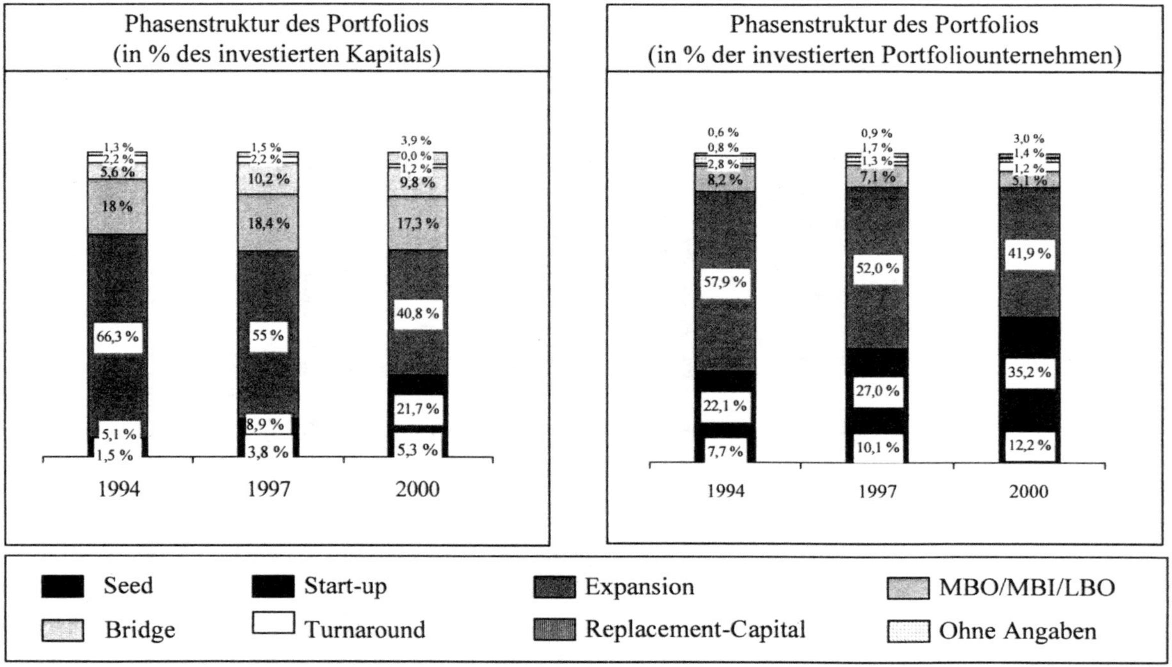

Quellen: BVK-Statistiken und Jahrbücher 1994-2000; eigene Berechnungen

die Early-Stage-Finanzierungen mit einem Anteil von 37 % fast eine gleich hohe Bedeutung wie die Expansionsfinanzierungen (41 %) erreichen. Im Vergleich zu den Werten des Jahres 1994 entspricht dies beeindruckenden jährlichen Wachstumsraten von 55,8 % (bezogen auf das investierte Kapital) bzw. von 24,1% (bezogen auf die Anzahl der Beteiligungen).

Doch nicht nur der hohe Anstieg der Anzahl der Beteiligungen, sondern auch die hohe Steigerung des investierten Kapitals pro einzelner Beteiligung von DM 0,41 Mio. bei Seed- und DM 0,47 Mio. bei Start-up-Finanzierungen in 1994 auf DM 1,18 Mio. bzw. DM 1,67 Mio. in 2000 hat für ein derartig rasantes Wachstum des deutschen Portfolios für Early-Stage-Finanzierungen gesorgt (vgl. Abbildung 21).

Abbildung 21: Entwicklung des investierten Kapitals pro Beteiligung nach Finanzierungsphase (in Mio. DM)

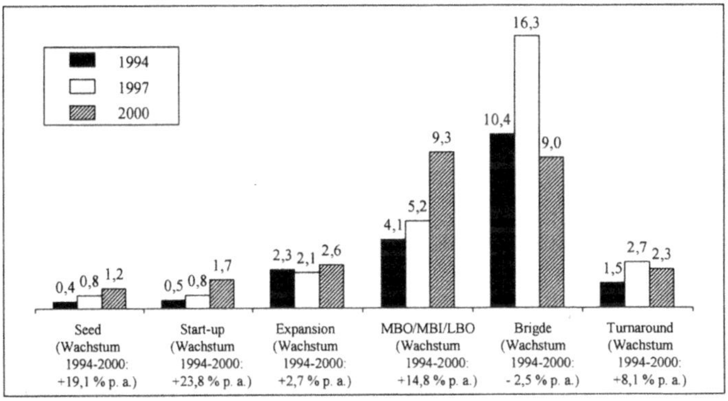

Quellen: BVK-Statistiken und Jahrbücher 1994-2000; eigene Berechnungen

Die Entwicklung der Phasenverteilung scheint mit der Entwicklung der Branchenstruktur des Portfolios zu korrespondieren. So dominieren zwar noch die kapitalintensiven, traditionell in Deutschland starken Branchen wie der Maschinenbau (15,0 % Anteil am Gesamtportfolio) und der Handel (9,9 %). Doch, konnten auch hier, wie in Abbildung 22 erkennbar, sog. Wachstumsbranchen wie die EDV oder die Biotechnologie durch überproportionale Steigerungsraten ihre Anteile am Gesamtportfolio deutlich ausbauen.

Abbildung 22: Entwicklung der Branchenstruktur des Portfolios der BVK-Mitglieder

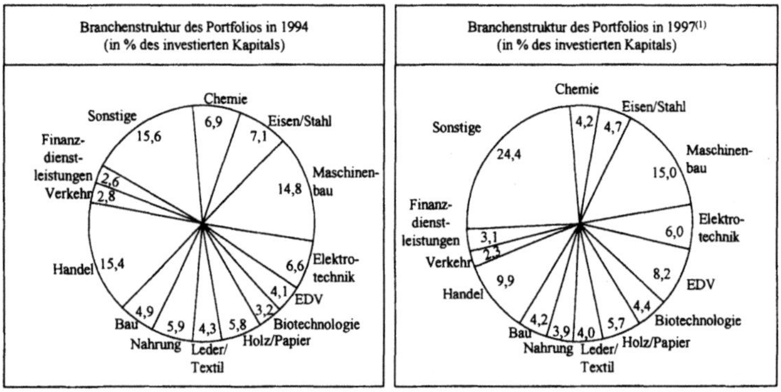

(1) Vergleichbare Daten nur für 1997 erhältlich; Daten für 2000 sind nicht in einer vergleichbaren Struktur wie die Daten von 1994 veröffentlicht

Quellen: BVK-Statistiken und Jahrbücher 1994-1998; eigene Berechnungen

Für ein Verständnis der Zusammenhänge des deutschen Beteiligungskapitalmarktes ist es auch notwendig, die Struktur der Beteiligungskapitalinvestoren zu betrachten. Aus Abbildung 23 lässt sich die immer noch bestehende Dominanz der Kreditinstitute erkennen.

Abbildung 23: Entwicklung der Investorenstruktur des Portfolios der BVK-Mitglieder

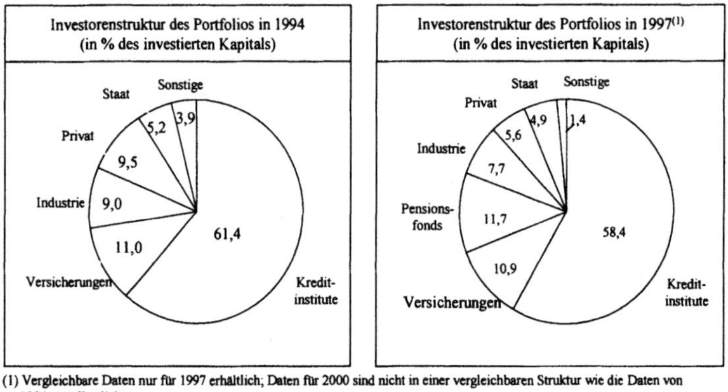

(1) Vergleichbare Daten nur für 1997 erhältlich; Daten für 2000 sind nicht in einer vergleichbaren Struktur wie die Daten von 1994 veröffentlicht

Quellen: BVK-Statistiken und Jahrbücher 1994-1998; eigene Berechnungen

Zwar ist der Anteil am Fondsvolumen von 61,4 % in 1994 auf 58,4 % in 1997 leicht zurückgegangen, dennoch wird der Markt für Beteiligungskapital von den Finanzinstituten nach wie vor maßgeblich beeinflusst. Auffällig bei der Analyse der Desinvestitionen der BVK-Mitglieder nach Exitkanälen ist der hohe Rückgang der Rückkäufe durch das Management der Portfoliounternehmen (Buy-back). Wie aus Abbildung 24 hervorgeht, hat sich der Anteil der Buy-back-Desinvestitionen seit 1994 von 35,6 % gemessen am Volumen auf 17,1 % in 2000 verringert. Gemessen an der Anzahl der veräußerten Beteiligungen hat sich der Anteil sogar von 58,1 % auf 24,9 % reduziert. Des Weiteren scheint die Belebung des Beteiligungskapitalmarktes mit der Öffnung des Neuen Marktes als dem schon immer geforderten geeigneten Exitkanal Börse zwar emotional stattgefunden haben, in den Zahlen der Entwicklung des Beteiligungskapital-marktes lässt sich diese Euphorie allerdings nicht unbedingt erkennen. Zwar ist die anteilige Anzahl der desinvestierten Beteiligungen von 4,7 % in 1994 auf 13,8 % in 2000 deutlich angestiegen, der Anteil des Going-Public-Volumens hingegen hat mit 12,4 % in 2000 nach 4,1 % in 1997 nur wieder den Ausgangswert von 1994 in Höhe von 12,9 % erreicht. Bei aller Euphorie sollte man somit also nicht vergessen, dass der Trade-Sale und der Buy-back als Exitkanäle immer noch die mit Abstand höchste Bedeutung für den Beteiligungskapitalmarkt haben.

Zusammenfassend hat die Analyse der Zusammenhänge des deutschen Beteiligungskapitalmarktes gezeigt, wie sich die Beteiligungswürdigkeitsprüfung in den Gesamtkontext des Beteiligungskapitalmarktes einordnen lässt. Die hohen Interdependenzen und Beeinflussungen der Beteiligungswürdigkeitsprüfung wurden in den einzelnen Abschnitten deutlich. So konnten bspw. die Besonderheiten der Phasenstruktur in Bezug auf die Beteiligungswürdigkeitsprüfung aufgezeigt werden. Die Notwendigkeit zur Berücksichtigung spezifischer Eigenschaften der Marktteilnehmer durch die Beteiligungswürdigkeitsprüfung wie z. B. die Risikoprofile der Beteiligungskapitalnehmer, die Zielsetzungen der Beteiligungskapitalinvestoren und die Spezialisierungen der Beteiligungskapitalgesellschaften wurden herausgearbeitet. Bevor abschließend noch einmal kurz die Entwicklung der Struktur des Gesamtmarktes dargestellt wurde, konnten im Rahmen der Analyse des Wertschöpfungsprozesses der Beteiligungskapitalgesellschaft die Abhängigkeiten der Beteiligungswürdigkeitsprüfung zu den übrigen Wertschöpfungsstufen aufgezeigt werden.

Abbildung 24: Entwicklung der Desinvestition der BVK-Mitglieder nach Exitkanälen

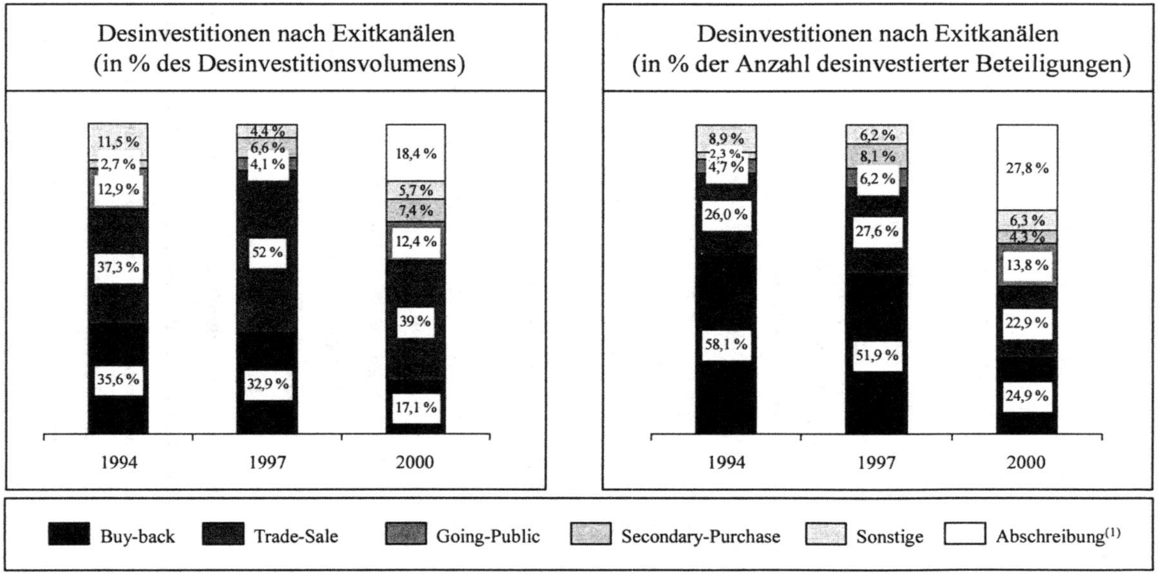

(1) Desinvestition durch Abschreibungen wird erst seit 1999 von BVK angegeben
Quellen: BVK-Statistiken und Jahrbücher 1994-2000; eigene Berechnungen

3 Qualität der Beteiligungswürdigkeitsprüfung

Nach den theoretischen Überlegungen und der Einordnung der Beteiligungswürdigkeitsprüfung in den Gesamtkontext des Beteiligungskapitalmarktes wird in diesem Kapitel auf Basis einer umfassenden empirischen Untersuchung eine segmentspezifische Einschätzung der Qualität der Beteiligungswürdigkeitsprüfung vorgenommen.

Zielsetzung dieses Kapitels ist es daher, zunächst eine nach Teilmarktsegmenten differenzierte Detailbeschreibung der Beteiligungswürdigkeitsprüfung deutscher Beteiligungskapitalgesellschaften vorzunehmen (Abschnitt 3.1). Dabei wird entlang des Phasenschemas der Beteiligungswürdigkeitsprüfung neben der Analyse der Prämissen des Beurteilungsprozesses (Abschnitt 3.1.1) eine detaillierte Untersuchung der einzelnen Prozessschritte im Abschnitt 3.1.2 vorgenommen. Auf Basis dieser primär prozessorientierten Darstellung der Beteiligungswürdigkeitsprüfung werden dann im Abschnitt 3.2 wesentliche Eigenschaften der Beteiligungswürdigkeitsprüfung herausgearbeitet, die eine möglicherweise vorhandene Qualitätsvarianz der Beteiligungswürdigkeitsprüfung erklären. Neben Faktoren, die primär den Aufwand der Beteiligungswürdigkeitsprüfung determinieren (Abschnitt 3.2.1), werden im Abschnitt 3.2.2 insbesondere solche Eigenschaften einer detaillierten Analyse unterzogen, welche die Analysenintensität der Beteiligungswürdigkeitsprüfung bestimmen. Ziel des abschließenden Abschnitts 3.3 ist es dann, wesentliche Einflussfaktoren zu untersuchen, die möglicherweise die Eigenschaften der Beteiligungswürdigkeitsprüfung verändern könnten und somit mögliche Veränderungen in der Qualität der Beteiligungswürdigkeitsprüfung verursachen könnten.

Die empirischen Ergebnisse des Kapitels sind nach einer einheitlichen Struktur aufgebaut. Zunächst erfolgt eine segmentspezifische, beschreibende Auswertung der einzelnen Merkmale der Beteiligungswürdigkeitsprüfung (Prozess, Eigenschaften, Einflussfaktoren).

Auf Basis dieser Analysen und ergänzt um Erkenntnisse aus bisherigen Forschungsarbeiten werden dann wesentliche Forschungshypothesen gebildet und vor dem Hintergrund der Ergebnisse der empirischen Untersuchung kritisch überprüft.[278]

3.1 Prozess der Beteiligungswürdigkeitsprüfung

Untersuchungsgegenstand des folgenden Abschnitts ist zunächst die Analyse der Prämissen des Beurteilungsprozesses in Form der Investmentpolitik und der Strategie der Beteiligungsakquisition der Beteiligungskapitalgesellschaft. Bereits im Abschnitt 2.3.2 wurde auf die hohen Interdependenzen zwischen der Investmentpolitik und der Beteiligungsakquisition auf der einen Seite und der Beteiligungswürdigkeitsprüfung auf der anderen Seite hingewiesen. Anschließend erfolgt eine detaillierte Analyse der ablauforganisatorischen Ausgestaltung des Selektionsprozesses. Zusätzlich wird bei den einzelnen Prüfungsphasen das Spektrum möglicher Auswahlkriterien untersucht.[279]

3.1.1 Prämissen des Beurteilungsprozesses

Bevor Beteiligungskapitalgesellschaften Investitionsentscheidungen im Rahmen der Beteiligungswürdigkeitsprüfung treffen können, müssen sie zwei wesentliche Voraussetzungen erfüllen. Zum einen gilt es eine Investmentpolitik zu definieren, welche die Grundlage für die Investitionsentscheidungen bildet, zum anderen müssen potenzielle Portfoliounternehmen akquiriert werden, die an einer Finanzierung mit Beteiligungskapital interessiert sind.[280] In den nachfolgenden beiden Abschnitten werden daher zunächst beide Voraussetzungen, die Investmentpolitik und die Strategie der Beteiligungsakquisition

---

[278] Die Hauptforschungshypothesen der Arbeit werden dabei anhand einer fortlaufenden Numerierung gekennzeichnet. Die Darstellungsform der Ergebnisse erfolgt ebenfalls nach einem einheitlichen Schema. Als Ergebnis einer Varianzanalyse werden unter der Angabe des Signifikanzniveaus die einzelnen Gruppenmittelwerte der Variablenausprägungen aufgeführt. Bei Überprüfung der Hypothesen mittels einer Zusammenhangsanalyse wird neben dem Signifikanzniveau der Korrelation der Pearson'sche Korrelationskoeffizient angegeben. Aufgrund des Umfanges der empirischen Ergebnisse werden an gegebener Stelle möglicherweise weitere Subhypothesen überprüft. Die Darstellungsform der Überprüfung findet dann zwar nach gleichem Schema statt, eine Numerierung wird jedoch nicht vorgenommen.

[279] Die eigentliche Priorisierung und Beurteilung der Auswahlkriterien durch die Beteiligungskapitalgesellschaft als eine der Eigenschaften der Beteiligungswürdigkeitsprüfung erfolgt im Abschnitt 3.2.2.

[280] Vgl. *Fendel, A.*, Investmententscheidungsprozesse, 1987, S. 148.

deutscher Beteiligungskapitalgesellschaften, empirisch untersucht, bevor dann eine detaillierte Analyse der Phasen des Beurteilungsprozesses erfolgt.

3.1.1.1 Investmentpolitik der Beteiligungskapitalgesellschaft

Die Beteiligungskapitalgesellschaft definiert ihre unternehmensindividuellen Ziele im Rahmen der Investmentpolitik als Teilsystem der Unternehmenspolitik. Trotz dieser Individualität lassen sich die Investmentpolitiken einzelner Beteiligungskapitalgesellschaften analog der Vorgehensweise von Heinen durch eine Differenzierung in Investmentziele, -strategien und -ressourcen systematisieren.[281] Im Vordergrund dieser Systematik steht dabei die Beantwortung folgender drei Fragen:

1. Was möchte die Beteiligungskapitalgesellschaft erreichen (Ziele)?
2. Wie möchte die Beteiligungskapitalgesellschaft die Ziele erreichen (Strategie)?
3. Welche Mittel muss die Beteiligungskapitalgesellschaft dafür einsetzen (Ressourcen)?

Die Investmentpolitik sollte sowohl gegenüber Beteiligungskapitalinvestoren im Rahmen der Kapitalakquisition als auch gegenüber Beteiligungskapitalnehmern im Rahmen der Beteiligungsakquisition zweifelsfrei kommunizierbar sein. Gleichzeitig sollte sie den eigenen Mitarbeitern der Beteiligungskapitalgesellschaft als Leitlinien bzw. Anlagegrundsätze insbesondere im Rahmen der Eingangsprüfung zur Verfügung stehen. Aus diesem Grunde ist es erforderlich, dass die investmentpolitischen Zielsetzungen im Gegensatz zu sonst üblichen unternehmenspolitischen Leitsätzen einen hohen Konkretisierungsgrad vorweisen. Beteiligungskapitalgesellschaften neigen daher dazu, ihre Investmentpolitik anhand von bestimmten Kennzahlen bzw. eindeutigen Anforderungen an potenzielle Portfoliounternehmen zu konkretisieren. Diese Vorgaben sollen nun anhand der oben genannten Systematik empirisch untersucht und segmentspezifisch aufbereitet werden.

---

[281] Vgl. *Heinen, E.*, Betriebswirtschaftslehre, 1982, S. 51; zur Übertragung der Vorgehensweise auf die Beteiligungswürdigkeitsprüfung von Beteiligungskapitalgesellschaft vgl. *Fendel, A.*, Investmententscheidungsprozesse, 1987, S. 149 ff.

3.1.1.1.1 Investmentziele der Beteiligungskapitalgesellschaft

Investmentziel der im Rahmen dieser Untersuchung analysierten primär erwerbswirtschaftlichen Beteiligungskapitalgesellschaften ist die Erzielung einer angemessenen Rendite unter der Wahrung überschaubarer Risiken. Diese Zielsetzung lässt sich in Form von Leitlinien bzw. Anlagegrundsätzen insofern operationalisieren, als dass die Beteiligungskapitalgesellschaft eindeutig formuliert, wie hoch ihre erwartete Mindest- bzw. Durchschnittsbruttorendite bei der Investition in ein einzelnes Portfoliounternehmen ist und mit welcher durchschnittlichen Ausfallrate sie für ihr Portfolio kalkuliert.

Aufgrund der differenzierten Risikoprofile der einzelnen Unternehmenstypen (Gründungsunternehmen, Wachstumsunternehmen und etablierte kleine und mittlere Unternehmen) und der unterschiedlichen Schwerpunkte der Beteiligungskapitalgesellschaften in bestimmten Finanzierungsphasen müssten diese eigentlich über entsprechend angepasste Anlagegrundsätze verfügen.[282] Die hohen Risiken bei Gründungsunternehmen sollten bspw. bei einem Early-Stage-lastigen Portfolio in einer höheren kalkulierten Ausfallquote und somit in einer höher erwarteten Mindestrendite pro Einzelinvestment ihre Berücksichtigung finden. Der grundsätzliche Zusammenhang zwischen erzielter Rendite und Finanzierungsphase mit einer Abnahme der Rendite bei zunehmender Existenzdauer des Portfoliounternehmens wurde bisher in diversen wissenschaftlichen Untersuchungen bestätigt.[283] Dieser Zusammenhang sollte sich insofern von der ex post erzielten auf die ex ante erwartete Rendite pro Einzelinvestment übertragen lassen. Auf Basis dieser Vermutung lässt sich folgende Forschungshypothese formulieren:

H_1: Die erwartete Mindest- und Durchschnittsbruttorendite pro Einzelinvestment und die kalkulierte Ausfallquote ist in Abhängigkeit des jeweiligen Teilmarktsegmentes unterschiedlich.

Das Signifikanzniveau bei allen drei Kennzahlen ($p = 0{,}000^{***}$) bestätigt einen höchst signifikanten Unterschied zwischen den einzelnen Teilmarktsegmenten und führt somit zu dem Ergebnis, dass die Hypothese (H_1) angenommen werden kann (vgl. Tabelle 5). Dennoch

---

[282] Zu den unterschiedlichen Risikoprofilen der einzelnen Unternehmenstypen vgl. Abschnitt 2.2.1

[283] Vgl. u. a. *Schröder, C.*, Strategien, 1992, S. 172 ff.

überrascht das Resultat der jeweiligen Segmente im Detail. Aufgrund der höchsten Konzentration von Early-Stage-Finanzierungen (83,0 % ihres Portfolios) hätte man bei den Venture-Capital-Gesellschaften sowohl bei der Rendite als auch bei der Ausfallquote die höchsten Werte erwartet. Mit einer kalkulierten Ausfallquote von durchschnittlich 20,8 % ist dies auch der Fall. Doch bei der erwarteten Mindest- bzw. Durchschnittsrendite haben die Venture-Capital-Gesellschaften mit durchschnittlich 34,0 % bzw. 44,0 % nur den zweithöchsten Wert angegeben.

Tabelle 5: Investmentziele als Teil der Investmentpolitik deutscher Beteiligungskapitalgesellschaften

	Erwartete Mindestbruttorendite		Erwartete Durchschnittsbruttorendite		Kalkulierte Ausfallquote	
	M	Md	M	Md	M	Md
Signifikanzniveau	0,000***		0,000***		0,000***	
Universalbeteiligungsgesellschaften	19,2	20,0	23,4	20,0	4,4	1,0
Buy-out-Fonds	28,8	30,0	35,7	30,0	2,4	0,0
Branchenspezialisten	36,0	35,0	49,5	47,5	14,0	12,5
Venture-Capital-Gesellschaften	34,0	30,0	44,0	50,0	20,8	21,5

Abkürzungen: M = (Arithmetischer) Mittelwert; Md = Median
Quelle: Eigene empirische Untersuchung; Frage 3; N = 56

Erstaunlicherweise stellen hierbei die Branchenspezialisten mit einer erwarteten Mindestrendite von 36,0 % und einer Durchschnittsrendite von 49,5 % die höchsten Ansprüche, obwohl der Anteil der Early-Stage-Finanzierungen an ihrem Portfolio nur 38,4 % beträgt. Gleichzeitig kalkulieren diese Beteiligungskapitalgesellschaften nur mit einer durchschnittlichen Ausfallrate von 14,0 % und gehen somit scheinbar von einem geringeren Risiko bei ihren Aktivitäten aus als Venture-Capital-Gesellschaften. Evtl. lassen sich aufgrund der von den Beteiligungskapitalgesellschaften entwickelten Branchenkonzepte höhere Renditen und geringere Risiken erzielen, oder die Branchenspezialisten versuchen durch diese Erwartungsrenditen die Eingangshürde besonders hoch zu halten, um sich nur die aus ihrer Sicht attraktivsten Portfoliounternehmen detaillierter betrachten zu müssen. Eine fundiertere Abschätzung der Ursachen für diese hohen Erwartungen sollte sich im Verlauf dieser Studie ergeben.

Nicht überrascht haben aufgrund ihres relativ hohen Anteils an Expansion und Late-Stage-Finanzierungen die niedrigen Erwartungswerte der Universalbeteiligungsgesellschaften. Diese befinden sich, wie aus Tabelle 5 zu erkennen, mit 19,2 % bzw. 23,4 % für die erwartete Mindest- bzw. Durchschnittsrendite deutlich unter dem Erwartungsniveau der anderen Segmente. Die kalkulierte Ausfallquote von 1,0 % erscheint trotz der eher späten Finanzierungsphasen zu gering. Generell scheint unter Berücksichtigung der sonstigen Kosten und Risiken der Universalbeteiligungsgesellschaften die ex ante kalkulierte Rendite für ein Einzelinvestment kaum ausreichend zu sein, um insgesamt Break-even zu erreichen.[284]

Die Renditevorstellungen der Buy-out-Fonds liegen mit 28,8 % und 35,7 % im Rahmen der aus anderen Untersuchungen bekannten Ergebnisse. Obwohl in der wissenschaftlichen Forschung bisher nicht für alle Segmente des Beteiligungskapitalmarktes erwartete Rendite- und Ausfallgrößen gemessen wurden, lässt sich für die bereits erhobenen feststellen, dass sie mit den Resultaten anderer in Deutschland stattgefundenen Untersuchungen vergleichbar sind.[285]

---

[284] Gemäß einer Studie von Willms/Schmidt müsste eine Beteiligungskapitalgesellschaft aufgrund ihrer Kostenstruktur (7 % Personalkosten, 3 % sonstige laufende Kosten, 10 % Eigenkapitalverzinsung, alle Werte in % des investierten Kapitals) und aufgrund einer durchschnittlich kalkulierten Ausfallrate von 5 % mindestens eine Rendite von 25 % erwirtschaften, um den Break-even-Punkt zu erreichen; vgl. *Willms, M./Schmidt, R. H.*, Venture-Capital, 1987, S. 54 f.

[285] Vgl. z. B. *Wupperfeld, U.*, Seed-Capital-Markt, 1996, S. 126; *Rams, A./Remmen, J.*, Perspektiven, 1999, S. 688.; in der Untersuchung von Müller-Stewens/Roventa/Bohnenkamp wird die erwartete durchschnittliche Eigenkapitalrendite in Deutschland mit 20 % angegeben. Dabei unterscheiden sich die Venture-Capital-Gesellschaften mit 29 % erwarteter durchschnittlicher Eigenkapitalrendite ebenfalls deutlich von den klassischen Beteiligungsgesellschaften mit 18 %. Zur Vergleichbarkeit der beiden Studien gilt es hierbei zu beachten, dass die Eigenkapitalrendite im Gegensatz zu der hier abgefragten Bruttorendite bereits Kosten und Risikoausfälle berücksichtigt; vgl. *Müller-Stewens, G./Roventa, P./Bohnenkamp, G.*, Wachstumsfinanzierung, 1996, S. 43.

3.1.1.1.2 Investmentstrategien der Beteiligungskapitalgesellschaft

Im Rahmen ihrer Investmentstrategie definiert die Beteiligungskapitalgesellschaft, wie sie die festgelegten Renditeziele erreichen möchte. Zur Erschließung und Sicherung ihrer Erfolgspotenziale muss die Beteiligungskapitalgesellschaft daher ihre strategische Ausrichtung bestimmen und konkretisieren.[286] Als eine der zentralen Annahmen der vorliegenden Untersuchung wird sich die Beteiligungskapitalgesellschaft deshalb zur Wahrnehmung ihrer Informationsverarbeitungskompetenz auf bestimmte Segmente spezialisieren, um sich gegenüber dem Wettbewerb zu differenzieren.[287] Wie bereits im Abschnitt 2.2.3.3 der Studie aufgezeigt, können sich dabei Beteiligungskapitalgesellschaften auf bestimmte Finanzierungsphasen und auf ausgewählte Branchen fokussieren. Die Konkretisierung dieser Spezialisierungsstrategie könnte dann dazu führen, dass sie bereits in ihren investmentpolitischen Zielen diese Spezialisierung verankern, um von vornherein im Rahmen ihrer Beteiligungsakquisition bei bestimmten Finanzierungsphasen bzw. Branchen aktiv einen Schwerpunkt zu setzen oder diese abzulehnen. Somit ergibt sich die Fragestellung, ob die Beteiligungskapitalgesellschaften der einzelnen Teilmarktsegmente den bewussten Investitionsfokus in ihren Investments bzw. in ihren Portfolios auch in ihren Strategien im Rahmen ihrer investmentpolitischen Ziele verankern bzw. kommunizieren. Als Forschungshypothese lässt sich daher Folgendes überprüfen:

H_2: Als Bestandteil ihrer Investmentstrategie verankern die Beteiligungskapitalgesellschaften der einzelnen Teilmarktsegmente ihren spezifischen Investitionsfokus in ihren investmentpolitischen Zielsetzungen.

Zur Überprüfung der Hypothese müssen im Folgenden die einzelnen Segmente dahingehend untersucht werden, ob sich ihr entsprechender Investitionsfokus auch in der angestrebten Phasen- bzw. Branchenspezialisierung im Rahmen ihrer Investmentstrategie wiederfindet. Die Universalbeteiligungsgesellschaften zeichnet bekanntlich sowohl eine niedrige Phasen- als auch Branchenspezialisierung aus.

---

[286] Vgl. *Fendel, A.*, Investmententscheidungsprozesse, 1987, S. 150 f.

[287] Auch die Nicht-Spezialisierung kann dabei eine Investmentstrategie darstellen.

Diese fehlende Fokussierung dokumentieren sie wie in Tabelle 6 zu erkennen auch in ihren investmentpolitischen Zielsetzungen. So geben zwar nur 12,5 % der befragten Universalbeteiligungsgesellschaften an, keinen Schwerpunkt in bestimmten Finanzierungsphasen zu haben, doch wird bei den einzelnen Angaben bzgl. der Finanzierungsphasen deutlich, dass sie bis auf Early-Stage-Finanzierungen (nur 12,5 % bei Seed, 16,7 % bei Start-up) einen Schwerpunkt in allen sonstigen Finanzierungsphasen (Expansion: 87,5 %, Bridge: 79,2 %, MBO/MBI: 66,7 %) suchen. Auch die bewussten Ablehnungen beziehen sich bei den Universalbeteiligungsgesellschaften insbesondere auf die Frühphasenfinanzierungen (66,7 % bei Seed- und 50,0 % bei Start-up-Finanzierungen).

Die fehlende Branchenfokussierung wird von diesem Segment noch deutlicher in ihren Anlagegrundsätzen dokumentiert. Immerhin 87,5 % der analysierten Universalbeteiligungsgesellschaften scheinen keinen Schwerpunkt in bestimmten Branchen anzustreben (vgl. Tabelle 7). 58,3 % der befragten Beteiligungskapitalgesellschaften dieses Segmentes geben sogar an, keine bestimmten Branchen abzulehnen (vgl. Tabelle 8). Die fehlende Fokussierung sowohl auf bestimmte Phasen als auch auf ausgewählte Branchen findet sich bei den Universalbeteiligungsgesellschaften demnach auch in ihren investmentpolitischen Zielen wieder.

Bei den Buy-out-Fonds spiegelt sich der Investitionsfokus ihres Portfolios ebenfalls in ihrer definierten Investmentstrategie wider. Gemäß des Segmentierungsansatzes verfügen die Buy-out-Fonds über eine hohe Phasen- und eine niedrige Branchenfokussierung. Wie in Tabelle 6 dargestellt erfolgt bei 100 % der Buy-out-Fonds eine Dokumentation ihrer Spezialisierung auf Buy-out-Finanzierungen bereits in ihren Anlagegrundsätzen. 47,1% der Buy-out-Fonds geben allerdings auch an, dass sie zusätzlich bei Expansionsfinanzierungen ihren Schwerpunkt sehen. Aufgrund des geringen Anteils der Wachstumsfinanzierungen an ihrem Gesamtportfolio (9,3 %) dürfte es sich aber bei diesen Angaben lediglich um sekundäre Schwerpunkte oder die Wahrnehmung von Opportunitäten handeln. Die geringe Branchenfokussierung in den Anlagegrundsätzen der Buy-out-Fonds lässt sich in den Tabellen 7 und 8 erkennen. So geben 100 % bzw. 52,9 % aller befragten Buy-out-Fonds an, keinen Schwerpunkt in bestimmten Branchen anzustreben bzw. keine bestimmten Branchen abzulehnen. Die Phasenfokussierung und die geringe Branchenfokussierung werden also auch von den Buy-out-Fonds in ihrer Investmentpolitik verankert.

Tabelle 6: Angestrebte Phasenspezialisierung der Beteiligungskapitalgesellschaft im Rahmen ihrer Investmentstrategie

	Alle Phasen		Seed		Start-up		Expansion		MBO/MBI		Bridge		Turnaround	
	kS	kA	S	A	S	A	S	A	S	A	S	A	S	A
Signifikanzniveau	$0{,}269^{ns}$	$0{,}262^{ns}$	$0{,}000^{***}$	$0{,}000^{***}$	$0{,}000^{***}$	$0{,}000^{***}$	$0{,}023^{*}$	$0{,}165^{ns}$	$0{,}000^{***}$	$0{,}000^{***}$	$0{,}000^{***}$	$0{,}146^{ns}$	$0{,}009^{**}$	$0{,}561^{ns}$
Universalbeteiligungsgesellschaften	12,5	20,8	12,5	66,7	16,7	50,0	87,5	0,0	66,7	4,2	79,2	4,2	16,7	45,8
Buy-out-Fonds	0,0	0,0	0,0	94,1	0,0	88,2	47,1	17,6	100,0	0,0	17,6	23,5	47,1	29,4
Branchenspezialisten	20,0	30,0	60,0	10,0	70,0	0,0	60,0	10,0	20,0	10,0	0,0	20,0	0,0	50,0
Venture-Capital-Gesellschaften	0,0	0,0	60,0	0,0	100,0	0,0	40,0	0,0	0,0	80,0	0,0	40,0	0,0	60,0

Abkürzungen: kS = keinen Schwerpunkt; kA = keine Ablehnung; S = Schwerpunkt; A = Ablehnung
Alle Angaben: Anzahl Nennungen in %
Quelle: Eigene empirische Untersuchung; Frage 1a (Mehrfachnennungen sind möglich); N = 56

Tabelle 7: Angestrebte Branchenspezialisierung der Beteiligungskapitalgesellschaft im Rahmen ihrer Investmentstrategie

Angabe von Branchenschwerpunkten

	Keine Branche	Chemie	Eisen/ Stahl	Maschinenbau	Elektrotechnik	EDV	Biotechnologie	Holz/ Papier	Leder/ Textil	Nahrung	Bau	Handel	Verkehr	Finanzdienstleist.	Sonstige
Signifikanzniveau	0,000***	0,017*	—	0,020*	0,026*	0,000***	0,000***	—	—	0,013*	0,732ns	0,205ns	—	0,732ns	0,123ns
Universalbeteiligungsgesellschaften	87,5	4,2	0,0	0,0	8,3	8,3	4,2	0,0	0,0	0,0	4,2	0,0	0,0	4,2	12,5
Buy-out-Fonds	100,0	0,0	0,0	0,0	0,0	0,0	0,0	0,0	0,0	0,0	0,0	0,0	0,0	0,0	5,9
Branchenspezialisten	0,0	10,0	0,0	20,0	30,0	60,0	60,0	0,0	0,0	0,0	0,0	10,0	0,0	0,0.	40,0
Venture-Capital-Gesellschaften	0,0	40,0	0,0	0,0	40,0	60,0	80,0	0,0	0,0	20,0	0,0	0,0	0,0	0,0	20,0

Alle Angaben: Anzahl Nennungen von BKG, die einen Schwerpunkt in Branche XY suchen (in %)
Quelle: Eigene empirische Untersuchung; Frage 1b (Mehrfachnennungen sind möglich); N = 56

Tabelle 8: Angestrebte Branchenspezialisierung der Beteiligungskapitalgesellschaft im Rahmen ihrer Investmentstrategie

Angabe von Branchenablehnungen

	Keine Branche	Chemie	Eisen/ Stahl	Ma-schinen-bau	Elektro-technik	EDV	Bio-techno-logie	Holz/ Papier	Leder/ Textil	Nahrung	Bau	Handel	Verkehr	Finanz-dienst-leist.	Sonstige
Signifikanzniveau	$0,030^{*}$	$0,000^{***}$	$0,006^{**}$	$0,034^{*}$	$0,005^{**}$	$0,284^{ns}$	$0,551^{ns}$	$0,000^{***}$	$0,000^{***}$	$0,000^{***}$	$0,000^{***}$	$0,000^{***}$	$0,000^{***}$	$0,070^{ns}$	$0,605^{ns}$
Universalbeteiligungs-gesellschaften	58,3	0,0	8,3	4,2	0,0	0,0	8,3	4,2	8,3	4,2	8,3	4,2	4,2	16,7	8,3
Buy-out-Fonds	52,9	0,0	5,9	0,0	0,0	5,9	5,9	0,0	0,0	0,0	0,0	0,0	0,0	23,5	23,5
Branchenspezialisten	0,0	40,0	50,0	30,0	30,0	10,0	20,0	50,0	50,0	50,0	50,0	50,0	50,0	60,0	20,0
Venture-Capital-Gesellschaften	0,0	20,0	40,0	20,0	20,0	20,0	0,0	20,0	60,0	20,0	60,0	40,0	40,0	40,0	20,0

Alle Angaben: Anzahl Nennungen von BKG, die die Branche XY ablehnen (in %)
Quelle: Eigene empirische Untersuchung; Frage 1b (Mehrfachnennungen sind möglich); N = 56

Die niedrige Phasenfokussierung der Branchenspezialisten wird auch in ihren investmentpolitischen Zielsetzungen bestätigt. Wie bei den Universalbeteiligungsgesellschaften dokumentiert sich dieser fehlende Fokus durch die breite Schwerpunktsetzung bei ihren Anlagegrundsätzen. So geben 60 % der befragten Beteiligungskapitalgesellschaften dieses Segmentes an, einen Schwerpunkt bei Seed-Finanzierungen anzustreben, 70 % bei Start-up-Finanzierungen und 60 % bei Expansionsfinanzierungen. Mit 50 % Ablehnung ist die Turnaround-Finanzierung die einzige Phase der Branchenspezialisten, die in besonderem Maße von ihnen gemieden wird. Die Fokussierung auf ausgewählte Branchen findet sich bei den Branchenspezialisten ebenfalls in ihrer Investmentstrategie wieder. Insbesondere bei den Branchen Biotechnologie (60 %), EDV (60 %) und Elektrotechnik (30 %) geben die Branchenspezialisten an, einen Investitionsschwerpunkt ihrer Beteiligungskapitalgesellschaft zu sehen. Doch vor allem bei der bewussten Ablehnung von Branchen wird die Branchenfokussierung dieses Segmentes deutlich. Demnach lehnen 60 % der befragten Branchenspezialisten Investitionen in die Finanzdienstleistungsbranche ab. Jeweils 50 % möchten keine Investitionen in die Branchen Eisen/Stahl, Holz/Papier, Leder/Textil, Nahrung, Bau, Handel und Verkehr vornehmen. Aus dieser Branchenfokussierung kann man auch die Konzentration der Branchenspezialisten auf die sog. Wachstumsbranchen ablesen. Insgesamt spiegeln somit auch die Anlagegrundsätze der Branchenspezialisten ihren tatsächlichen Investitionsfokus wider.

Das vierte Segment der Beteiligungskapitalgesellschaften, die Venture-Capital-Gesellschaften, sollte gemäß Segmentierungsansatz sowohl über eine hohe Phasen- als auch über eine hohe Branchenfokussierung verfügen. Auch bei diesem Segment wird dieser Investitionsfokus in den Anlagegrundsätzen dokumentiert. Der Phasenfokus lässt sich insofern in der Investmentpolitik feststellen, als dass 100 % der befragten Venture-Capital-Gesellschaften einen Schwerpunkt bei Start-up-Finanzierungen und 60 % bei Seed-Finanzierungen anstreben. Buy-out-Finanzierungen hingegen werden von 80 % der Venture-Capital-Gesellschaften abgelehnt. Die Branchenfokussierung wird ähnlich wie bei den Branchenspezialisten abgebildet. In der Branche Biotechnologie sehen 80 % der Venture-Capital-Gesellschaften ihren Investitionsschwerpunkt, zusätzlich 60 % in der EDV-Branche und 40 % in der Elektrotechnik.

Abgelehnt werden von diesem Segment insbesondere die Branchen Leder/Textil und Bau (jeweils 60 %) sowie Eisen/Stahl, Handel, Verkehr und Finanzdienstleistungen (jeweils 40 %).

Aus den Ergebnissen der segmentspezifischen Analysen wird insgesamt ersichtlich, dass die einzelnen Beteiligungskapitalgesellschaften ihren spezifischen Investitionsfokus in ihren investmentpolitischen Zielsetzungen verankert haben. Insofern hat sich die Forschungshypothese (H_2) bewährt und kann ebenfalls angenommen werden.

Abschließend sollte in Bezug auf die formulierte Investmentstrategie aus der Perspektive der einzelnen Phasen bzw. Branchen noch ergänzt werden, dass von allen befragten Beteiligungskapitalgesellschaften immerhin 66,1 % einen Schwerpunkt in der Expansionsfinanzierung und 62,5 % in der Buy-out-Finanzierung anstreben. Abgelehnt werden unter Berücksichtigung aller Beteiligungskapitalgesellschaften vor allem Seed- (58,9 %) und Start-up-Finanzierungen (48,2 %). Dieser Befund deckt sich auch mit den analysierten Strukturen des deutschen Beteiligungskapitalmarktes im Abschnitt 2.4 dieser Untersuchung. Ein Großteil deutscher Beteiligungskapitalgesellschaften präferiert trotz gestiegener Frühphasenfinanzierungen immer noch eine Investition in Expansions- bzw. Late-Stage-Finanzierungen. Investitionen in Early-Stage-Finanzierungen hingegen lösen bei vielen Marktteilnehmern nach wie vor Zurückhaltung bzw. Ablehnung aus.

3.1.1.1.3 Investmentressourcen

Neben der Fixierung der Investmentziele und der Festlegung der strategischen Ausrichtung muss bei der Formulierung der Investmentpolitik auch noch berücksichtigt werden, mit welchen Ressourcen die Beteiligungskapitalgesellschaft die Zielsetzungen erreichen kann. Denn die im Rahmen der Festlegung der Investmentpolitik grundsätzlich getroffenen Entscheidungen werden automatisch Konsequenzen für die Allokation der vorhandenen knappen personellen, monetären und temporären Ressourcen haben. So geben die Beteiligungskapitalgesellschaften in ihren Anlagegrundsätzen meist eine betragsmäßige Mindestbeteiligungshöhe pro Einzelinvestment an, um bei der erwarteten Rendite ein positives Aufwand-Nutzen-Verhältnis zu realisieren.[288] Neben der fixierten Untergrenze der Beteiligungshöhe definiert ein Großteil der Beteiligungskapitalgesellschaften auch eine betragsmäßige Obergrenze pro Einzelinvestment, um eine entsprechende Risikodiversifikation in ihrem Gesamtportfolio zu erreichen.[289]

Zusätzlich zu den ökonomischen und risikopolitischen Erwägungen müsste die angestrebte Unter- und Obergrenze pro Einzelinvestment auch von den segmentspezifischen Eigenschaften der Beteiligungskapitalgesellschaften beeinflusst werden. Zwei Faktoren erscheinen dabei in Betracht zu kommen. Zum einen dürften sich die einzelnen Investitionsvolumina aufgrund der segmentspezifischen Größen der Portfoliounternehmen unterscheiden. Demnach sollten für Investitionen in Gründungsunternehmen bei gleichen Eigenkapitalanteilen grundsätzlich geringere Beträge notwendig sein als für Investitionen in etablierte kleine und mittlere Unternehmen.[290] Zum anderen sollten aufgrund unterschiedlich angestrebter Beteiligungsquoten ceteris paribus ebenfalls Unterschiede in der Beteiligungshöhe der einzelnen Segmente bestehen.

Trotz teilweise widersprüchlichen Vermutungen in der Literatur über einen Zusammenhang zwischen der Phasenverteilung der Beteiligungen und der angestrebten Beteiligungsquote von Beteiligungskapitalgesellschaften sollten insbesondere Buy-out-Fonds aufgrund der

---

[288] Da ein Teil der Kosten der Beteiligungswürdigkeitsprüfung und Betreuung von Portfoliounternehmen von der Größe der Investition unabhängig ist und somit auf jeden Fall anfallen wird, muss die Beteiligungskapitalgesellschaft bei einer erwarteten Rendite für ihr eingesetztes Kapital eine Untergrenze für das investierte Kapital festlegen, um wirtschaftlich arbeiten zu können; vgl. auch *Fendel, A.*, Investmententscheidungsprozesse, 1987, S. 151 f.

[289] Im Gegensatz zur Untersuchung von Schröder spielen nach den Erkenntnissen aus zahlreichen persönlichen Gesprächen im Rahmen der empirischen Untersuchung portfoliotheoretische Überlegungen der Beteiligungskapitalgesellschaften wenn überhaupt nur eine untergeordnete Rolle. Bei Einzelinvestitionen werden Portfolioeffekte seitens der Beteiligungskapitalgesellschaften scheinbar überhaupt nicht berücksichtigt. Bei einigen wenigen Gesellschaften spielen portfoliotheoretische Überlegungen nur bei der Festlegung der Investmentpolitik eine Rolle; vgl. *Schröder, C.*, Strategien, 1992, S. 166 f. Die Erkenntnisse werden im Übrigen auch noch von einer weiteren empirischen Untersuchung von Dixon bestätigt. Von 30 befragten britischen Venture-Capital-Gesellschaften bestätigten 73 %, dass sie keine aktive Portfoliodiversifikation durchführen; vgl. Dixon, R., Appraisal, 1991, S. 341.

[290] Diese phasenbezogene Annahme wurde bereits in der Untersuchung von Schröder von der Tendenz her bestätigt. Jedoch konnten für die Erhebung des deutschen Marktes tatsächlich keine signifikanten Gruppenunterschiede der einzelnen Phasen festgestellt werden ($p = 0{,}087^{ns}$); vgl. *Schröder, C.*, Strategien, 1992, S. 198. Auch Schefczyk konnte in seiner Untersuchung nur eine über den Durchschnitt hinausgehende Beteiligungshöhe bei den Buy-out-Finanzierungen nachweisen. Einen signifikanten Unterschied der einzelnen Finanzierungsphasen konnte er aber nicht empirisch belegen; vgl. *Schefczyk, M.*, Erfolgsstrategien, 2000, S. 261 f.

spezifischen Eigenschaften ihrer Finanztransaktionen primär Mehrheitsbeteiligungen ansteuern.[291] Denn diese Beteiligungskapitalgesellschaften versuchen, zunächst das gesamte oder einen Großteil des Portfoliounternehmens zu übernehmen und dann erst im Laufe der Zeit sukzessive Anteile an das geschäftsführende Management abzugeben. Im Gegensatz dazu sollte bspw. bei Venture-Capital-Gesellschaften ceteris paribus die Beteiligungshöhe deutlich geringer sein, da diese primär Minderheitsbeteiligungen suchen, um das bestehende Managementteam mit einem hohen Anteil in der Eigentümerverantwortung mit zu belassen. Denn aufgrund der hohen asymmetrischen Informationsverteilung insbesondere bei Gründungsunternehmen dient der Einsatz "eigener Mittel" durch das Management des Portfoliounternehmens als vertrauensbildende Maßnahme und signalisiert nach außen Zuversicht in die eigene Leistungsfähigkeit.[292]

Vor dem Hintergrund der vorangegangenen Überlegungen und zur zweifelsfreien Klärung der Zusammenhänge für den deutschen Beteiligungskapitalmarkt sollten daher zwei weitere Forschungshypothesen überprüft werden:

H_3: Die angestrebte Beteiligungshöhe pro Einzelinvestment (Unter- und Obergrenze) ist in Abhängigkeit des Teilmarktsegmentes unterschiedlich. Mit einem zunehmenden Anteil später Finanzierungsphasen am Portfolio der Beteiligungskapitalgesellschaften steigt die Beteiligungshöhe pro Einzelinvestment an.

H_4: Die angestrebte Beteiligungsquote ist in Abhängigkeit des Teilmarktsegmentes unterschiedlich. Mit einem zunehmenden Anteil späterer Finanzierungsphasen am Portfolio der Beteiligungskapitalgesellschaften steigt die Beteiligungsquote an.

Bei der Überprüfung der Forschungshypothese H_3 kann zunächst bestätigt werden, dass sich die einzelnen Segmente tatsächlich in Abhängigkeit ihrer Beteiligungshöhe unterscheiden.

---

291 Zu den widersprüchlichen Vermutungen in der Literatur vgl. *Zemke, I.*, Unternehmensverfassung, 1995, S. 249.

292 Vgl. *Zemke, I.*, Unternehmensverfassung, 1995, S. 148 ff.

Für die angestrebte Beteiligungsuntergrenze konnte dabei ein höchst signifikanter ($p = 0{,}000^{***}$), für die Obergrenze immerhin ein sehr signifikanter Unterschied ($p = 0{,}007^{**}$) festgestellt werden (vgl. Tabelle 9).

Bei einem Vergleich der Mediane der einzelnen Segmente scheint sich auch der zweite Teil der Hypothese zu bestätigen.[293] Denn mit zunehmendem Anteil später Finanzierungsphasen steigt die Beteiligungshöhe pro Einzelinvestment deutlich an. Mit einem durchschnittlichen Transaktionsvolumen von DM 0,5 Mio. (Untergrenze) bis DM 6,0 Mio. (Obergrenze) tätigen die Venture-Capital-Gesellschaften die kleinsten Einzelinvestments. Die Branchenspezialisten mit dem zweithöchsten Anteil an Early-Stage-Finanzierungen weisen auch die zweithöchste Spanne in der Beteiligungshöhe aus. Diese sollte mindestens DM 1,0 Mio. und höchstens DM 10,0 Mio. betragen. Bei den Universalbeteiligungsgesellschaften beginnt die Untergrenze der Finanzierungsvolumina bei DM 2,0 Mio. und endet bei DM 20,0 Mio. pro Einzelinvestment.[294] Die Buy-out-Fonds mit dem höchsten Anteil an Late-Stage-Finanzierungen können auch die höchsten Einzelbeträge in ihrer angestrebten Beteiligungshöhe vorweisen. Ihre Untergrenze liegt durchschnittlich bei DM 10,0 Mio., ihre Obergrenze erreicht mit durchschnittlich DM 125 Mio. den höchsten Wert der einzelnen Segmente. Knapp 18 % der befragten Buy-out-Fonds hatten angegeben, sich durch keine Obergrenze in ihren Investitionsmöglichkeiten einschränken zu lassen. Die vorgenannten Untersuchungsergebnisse führen im Ergebnis zur Annahme der Forschungshypothese (H_3) bzgl. der Unterschiedlichkeit der Beteiligungshöhe.

Bei der Analyse der angestrebten Beteiligungsquoten wird die Vermutung über höchst signifikante Unterschiede zwischen den einzelnen Segmenten der Beteiligungskapitalgesellschaften ebenfalls bestätigt ($p = 0{,}000^{***}$). Demnach scheinen Buy-out-Fonds mit einem Mittelwert von 2,6 und einem Median von 3,0 primär Mehrheitsbeteiligungen anzustreben.

293 Zur Erhöhung der Aussagequalität wird bei der Untersuchung der Beteiligungshöhe der Median zur Beschreibung der einzelnen Segmentcharakteristika herangezogen, um die Wirkung „statistischer Ausreißer" bei der Bildung des arithmetischen Mittels zu relativieren.

294 25 % der befragten Universalbeteiligungsgesellschaften hatten angegeben, keine Obergrenze in ihren investmentpolitischen Zielsetzungen festzusetzen.

Tabelle 9: Investmentressourcen als Teil der Investmentpolitik deutscher Beteiligungskapitalgesellschaften

	Angestrebte Beteiligungshöhe pro Einzelinvestment (in Mio. DM)				Angestrebte Beteiligungsdauer (in Jahren)				Angestrebte Beteiligungsquote (nur Minderheitsbeteiligungen: 1, Minder- u. Mehrheitsbeteilig. : 2, nur Mehrheitsbeteiligungen: 3)	
	Untergrenze		Obergrenze		Durchschnitt		Obergrenze			
	M	Md	M	Md	M	Md	M	Md	M	Md
Signifikanzniveau	0.000		0.007		0.025		0.525"		0.000	
Universalbeteiligungs-gesellschaften	3,1	2,0	53,6	20,0	5,4	5,0	9,3	9,5	1,5	1,0
Buy-out-Fonds	18,6	10,0	168,5	125,0	4,3	4,0	8,6	10,0	2,6	3,0
Branchenspezialisten	1,3	1,0	14,9	10,0	4,1	4,0	7,8	8,0	1,4	1,0
Venture-Capital-Gesellschaften	0,6	0,5	7,0	6,0	3,8	4,0	8,0	7,0	1,2	1,0

Abkürzungen: M = (Arithmetischer) Mittelwert; Md = Median
Quelle: Eigene empirische Untersuchung; Frage 2; N = 56

Transparenter wird das Ergebnis der Untersuchung bei Betrachtung der Häufigkeitsverteilung der angestrebten Beteiligungsquoten. So haben 59 % der befragten Buy-out-Fonds angegeben, nur Mehrheitsbeteiligungen eingehen zu wollen. 41 % der untersuchten Einheiten streben zumindest Mehr- und Minderheitsbeteiligungen an. Für keinen der Buy-out-Fonds kommen ausschließlich Minderheitsbeteiligungen in Frage. Auf Basis dieses Befundes scheint die Behauptung zulässig, dass Buy-out-Fonds primär Mehrheitsbeteiligungen anstreben. Den zweithöchsten Mittelwert mit insgesamt 1,5 können die Universalbeteiligungsgesellschaften vorweisen. Zwar möchte keiner der befragten Beteiligungskapitalgesellschaften dieses Segmentes Mehrheitsbeteiligungen eingehen, aber insgesamt 46 % der Befragten sind für Minder- und Mehrheitsbeteiligungen offen. 54 % der Universalbeteiligungsgesellschaften streben ausschließlich Minderheitsbeteiligungen bei ihren Portfoliounternehmen an. Das Segment der Branchenspezialisten weist ein ähnliches Profil wie die Universalbeteiligungsgesellschaften auf. 40 % der befragten Gesellschaften strebt sowohl Mehr- als auch Minderheitsbeteiligungen an, 60 % der Befragten konzentrieren sich aber ausschließlich auf Minderheitsbeteiligungen. Diese Quote steigt bei den Venture-Capital-Gesellschaften auf 80 % an. Demnach kommen für nur 20 % der Venture-Capital-Gesellschaften neben Minderheitsbeteiligungen auch Mehrheitsbeteiligungen in Frage.

Die Ergebnisse zur Abhängigkeit der Beteiligungsquote bestätigen wie oben gezeigt sowohl einen Zusammenhang zur Phasenstruktur des Portfolios der Beteiligungskapitalgesellschaften als auch einen signifikanten Unterschied zwischen den einzelnen Segmenten des Beteiligungskapitalmarktes. Aus diesem Grunde empfiehlt es sich, die entsprechende Forschungshypothese (H_4) anzunehmen.

Bei der Untersuchung der Investmentressourcen der Beteiligungskapitalgesellschaften erscheint es nicht nur sinnvoll, die Höhe der Kapitalbindung einzelner Segmente zu analysieren. Die Dauer der Kapitalbindung könnte ebenfalls Auswirkungen auf den Ressourcenverbrauch der Beteiligungskapitalgesellschaften haben und sollte daher näher betrachtet werden. Aufgrund der nicht identischen Lebenszyklusphasen der Portfoliounternehmen der einzelnen Segmente dürfte sich auch die angestrebte Beteiligungsdauer der Beteiligungskapitalgesellschaften unterscheiden. So wäre bspw. anzunehmen, dass bei einem Gründungsunternehmen, das sich erst in der Aufbauphase befindet, die Dauer der Begleitung durch eine Beteiligungskapitalgesellschaft länger dauern könnte als bei einem bereits etablierten kleinen oder mittleren Unternehmen. Die entsprechende Forschungshypothese müsste folgendermaßen lauten:

H_5: Die angestrebte Beteiligungsdauer ist in Abhängigkeit des Teilmarktsegmentes unterschiedlich. Mit einem zunehmenden Anteil später Finanzierungsphasen am Portfolio der Beteiligungskapitalgesellschaften nimmt die Beteiligungsdauer ab.

Die Forschungsergebnisse zur Überprüfung der Hypothese zeigen wie in Tabelle 9 zu erkennen bzgl. der angestrebten durchschnittlichen Beteiligungsdauer der Beteiligungskapitalgesellschaften tatsächlich signifikante Unterschiede auf ($p = 0{,}025^{*}$). Für die angestrebte Obergrenze der Beteiligungsdauer konnten bei einem Signifikanzniveau von $p = 0{,}525^{ns}$ keine signifikanten Unterschiede zwischen den Segmenten festgestellt werden. Auch die zweite Vermutung über den Zusammenhang zwischen Finanzierungsphase und Beteiligungsdauer konnte nicht bestätigt werden. Denn im Gegensatz zu der Annahme streben mit durchschnittlich 3,8 Jahren die Venture-Capital-Gesellschaften die kürzeste Beteiligungsdauer ihrer Investments an. Möglicherweise könnte die höhere Renditeorientierung dieser Gesellschaften auch zu dem Wunsch kürzerer Kapitalbindungsdauer als renditesteigerndem Effekt führen. Da die Universalbeteiligungsgesellschaften neben der geringsten Renditeerwartung auch die längste Begleitung ihrer Portfoliounternehmen vorsehen (Durchschnittsbeteiligungsdauer: 5,4 Jahre und Obergrenze: 9,3 Jahre), könnte hier ein möglicher Zusammenhang bestehen. Auf Basis dieser Erkenntnisse muss im Ergebnis festgehalten werden, dass die Vermutungen über die Zusammenhänge der angestrebten Beteiligungsdauer nicht bestätigt werden konnten, und die Forschungshypothese (H_5) daher abzulehnen ist.

Zusammenfassend lässt sich bei der Analyse der Investmentpolitik feststellen, dass die Beteiligungskapitalgesellschaften in Deutschland ihre Investmentpolitik in Abhängigkeit ihres jeweiligen Investitionsfokus ausrichten. Je nach Intensität der Fokussierung verfügen die Beteiligungskapitalgesellschaften dabei entweder über eine breite oder eine relativ eng abgegrenzte Investmentpolitik.

Das Vorhandensein einer wie auch immer gearteten Investmentpolitik ist aber eine wesentliche Voraussetzung für eine fokussiertere Strategie bei der Akquisition von potenziellen Portfoliounternehmen. Diese soll in dem nun folgenden Abschnitt detailliert erläutert werden.

3.1.1.2 Strategie der Beteiligungsakquisition

Die Beteiligungsakquisition ist neben der Investmentpolitik der Beteiligungskapitalgesellschaft die zweite wesentliche Prämisse für die Durchführung von Investitionsentscheidungen im Rahmen der Beteiligungswürdigkeitsprüfung. Denn zur Durchführung von Investitionsentscheidungen benötigt man zunächst Investitionsmöglichkeiten. Aus diesem Grunde versuchen Beteiligungskapitalgesellschaften im Rahmen der Beteiligungsakquisition potenzielle Portfoliounternehmen zu identifizieren und zu kontaktieren, die an einer Finanzierung mit Beteiligungskapital interessiert sind. Wie bereits im Abschnitt 2.3.2 dargestellt müssen die Beteiligungskapitalgesellschaften dabei das Spannungsfeld zwischen Quantität und Qualität des Deal-Flow organisieren können. Auf der einen Seite müssen sie zahlreiche Kontakte zu potenziellen Portfoliounternehmen herstellen, um einen ausreichende Anzahl von Investitionsmöglichkeiten sichten zu können. Auf der anderen Seite sollten sie zur Minimierung ihrer Transaktionskosten nur solche Unternehmen kontaktieren, bei denen eine hohe Wahrscheinlichkeit für den Abschluss eines Beteiligungsvertrages besteht. Die empirische Untersuchung beider Determinanten sollte versuchen, durch eine segmentspezifische Betrachtung der Beteiligungskapitalgesellschaften in Deutschland mehr Transparenz in diesem Spannungsfeld zu erreichen und die einzelnen Strategien der Beteiligungsakquisition detailliert zu analysieren.

3.1.1.2.1 Quantität des Deal-Flow

Wesentliche Grundlage für die Konzeption einer adäquaten Strategie zur Beteiligungsakquisition ist zunächst die Bestimmung der erforderlichen Quantität an Beteiligungsanträgen, die eine Beteiligungskapitalgesellschaft benötigt, um ihren laufenden Geschäftsbetrieb aufrechtzuerhalten. Wie in Abbildung 25 dargestellt existiert bei der Anzahl eingehender Beteiligungsanträge ein sehr signifikanter Unterschied ($p = 0{,}005^{**}$) zwischen den einzelnen Segmenten der Beteiligungskapitalgesellschaften.

Abbildung 25: Anzahl Beteiligungsanfragen pro Beteiligungskapitalgesellschaft p. a.

Segmentspezifische Auswertung der Anzahl Beteiligungsanfragen pro Beteiligungskapitalgesellschaft p. a.

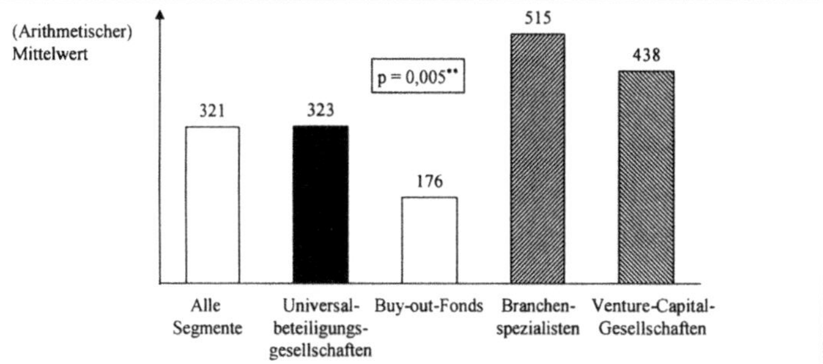

	Alle Segmente	Universal-beteiligungs-gesellschaften	Buy-out-Fonds	Branchen-spezialisten	Venture-Capital-Gesellschaften
Median	250	250	200	400	500
Minimum	50	70	50	100	150
Maximum	1.200	1.000	300	1.200	600

Quelle: Eigene empirische Untersuchung; Frage 7; N = 55

Bei einem durchschnittlichen Volumen von 321 Anfragen p.a. über alle Segmente liegen die Branchenspezialisten und die Venture-Capital-Gesellschaften mit durchschnittlich 515 bzw. 438 Anfragen p.a. deutlich über, die Buy-out-Fonds mit einem jährlichen Antragsvolumen von 176 Anfragen erheblich unter dem Marktdurchschnitt. Auf den ersten Blick erscheint keine nachvollziehbare Logik erkennbar, weshalb sich die Anzahl der Beteiligungsanträge in ihrer jährlichen Höhe derart segmentspezifisch unterscheiden. Zur Erklärung dieser Verteilung wäre es denkbar, dass sich die Quantitätsanforderungen an den jährlichen Deal-Flow aus der bestehenden Größe der jeweiligen Beteiligungskapitalgesellschaft ableiten lassen. Zwischen der Größe der Beteiligungskapitalgesellschaft, gemessen an der Anzahl der bereits vorhandenen Portfoliounternehmen, und der Anzahl Portfoliounternehmen lässt sich aber kein signifikanter Zusammenhang erkennen.[295] Als weitere Hypothese erscheint es theoretisch einleuchtend, dass das jährliche Antragsvolumen von der durchschnittlichen Beteiligungsquote der Beteiligungskapitalgesellschaft abhängig ist. Denn wie bereits im Abschnitt 2.3.2 ausgeführt, wären mit sinkender Beteiligungsquote im Rahmen der

[295] Der Pearson'sche Korrelationskoeffizient zwischen der Anzahl der Portfoliounternehmen und der Beteiligungsanträge beträgt nur r = 0,204 bei einem Signifikanzniveau von p = 0,138; auch bei einem Vergleich mit der Höhe des Fondsvolumens als weiterem Größenindikator der Beteiligungskapitalgesellschaft lässt sich mit einem Korrelationskoeffizienten von r = 0,064 bei einer Irrtumswahrscheinlichkeit von 64,6 % kein Zusammenhang nachweisen.

Beteiligungswürdigkeitsprüfung mehr Beteiligungsanträge notwendig, um eine ausreichende Anzahl von Beteiligungen eingehen zu können. Doch auch zwischen diesen beiden Werten lässt sich auf Basis der empirischen Untersuchung kein Zusammenhang feststellen ($r = - 0{,}167^{ns}$).

Unter dem Gesichtspunkt der Aufrechterhaltung des laufenden Geschäftsbetriebes könnte abschließend versucht werden, doch noch eine Systematik für die segmentspezifische Verteilung der jährlichen Beteiligungsanträge zu identifizieren. Um den laufenden Geschäftsbetrieb aufrechtzuerhalten und um ihre weitere Existenz zu sichern, sollten Beteiligungskapitalgesellschaften zumindest ihre bestehende Portfoliogröße (gemessen an der Anzahl der Portfoliounternehmen) beibehalten können. Für die Erfüllung dieser Annahme ist es somit erforderlich, die bestehende Anzahl Portfoliounternehmen durch die durchschnittliche Beteiligungsdauer zu dividieren, um als Resultat die jährlich notwendige Anzahl Portfoliounternehmen zu erhalten, in welche die Beteiligungskapitalgesellschaft investieren müsste, um ihre Existenz zu sichern. Unter Berücksichtigung der durchschnittlichen Beteiligungsquote ergibt sich dann ein theoretisch notwendiger Bedarf an Beteiligungsanträgen im Jahr.[296]

Unter der Voraussetzung der Gültigkeit dieser Existenz- bzw. Aufrechterhaltungsthese müsste die Beteiligungskapitalgesellschaft versuchen, ihren Deal-Flow bewusst zu steuern, um den theoretisch notwendigen Bedarf an Beteiligungsanträgen auch tatsächlich zu erreichen. Auf Basis der Ergebnisse der empirischen Untersuchung scheint ein derartiger Zusammenhang vorzuliegen. Mit einem Korrelationskoeffizienten von $r = +0{,}459^{***}$ zeigt sich ein höchst signifikanter Zusammenhang zwischen der theoretisch notwendigen Höhe der Anzahl an Beteiligungsanträgen und den tatsächlich eingereichten Anfragen pro Beteiligungskapitalgesellschaft. Somit scheinen die Beteiligungskapitalgesellschaften ihren tatsächlichen Bedarf an jährlichen Beteiligungsanfragen an ihrem theoretisch notwendigen Bedarf auszurichten.[297]

---

296 Bei einer Beteiligungskapitalgesellschaft mit bspw. einem bestehenden Portfolio von 25 Portfoliounternehmen, einer durchschnittlichen Beteiligungsdauer von sechs Jahren und einer durchschnittlichen Beteiligungsquote von 3,0 % würde sich somit ein theoretisch notwendiger Bedarf von 139 Beteiligungsanträgen im Jahr ergeben.

297 Ob diese Ausrichtung zufällig erfolgt, lässt sich nur schwierig abschätzen. Eine nicht zufällige Steuerung der Quantität des Deal-Flow wäre aber zu vermuten.

Neben der Höhe des notwendigen Volumens der jährlichen Beteiligungsanfragen sollte für die Beteiligungskapitalgesellschaft im Rahmen ihrer Akquisitionsstrategie auch noch von Relevanz sein, aus welchen Quellen sie den entsprechenden Deal-Flow generieren möchte. Dabei ist neben der Ergiebigkeit der einzelnen Quellen im Sinne der Quantitätsanforderung vor allem auch die Qualität der Deal-Flow-Quellen von hoher Bedeutung für die Beteiligungskapitalgesellschaft. Die Qualität der Deal-Flow-Quellen müsste segmentspezifisch unterschiedlich eingeschätzt werden, da sie vor allem von der Wahrscheinlichkeit abhängig ist, wieviel potenzielle Portfoliounternehmen sich durch die Quelle identifizieren bzw. ansprechen lassen, die den investmentpolitischen Zielsetzungen der jeweiligen Beteiligungskapitalgesellschaften entsprechen. Da aber die investmentpolitischen Zielsetzungen wie im Abschnitt 3.1.1.1 bereits aufgezeigt in Abhängigkeit des Segmentes voneinander abweichen, sollte die Nutzung und die Bedeutung der einzelnen Deal-Flow-Quellen segmentspezifisch ebenfalls unterschiedlich sein. Auf Basis dieser Vermutungen lässt sich folgende Hypothese formulieren:

H_6: Die Nutzung und Bedeutung der einzelnen Deal-Flow-Quellen ist in Abhängigkeit des Teilmarktsegmentes unterschiedlich.

Die Nutzung der einzelnen Deal-Flow-Quellen lässt sich dabei anhand der tatsächlichen Verteilung der Beteiligungsanfragen auf die einzelnen Deal-Flow-Quellen messen. Durch eine subjektive Einschätzung der Beteiligungsmanager kann die Bedeutung der einzelnen Quellen abgefragt werden. Wie aus Abbildung 26 hervorgeht scheint es bis auf die aktive Ansprache durch die Beteiligungskapitalgesellschaften und die Vermittlung der Anträge über sonstige Dritte wie Wirtschaftsprüfer und Steuerberater signifikante Unterschiede in der Nutzung der einzelnen Deal-Flow-Quellen zu geben. Auch die Einschätzung der Bedeutung der Deal-Flow-Quellen ist bis auf das persönliche bzw. private Kontaktnetz segmentspezifisch signifikant verschieden (vgl. Tabelle 10).

Abbildung 26: Segmentspezifische Nutzung einzelner Deal-Flow-Quellen

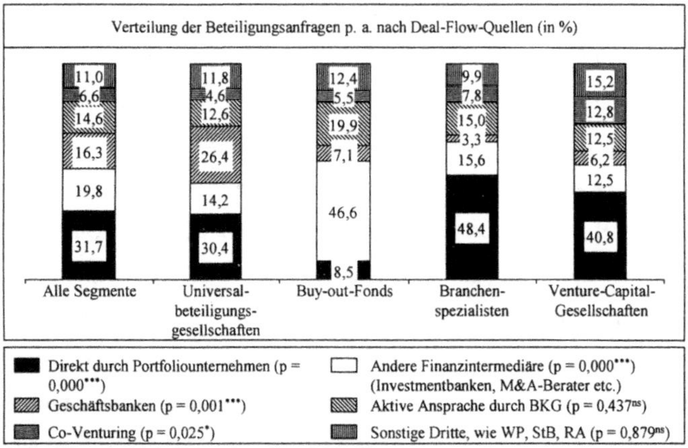

Quelle: Eigene empirische Untersuchung; Frage 8; N = 55

Gewichtet über alle Segmente hinweg stammt der größte Teil der Anfragen mit 31,7 % aus dem direkten Kontakt durch die Portfoliounternehmen selbst. Insbesondere Branchenspezialisten und Venture-Capital-Gesellschaften erhalten mit 48,4 % bzw. 40,8 % den überwiegenden Teil ihrer Anfragen direkt von potenziellen Portfoliounternehmen. Die hohe Branchenfokussierung beider Segmente scheint diesen Beteiligungskapitalgesellschaften den Aufbau eines spezialisierten Netzwerkes zu ermöglichen. Der vermutlich hohe Bekanntheitsgrad unter den Kennern der "Szene" innerhalb einer Branche könnte dabei zu zahlreichen Kontakten durch die Kapitalsuchenden selbst führen.

Ein mögliches Indiz für den bewussten Aufbau derartig spezialisierter Netzwerke ist die relativ hohe Einschätzung der Bedeutung von persönlichen Kontakten und direkten Marketingaktivitäten durch die Branchenspezialisten und die Venture-Capital-Gesellschaften. Beides sind Instrumente, um den Bekanntheitsgrad und die Reputation in ihren relevanten Märkten zu erhöhen.

Bei der Analyse der Nutzung dieser Deal-Flow-Quelle durch Beteiligungskapitalgesellschaften der übrigen Segmente ist insbesondere die nachrangige Inanspruchnahme dieser Zugangsmöglichkeit durch die Buy-out-Fonds auffällig. Nur 8,5 % ihrer eingehenden

Beteiligungsanfragen werden direkt von den Portfoliounternehmen eingereicht. Ihre restriktive Haltung gegenüber direkten Marketingaktivitäten könnte auch ein Beleg für ein eher geringes Interesse der Buy-out-Fonds sein, mit ihnen direkten und somit ungefilterten Kontakt aufzunehmen.

Die Vermittlung von Finanzierungsgesuchen über spezialisierte Finanzintermediäre wie Investmentbanken, M & A-Berater etc. ist die am zweitintensivsten genutzte Deal-Flow-Quelle im deutschen Beteiligungskapitalmarkt. 19,8 % aller eingehenden Beteiligungsanträge werden über diesen Kanal an die Beteiligungskapitalgesellschaften herangetragen. Insbesondere Buy-out-Fonds nutzen diese Quelle zur Generierung ihres Deal-Flow (46,6 % ihrer Beteiligungsanträge gehen über Finanzintermediäre ein). Da sich bei größeren Transaktionen der Verkäufer des Unternehmens oder der Unternehmensteile in zunehmendem Maße von derartig spezialisierten Finanzintermediären als Berater begleiten lässt, ist die intensive Nutzung dieser Deal-Flow-Quellen durch die Buy-out-Fonds verständlich.[298]

Denn wie im Abschnitt 3.1.1.1.3 durch die überdurchschnittlich Höhe der gewünschten Beteiligungshöhe pro Einzelinvestment bereits angedeutet, streben Buy-out-Fonds in der Regel Investitionen in Unternehmen mit einer Umsatzgröße von durchschnittlich DM 80 Mio. bis DM 2,5 Mrd. an.[299] Der hohe Stellenwert der Investmentbanken und M & A-Berater für die Buy-out-Fonds wird auch durch die aus ihrer Sicht höchste relative Bedeutung dieser Deal-Flow-Quelle ersichtlich (vgl. Tabelle 10). Für die übrigen Segmente reicht die Nutzung dieser Finanzintermediäre von 12,5 % bei Venture-Capital-Gesellschaften bis zu 15,6 % bei den Branchenspezialisten und ist somit eher von nachrangiger Bedeutung.

---

[298] Diese spezialisierten Finanzintermediäre betreuen die Verkäuferseite während des gesamten Transaktionsprozesses. Von der Erstellung eines vertraulichen Verkaufsprospektes („Investment Memorandum"), der Ansprache potenzieller Erwerber, bis zur Durchführung des Auktionsprozesses wird das Unternehmen durch die externen Berater begleitet; vgl. *Niemann, C.*, Unternehmenskauf, 1995, S. 228 f.; *Betsch, O./Groh, A. P./Lohmann, L. G. E.*, Corporate-Finance, 1998, S. 246; für eine detaillierte Darstellung der Inhalte dieser „Investment Memoranden" vgl. *Jacob, A.-F./Klein, S.*, Investment-Banking, 1996, S. 49 f.

[299] Vgl. Frage 2 c des Fragebogens.

Tabelle 10: Segmentspezifische Einschätzung der Bedeutung einzelner Deal-Flow-Quellen

	Signifikanzniveau	Alle Segmente		Universalbeteiligungsgesellschaften		Buy-out-Fonds		Branchenspezialisten		Venture-Capital-Gesellschaften	
		M	Md	M	Md	M	Md	M	Md	M	Md
Geschäftsbanken	0,048*	2,3	2,0	2,8	3,0	2,2	2,0	1,6	1,5	1,4	1,0
Investmentbanken	0,011*	2,4	2,0	1,9	2,0	3,2	4,0	2,4	2,0	2,0	2,0
M&A-Berater	0,001***	2,6	3,0	2,4	3,0	3,6	4,0	2,0	2,0	1,4	1,0
Wirtschaftsprüfer	0,004**	2,0	2,0	2,3	2,0	2,5	3,0	1,2	1,0	0,8	1,0
Steuerberater	0,017*	1,8	2,0	2,1	2,0	2,1	3,0	0,9	0,0	0,8	1,0
Andere BKG	0,000***	2,4	2,0	2,5	3,0	1,4	1,0	3,2	4,0	3,6	4,0
Universitäten	0,000***	0,9	0,0	0,6	0,0	0,2	0,0	1,5	1,5	3,2	3,0
Technologieparks	0,000***	0,9	0,0	0,7	0,0	0,2	0,0	1,1	1,0	3,4	4,0
Persönliche/ private Kontakte	0,144[ns]	3,2	4,0	2,8	3,0	3,5	4,0	3,5	4,0	3,6	4,0

Abkürzungen: M = (Arithmetischer) Mittelwert; Md = Median
Angaben zur Bedeutung der einzelnen Maßnahmen: 1: keine Bedeutung bis 5: sehr hohe Bedeutung
Quelle: Eigene empirische Untersuchung; Frage 9; N = 55

Mit einem Anteil von 16,3 % an allen eingereichten Beteiligungsanfragen werden die Geschäftsbanken als dritthäufigster Zugangskanal genutzt. Doch auch hier ist die segmentspezifische Nutzung signifikant unterschiedlich ($p = 0{,}001^{***}$). Vor allem die Universalbeteiligungsgesellschaften nutzen diese Deal-Flow-Quelle sehr intensiv (26,4 % ihres Deal-Flow). Da ein Großteil der Beteiligungskapitalgesellschaften dieses Segmentes durch Geschäftsbanken teilweise oder vollständig finanziert wird, erscheint eine enge Verbindung mit den Kreditinstituten auch im operativen Geschäft nicht verwunderlich. Die Zuführung von Geschäftsmöglichkeiten über die Geschäftsbanken kann dabei für beide Parteien Vorteile beinhalten. Für die Bank stellt die Vermittlung von Beteiligungskapital eine zusätzliche Dienstleistung für ihre Kunden dar und somit eine Erweiterung ihres Produktangebotes im Sinne des Cross-Selling.[300] Für die Beteiligungskapitalgesellschaft hingegen erfüllt die Bank bereits eine gewisse Vorfilterfunktion, da die meisten Anträge bereits zuvor von bankeigenen Firmenkundenbetreuern geprüft und bei einer Weitergabe für positiv befunden wurden. Außerdem können die Geschäftsbanken für die Beteiligungskapitalgesellschaften eine hervorragende Multiplikatorenfunktion in ihrem jeweiligen Aktionsgebiet übernehmen und dadurch ihren Bekanntheitsgrad fördern.[301] Die Nutzung der Geschäftsbanken als Deal-Flow-Quelle kann bei den sonstigen Beteiligungskapitalgesellschaften mit Anteilen von 3,3 % bis 7,1 % als nachrangig bezeichnet werden.

Bei der aktiven Ansprache potenzieller Portfoliounternehmen durch die Beteiligungskapitalgesellschaft konnten keine signifikanten Unterschiede bei der Nutzung dieser Deal-Flow-Quelle festgestellt werden. Auffällig ist nur der mit 19,1 % überdurchschnittlich hohe Anteil dieser Anfragemöglichkeit bei den Buy-out-Fonds. Neben der Vermittlung von Anfragen über Finanzintermediäre scheinen diese Beteiligungskapitalgesellschaften ihren Deal-Flow über die gezielte Direktansprache von Investmentopportunitäten zu generieren. So sprechen Buy-out-Fonds mit entsprechenden Investmentideen gezielt Entscheidungsträger großer Industriekonzerne an, um im Zuge deren Refokussierung auf Kernkompetenzen, günstige Investitionsmöglichkeiten durch den Kauf von Tochtergesellschaften wahrzunehmen.[302]

---

[300] Zu den sonstigen Vorteilen und Zielsetzungen bei der Vermittlung von Beteiligungskapital durch die Bank vgl. Abschnitt 2.2.2.1.

[301] Vgl. *Zemke, I.*, Unternehmensverfassung, 1995, S. 210.

[302] Vgl. *Drechsel, M.*, Konzernabspaltungen, 2001, S. B 3; *Lerner, J.*, Private Equity, 1997, S. 1; *Fendel, A.*, Investmententscheidungsprozesse, 1987, S. 157.

Da bei der Nutzung sonstiger Dritter wie Wirtschaftsprüfer und Steuerberater als Deal-Flow-Quellen weder signifikante Unterschiede zwischen den Segmenten noch besondere Auffälligkeiten bestehen, sollte als letzter möglicher Zugangskanal das Co-Venturing detaillierter analysiert werden. Als Co-Venturing wird dabei die Finanzierung eines einzelnen Portfoliounternehmens durch mehrere Beteiligungskapitalgesellschaften bezeichnet.[303] Eine Beteiligungskapitalgesellschaft übernimmt beim Co-Venturing die Funktion eines Lead-Investors und bietet das Portfoliounternehmen anderen Beteiligungskapitalgesellschaften als Investitionsmöglichkeit als Co-Investor an. Insgesamt wird diese Zugangsmöglichkeit zwar gemessen an der Anzahl eingehender Beteiligungsanfragen relativ wenig genutzt (6,6 % aller Beteiligungsanträge), doch die relative Bedeutung dieser Deal-Flow-Quelle wird insbesondere von den Venture-Capital-Gesellschaften (3,6) und den Branchenspezialisten (3,2) als am höchsten eingeschätzt. Insbesondere bei diesen beiden Segmenten spielen weniger Risiko- und Größeneffekte beim Co-Venturing eine Rolle, sondern durch die gegenseitige Nutzung von Spezialisierungsvorteilen wird bewusst Know-how unter den Beteiligungskapitalgesellschaften ausgetauscht.[304]

Der Eingang von Beteiligungsanträgen durch Vermittlung anderer Beteiligungskapitalgesellschaften kann auch direkten Einfluss auf die Beteiligungswürdigkeitsprüfung haben. Zum einen kann bei entsprechendem Vertrauensverhältnis unter den Beteiligungskapitalgesellschaften möglicherweise der Zeitbedarf für die Prüfung verkürzt werden, da die ursprüngliche Beteiligungswürdigkeitsprüfung durch den Lead-Investor nur noch durch eigene "Reference Checks" nachvollzogen wird. Zum anderen erfolgt letztlich eine kritischere Gesamtprüfung des Finanzierungsgesuchs, da zwei Beteiligungskapitalgesellschaften das potenzielle Portfoliounternehmen beurteilen ("zweites Augenpaar").[305]

Die vorangegangenen Ausführungen führen zu dem Ergebnis, dass die Forschungshypothese (H_6) von der Tendenz her angenommen werden sollte. Außer bei der aktiven Ansprache durch die Beteiligungskapitalgesellschaft, die Vermittlung über Dritte wie Wirtschaftsprüfer und

[303] Vgl. *Zemke, I.*, Unternehmensverfassung, 1995, S. 201.
[304] Vgl. *Klemm, H. A.*, Innovationsvorhaben, 1988, S. 122 f.
[305] Vgl. *Schröder, C.*, Strategien, 1992, S. 213 f.

Steuerberater und die Nutzung des privaten Kontaktnetzes existieren bei der Nutzung und Bedeutung der einzelnen Deal-Flow-Quellen signifikante Unterschiede zwischen den einzelnen Segmenten der Beteiligungskapitalgesellschaften.

Nachdem bereits im vorangegangenen Teil dieses Abschnitts eine wenn auch wahrscheinlich eher unterbewusste Steuerung der Quantität des Deal-Flow seitens der Beteiligungskapitalgesellschaften nachgewiesen werden konnte, stellt sich auch bei der Nutzung der Deal-Flow-Quellen die Frage, ob diese bewusst erfolgt oder eher Ergebnis eines zufälligen Vorgehens ist. Von einer bewussten bzw. gesteuerten Inanspruchnahme der einzelnen Deal-Flow-Quellen könnte dann ausgegangen werden, wenn die Beteiligungskapitalgesellschaften versuchen, durch zielgerichtete Maßnahmen die Verteilung ihres Deal-Flow auf die einzelnen Quellen zu steuern. Bei der Analyse der Zusammenhänge zwischen den bevorzugten Maßnahmen der Beteiligungskapitalgesellschaften zur Generierung eines zieladäquaten Deal-Flow und der tatsächlichen Verteilung ihrer Beteiligungsanträge auf die einzelnen Deal-Flow-Quellen zeigt sich folgendes Ergebnis:

Beteiligungskapitalgesellschaften, die einen hohen Anteil ihrer Beteiligungsanträge direkt von den Portfoliounternehmen erhalten, bevorzugen es, ihren Bekanntheitsgrad zielgerichtet auszubauen. Denn durch den Einsatz direkter Marketingmaßnahmen wie der Ausstellung auf Fachmessen oder der Durchführung von Vorträgen auf Fachtagungen wird ihr Bekanntheitsgrad innerhalb ihrer relevanten Märkte gleichermaßen gesteigert wie durch ihren Ausbau spezialisierter Netzwerke zu Universitäten, anderen Beteiligungskapitalgesellschaften und Technologieparks. Aus der Tabelle 11 lassen sich die entsprechend signifikanten Zusammenhänge zwischen den aufgeführten Maßnahmen und dieser Deal-Flow-Quelle erkennen. Zwischen dem systematischen Aufbau von Netzwerken zu M&A-Beratern und Investmentbanken und der tatsächlichen Nutzung dieser Finanzintermediäre lässt sich ebenfalls ein signifikant positiver Zusammenhang identifizieren. Somit scheint auch hier eine bewusste Inanspruchnahme dieser Deal-Flow-Quelle durch die Beteiligungskapitalgesellschaften vorzuliegen. Der positive Zusammenhang zwischen der aktiven Ansprache von potenziellen Portfoliounternehmen durch die Beteiligungskapitalgesellschaft und dem Aufbau eines persönlichen Kontaktnetzwerkes könnte ebenfalls ein Indiz für eine bewusste Steuerung der Deal-Flow-Quellen sein. Denn die meisten Beteiligungskapitalgesellschaften werden potenzielle Portfoliounternehmen nur dann direkt ansprechen, wenn sie mögliche lohnenswerte Investmentopportunitäten erkennen. Derartige Opportunitäten lassen sich aber insbesondere aus einem Netzwerk von persönlichen und privaten Kontakten generieren.[306]

Die Konzeption und Planung derartiger Investmentopportunitäten scheinen aber überproportional viele Kapazitäten innerhalb der Beteiligungskapitalgesellschaft zu binden. Denn zwischen dem Anteil der Beteiligungsanträge, die über die aktive Ansprache von potenziellen Portfoliounternehmen generiert werden, und der Kapazität der Beteiligungskapitalgesellschaft für die gesamte Beteiligungsakquisition konnte ein höchst signifikanter positiver Zusammenhang festgestellt werden ($r = +0{,}436^{***}$).

Die positive Korrelation zwischen dem Aufbau eines Netzwerkes zu Geschäftsbanken und der tatsächlichen Nutzung der Geschäftsbanken als Deal-Flow-Quelle deutet ebenfalls auf eine systematische Inanspruchnahme dieser Quelle hin. Gleiches lässt sich für die Zugangsmöglichkeit durch das Co-Venturing feststellen. Auch hier steigt die Bedeutung des Aufbaus eines Netzwerkes zu anderen Beteiligungskapitalgesellschaften mit zunehmender Nutzung dieses Zugangskanales an. Da sich somit bis auf den Zugang über Wirtschaftsprüfer und Steuerberater ein systematischer Zusammenhang zwischen tatsächlicher Inanspruchnahme der einzelnen Deal-Flow-Quellen und der bevorzugten Maßnahmen zur Generierung eines zieladäquaten Deal-Flow erkennen lässt, scheinen Beteiligungskapitalgesellschaften ihren Deal-Flow und insbesondere die Inanspruchnahme verschiedener Quellen für ihren Deal-Flow bewusst zu steuern.

Die bewusste Steuerung bzw. Nutzung der Deal-Flow-Quellen müsste eigentlich eine Konsequenz der unterschiedlichen Einschätzung der Qualität der einzelnen Deal-Flow-Quellen aus Sicht der Beteiligungskapitalgesellschaften sein. Denn vor dem Hintergrund des bereits beschriebenen Spannungsfeldes werden Beteiligungskapitalgesellschaften versuchen, ihre Beteiligungsanfragen primär aus den Quellen zu generieren, von denen sie sich die höchste Qualität ihres Deal-Flow versprechen.

---

306 Vgl. *Fendel, A.*, Investmententscheidungsprozesse, 1987, S. 157.

Tabelle 11: Zusammenhänge zwischen bevorzugten Deal-Flow-Maßnahmen und tatsächlicher Nutzung der Deal-Flow-Quellen

	Tatsächliche Verteilung der Beteilungsanträge nach Deal-Flow-Quellen					
Bevorzugte Deal-Flow-Maßnahmen	Direkt durch Portfoliounternehmen	Andere Finanzintermediäre	Aktive Ansprache durch BKG	Geschäftsbanken	Co-Venturing	Sonstige Dritte wie WP, StB, RA
<u>Direkte Marketingaktivitäten</u>						
• Vorträge	$+0,31^{*}$	$-0,48^{***}$	—	—	$+0,25^{ns}$	—
• Fachmessen	$+0,34^{*}$	$-0,37^{**}$	—	—	—	—
• Werbemaßnahmen	—	—	—	—	—	—
• Publikationen	—	—	—	—	—	—
<u>Aufbau eines Netzwerkes zu</u>						
• Geschäftsbanken	—	—	—	$+0,50^{***}$	—	—
• Investmentbanken	—	$+0,29^{*}$	—	$-0,25^{ns}$	—	—
• M&A-Beratern	$-0,49^{***}$	$+0,54^{***}$	—	—	—	—
• Wirtschaftsprüfern	—	—	—	—	—	—
• Steuerberater	—	—	—	—	—	—
• anderen BKG	$+0,39^{**}$	$-0,47^{***}$	—	—	$+0,39^{**}$	—
• Universitäten	$+0,43^{***}$	$-0,43^{***}$	—	—	$+0,34^{*}$	—
• Technologieparks	$+0,31^{*}$	$-0,39^{**}$	—	—	$+0,47^{***}$	—
• Privatpersonen	—	—	$+0,27^{*}$	$-0,42^{***}$	$+0,30^{*}$	—

*: $p \leq 0,05$; **: $p \leq 0,01$; ***: $p \leq 0,001$; ns: nicht signifikant
Zusammenhänge mit $p > 0,10$ werden nicht gezeigt
Quelle: Eigene empirische Untersuchung; Frage 8 und 9; N = 55

3.1.1.2.2 Qualität des Deal-Flow

Im folgenden Abschnitt folgt der Versuch eine segmentspezifische Abschätzung der Qualität des Deal-Flow vorzunehmen, um darauf aufbauend die Qualität einzelner Deal-Flow-Quellen abschätzen zu können.

Zur Bestimmung der Qualität des Deal-Flow müsste zunächst untersucht werden, wie hoch der segmentspezifische Anteil verwertbarer Beteiligungsanträge ist, die bei den jeweiligen Beteiligungskapitalgesellschaften eingereicht werden. Als verwertbar sollte in diesem Falle jeder Beteiligungsantrag angesehen werden, der den investmentpolitischen Zielsetzungen der jeweiligen Beteiligungskapitalgesellschaft entspricht. Da durch die Grobanalyse und hier insbesondere durch die Eingangsprüfung ein Abgleich der eingehenden Beteiligungsanfragen mit den investmentpolitischen Zielsetzungen der Beteiligungskapitalgesellschaft erfolgt, wird unterstellt, dass die Anträge, welche die Hürde der Eingangsprüfung überstehen, grundsätzlich den investmentpolitischen Zielsetzungen der Beteiligungskapitalgesellschaft entsprechen. Gemäß dieser Annahme müsste die Restquote der Beteiligungsanträge nach der Eingangsprüfung mit dem zu untersuchenden Anteil verwertbarer Beteiligungsanträge übereinstimmen.[307]

Demnach würden die Branchenspezialisten mit einer Restquote von 50,6 % über den Deal-Flow mit der höchsten Qualität verfügen (vgl. Abbildung 27). Durch den Aufbau spezialisierter Netzwerke scheinen die Branchenspezialisten nicht nur ihren allgemeinen Bekanntheitsgrad erhöhen zu können, sondern der Befund deutet auch darauf hin, dass es ihnen gelingt, ihre spezifischen investmentpolitischen Zielsetzungen in den für sie relevanten Markt zu kommunizieren. Im Ergebnis führt diese zieladäquate Ansprache scheinbar nicht nur

---

[307] Nicht berücksichtigt bei dieser Annahme ist die Tatsache, dass es sicherlich einige Beteiligungskapitalgesellschaften geben wird, die in der Eingangsprüfung ineffizient arbeiten und nicht sämtliche Anträge aussortieren, die von vorneherein eigentlich nicht ihren investmentpolitischen Zielsetzungen entsprechen. Der hier verwendete Indikator für die Qualität des Deal-Flow entspricht nicht den in bisherigen Untersuchungen verwendeten Meßgrößen. So wird bspw. bei Schröder die endgültige Beteiligungsquote als Indikator für die Qualität des Deal-Flows herangezogen. Da dieser Wert aber auch durch andere Einflüsse zustande kommen kann, die nicht auf die Qualität des Deal-Flow zurückzuführen sind wie z. B. die Nicht-Einigung im Rahmen der Beteiligungsverhandlung, erscheint die Restquote nach der Eingangsprüfung die geeignetere Messgröße zur Feststellung der Qualität des Deal-Flow; vgl. u. a. *Schröder, C.*, Strategien, 1992, S. 161 f.

zu einer erhöhten Anzahl von Beteiligungsanträgen, sondern die Anfragen entsprechen auch eher den investmentpolitischen Zielsetzungen der Beteiligungskapitalgesellschaften und verfügen demnach über eine relative hohe Qualität.

Die zweithöchste Qualität in ihrem Deal-Flow können die Universalbeteiligungsgesellschaften mit einer Restquote nach der Eingangsprüfung in Höhe von 49,6 % vorweisen. Eine mögliche Ursache könnte auch hier in der Verbindung insbesondere dieses Segmentes zur deutschen Kreditwirtschaft liegen. Sowohl die Vorfilter- als auch die Multiplikatorenfunktion der Kreditinstitute könnten dazu führen, dass die eingereichten Beteiligungsanträge bei Universalbeteiligungsgesellschaften eher mit ihren investmentpolitischen Zielsetzungen übereinstimmen und somit über eine höhere Qualität verfügen.[308]

Abbildung 27: Entwicklung der segmentspezifischen Restquoten der Beteiligungsanträge im Wertschöpfungsprozess

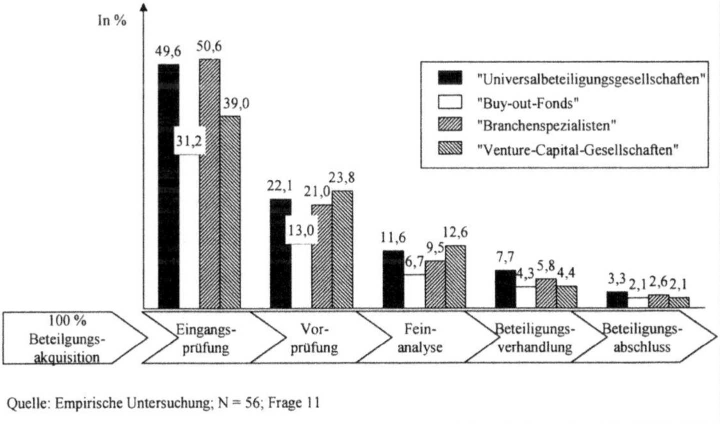

Quelle: Empirische Untersuchung; N = 56; Frage 11

308 Vgl. auch *Schröder, C.*, Strategien, 1992, S. 164. Die relativ unfokussierte Investmentpolitik der Universalbeteiligungsgesellschaften könnte eine weitere mögliche Erklärung für die relativ hohe Restquote sein. Denn je breiter die investmentpolitischen Zielsetzungen formuliert sind, desto mehr Unternehmen werden die aufgestellten Kriterien erfüllen.

Das Untersuchungsergebnis bei den Venture-Capital-Gesellschaften erscheint auf den ersten Blick überraschend, denn mit einer Restquote von 39,0 % liegen sie deutlich unter dem Wert der Branchenspezialisten. Doch im Vergleich zu diesen gelingt es den Venture-Capital-Gesellschaften offenbar nicht, ihren noch höheren Investitionsfokus in ihrem relevanten Markt zu positionieren. Anzunehmen wäre hier, dass es ihnen zwar gelingt, über ihre spezialisierten Netzwerke ihren Branchenfokus zu kommunizieren, dass ihre Phasenspezialisierung jedoch nicht gleichermaßen transparent ist. Nach der hier getroffenen Hypothese hätten die Buy-out-Fonds mit einer Restquote von 31,2 % den Deal-Flow mit der schlechtesten Qualität. Möglicherweise bekommen sie zahlreiche "Investment-Memoranden" von spezialisierten Finanzintermediären vorgelegt, die nicht ihren investmentpolitischen Zielsetzungen entsprechen.

Diese Vermutung wird bei Betrachtung der Qualität der einzelnen Deal-Flow-Quellen tendenziell bestätigt. Gemäß der hier getroffenen Annahme müsste die Beurteilung der Qualität einer Deal-Flow-Quelle möglich sein, wenn sich ein signifikanter Zusammenhang zwischen dem tatsächlichen Anteil einer Quelle am Deal-Flow der Beteiligungskapitalgesellschaft und der Restquote nach der Eingangsprüfung nachweisen lassen würde. Betrachtet man unter diesem Gesichtspunkt spezialisierte Finanzintermediäre wie Investmentbanken und M&A-Berater, so lässt sich ein sehr signifikant negativer Zusammenhang zwischen beiden Größen feststellen ($r = -0{,}353^{**}$); d. h. mit zunehmendem Anteil eingehender Anträge über spezialisierte Finanzintermediäre nimmt die Restquote nach der Eingangsquote ab. Dieser Zusammenhang deutet darauf hin, dass die Qualität des Deal-Flow über Finanzintermediäre verbesserungsbedürftig ist.[309] Ein signifikant positiver Zusammenhang ($p = 0{,}315^{*}$) lässt sich bei dem Deal-Flow über das Co-Venturing ausmachen. Durch die gegenseitige Kenntnis der investmentpolitischen Zielsetzungen der jeweiligen Beteiligungskapitalgesellschaft scheinen

[309] Die Vermittlung bzw. Generierung des Deal-Flow über Investmentbanken und M&A-Berater führt zwar zu einer höheren Transparenz der eingereichten Unterlagen. Aber durch die Beratung der Verkäuferseite durch externe Dritte und die damit einhergehende Professionalisierung der Verkäufer werden die Preisforderungen gegenüber den Beteiligungskapitalgesellschaften tendenziell höher ausfallen als ohne die Einschaltung Dritter. Dieser Effekt kann den Vorteil der höheren Transparenz deutlich kompensieren. Zusätzlich sollten die einzelnen Finanzintermediäre verstärkter die investmentpolitischen Zielsetzungen der einzelnen Beteiligungskapitalgesellschaften berücksichtigen, um unnötige Prüfungsprozesse zu vermeiden.

eher zieladäquatere Anträge weitergeleitet zu werden.[310] Da sich bei den übrigen Deal-Flow-Quellen kein signifikanter Zusammenhang identifizieren ließ, ist durch die vorliegende Untersuchung keine Aussage über deren Qualität möglich.

Abschließend lässt sich zusammenfassend feststellen, dass die Strategien zur Beteiligungsakquisition zwar segmentspezifisch signifikant unterschiedlich sind. Dennoch wird über alle Segmente hinweg eine sehr systematische Steuerung des Deal-Flow sowohl in der Quantität als auch in der Nutzung einzelner Deal-Flow-Quellen deutlich. Diese zielgerichtete Steuerung könnte als Beleg für den hohen Wertschöpfungsbeitrag der Beteiligungsakquisition gedeutet werden. Die Auswirkungen insbesondere durch die Vorselektionsfunktion auf die Beteiligungswürdigkeitsprüfung werden nochmals transparent und vor allem im ersten Teil des Prozesses, der Grobanalyse, deutlich. Dieser Prozess wird im nachfolgenden Abschnitt weiter detailliert.

3.1.2 Phasen des Beurteilungsprozesses

Die ablauforganisatorische Ausgestaltung des Selektionsprozesses muss das grundsätzliche Optimierungsproblem der Beteiligungswürdigkeitsprüfung lösen, dass "schlechte" Projekte nicht zu spät und "gute" nicht zu früh abgelehnt werden. Dabei sollte der Prozess im Spannungsfeld zwischen notwendiger Informationstiefe und entstehenden Prüfungskosten effizient organisiert werden. Wie bereits im Abschnitt 2.3.3 ausgeführt, hat sich zur Lösung dieses Problems in der Praxis ein sequentielles Vorgehen mit mehreren Prüfungsschritten etabliert, das sich auf der ersten Ebene in eine Grob- und eine Feinanalyse unterteilen lässt. Bei dieser Vorgehensweise handelt es sich aber in der Regel weniger um einen formalisierten Prozess als um ein eher fallspezifisches Vorgehen.[311] In den folgenden Abschnitten wird die ablauforganisatorische Ausgestaltung dieser beiden Phasen auf Basis der empirischen Ergebnisse detaillierter untersucht und segmentspezifisch analysiert.

---

[310] Schröder kommt in seiner Untersuchung zum gleichen Ergebnis; vgl. *Schröder, C.*, Strategien, 1992, S. 214.

[311] Vgl. *Wupperfeld, U.*, Seed-Capital-Markt, 1996, S. 157. Im angelsächsischen Sprachraum wird die Grobanalyse oftmals auch als „Initial Screening" und die Feinanalyse als „Due Diligence" bezeichnet.

3.1.2.1 Grobanalyse der Beteiligungsanfragen

Primäre Zielsetzung der Grobanalyse ist die frühzeitige Identifikation von Beteiligungsanfragen, die entweder nicht den investmentpolitischen Zielsetzungen der Beteiligungskapitalgesellschaft entsprechen oder deren Unternehmenskonzept sich nicht eignet, um die erwartete Rendite zu erwirtschaften. Die Grobanalyse dient dabei als Vorfilter für die wesentlich zeitaufwendigere und damit kostenintensivere Feinanalyse. Zur Erreichung dieses Zieles wird durch die Beteiligungskapitalgesellschaft ebenfalls in einem zweistufigen Selektionsprozess vorgegangen. Zunächst erfolgt im Rahmen der Eingangsprüfung ein Abgleich der eingereichten Anfragen mit den investmentpolitischen Zielsetzungen der Beteiligungskapitalgesellschaft. Erfüllt die Anfrage die durch die Anlagegrundsätze vorgegebenen Anforderungen wird das Unternehmenskonzept einer ersten Kurzbewertung unterzogen, um im Rahmen dieser Vorprüfung zu entscheiden, ob sich das Konzept grundsätzlich eignet, die erwarteten Renditegrößen zu erreichen, und ob somit eine detaillierte Prüfung der Beteiligungsanfrage durch die Feinanalyse vorgenommen werden sollte. Im folgenden Abschnitt wird zunächst die Eingangsprüfung detailliert analysiert, bevor dann im nächsten Abschnitt der Prozess der Vorprüfung dargestellt wird.

3.1.2.1.1 Eingangsprüfung der Beteiligungsanfragen

Der eigentliche Prozess der Beteiligungswürdigkeitsprüfung beginnt mit dem Eingang eines Beteiligungsantrages bei der Beteiligungskapitalgesellschaft entweder direkt durch das kapitalsuchende Unternehmen oder vermittelt über einen der vorgenannten Finanzintermediäre. Die eingereichten Unterlagen werden dann in der Regel einem Beteiligungsmanager zur Prüfung zugeordnet.[312] Die Zuweisung der Anträge erfolgt dabei meist nach freier Arbeitskapazität der Professionals.[313] Im Rahmen der Interviews zeigte sich aber auch, dass insbesondere bei Beteiligungskapitalgesellschaften mit hohem Branchenfokus eine Zuteilung der Anfragen gemäß Branchenspezialisierung des Beteiligungsmanagers durchgeführt wird. Die Beteiligungskapitalgesellschaften stehen bei der Bearbeitung der Beteiligungsanfragen in der Regel einer quantitativ deutlich größeren Beteiligungsnachfrage gegenüber, als sie aus personellen und monetären Kapazitätsgründen überhaupt decken könnten. In Abhängigkeit

312 Vgl. *Schefczyk, M.*, Erfolgsstrategien, 2000, S. 39 f.

313 Vgl. *Zemke, I.*, Unternehmensverfassung, 1995, S. 216; *Schröder, C.*, Strategien, 1992, S. 189.

des jeweiligen Teilmarktsegmentes können die Beteiligungsanfragen immerhin eine Anzahl von bis zu 1.200 Stück pro Jahr erreichen.[314] Doch auch schon bei der durchschnittlichen Anzahl von 321 Beteiligungsanfragen jährlich erfordert der Prüfungsprozess insbesondere bei der Grobanalyse einen gewissen Standardisierungsgrad, um unter Effizienzgesichtspunkten möglichst schnell die ungeeigneten Projekte herauszufiltern und vor allem die lukrativen Investitionsmöglichkeiten frühzeitig zu identifizieren.[315]

Die Möglichkeiten zur Standardisierung sind dabei aber abhängig vom Informationsniveau der eingereichten Beteiligungsanträge. Denn je höher das Informationsniveau der Anfragen ist, desto leichter wird es der Beteiligungskapitalgesellschaft möglich sein, auf Basis standardisierter Kriterien bzw. Prüfungsroutinen Selektionsentscheidungen zu treffen. Zu vermuten wäre, dass das Informationsniveau der Beteiligungsanfragen vom Lebenszyklus des finanzierungssuchenden potenziellen Portfoliounternehmens beeinflusst wird. Denn je reifer das Unternehmen ist, desto leichter lassen sich Prognosen für zukünftige Entwicklungen erarbeiteten und desto konkreter könnte ein zugrunde liegendes Unternehmenskonzept ausgestaltet werden. Basierend auf dieser Vermutung sollte im Rahmen der empirischen Untersuchung folgende Hypothese verifiziert werden:

H_7: Die eingereichten Beteiligungsanfragen potenzieller Portfoliounternehmen weisen in Abhängigkeit des jeweiligen Teilmarktsegmentes ein unterschiedliches Informationsniveau auf. Mit zunehmendem Anteil später Finanzierungsphasen am Portfolio der Beteiligungskapitalgesellschaft steigt das Informationsniveau der Anfragen an.

Die Forschungsergebnisse zur Überprüfung der Hypothese zeigen, wie in Abbildung 28, zu erkennen zwar signifikante Unterschiede zwischen den einzelnen Segmenten der Beteiligungskapitalgesellschaften auf, doch der vermutete Zusammenhang in Bezug auf die Finanzierungsphase kann nicht bestätigt werden. Ganz im Gegensatz zur Annahme scheint das Informationsniveau sogar mit höherer Reife des Portfoliounternehmens abzunehmen. Die Forschungshypothese (H_7) ist daher abzulehnen. So können durchschnittlich 54,8 %

---

[314] Vgl. Abschnitt 3.1.1.2.1, insbesondere Abbildung 25.

[315] Die seit dem empirischen Untersuchungszeitraum insbesondere in den Jahren 1999 und 2000 weiter deutliche Zunahme an Beteiligungsanträgen sollte das Erfordernis zur Standardisierung des Prüfungsprozesses noch mehr erhöht haben; vgl. Abbildung 3 im Abschnitt 1.1.

sämtlicher Anfragen der Buy-out-Fonds nur sehr vage Angaben über das Unternehmenskonzept vorweisen. 29,4% der eingehenden Anträge beinhalten zumindest ein grobes Unternehmenskonzept. Ein vollständiger Geschäftsplan liegt hingegen nur bei 15,9 % der Anfragen an Buy-out-Fonds vor. Vor dem Hintergrund des hohen Anteils von Anträgen über spezialisierte Finanzintermediäre in diesem Segment sind diese Angaben tatsächlich überraschend und deuten auch hier auf ein Optimierungspotenzial hin. Bei den Beteiligungskapitalgesellschaften mit dem zweithöchsten Anteil an Late- bzw. Expansion-Stage-Finanzierungen, den Universalbeteiligungsgesellschaften, ist das Informationsniveau am zweitschlechtesten. Nur 21,9 % der Beteiligungsanfragen in diesem Segment beinhalten einen vollständigen Geschäftsplan.

Abbildung 28: Informationsniveau und Informationsbasis im Rahmen der Eingangsprüfung

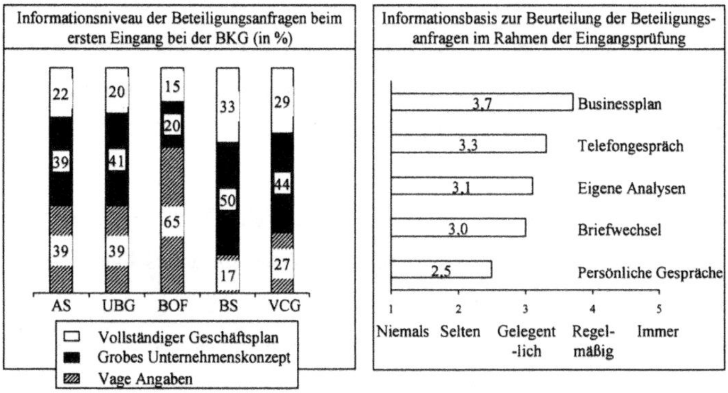

Abkürzungen: AS = Alle Segmente; UBG = Universalbeteiligungsgesellschaften; BOF = Buy-out-Fonds; BS = Branchenspezialisten; VCG = Venture-Capital-Gesellschaften
Quelle: Eigene empirische Untersuchung; Frage 14 und 15; N = 53

Bei den Venture-Capital-Gesellschaften, die über das jüngste Portfolio unter den Beteiligungskapitalgebern verfügen, reduziert sich der Anteil von Anträgen mit vagen Angaben über das Unternehmenskonzept immerhin auf 27,5 %. Das detaillierteste Informationsniveau scheint bei den Beteiligungsanfragen der Branchenspezialisten vorzuliegen. Nur 16,7 % ihrer Anträge beinhalten vage Angaben über das Unternehmenskonzept, 50,0 % weisen ein grobes Unternehmenskonzept aus und immerhin 33,3 % verfügen über einen vollständigen Geschäftsplan.

Zwei mögliche Erklärungen erscheinen für diesen Zusammenhang plausibel. Zum einen könnte eine möglicherweise höhere Abhängigkeit junger Unternehmen von der Finanzierung durch Beteiligungskapitalgesellschaften zu einer professionelleren Vorbereitung der Beteiligungsanträge als bei reiferen Unternehmen führen, denen auch grundsätzlich andere Finanzierungsmöglichkeiten zur Verfügung stehen. Zum anderen scheint insbesondere den Managern von Gründungsunternehmen oder von Unternehmen in Wachstumsbranchen, die besondere Funktion des Businessplans als Teil des Beteiligungsantrages besser bewusst zu sein.[316] Denn aus Sicht der Beteiligungskapitalgesellschaft verfügt der Businessplan nicht nur über eine Informationsfunktion über die wirtschaftliche Perspektive des finanzierungssuchenden Unternehmens, seine Erstellung ist vielmehr auch Ausdruck der planerischen und strategischen Fähigkeiten der Unternehmensleitung und wird als eine Mindestanforderung aus Sicht der Beteiligungskapitalgesellschaft gesehen, welche das Management eines potenziellen Portfoliounternehmens zu erfüllen hat.[317]

Die besondere Bedeutung des Businessplans als Teil eines professionellen Beteiligungsantrages zeigt sich auch, wenn untersucht wird, auf welcher Basis die Beteiligungsmanager im Rahmen der Eingangsprüfung die Anfrage beurteilen. Denn mit einem Mittelwert von 3,7 stellt der Businessplan in der Eingangsprüfung die wichtigste Grundlage für den Beteiligungsmanager dar, um den Beteiligungsantrag zu beurteilen (vgl. Abbildung 28). Interessanterweise existiert in dieser Einschätzung der Bedeutung kein signifikanter Unterschied zwischen den einzelnen Segmenten der Beteiligungskapitalgesellschaften. Nur knapp 10 % der befragten Beteiligungskapitalgesellschaften beurteilen die Anfrage nicht oder nur selten auf Basis des Businessplans. Neben dem Businessplan nutzen die verantwortlichen Beteiligungsmanager fast regelmäßig ein Telefongespräch mit dem Management des potenziellen Portfoliounternehmens (3,3), um die Beurteilungsbasis durch einen persönlichen Eindruck der Verantwortlichen zu ergänzen. Gelegentlich finden in diesem frühen Prozessstadium auch eigene Analysen durch die Beteiligungsmanager statt (3,1), bei denen es sich aber im Wesentlichen um Plausibilitätschecks handelt. Das persönliche Gespräch mit

---

[316] Sowohl die Portfolios von Venture-Capital-Gesellschaften als auch die von Branchenspezialisten verfügen über einen hohen Anteil an Gründungsunternehmen und an Unternehmen aus Wachstumsbranchen; vgl. Abschnitt 2.2.3.3.

[317] Vgl. *Fendel, A.*, Investmententscheidungsprozesse, 1987, S. 163; *Manusco, J. R.*, Businessplan, 1983, S. 2.; *Pichotta, A.*, Prüfung, 1990, S. 45; zu den Funktionen und den detaillierten Inhalten eines Businessplans vgl. auch *Cimbal, A.*, Venture-Capital-Finanzierungen, 1995, S. 139 ff.

dem Management erfolgt bei den Beteiligungskapitalgesellschaften im Rahmen der Eingangsprüfung aufgrund des deutlich höheren Zeitaufwandes eher selten (2,5). Da es sich bei der Eingangsprüfung ohnehin primär um eine Vorselektion auf Basis der investmentpolitischen Zielsetzungen der Beteiligungskapitalgesellschaft handelt, sollte die Analyse der schriftlichen Unterlagen in den meisten Fällen ohnehin ausreichen, um einen Abgleich mit den Anlagegrundsätzen des Beteiligungskapitalgebers vorzunehmen.

Dieser Abgleich erfolgt bei einem Großteil der Beteiligungskapitalgesellschaften auf der Grundlage vorab definierter Kriterien, die in den meisten Fällen mit den Anlagegrundsätzen bzw. investmentpolitischen Zielsetzungen der Beteiligungskapitalgesellschaften übereinstimmen. Auf Basis dieser Kriterien analysiert der Beteiligungsmanager kurz die eingehenden Unterlagen. Wird eines der Kriterien nicht erfüllt, kann es bereits in diesem frühen Stadium zu einer Ablehnung des Beteiligungsantrages kommen.[318] Bei der Handhabung, welche der Anlagegrundsätze tatsächlich sog. K.-o.-Kriterien sind, existieren, wie in Abbildung 29 zu erkennen, zwar segmentspezifische Unterschiede, aber über die Wichtigkeit des Kriteriums Renditeerwartung sind sich alle Segmente einig.[319] So führt bei knapp 77 % aller Beteiligungskapitalgesellschaften die Nichterfüllung der eigenen Renditeerwartung bereits zur Ablehnung des Antrages während der Eingangsprüfung. Befindet sich aus Sicht der Beteiligungskapitalgesellschaft das potenzielle Portfoliounternehmen nicht in der gewünschten Finanzierungsphase, führt dieser Umstand bei dem überwiegenden Teil der Beteiligungskapitalgesellschaften ebenfalls zur Absage. Bei den Branchenspezialisten hingegen spielt die Finanzierungsphase gemäß ihrem Investitionsfokus als K.-o.-Kriterium eine eher untergeordnete Rolle. Weitaus wichtiger ist den Beteiligungskapitalgesellschaften dieses Segmentes, dass sich die potenziellen Portfoliounternehmen in den Branchen positionieren, die von ihnen favorisiert werden (70,0 %).

[318] Vgl. *Sandberg, W. R./Schweiger, D. M./Hofer, D. W.*, Criteria, 1987, S. 396. Im Gegensatz zur späteren Vorprüfung oder Feinanalyse kann in der Eingangsprüfung die schlechte Erfüllung eines Kriteriums nicht durch die sehr gute Erfüllung eines anderen kompensiert werden; vgl. *Riquelme, H./Rickards, T.*, Venture-Decisions, 1992, S. 514 ff.

[319] Dieser empirische Befund bestätigt somit die Vermutungen von Schröder und Schefczyk über den hohen Stellenwert der erwarteten Verzinsung des eingesetzten Kapitals als Prüfungskriterium; vgl. *Schröder, C.*, Strategien, 1992, S. 168 und S. 175; *Schefczyk, M.*, Erfolgsstrategien, 2000, S. 38.

Trotz ihres geringen Phasenfokus im Rahmen ihrer Investmentstrategie scheint ein Großteil der Universalbeteiligungsgesellschaften (83,3 %) potenzielle Portfoliounternehmen aufgrund der nicht passenden Finanzierungsphase bereits in der Eingangsprüfung auszusortieren. Diese Ablehnungen sollten aber im Wesentlichen Finanzierungsgesuche von potenziellen Portfoliounternehmen aus der Early-Stage-Phase betreffen.

Denn bereits bei der Analyse der Investmentstrategie hatten die Universalbeteiligungsgesellschaften eine relativ hohe Ablehnungsquote gegenüber Frühphasenfinanzierungen angegeben.[320] Auch die Tatsache, dass eine zu geringe Beteiligungshöhe bei 66,7 % der befragten Universalbeteiligungsgesellschaften zur Ablehnung der Anfrage führt, bestätigt die Vermutung einer eher ablehnenden Haltung gegenüber Early-Stage-Finanzierungen bereits in der Eingangsprüfung.

Bei den Buy-out-Fonds deuten die relativ hohen Werte bei der Anwendung der Beteiligungshöhe, der Finanzierungsphase und der Beteiligungsquote als K.-o.-Kriterien auf eine konsequente Umsetzung und Anwendung der Anlagegrundsätze als Sortierungskriterium in der Eingangsprüfung dieser Beteiligungskapitalgesellschaften hin. Die Bestrebungen, große Beträge in Form von Mehrheitsbeteiligungen in einzelne Unternehmen der Expansion- oder Late-Stage-Phase zu investieren, macht es scheinbar bereits in der Eingangsprüfung erforderlich, dass Buy-out-Fonds einen Großteil ihrer Beteiligungsanträge frühzeitig aufgrund der Nichterfüllung dieser Kriterien ablehnen müssen.[321]

Bei den Venture-Capital-Gesellschaften kann gemäß ihres Investitionsfokus vor allem die Nichterfüllung der Beurteilungskriterien "Finanzierungsphase" und "Branche" bereits zur Ablehnung der Beteiligungsanträge im Rahmen der Eingangsprüfung führen. Segmentübergreifend geben interessanterweise nur die wenigsten Beteiligungskapitalgesellschaften an (19,6 %), dass eine schlechte Form der Anträge einen Ablehnungsgrund für sie in der Eingangsprüfung darstellt.

---

[320] Vgl. Abschnitt 3.1.1.1.2 und hier insbesondere Tabelle 6.

[321] Somit könnte nicht nur eine mögliche schlechte Qualität des Deal-Flow, sondern auch eine überdurchschnittlich konsequente Anwendung der Anlagegrundsätze für die hohen Ablehnungsquoten in der Eingangsprüfung verantwortlich sein; vgl. zur Qualität des Deal-Flow Abschnitt 3.1.1.2.2; zu den investmentpolitischen Zielsetzungen der Buy-out-Fonds vgl. Abschnitt 3.1.1.1.

Abbildung 29: Segmentspezifische "K.-o.-Kriterien" der Beteiligungskapitalgesellschaften bei der Eingangsprüfung

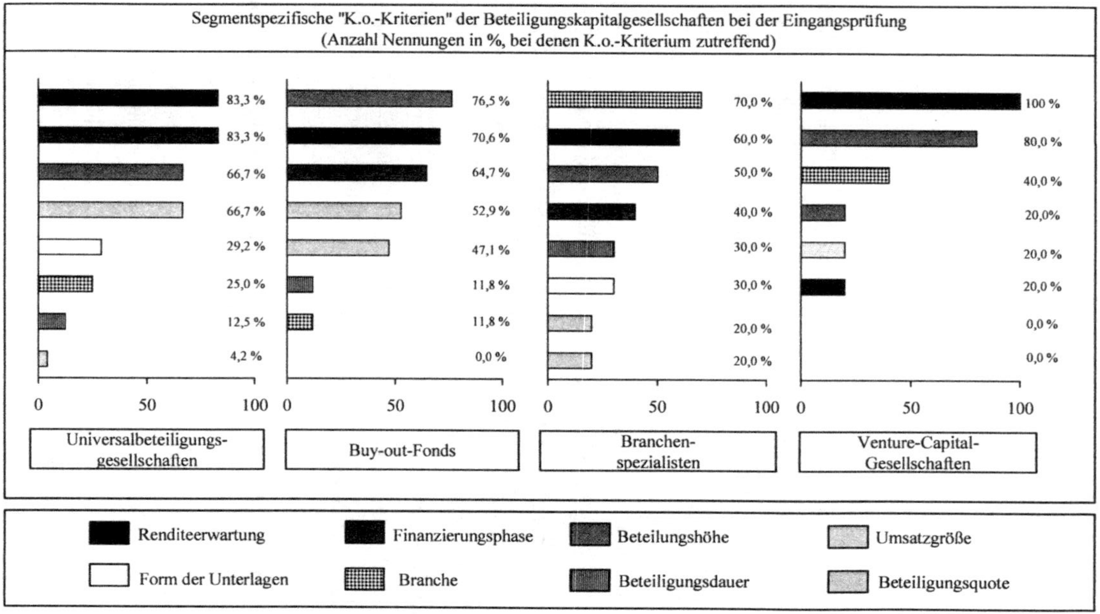

Quelle: Eigene empirische Untersuchung; Frage 16; N = 56

Nachdem durch den Beteiligungsmanager ein Abgleich der Beteiligungsanfragen mit den investmentpolitischen Zielen der Beteiligungskapitalgesellschaft vorgenommen wurde, erfolgt bei einem positiven Ergebnis der Eingangsprüfung eine erste Kurzbewertung des zugrundeliegenden Unternehmenskonzeptes des potenziellen Portfoliounternehmens im Rahmen der Vorprüfung, die im folgenden Abschnitt analysiert wird.

3.1.2.1.2 Vorprüfung der Beteiligungsanfragen

In Abhängigkeit des Teilmarktsegmentes verbleiben nach der Eingangsprüfung immer noch zwischen 31,2 % bis 50,6 % der ursprünglich eingereichten Beteiligungsanträge zur weiteren Prüfung in der Beteiligungskapitalgesellschaft.[322] Da es sich hierbei immer noch um bis zu 840 Anträge p. a. pro Beteiligungskapitalgesellschaft handeln kann, wird durch eine erste Kurzbewertung des Unternehmenskonzeptes im Rahmen der Vorprüfung versucht, weitere Beteiligungsanfragen zu selektieren, um die Zahl der Anträge, welche die aufwendige Feinanalyse durchlaufen werden, zu begrenzen.[323] Die Beurteilung des Unternehmenskonzeptes der verbliebenen Beteiligungsanträge erfolgt dabei auf einer generell verbreiterten Informationsgrundlage.[324] Wie aus Abbildung 30 zu erkennen ist, finden im Rahmen der Vorprüfung erste persönliche Kontakte mit dem Management des potenziellen Portfoliounternehmens in Form von persönlichen Gesprächen (3,8) und Telefonaten (3,9) fast regelmäßig statt. Im Vergleich zur Eingangsprüfung bildet in der Vorprüfung ein Businessplan fast immer (4,4) die Entscheidungsgrundlage für die Beteiligungsmanager. Wurden eigene Analysen in der Eingangsprüfung eher gelegentlich durchgeführt, sind sie nun ein regelmäßiges Element im Rahmen der Vorprüfung (4,2).

---

322 Vgl. Abbildung 27.

323 Im Rahmen der Vorprüfung werden insgesamt durchschnittlich 150 Beteiligungsanträge analysiert. Durchschnittlich 64 Anträge pro Beteiligungskapitalgesellschaft verbleiben dann anschließend für die detailliertere Feinanalyse.

324 Auch in der Vorprüfung konnten keine segmentspezifisch signifikanten Unterschiede in der Informationsbasis festgestellt werden.

Die Prüfung des Unternehmenskonzeptes des potenziellen Portfoliounternehmens entspricht in Abgrenzung zur späteren Feinanalyse der Beteiligungsanträge eher einer Plausibilisierung und Beurteilung des zugrunde liegenden Businessplans auf Basis vorgegebener Kriterien.[325]

Abbildung 30: Informationsbasis im Rahmen der Vorprüfung im Vergleich zur Eingangsprüfung

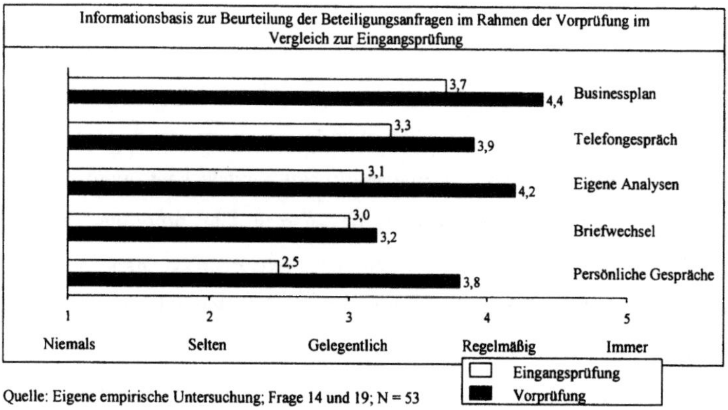

Quelle: Eigene empirische Untersuchung; Frage 14 und 19; N = 53

Zielsetzung der Feinanalyse hingegen ist es, sich einen eigenen Eindruck der Chancen- und Risikenstruktur des Konzeptes zu verschaffen, d. h. ggf. einen eigenen Businessplan zu erstellen. Im Sinne der Entscheidungstheorie werden somit im Rahmen der Vorprüfung nur in geringem Maße Informationsbeschaffungsmaßnahmen durchgeführt. Die Maßnahmen der Informationsverarbeitungen bleiben weitestgehend auf die Analyse des eingereichten Businessplans und auf die Berücksichtigung der Eindrücke aus den wenigen persönlichen Kontakten begrenzt.[326]

Die Kriterien zur Beurteilung des Konzeptes des potenziellen Portfoliounternehmens werden dabei im Wesentlichen auf Basis eines Chancen- und Risikenprofiles des Unternehmenskonzeptes abgeleitet. In der wissenschaftlichen Beteiligungskapitalforschung existieren

[325] Dabei wird der Businessplan des potentiellen Portfoliounternehmens primär auf Vollständigkeit, logische Konsistenz und wirtschaftliche Realisierbarkeit überprüft; vgl. *Hierl, W.*, Entscheidungsverhalten, 1986, S. 218.

zahlreiche empirische Untersuchungen insbesondere im angelsächsischen Raum zu den verwendeten Beurteilungskriterien von Beteiligungskapitalgesellschaften im Rahmen ihrer Beteiligungswürdigkeitsprüfung.[327] Das Spektrum der aufgeführten Beurteilungskriterien gibt dabei über alle Untersuchungen hinweg ein weitestgehend konsistentes Bild ab.[328] Für den Zweck einer systematischen Analyse lassen sich die in den einzelnen Arbeiten jeweils angeführten Kriterien zu einzelnen Sachgebieten als Objekte der Beurteilung zuordnen. Diese Beurteilungsobjekte wiederum lassen sich in Anlehnung an die Klassifizierung der Risikoarten von Unternehmen in vier wesentliche Kategorien bündeln (vgl. Abbildung 31): Managementfähigkeiten, finanz- und leistungswirtschaftliche Fähigkeiten des Unternehmens sowie Marktattraktivität.[329]

Die einzelnen Kriterien sollen im Folgenden entlang der Beurteilungsobjekte innerhalb der vier Kategorien kurz dargestellt werden. Dabei wird zunächst das breite Gesamtspektrum sämtlicher Beurteilungskriterien vorgestellt, das zum größten Teil mit dem Beurteilungsspektrum der Feinanalyse identisch ist, d. h. aber, dass nicht alle der hier aufgeführten Kriterien von allen Beteiligungskapitalgesellschaften gleichermaßen angewendet werden müssen.[330] Auf die Besonderheiten im Rahmen der Vorprüfung wird an gegebener Stelle im Einzelfall hingewiesen.

---

326 Vgl. *Fendel, A.*, Investmententscheidungsprozesse, 1987, S. 174

327 Für die im US-amerikanischen Beteiligungskapitalmarkt verwendeten Beurteilungskriterien vgl. u. a. *Tyebjee, T. T./ Bruno, A. V.*, Venture-Capital, 1981, S. 217-245; *Tyebjee, T. T./ Bruno, A. V.*, Investment-Activity, 1984, S. 1051-1066; *Robinson, R. B.*, Strategies, 1987, S. 69; *MacMillan, I. C./Siegel, R./Narasimha, S. P. N.*, Proposals, 1985, S. 119-128; für die einzigen, dem Autor bekannten und empirisch ausreichend fundierten Untersuchungen in Deutschland vgl. *Schröder, C.*, Strategien, 1992, S. 175 ff. und *Wupperfeld, U.*, Seed-Capital-Markt, 1996, S. 168 ff.

328 Unterschiede bestehen aber insbesondere in der Priorisierung der Anwendung der einzelnen Beurteilungskriterien; vgl. hierzu insbesondere *Robinson, R. B.*, Strategies, 1987, S. 69. Die vermutlich ebenfalls segmentspezifisch differenzierte Anwendung der einzelnen Beurteilungskriterien bei deutschen Beteiligungskapitalgesellschaften soll insbesondere im Abschnitt 3.2.2 der vorliegenden Arbeit untersucht werden.

329 Die in der empirischen Untersuchung insgesamt zugrunde gelegten Beurteilungskriterien im Rahmen der Vorprüfung und der Feinanalyse stellen das Ergebnis einer ausführlichen Literaturanalyse über Beurteilungskriterien dar und geben die zur Feststellung der Beteiligungswürdigkeit relevant gehaltenen Kriterien wieder; vgl. Quellenangaben aus Fußnote 327 als relevante Literaturbasis.

330 Auch sollte nicht der Eindruck entstehen, das die im Folgenden aufgeführten Kriterien anhand eines festen Bewertungsschemas von den Beteiligungsmanagern geprüft werden. Eine positive bzw. negative Beurteilung des Beteiligungsantrages ergibt sich vielmehr aus der Summe der Einschätzungen der Kriterien; vgl. *Wupperfeld, U.*, Seed-Capital-Markt, 1996, S. 171.

Abbildung 31: Kategorisierung der Beurteilungsobjekte der Beteiligungswürdigkeitsprüfung

Managementfähigkeiten	Finanzwirtschaftliche Fähigkeiten des Unternehmens	Leistungswirtschaftliche Fähigkeiten des Unternehmens	Marktattraktivität
• Fachliche Qualifikation • Soziale Qualifikation	• Finanzdaten (Vergangenheit) • Finanzplanung (Zukunft)	• Produkt • Wertschöpfungsprozess (F&E, Beschaffung, Produktion, Vertrieb) • Organisation • Personal • Standorte • Rechtliche Rahmenbedingungen	• Markt • Wettbewerb • Kunden • Exitmöglichkeiten

Quelle: Eigene Darstellung

Zur Beurteilung der Managementfähigkeiten der Unternehmensleitung des potenziellen Portfoliounternehmens werden durch die Beteiligungskapitalgesellschaften vor allem Kriterien zur fachlichen und sozialen Qualifikation der Unternehmensführung geprüft.[331] Zur Bestimmung der fachlichen Qualifikation des Managements kommen dabei insbesondere die Beurteilung der technischen Kompetenz und der kaufmännischen Fähigkeiten der Unternehmensleitung in Betracht. Doch auch das unternehmerische Verhalten im Allgemeinen (Risikobereitschaft, Initiative, Durchsetzungsfähigkeit, Flexibilität) wird als Kriterium zur Beurteilung der fachlichen Qualifikation mit herangezogen. Zur Bestimmung der sozialen Qualifikation des Managements werden Kriterien wie das Führungsverhalten (Führungsstil, Kommunikations- und Delegationsfähigkeit), das Erscheinungsbild (Auftreten, Umgangsformen, Ausstrahlung) und die persönlichen Eigenschaften (Charakter, Willensstärke, Offenheit, Integrität) überprüft. Auch die Analyse der Vergangenheit des Managements ("Track-Record", Referenzen) wird von den Beteiligungskapitalgesellschaften

[331] Zu den im Folgenden aufgeführten Kriterien zur Beurteilung der Managementfähigkeiten vgl. u. a. *Wupperfeld, U.*, Seed-Capital-Markt, 1996, S. 170 ff.; *Koch, W./Wegmann, J.*, Due-Diligence, 1998, S. 83 ff.; *Fendel, A.*, Investmententscheidungsprozesse, 1987, S. 180; *Leopold, G./Frommann, H.*, Eigenkapital, 1998, S. 121 f.; *Baaken, T.*, Bewertung, 1989, S. 101 ff.

als Kriterium zur Abschätzung der fachlichen und sozialen Qualifikation verwendet. Nicht unerheblich ist auch die Frage der Komplementarität des Managementteams, d. h. die Frage, ob sich das Führungsteam in seinen Fähigkeiten ergänzt.[332]

Aufgrund der während der Vorprüfung weniger intensiven, persönlichen Kontakte der Beteiligungskapitalgesellschaften mit dem Management des Portfoliounternehmens werden in dieser Phase der Beteiligungswürdigkeitsprüfung die Kriterien zur Beurteilung der Managementfähigkeiten primär auf Basis der schriftlich eingereichten Unterlagen analysiert. Wie bereits bei der Untersuchung der Eingangsprüfung ausgeführt, kommt dabei dem vorgelegten Businessplan eine besondere Bedeutung zu. Aus der inhaltlichen und formalen Aufbereitung der Unterlagen lassen sich erste Eindrücke über die Fähigkeiten des Managements gewinnen. Die Inhalte des Unternehmenskonzeptes können dabei geeignete Rückschlüsse auf die kaufmännischen und technischen Fähigkeiten des Managements liefern. Aus der formalen Aufbereitung können sich zusätzlich einige Implikationen für das unternehmerische Verhalten und die persönlichen Eigenschaften der handelnden Personen ergeben.[333] Neben dem Businessplan werden von den Beteiligungskapitalgesellschaften die eingereichten Lebensläufe der Manager als weitere Grundlage zur Beurteilung der Managementfähigkeiten genutzt. Denn durch die Lebensläufe der einzelnen Unternehmer kann der Beteiligungsmanager überprüfen, ob die notwendige fachliche und soziale Qualifikation durch Fach- oder Führungsaufgaben in der Vergangenheit erworben werden konnte.[334] Neben der reinen Dokumentenanalyse versucht der Beteiligungsmanager zusätzlich, durch die ersten persönlichen Gespräche und Telefonate mit dem Management des Portfoliounternehmens seinen, auf Basis der schriftlichen Unterlagen gewonnenen, Eindruck über die Managementfähigkeiten zu verifizieren.

---

[332] Vgl. *Klemm, H. A.*, Innovationsvorhaben, 1988, S. 174; Wells, W. A., Venture-Capital, 1976, S. 90.

[333] Zur Bedeutung des Businessplans bei der Bewertung der Persönlichkeit und Qualifikation des Managementteams bei US-amerikanischen Venture-Capital-Gesellschaften vgl. *MacMillan, I. C./Siegel, R./Narasimha, S. P. N.*, Proposals, 1985, S. 128; *MacMillan, I. C./Narasimha, S. P. N.*,Characteristics, 1986, S. 405 ff.

[334] Vgl. *Fendel, A.*, Investmententscheidungsprozesse, 1987, S. 169.

Die Analyse der vergangenheitsbezogenen Finanzdaten und der zukunftsbezogenen Finanzplanung steht bei der Beurteilung der finanzwirtschaftlichen Fähigkeiten des Unternehmens im Vordergrund der Prüfung durch die Beteiligungskapitalgesellschaften.[335] Als Kriterien werden dabei diverse Finanzkennzahlen durch die Beteiligungskapitalgesellschaften herangezogen und deren Ausprägung sowohl wenn möglich in der Vergangenheit als auch auf Basis des Businessplans in der Zukunft analysiert. Als Bezugsgrößen für die einzelnen Kennzahlen werden dazu verschiedene Werte durch die Beteiligungskapitalgesellschaften untersucht. Im Wesentlichen werden dafür folgende Daten verwendet: die generelle und produktspezifische Entwicklung und Struktur des Umsatzes und der Rentabilität des potenziellen Portfoliounternehmens, die Entwicklung und Struktur der Bilanz und der Gewinn- und Verlustrechnung und die Entwicklung und Struktur des Cashflows, der Investitionen und der Liquidität des Unternehmens. Im Rahmen der Vorprüfung werden auf Basis der eingereichten Unterlagen die einzelnen Bezugsgrößen plausibilisiert und die aus Sicht der Beteiligungskapitalgesellschaft sinnvollsten Kennzahlen kalkuliert.

Die Beurteilung der leistungswirtschaftlichen Fähigkeiten des Unternehmens kann während der Vorprüfung im Wesentlichen nur auf Basis der eingereichten Unterlagen erfolgen. Auch hier sei nochmals der Hinweis erlaubt, dass sicherlich nicht sämtliche der im Folgenden aufgeführten Beurteilungskriterien von allen Beteiligungskapitalgesellschaften gleichermaßen angewendet werden. Wie in Abbildung 31 dargestellt, können die Kriterien zur Bewertung der leistungswirtschaftlichen Fähigkeiten sechs Beurteilungsobjekten zugeordnet werden: dem Produkt, dem Wertschöpfungsprozess, der Organisation, dem Personal, den Standorten und den rechtlichen Rahmenbedingungen des potenziellen Portfoliounternehmens.[336]

Bei der Produktbeurteilung kann zunächst das Produktsortiment bzw. das Produktprogramm als Ganzes auf seine Breite und Tiefe hin analysiert werden. Daraufhin wird durch die Beteiligungskapitalgesellschaft eine Einzelbetrachtung der zentralen Produkte des

---

[335] Zu den einzelnen Kriterien bei der Prüfung der finanzwirtschaftlichen Fähigkeiten vgl. u. a. *Koch, W./Wegmann, J.*, Due-Diligence, 1998, S. 102 ff.; *Born, K.*, Unternehmensbewertung, 1995, S. 77 ff.; *Copeland, T./Koller, T./Murrin, J.*, Valuation, 1994, S. 154 ff.

[336] Zu den einzelnen Kriterien bei der Prüfung der leistungswirtschaftlichen Fähigkeiten vgl. u. a. *Koch, W./Wegmann, J.*, Due-Diligence, 1998, S. 68 ff.; *Leopold, G./Frommann, H.*, Eigenkapital, 1998, S. 122 ff.; *Baaken, T.*, Bewertung, 1989, S. 174 ff.; *Born, K.*, Unternehmensbewertung, 1995, S. 73 ff.

Unternehmens erfolgen. Dabei bezieht sich die Analyse bei innovativen Produkten vor allem auf die Frage der technischen Realisierbarkeit.[337] Die Beteiligungskapitalgesellschaften beurteilen im Rahmen der Produktanalyse die Technologie, die Kostenstruktur, den Lebenszyklus, die Qualität und den Kundennutzen des Produktes. Doch auch die Vorteile gegenüber Konkurrenzprodukten, die Substitutionsgefahr einzelner Produkte und das generelle Image der Produkte im Markt werden unter Umständen durch die Beteiligungskapitalgesellschaft eingeschätzt.

Bei der Beurteilung des Wertschöpfungsprozesses versuchen die Beteiligungskapitalgesellschaften, die Fähigkeiten des potenziellen Portfoliounternehmens innerhalb der einzelnen Wertschöpfungsstufen von der Forschung & Entwicklung bis zum Vertrieb zu beurteilen. So wird in der Forschung & Entwicklung insbesondere die Realisierungsquote bei neuen Produkten und Patenten bewertet werden. In der Beschaffung wird die Beteiligungskapitalgesellschaft versuchen, sich ein Bild über die Lieferantenstruktur, die Abhängigkeit von einzelnen Lieferanten und bestimmten Rohstoffen, die Qualität der verwendeten Rohstoffe und die allgemeinen Einkaufsbedingungen/-konditionen zu verschaffen. Die Produktion kann ebenfalls von der Beteiligungskapitalgesellschaft begutachtet werden. Dabei können neben der Beurteilung der Produktionsprozesse, eine Analyse der Produktivität, der Kapazitätsauslastung und der Kosten der Leistungserstellung erfolgen. Auch die verwendete Produktionstechnologie und der Zustand der Produktionsanlagen können durch die Beteiligungskapitalgesellschaft untersucht werden. Bei der Analyse des Vertriebes als letzter Stufe der Wertschöpfungskette wird das allgemeine Vertriebskonzept des Unternehmens beurteilt. Die Vertriebsorganisation und die Qualität der Vertriebskanäle werden kritisch analysiert, sowie die daraus entstandenen Kosten des Vertriebes. Die generelle Preispolitik des Unternehmens kann ebenfalls Gegenstand der Vertriebsanalyse sein.

Die Beurteilung der Organisation des potenziellen Portfoliounternehmens wird neben einer generellen Analyse der Auf- und Ablauforganisation des Unternehmens insbesondere die Prüfung der Qualität der Controlling- und Steuerungssysteme sowie des Rechnungswesens umfassen.[338] Der Zustand der zugrunde liegenden EDV-Systeme könnte in diesem

[337] Vgl. *Wrede, T.*,Venture-Capital, 1987, S. 185 ff.; *Fendel, A.*, Investmententscheidungsprozesse, 1987, S. 212.
[338] Vgl. *Büschgen, H. E.*, Venture-Capital, 1985, S. 225.

Zusammenhang ebenfalls kritisch durch die Beteiligungskapitalgesellschaft begutachtet werden. Bei der Bewertung des Personals des potenziellen Portfoliounternehmens werden im Allgemeinen neben der Qualifikation vor allem die Personalkosten analysiert. Zusätzlich verschafft sich die Beteiligungskapitalgesellschaft ein Bild über das Betriebsklima im Unternehmen. Auch die Alterstruktur und die Fluktuationsrate bleiben nicht unberücksichtigt. Bei der Standortanalyse des Unternehmens können neben einer Beurteilung der geographischen Standortbedingungen wie der vorhandenen Infrastruktur und der Verkehrsanbindung die politischen Standortrisiken und mögliche Umweltschutzauflagen abgeschätzt werden. Zur Berücksichtigung der rechtlichen Rahmenbedingungen prüfen die Beteiligungskapitalgesellschaften die bestehenden Gesellschafts- und existierende Unternehmensverträge wie Kooperations-, Miet- und Kundenverträge.

Zur Beurteilung der Marktattraktivität lassen sich die verwendeten Bewertungskriterien vier wesentlichen Beurteilungsobjekten zuordnen: dem Markt, dem Wettbewerb, den Kunden und den Exitmöglichkeiten.[339] Bei der Analyse des Marktes werden die Beteiligungsmanager zunächst die Marktgröße und das Marktwachstum in der Vergangenheit prüfen. Vor allem wird aber von den Beteiligungskapitalgesellschaften das Marktwachstum in der Zukunft abgeschätzt. Für eine fundierte Beurteilung müssen dafür die wesentlichen Erfolgsfaktoren und die zukünftigen Markttrends bekannt sein. Neben der Rentabilität des Marktes werden für ein vollständiges Bild zur Einschätzung der Marktattraktivität die Konjunkturabhängigkeit des Marktes und die politischen Rahmenbedingungen kritisch untersucht.

Zur Beurteilung der Wettbewerbssituation werden durch die Beteiligungskapitalgesellschaften die Wettbewerberstrukturen im Hinblick auf die relativen Marktanteile und die Wettbewerbsintensitäten detailliert analysiert. Neben der Skizzierung eines Stärken- und Schwächenprofils der wesentlichen Wettbewerber können Differenzierungsmöglichkeiten gegenüber dem Wettbewerb herausgearbeitet und die Markteintrittsbarrieren bewertet werden. Im Rahmen der Beurteilung der Kunden nehmen die Beteiligungskapitalgesellschaften eine Analyse der Kundenstruktur vor und beleuchten mögliche Abhängigkeiten des Portfoliounternehmens von

---

[339] Zu den im Folgenden aufgeführten Kriterien zur Beurteilung der Marktattraktivität vgl. u. a. *Koch, W./Wegmann, J.*, Due-Diligence, 1998, S. 57 ff.; *Fendel, A.*, Investmententscheidungsprozesse, 1987, S. 180 f.; *Baaken, T.*, Bewertung, 1989, S. 204 ff.; *Born, K.*, Unternehmensbewertung, 1995, S. 68 ff.

einzelnen Kunden. Auch eine Untersuchung der Bedarfsstruktur der Kunden kann Gegenstand der Untersuchung sein. Zur Vervollständigung der Einschätzung der Marktattraktivität können auf Basis der Entwicklungsszenarien des Marktes alternative Exitmöglichkeiten für eine spätere Desinvestition des Portfoliounternehmens durchleuchtet werden. In diesem Zusammenhang wäre bereits eine Identifikation potenzieller Käufer für das Portfoliounternehmen sowie das Abschätzen von Verkaufswahrscheinlichkeiten möglich.

Am Ende der Vorprüfung bzw. der Grobanalyse versuchen die Beteiligungskapitalgesellschaften in der Regel bei den verbleibenden Portfoliounternehmen, in die sich aus Sicht der Beteiligungskapitalgesellschaft eine Investition rentiert und bei denen eine hohe Beteiligungswahrscheinlichkeit besteht, einen " Letter of Intent (LoI)" abzugeben.[340] Diese Vereinbarung beinhaltet die schriftliche Bestätigung der grundsätzlichen Beteiligungsbereitschaft der Beteiligungskapitalgesellschaft sowie die Fixierung der grundlegenden Konditionen. Da die im Anschluss folgende Feinanalyse mit erheblichen Transaktionskosten für die Beteiligungskapitalgesellschaft verbunden ist, versuchen die Beteiligungskapitalgesellschaften gleichzeitig, die Abschlussfreiheit des potenziellen Portfoliounternehmens mit anderen Beteiligungskapitalgesellschaften mit diesem schriftlichen Dokument einzuschränken. Denn für den Fall, dass die Finanzierung des Portfoliounternehmens aufgrund der Beteiligung durch eine andere Beteiligungskapitalgesellschaft nicht zustande kommt, muss das Portfoliounternehmen bei einer Annahme des "Letter of Intent" die entstandenen Prüfungskosten ersetzen.[341]

Nach Unterzeichnung des "LoI" beginnt mit der Feinanalyse die aufwendigste Phase der Beteiligungswürdigkeitsprüfung, deren Prozess im folgenden Abschnitt detaillierter beschrieben wird.

---

[340] Vgl. *Schröder, C.*, Strategien, 1992, S. 190.

[341] Zur der sich aus dieser Konstellation heraus ergebenen „Free-Rider-Problematik“ und dem als Sicherungsdesign gegen entsprechende Schädigungsmöglichkeiten eingesetzten „Letter of Intent“ vgl. *Zemke, I.*, Unternehmensverfassung, 1995, S. 255.

3.1.2.2 Feinanalyse der Beteiligungsanfragen

Ziel der Feinanalyse ist, wie bereits erwähnt, nicht nur die Plausibilisierung und Beurteilung des seitens des Portfoliounternehmens aufbereiteten Businessplans, sondern die Erarbeitung eines eigenen Eindruckes über die Chancen- und Risikostruktur des vorgelegten Unternehmenskonzeptes, um eine endgültige Entscheidung über die grundsätzliche Beteiligungswürdigkeit des finanzierungssuchenden Unternehmens zu treffen.[342] Da im Rahmen der Feinanalyse umfassende Informationsbeschaffungsmaßnahmen notwendig sind und immerhin durchschnittlich noch 64 Beteiligungsanfragen pro Beteiligungskapitalgesellschaft analysiert werden müssen, ist die Feinanalyse mit erheblichen Transaktionskosten für die Beteiligungskapitalgesellschaft verbunden.[343]

Zwar kommen für die Feinanalyse grundsätzlich das gleiche Spektrum an Beurteilungskriterien und somit auch an Beurteilungsobjekten in Frage wie bei der Vorprüfung.[344] Doch aufgrund der deutlich höheren Prüfungsanforderungen in der Feinanalyse werden die notwendigen Informationen zur Beurteilung der einzelnen Kriterien mit größerem Aufwand beschafft und intensiver verarbeitet bzw. analysiert. In der Vorgehensweise des Prozessablaufes der Feinanalyse lassen sich dabei drei wesentliche Unterschiede im Vergleich zur Vorprüfung identifizieren. Zum einen die intensiven Gespräche der Beteiligungsmanager mit dem Managementteam des potenziellen Portfoliounternehmens und die deutlich intensiveren eigenen Analysen, die meistens von einem Team von Beteiligungsmanagern durchgeführt werden. Zum anderen ermöglicht der Einsatz externer Dritter, umfassendere Informationsbeschaffungsmaßnahmen durchzuführen als in der Vorprüfung.

Zur Beurteilung der Managementfähigkeiten werden demnach intensive Gespräche mit dem Management des Portfoliounternehmens geführt. Die Gespräche verfolgen dabei zwei

---

342 Vgl. *Kürten, S.*, Unternehmensbeteiligungsgesellschaften, 1990, S. 77; *Fendel, A.*, Investmententscheidungsprozesse, 1987, S. 183.

343 Bei der Anzahl der Beteiligungsanträge, die im Rahmen der Feinanalyse detailliert beurteilt werden müssen, existieren zwischen den einzelnen Segmenten signifikante Unterschiede (p = 0,027*). So sind es bei den Buy-out-Fonds nur durchschnittlich 22, bei den Universalbeteiligungsgesellschaften aber 73, bei den Venture-Capital-Gesellschaften 93 und bei den Branchenspezialisten sogar 98 Beteiligungsanfragen, die im Rahmen der Feinanalyse geprüft werden sollten.

344 Zu den exakten Unterschieden bei der Analyse der einzelnen Beurteilungsobjekte zwischen Feinanalyse und Vorprüfung vgl. Abschnitt 3.2.2 der vorliegenden Arbeit.

wesentliche Zielsetzungen. Auf der einen Seite soll natürlich die persönliche Beteiligungswürdigkeit der Unternehmensleitung geprüft werden, inwieweit das Managementteam tatsächlich in der Lage sein wird, die Planungen und Vorhaben des Businessplans zu realisieren. Auf der anderen Seite soll aber auch beurteilt werden, ob zwischen dem Unternehmer und der Beteiligungskapitalgesellschaft eine möglichst reibungslose Zusammenarbeit in der Zukunft zu erwarten ist. Gerade bei der Beurteilung der Managementfähigkeiten haben subjektive Einschätzungen der Beteiligungsmanager aufgrund der begrenzten Möglichkeiten zur Operationalisierung und Quantifizierung der zu verarbeitenden Informationen eine hohe Bedeutung.[345] Die direkte Messbarkeit der Eignung des Managements zur Führung eines Unternehmens ist nahezu unmöglich. Daher werden von dem überwiegenden Teil der Beteiligungskapitalgesellschaften standardisierte Bewertungskonzepte wie z. B. starre Punktebewertungsverfahren bei der Feinanalyse als alleiniges Entscheidungsinstrument nicht eingesetzt.[346] Sie dienen aber als Ergänzung zu den subjektiven Einschätzungen der Beteiligungsmanager, um deren Beobachtungen frühzeitig zu systematisieren und die Beobachtungsergebnisse später strukturiert auswerten zu können. Die komplexitätsreduzierende Funktion dieser gestützten Bewertungen ermöglicht auch einen Vergleich einzelner Eindrücke von unterschiedlichen Beteiligungsmanagern. Da Beteiligungskapitalgesellschaften gerade bei der Beurteilung der Managementfähigkeiten oftmals das "Vier-Augen-Prinzip" anwenden und die agierenden Unternehmer von mehreren Beteiligungsmanagern beurteilen lassen, sind derart gestützte Bewertungen zur besseren Vergleichbarkeit der Einschätzungen im Rahmen von Feedback-Gesprächen der Professionals sinnvoll. Ein Großteil der Beteiligungskapitalgesellschaften sichert ihre persönliche Beurteilung über die Managementfähigkeiten der Unternehmensleitung durch Kreditauskünfte und vor allem Referenzen der Unternehmer ab.[347]

Die eigenen Analysen insbesondere zur Beurteilung der <u>finanz- und leistungswirtschaftlichen Fähigkeiten</u> des potenziellen Portfoliounternehmens und zur Einschätzung der <u>Marktattraktivität</u> werden im Vergleich zur Vorprüfung deutlich intensiviert. Hierzu werden von den Beteiligungsmanagern ein umfangreiches Desk-Research aber auch die Besichtigung

[345] Vgl. *Ruhnka, J. C./ Young, J. E.*, Risk, 1991, S. 115.
[346] Vgl. *Wupperfeld, U.*, Seed-Capital-Markt, 1996, S. 162.
[347] Vgl. *Fendel, A.*, Investmententscheidungsprozesse, 1987, S. 179; *Wupperfeld, U.*, Seed-Capital-Markt, 1996, S. 172.

bspw. der Produktionsstätten des Unternehmens vor Ort durchgeführt. Da die Einschätzung der finanzwirtschaftlichen Leistungsfähigkeit des potenziellen Unternehmens und hier insbesondere die Ertragsprognosen erheblichen Einfluss auf die Unternehmensbewertung und somit auf die spätere Preisfindung haben kann, werden auf Basis der Gesamterkenntnisse der Feinanalyse die prognostizierten Werte im Businessplan kritisch hinterfragt und bei Bedarf auch noch mal durch die Beteiligungskapitalgesellschaft angepasst.[348]

Die Untersuchungsergebnisse der eigenen Analysen werden am Ende der Feinanalyse von der Beteiligungskapitalgesellschaft meist in Form einer Durchführbarkeitsstudie (sog. "Feasibility-Studie") zusammengefasst, in der dann mittels Sensitivitäts- und Risikoanalysen ein unternehmensbezogenes Chancen- und Risikoprofil dargestellt wird.[349] Ergänzt werden die eigenen Beiträge oftmals noch durch diverse Analysen von externen Dritten.

Zur Unterstützung bei den eigenen Analysen oder zur vollständigen Auslagerung von Analysen bzw. Dienstleistungen beauftragen die Beteiligungskapitalgesellschaften im Rahmen der Feinanalyse oftmals externe Dritte.[350] Dabei lassen sich im Rahmen der empirischen Untersuchung segmentspezifische Unterschiede sowohl in der Häufigkeit und Verwendung Externer feststellen als auch in der Art der eingesetzten Dienstleister. Die Venture-Capital-Gesellschaften setzen im Vergleich zu den anderen Segmenten am häufigsten externe Dritte ein. In insgesamt 97,5 % aller ihrer Prüfungsfälle beauftragen sie externe Dritte. Diese Unterstützung nehmen sie offensichtlich regelmäßig für die Beurteilung des Marktes (4,0) und des Produktes (3,8) des potenziellen Portfoliounternehmens in Anspruch (vgl. Abbildung 32).

---

[348] Vgl. *Silver, A. D.*, Venture-Capital, 1984, S. 96.

[349] Vgl. *Klemm, H. A.*, Innovationsvorhaben, 1988, S. 180 f.; *Cimbal, A.*, Venture-Capital-Finanzierungen, 1995, S. 145.

[350] Gerade die Beurteilung der Marktattraktivität und der finanzwirtschaftlichen Fähigkeiten des Portfoliounternehmens werden von manchen Beteiligungskapitalgesellschaften vollständig an externe Dritte vergeben; vgl. *Wupperfeld, U.*, Seed-Capital-Markt, 1996, S. 177; *Fendel, A.*, Investmententscheidungsprozesse, 1987, S. 176 f.

Abbildung 32: Einsatz externer Dritter nach Themenschwerpunkten

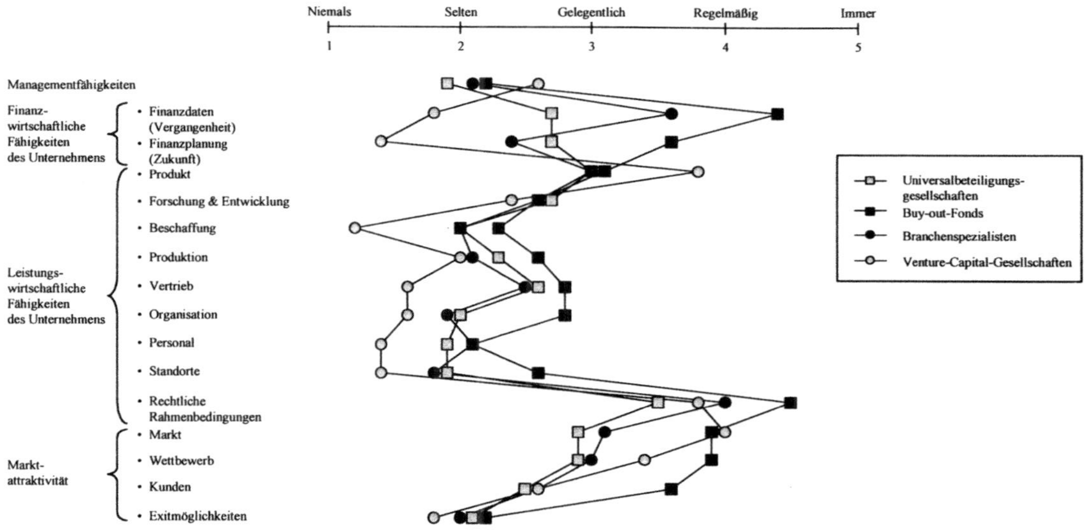

Quellen: Eigene empirische Untersuchung; Frage 27; N = 56

Da es sich bei einem Großteil ihrer Portfoliounternehmen um Gründungsunternehmen mit innovativen Produkten handelt, scheint hier insbesondere Beratungsbedarf für die Prognose des Marktbedarfes und der Kundenakzeptanz auf der einen Seite und für die Prüfung der zugrunde liegenden Technologie des Produktes auf der anderen Seite notwendig.[351]

Zur Beurteilung der rechtlichen Rahmenbedingungen (3,8) lassen sich die Venture-Capital-Gesellschaften ebenfalls regelmäßig von externen Dritten unterstützen. Auffällig im Vergleich mit den anderen Segmenten erscheinen die relativ niedrigen Werte bei der Prüfung der finanz- und leistungswirtschaftlichen Fähigkeiten des Unternehmens. Die Prüfung dieser Beurteilungsobjekte scheinen die Venture-Capital-Gesellschaften nur in den seltensten Fällen von Externen durchführen zu lassen. Betrachtet man die Art der eingesetzten Dienstleister so zeigt sich, wie in Abbildung 33 dargestellt, die hohe Inanspruchnahme des informellen Netzwerkes der Venture-Capital-Gesellschaften (4,8). Somit scheint sich das spezialisierte Netzwerk nicht nur zur Generierung eines qualitativ hochwertigen Deal-Flow zu eignen. Es kann auch zur Überprüfung von Beurteilungskriterien in Anspruch genommen werden. Neben der Nutzung des informellen Netzwerkes und dem mehr als regelmäßigen Einsatz von Rechtsanwälten (4,6) werden die übrigen externen Dienstleister nur gelegentlich durch die Venture-Capital-Gesellschaften eingesetzt.

Die Beteiligungskapitalgesellschaften mit dem zweithäufigsten Einsatz externer Dritter sind die Buy-out-Fonds. Mit insgesamt 90,3 % setzen auch sie bei fast jeder Prüfung ihrer potenziellen Portfoliounternehmen externe Dritte ein. Im Wesentlichen handelt es sich hierbei um Rechtsanwälte (4,9), Wirtschaftsprüfer (4,9), Steuerberater (4,5) und das informelle Netzwerk (4,2). Aber auch die Inanspruchnahme von Unternehmensberatern findet vergleichsweise häufig statt (3,6). Diese Tatsache könnte mit dem Umstand zusammenhängen, dass Buy-out-Fonds insbesondere zur Beurteilung der Marktattraktivität im Vergleich zu den anderen Segmenten häufiger externe Dritte mit hinzuziehen. Denn gerade zur Beurteilung der allgemeinen Marktattraktivität lässt sich das Know-how von externen Unternehmensberatern sehr gut nutzen.

---

[351] Vgl. *Fendel, A.*, Investmententscheidungsprozesse, 1987, S. 182.

Abbildung 33: Einsatz externer Dritter nach Art des Dienstleisters

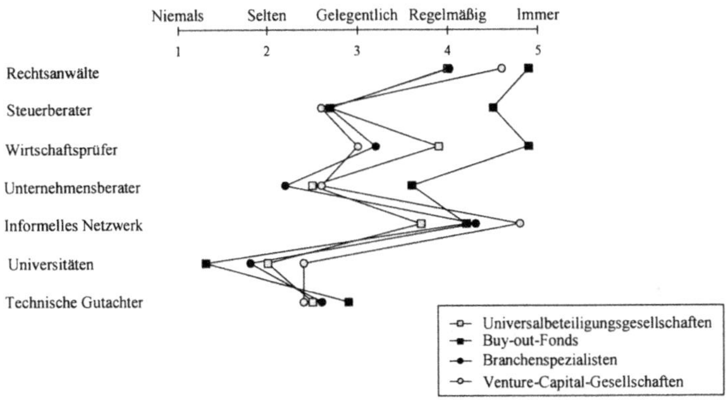

Quellen: Eigene empirische Untersuchung; Frage 29; N = 56

Die Universalbeteiligungsgesellschaften setzen in 70,5 % ihrer Prüfungsfälle externe Dritte ein. Diese hohe Quote scheint sich dabei im Wesentlichen auf den Unterstützungsbedarf bei der Beurteilung der rechtlichen Rahmenbedingungen zu beziehen, den sie fast regelmäßig geltend machen (3,5). Ansonsten scheint es sich bei den Universalbeteiligungsgesellschaften in Bezug auf die Inanspruchnahme von externen Dritten eher um einen gelegentlichen Bedarf zu handeln.

Den geringsten Bedarf an Unterstützungsleistung durch externe Dritte unter den vier Segmenten der Beteiligungskapitalgesellschaften scheinen die Branchenspezialisten zu haben. Nur in 57,6 % ihrer Prüfungsfälle setzen sie externe Dritte ein. Auffällig sind bei der Interaktion der Branchenspezialisten mit externen Dritten ohnehin nur zwei Beobachtungen: zum einen die hohe Inanspruchnahme bei der Analyse der vergangenheitsbezogenen Finanzdaten (3,6) und zum anderen der regelmäßige Einsatz von externen Dritten bei der Beurteilung der rechtlichen Rahmenbedingungen (4,0). Generell lässt sich im Übrigen feststellen, dass die Inanspruchnahme von externen Dritten insbesondere zur Einschätzung der rechtlichen Rahmenbedingungen über alle Segmente hinweg am höchsten ist. Dies wird u. a. einer der Gründe sein, weshalb neben den Wirtschaftsprüfern die Rechtsanwälte die am häufigsten eingesetzten Externen durch Beteiligungskapitalgesellschaften sind.

Die Gesamteindrücke aus den Gesprächen mit dem Management, den aufbereiteten eigenen Analysen und den Untersuchungsergebnissen der externen Dritten werden am Ende der Feinanalyse meist von einem Investitionsausschuss ("Investment-Committee") nochmals kritisch hinterfragt, bevor dann die endgültige Beteiligungswürdigkeit des potenziellen Portfoliounternehmens und die Investitionsabsicht aus Sicht der Beteiligungskapitalgesellschaft entschieden wird. Mit dem Abschluss der Feinanalyse kann die Anzahl der Beteiligungsanträge in Abhängigkeit des Teilmarktsegmentes noch einmal auf 6,7 % bis 12,6 % der ursprünglich eingereichten reduziert werden. Im positiven Sinne können damit am Ende der Beteiligungswürdigkeitsprüfung insgesamt durchschnittlich 20 Unternehmen (Median) pro Beteiligungskapitalgesellschaft identifiziert werden, die als beteiligungswürdig eingeschätzt werden und mit denen die Beteiligungskapitalgesellschaft beabsichtigt, in einem nächsten Schritt konkrete Beteiligungsverhandlungen durchzuführen.[352]

Nach der primär prozessorientierten Darstellung der einzelnen Phasen der Beteiligungswürdigkeitsprüfung und der Identifikation von segmentspezifischen Unterschieden und Gemeinsamkeiten sollen nun im folgenden Abschnitt die wesentlichen Eigenschaften der Beteiligungswürdigkeitsprüfung empirisch untersucht werden.

3.2 Wesentliche Eigenschaften der Beteiligungswürdigkeitsprüfung

Im nun folgenden Abschnitt gilt es, auf Basis der empirischen Untersuchung zwei zentrale Fragestellungen der vorliegenden Arbeit zu beantworten. Zum einen sollte geklärt werden, ob wesentlichen Eigenschaften der Beteiligungswürdigkeitsprüfung segmentspezifische Unterschiede vorweisen. Zum anderen sollten im Sinne des explikativen Wissenschaftszieles dieser Arbeit die wesentlichen Eigenschaften identifiziert werden, die eine möglicherweise vorhandene Qualitätsvarianz der Beteiligungswürdigkeitsprüfung am besten erklären.

Voraussetzung zur Beantwortung dieser Fragestellungen ist aber zunächst die Festlegung der für die Beteiligungswürdigkeitsprüfung wirklich wesentlichen Eigenschaften. Dabei gilt es zu

[352] Zum weiteren Prozess im Rahmen der Beteiligungsverhandlung vgl. Abschnitt 2.3.4.

beachten, dass nicht nur der Prüfungsprozess als solcher, sondern auch die Beteiligungswürdigkeitsprüfung im Allgemeinen im Spannungsfeld zwischen notwendiger Informationstiefe und entstehenden Prüfungskosten steht. Zur Erreichung einer notwendigen Informationstiefe und damit einer ausreichenden Transparenz über die relevanten Beurteilungsobjekte müsste die Beteiligungswürdigkeitsprüfung eine bestimmte Analysenintensität in Form von Analysenbreite bzw. Analysentiefe vorweisen, die ebenfalls wiederum entsprechende Prüfungsaufwendungen mit sich bringen. Zur Lösung bzw. Harmonisierung dieses Spannungsfeldes sollte somit versucht werden, die optimale Relation zwischen Analysenintensität und Aufwand der Beteiligungswürdigkeitsprüfung zu bestimmen. Aus diesem Grunde erscheint insgesamt eine Ausrichtung der zu untersuchenden Eigenschaften an den zwei Spannungspolen Aufwand und Analysenintensität sinnvoll, um die Fragestellungen dieses Abschnitts beantworten zu können.

Die Fokussierung der Untersuchung auf diese beiden wesentlichen Eigenschaften der Beteiligungswürdigkeitsprüfung erscheint auch aus agencytheoretischer Sicht sinnvoll. Denn aus dieser Perspektive führt zwar eine höhere Analysenintensität und die damit verbundenen erhöhten Prüfungsanstrengungen zu einem Abbau der Informationsasymmetrie zwischen Beteiligungskapitalgesellschaft und kapitalnachfragendem Unternehmen. Andererseits steigen gleichzeitig die Kosten der Beteiligungswürdigkeitsprüfung der Beteiligungskapitalgesellschaft. Der entstehende Aufwand der Beteiligungswürdigkeitsprüfung begrenzt somit den gewünschten Abbau der Informationsasymmetrien. Insofern ist insbesondere die Frage interessant, bei welchen Beteiligungskriterien die Analysenintensität wie hoch sein sollte, um dem entstehenden Analyseaufwand auch einen adäquaten Analysenutzen (Reduzierung der Informationsasymmetrie) gegenüberstellen zu können.[353]

Zur Beantwortung der zwei zentralen Fragestellungen dieses Abschnitts wird im Folgenden zunächst der Aufwand der Beteiligungswürdigkeitsprüfung analysiert, bevor dann anschließend die Analysenintensität einer detaillierten Untersuchung unterzogen wird. Bei der Analyse der wesentlichen Eigenschaften wird nach einer einheitlichen Struktur vorgegangen. Zunächst werden die Ausprägungen der einzelnen Eigenschaften segmentspezifisch analysiert

---

[353] Vgl. *Misirli, O.*, Intermediäre, 1988, S. 14.

und wesentliche Unterschiede bzw. Gemeinsamkeiten herausgearbeitet.[354] Im Anschluss erfolgt die Untersuchung und Auswertung möglicher Zusammenhänge segmentübergreifend zwischen den einzelnen Eigenschaften und der Qualität der Beteiligungswürdigkeitsprüfung.[355]

3.2.1 Aufwand der Beteiligungswürdigkeitsprüfung

Zur Bestimmung eines optimalen Verhältnisses zwischen Aufwand und Analysenintensität der Beteiligungswürdigkeitsprüfung deutscher Beteiligungskapitalgesellschaften gilt es in einem ersten Schritt die unterschiedlichen Aufwendungen der Prüfung abzuschätzen. Diese Quantifizierung erfolgt durch eine Bestimmung der Kosten der Beteiligungswürdigkeitsprüfung (Abschnitt 3.2.1.3). Bevor aber die endgültigen Aufwendungen des Selektionsverfahrens ermittelt werden, werden vorab zwei wesentliche Einflussfaktoren auf die Aufwendungen der Beteiligungswürdigkeitsprüfung untersucht. Zum einen wird die Bearbeitungsdauer der Beteiligungswürdigkeitsprüfung als ein wesentlicher Einflussfaktor analysiert (Abschnitt 3.2.1.1), zum anderen soll anschließend die Produktivität der Beteiligungswürdigkeitsprüfung als weitere Bestimmungsgröße des Prüfungsaufwandes untersucht werden (Abschnitt 3.2.1.2).

3.2.1.1 Bearbeitungsdauer der Beteiligungswürdigkeitsprüfung

Da Beteiligungskapitalgesellschaften häufig unter erheblichen zeitlichen Restriktionen agieren, ist die Bedeutung der Bearbeitungsdauer als einer der möglichen Erfolgsfaktoren in der Beteiligungswürdigkeitsprüfung nicht zu unterschätzen. Denn die Beteiligungskapitalgesellschaften sind oftmals gezwungen in kurzer Zeit ihr Interesse an einem individuellen Unternehmen zu bestimmen, d. h. über einen Abbruch bzw. Fortgang des Entscheidungsprozesses zu entscheiden.[356] Die Häufigkeit derartiger Situationen mit hohem Entscheidungsdruck nimmt weiter zu, denn die hohen Zuwachsraten des Beteiligungskapitalmarktes haben

354 Unterschiede zwischen den einzelnen Segmenten wurden dabei wiederum auf Basis einer einfaktoriellen Varianzanalyse untersucht. Mit Hilfe der SPSS-Standard-Prozedur ONEWAY wurde die Gesamtsignifikanz der Gruppenunterschiede ermittelt.

355 Die Zusammenhangsanalysen erfolgten mittels bivariater Korrelationsanalyse oder T-Test bei unabhängigen Stichproben.

356 Vgl. *Fendel, A.*, Investmententscheidungsprozesse, 1987, S. 163.

zu einer Intensivierung des Wettbewerbes unter den Beteiligungskapitalgesellschaften geführt. Aufgrund des allgemeinen "Run" auf interessante potenzielle Portfoliounternehmen und des Anlagedruckes der Beteiligungskapitalgesellschaften hat sich durch die gestiegene Wettbewerbsintensität der Ablauf von Beteiligungstransaktionen erheblich beschleunigt. Die Anforderungen an Schnelligkeit und Flexibilität der Beteiligungskapitalgesellschaften, d. h. in kurzer Zeit auf Anfragen konkret und konstruktiv reagieren zu können, haben sich somit weiter erhöht.[357] Insbesondere bei Gründungsunternehmen bestehen aber auch noch aus einem anderen Grund hohe Anforderungen an die Bearbeitungszeit in der Beteiligungswürdigkeitsprüfung. Durch die immer kürzer werdenden Innovationszyklen besteht vor allem bei Unternehmen der Seed- und Start-up-Phase das Risiko, dass diese durch eine zu späte Finanzierung ihren technologischen Vorsprung verlieren oder generell in finanzielle Schwierigkeiten geraten.[358]

Für die Analyse der Bearbeitungsdauer der Beteiligungswürdigkeitsprüfung gilt es zunächst zwischen zwei wesentlichen Messgrößen zu unterscheiden. Zum einen wird die reine Bearbeitungszeit der Beteiligungswürdigkeitsprüfung als Bestandteil der Bearbeitungsdauer untersucht. Zum anderen ist die Gesamtzeit der Beteiligungswürdigkeitsprüfung inkl. Bearbeitungs-, Transport- und Liegezeit des Beteiligungsantrages Gegenstand der Analyse.

Bei der Analyse der Durchschnittswerte der Bearbeitungszeit nach den einzelnen Phasen der Beteiligungswürdigkeitsprüfung lassen sich zwar keine statistisch signifikanten Unterschiede zwischen den Segmenten der Beteiligungskapitalgesellschaften feststellen,[359] jedoch sind, wie in Abbildung 34 dargestellt, Tendenzen in den Bearbeitungszeiten erkennbar.[360]

---

[357] Vgl. *Müller-Stewens, G./Roventa, P./Bohnenkamp, G.*, Wachstumsfinanzierung, 1996, S. 37.

[358] Vgl. *Wupperfeld, U.*, Seed-Capital-Markt, 1996, S. 185.

[359] Zur Erhöhung der Aussagequalität wurde bei der Analyse der Bearbeitungs- und Gesamtzeit der Beteiligungswürdigkeitsprüfung wiederum der Median zur Beschreibung der einzelnen Segmentcharakteristika herangezogen, um die Wirkung „statistischer Ausreißer" bei der Bildung des arithmetischen Mittels zu relativieren.

[360] Insbesondere bei der Bearbeitungszeit in der Vorprüfung und in der Feinanalyse ist das Signifikanzniveau mit $p = 0{,}105$ bzw. $p = 0{,}102$ relativ hoch und nur knapp als nicht statistisch signifikant anzusehen.

Abbildung 34: Segmentspezifische Bearbeitungszeit der Phasen der Beteiligungswürdigkeitsprüfung

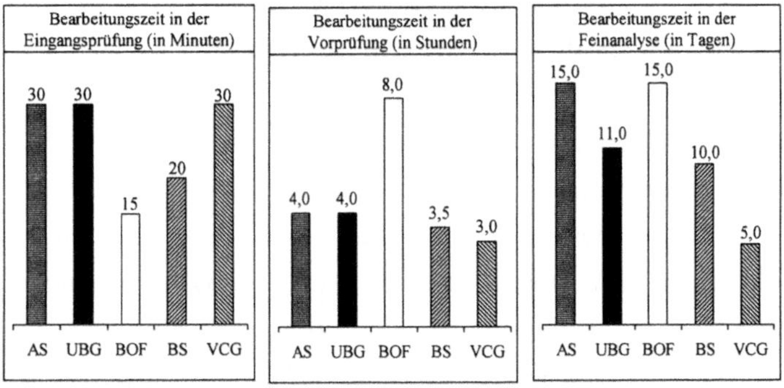

Angaben als Mediane
Abkürzungen: AS = Alle Segmente; UBG = Universalbeteiligungsgesellschaften; BOF = Buy-out-Fonds; BS = Branchenspezialisten; VCG = Venture-Capital-Gesellschaften
Quelle: Eigene empirische Untersuchung; Fragen 12, 17 und 22; N = 55

Nach den Angaben der befragten Beteiligungskapitalgesellschaften können die Venture-Capital-Gesellschaften mit fünf Arbeitstagen die kürzeste, die Buy-out-Fonds mit 15 Arbeitstagen die längste Bearbeitungszeit in der Feinanalyse vorweisen. In der Vorprüfung zeigt sich das gleiche Analyseergebnis. Auch hier scheinen die Buy-out-Fonds fast das Dreifache der Bearbeitungszeit der Venture-Capital-Gesellschaften zu benötigen.

In der Eingangsprüfung hingegen ist die Bearbeitungszeit für die Beteiligungsanfragen mit durchschnittlich 15 Minuten die kürzeste. Hier brauchen die Venture-Capital-Gesellschaften und die Universalbeteiligungsgesellschaften mit durchschnittlich 30 Minuten am längsten.[361] Auch für die Gesamtzeit der Beteiligungswürdigkeitsprüfung inkl. Bearbeitungs-, Transport- und Liegezeit des Beteiligungsantrages lässt sich kein statistisch signifikanter Unterschied zwischen den einzelnen Segmenten der Beteiligungskapitalgesellschaften identifizieren. Mit insgesamt 20 Arbeitstagen geben die Venture-Capital-Gesellschaften die durchschnittlich kürzeste Gesamtzeit für ihre Beteiligungswürdigkeitsprüfung an (vgl. Abbildung 35).

[361] Diese vielleicht auf den ersten Blick sehr kurze Zeitdauer wird von empirischen Untersuchungen in den USA bestätigt. Hier wurde sogar teilweise festgestellt, dass manche Beteiligungskapitalgesellschaften lediglich fünf Minuten benötigen, um eine Entscheidung über die Weiterbearbeitung oder Ablehnung der Beteiligungsanfrage in der Eingangsprüfung zu treffen; vgl. *Mancuso, J. R.*, Businessplan, 1983, S. 12; *Mancuso, J. R.*, Write, 1986, S. 46 f.

Die übrigen Segmente weichen von dem Gesamtdurchschnitt der Beteiligungskapitalgesellschaften in Höhe von 37 Arbeitstagen nur geringfügig ab. Auffällig erscheint nur das im Vergleich deutlich schlechtere Verhältnis zwischen Bearbeitungszeit zu Gesamtzeit der Beteiligungswürdigkeitsprüfung bei den Branchenspezialisten und den Venture-Capital-Gesellschaften. Bei beiden Gesellschaften deutet ein Verhältnis von 1:4 bei der Relation von Bearbeitungszeit zu Gesamtzeit auf mögliche Ineffizienzen im Prozess der Beteiligungswürdigkeitsprüfung hin.[362]

Trotz der nicht signifikanten Unterschiede zwischen den einzelnen Segmenten stellt sich die Frage, ob durch die Bearbeitungsdauer die Qualität der Beteiligungswürdigkeitsprüfung beeinflusst werden kann. Rein intuitiv wäre zu vermuten, dass mit zunehmender Bearbeitungsdauer für einen Antrag die Qualität der Beteiligungswürdigkeitsprüfung steigen müsste. Denn je mehr Zeit einem Beteiligungsmanager zur Bearbeitung eines Antrages zur Verfügung steht, desto sorgfältiger müsste er die Anfrage analysieren können und desto gründlicher müsste eine Entscheidung für oder gegen eine Beteiligung treffen können.

Abbildung 35: Segmentspezifische Gesamtzeit der Phasen der Beteiligungswürdigkeitsprüfung

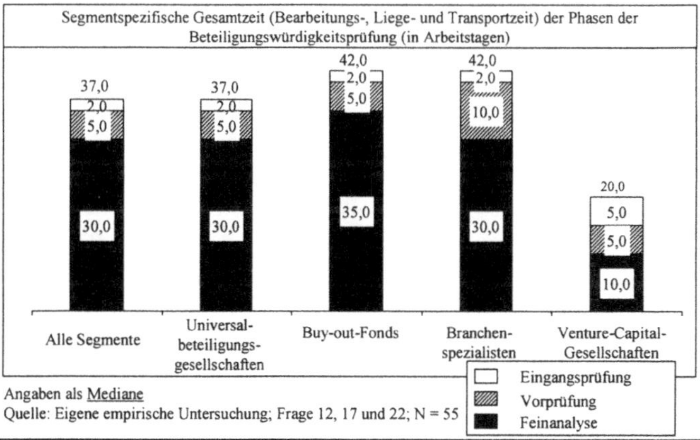

Angaben als Mediane
Quelle: Eigene empirische Untersuchung; Frage 12, 17 und 22; N = 55

[362] Pichotta nennt in seiner Untersuchung als mögliche Ursache für die lange Gesamtprozessdauer das Verhalten der Portfoliounternehmen bei der Kapitalsuche. Diese wären vielfach nicht in der Lage, sämtliche Unterlagen vollständig und geschlossen einzureichen; vgl. *Pichotta, A.*, Prüfung, 1990, S. 114.

Auf Basis dieser Überlegungen müsste folgende Forschungshypothese formuliert werden:

H_8: Zwischen der Bearbeitungsdauer der Beteiligungswürdigkeitsprüfung und der Qualität der Beteiligungswürdigkeitsprüfung besteht ein positiver Zusammenhang. Mit steigender Bearbeitungszeit der Beteiligungsanfragen erhöht sich demnach die Qualität der Beteiligungswürdigkeitsprüfung.

Zur Überprüfung dieser Hypothese wurde ein möglicher Zusammenhang zwischen der Bearbeitungszeit und der Gesamtzeit der einzelnen Phasen der Beteiligungswürdigkeitsprüfung auf der einen Seite und den in der Arbeit verwendeten Qualitätsmaßen, der Nettorendite für Investoren und der Ausfallquote, auf der anderen Seite untersucht.[363] Doch weder für die Nettorendite noch für die Ausfallrate konnte ein signifikanter Zusammenhang mit der Bearbeitungsdauer der Beteiligungswürdigkeitsprüfung festgestellt werden.[364] Da somit scheinbar keine Beziehung zwischen der Qualität der Beteiligungswürdigkeitsprüfung und der Bearbeitungszeit besteht, muss die entsprechende Forschungshypothese (H_8) abgelehnt werden. Die Bearbeitungsdauer eignet sich demnach nicht, um eine mögliche Qualitätsvarianz der Beteiligungswürdigkeitsprüfung zu erklären.

Die im Zuge der Analyse der Bearbeitungsdauer festgestellten segmentspezifischen Unterschiede lassen entsprechende Implikationen für die Produktivität der Beteiligungskapitalgesellschaften vermuten. Aus diesem Grunde wird im folgenden Abschnitt die Produktivität in der Beteiligungswürdigkeitsprüfung für die einzelnen Segmente der Beteiligungskapitalgesellschaften empirisch untersucht.

363 Zur Definition der Qualitätsmaße vgl. Abschnitt 1.5.1.

364 Weder mittels der bivariaten Korrelationsanalyse noch mittels T-Test konnte eine signifikanter Zusammenhang identifiziert werden.

3.2.1.2 Produktivität in der Beteiligungswürdigkeitsprüfung

Für die segmentspezifische Analyse der Produktivität der Beteiligungswürdigkeitsprüfung gilt es zunächst, die geeignete Größe zur Messung der Produktivität festzulegen. Da während des Prozesses der Beteiligungswürdigkeitsprüfung eine bestimmte Anzahl von Beteiligungsanträgen durch eine bestimmte Anzahl von Beteiligungsmanagern bearbeitet wird, erscheint im Sinne einer outputorientierten Betrachtung, eine Relation von Anzahl Beteiligungsanfragen pro Professional als adäquate Messgröße zur Erhebung der Produktivität in der Beteiligungswürdigkeitsprüfung sinnvoll zu sein.[365]

Basis für die Messung der Produktivität ist somit die Mitarbeiterkapazität der Beteiligungskapitalgesellschaften. Bei dem Vergleich der einzelnen Segmente lässt sich interessanterweise kein statistisch signifikanter Unterschied (p = 0,157) in der Mitarbeiterausstattung der einzelnen Beteiligungskapitalgesellschaften feststellen, weder für die Gesellschaften insgesamt noch bei der Betrachtung der einzelnen Hierarchiestufen. Wie aus Abbildung 36 zu erkennen ist, sind die Unterschiede zwischen den einzelnen Segmenten tatsächlich gering. Die durchschnittlich höchste Kapazität an Mitarbeitern weisen mit 14,9 Mitarbeiterkapazitäten (MAK) die Branchenspezialisten aus. Überdurchschnittlich hoch erscheinen hier die Mitarbeiterkapazitäten im "Support"-Bereich (5,9 MAK) und in der Geschäftsführung (3,0 MAK) der Beteiligungskapitalgesellschaften. Zweitgrößte Beteiligungskapitalgesellschaft gemessen an der Mitarbeiteranzahl sind mit durchschnittlich 13,9 MAK die Universalbeteiligungsgesellschaften. Mit durchschnittlich 3,9 MAK verfügen sie über die meiste Zahl an "Seniors" unter den Beteiligungskapitalgesellschaften.[366]

---

[365] Vgl. *Schmidt, R. H.*, Qualität, 1988, S. 186.

[366] Bei den meisten Beteiligungskapitalgesellschaften ist die interne Aufbauorganisation in drei Hierarchiestufen für die Professionals untergliedert: Die unerfahrensten Beteiligungsmanager werden dabei als sog. „Juniors" bezeichnet, die Beteiligungsmanager mit einer durchschnittlichen Erfahrung im Beteiligungskapitalgeschäft von 4 Jahren nennt man in der Praxis „Seniors" und die erfahrensten Beteiligungsmanager, die auch gleichzeitig über Geschäftsführungsverantwortung verfügen, werden je nach Rechtsform der Beteiligungskapitalgesellschaft als „Geschäftsführer" oder „Vorstand" bezeichnet. Diese Definition aus der Praxis soll auch im weiteren Verlauf der Arbeit verwendet werden; zur strukturellen Einteilung der Professionals vgl. auch *Schröder, C.*, Strategien, 1992, S. 111.

Abbildung 36: Segmentspezifische Mitarbeiterkapazität pro Beteiligungskapitalgesellschaft

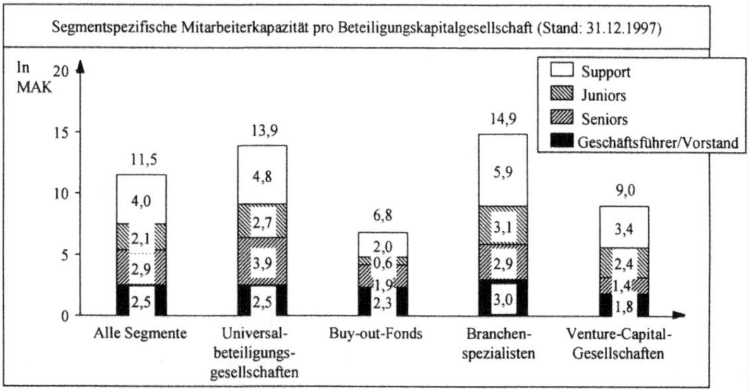

Quelle: Eigene empirische Untersuchung; Frage 37; N = 55

Neben den Venture-Capital-Gesellschaften mit durchschnittlich 9,0 MAK erscheint insbesondere die Mitarbeiterausstattung der Buy-out-Fonds mit durchschnittlich 6,8 MAK auffällig niedrig. Der Anteil an "Juniors" in diesem Segment (0,6 MAK) scheint mit knapp 9 % ebenfalls relativ gering zu sein. Vor dem Hintergrund der zwar nicht signifikant unterschiedlichen Mitarbeiterausstattung der einzelnen Segmente aber der sehr signifikant unterschiedlichen Anzahl von Beteiligungsanfragen müsste sich folgerichtig eine unterschiedliche Produktivität der einzelnen Teilmarktsegmente gemäß der hier verwendeten Definition ergeben. Wie in Abbildung 37 dargestellt, besteht zwischen den einzelnen Segmenten auch tatsächlich ein signifikanter Unterschied in ihrer Produktivität.

Die Venture-Capital-Gesellschaften erreichen dabei über sämtliche Phasen der Beteiligungswürdigkeitsprüfung hinweg die höchste Produktivität. In der Eingangsprüfung erreichen die Beteiligungsmanager mit durchschnittlich 93 bearbeiteten Anfragen pro Jahr die mit Abstand höchste Produktivität im Vergleich zu den anderen Segmenten. Doch auch die Branchenspezialisten liegen mit 58 geprüften Anträgen noch über dem Gesamtdurchschnitt aller Beteiligungskapitalgesellschaften in der Eingangsprüfung von 44 Beteiligungsanfragen pro Professional. Deutlich unter dem Durchschnitt befinden sich die Buy-out-Fonds mit insgesamt nur 30 bearbeiteten Fällen pro Jahr. Die Produktivität der Universalbeteiligungsgesellschaften entspricht wie bei den zwei anderen Phasen auch mit 38 Anträgen pro Beteiligungsmanager nahezu dem Gesamtdurchschnitt.

Abbildung 37: Segmentspezifische Produktivität in den einzelnen Phasen der Beteiligungswürdigkeitsprüfung

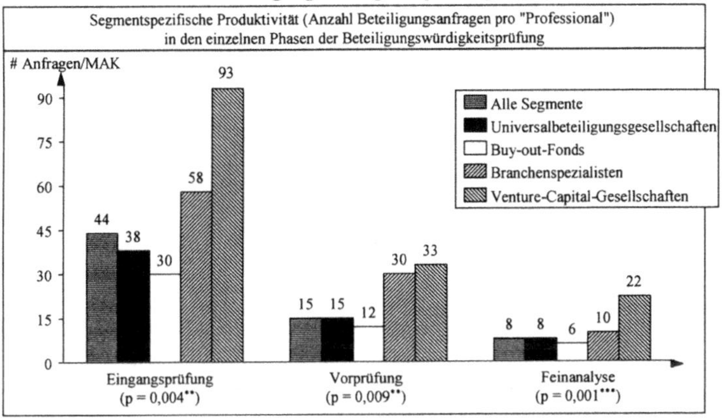

Angaben als Mediane
Quelle: Eigene empirische Untersuchung

In der Vorprüfung sinkt der Gesamtdurchschnitt der Produktivität auf 15 Anfragen pro Professional im Jahr. Die doppelte Menge an Beteiligungsanträgen können die Branchenspezialisten im Rahmen ihrer Vorprüfung bearbeiten (30 Anträge). Mit 33 Anfragen pro Beteiligungsmanager erreichen die Venture-Capital-Gesellschaften sogar noch mehr als das Zweifache der Durchschnittsmenge. In der Feinanalyse wird die prozentuale Differenz zu den übrigen Segmenten noch größer. Hier können die Venture-Capital-Gesellschaften eine Produktivität von 22 Beteiligungsanträgen pro Professional vorweisen. Die Branchenspezialisten erzielen immerhin noch zehn Anträge pro Beteiligungsmanager, wohingegen die Universalbeteiligungsgesellschaften mit acht Anfragen pro Professional dem Gesamtdurchschnitt entsprechen. Die Buy-out-Fonds prüfen mit durchschnittlich sechs Anträgen in der Feinanalyse nur knapp ein Viertel der Menge der Venture-Capital-Gesellschaften.

Bei den signifikant unterschiedlichen Produktivitäten der einzelnen Segmente der Beteiligungskapitalgesellschaften ergibt sich folgerichtig auch die Fragestellung, ob durch die Produktivität der Beteiligungskapitalgesellschaft in der Beteiligungswürdigkeitsprüfung eine mögliche Qualitätsvarianz erklärt werden kann. Zu vermuten wäre, dass zwischen der Produktivität und der Qualität kein signifikanter Zusammenhang bestehen dürfte. Denn ähnlich wie bei der Bearbeitungsdauer sollte die Optimierung der Produktivität letztlich keinen Einfluss auf die Qualität der Beteiligungswürdigkeitsprüfung haben. Aus diesem Grunde kann für den Zusammenhang mit den Qualitätsmaßnahmen folgende Forschungshypothese gebildet werden:

H_9: Zwischen der Produktivität in der Beteiligungswürdigkeitsprüfung und der Qualität der Beteiligungswürdigkeitsprüfung besteht kein direkter Zusammenhang. Eine mögliche Qualitätsvarianz in der Beteiligungswürdigkeitsprüfung kann somit durch die Produktivität nicht erklärt werden.

Zur Überprüfung dieser Hypothese wurde für sämtliche Produktivitätsmaße (Anzahl Beteiligungsanträge nach einzelnen Phasen der Beteiligungswürdigkeitsprüfung pro Beteiligungsmanager gesamt und nach einzelnen Hierarchiestufen) ein möglicher Zusammenhang zu den in der Untersuchung verwendeten Qualitätsmaßen für die Beteiligungswürdigkeitsprüfung, der Nettorendite für Investoren und der Ausfallquote der Beteiligungskapitalgesellschaft untersucht. Weder für die Nettorendite noch für die Ausfallrate konnte ein signifikanter Zusammenhang mit der Produktivität der Beteiligungswürdigkeitsprüfung festgestellt werden. Da somit scheinbar keine Beziehung zwischen der Qualität der Beteiligungswürdigkeitsprüfung und der Produktivität besteht, kann die entsprechende Forschungshypothese (H_9) angenommen werden. Die Produktivität scheint wie die Bearbeitungsdauer keinen Einfluss auf die Qualität der Beteiligungswürdigkeitsprüfung zu haben.

Trotz dieser statistisch nicht nachweisbaren Zusammenhänge zur Qualität der Beteiligungswürdigkeitsprüfung lässt sich vermuten, dass sowohl die Bearbeitungsdauer als auch die Produktivität direkten Einfluss auf die Kosten der Beteiligungswürdigkeitsprüfung haben wird. Aus diesem Grunde sollen im folgenden Abschnitt die Kosten der Beteiligungswürdigkeitsprüfung empirisch untersucht werden.

3.2.1.3 Kosten der Beteiligungswürdigkeitsprüfung

Der Einfluss der Bearbeitungsdauer und der Produktivität auf die Kosten der Beteiligungswürdigkeitsprüfung ist unbestritten. Zur Abschätzung dieser Kosten ist aber entscheidend, dass diese maßgeblich durch die Mitarbeiterkapazitäten bestimmt werden, die durch die Beteiligungskapitalgesellschaft für die Bearbeitung der Beteiligungsanfragen vorgehalten werden. Somit gilt es für die Analyse der segmentspezifischen Kosten, in einem ersten Schritt die Kapazitätsbindung der einzelnen Segmente in den einzelnen Phasen der Beteiligungswürdigkeitsprüfung zu untersuchen, um sie dann anhand von durchschnittlichen Personalkostensätzen in Kostenpositionen zu überführen. In einem nächsten Schritt sollten dann noch aufgrund ihrer Bedeutung die Kosten für den Einsatz externer Dritter berücksichtigt werden. Die Analyse der Kosten beschränkt sich dabei bewusst auf die Auseinandersetzung mit den Personalkosten der einzelnen Beteiligungskapitalgesellschaften und den Kosten für externe Dritte, da diese aufgrund des Dienstleistungscharakters der Branche den mit Abstand größten Anteil an den Gesamtkosten ausmachen. In der Höhe der Sachkosten werden außerdem kaum segmentspezifische Eigenarten vermutet.

Wie in Abbildung 38 dargestellt, lassen sich für die einzelnen Segmente der Beteiligungskapitalgesellschaften keine signifikanten Unterschiede in der Kapazitätsbindung in den drei Phasen der Beteiligungswürdigkeitsprüfung feststellen.[367]

[367] Aufgrund einiger „statistischer Ausreißer" bei den Angaben zur Kapazitätsbindung und zu den Kosten für externe Dritte wird zur Erhöhung der Aussagequalität bei sämtlichen nun folgenden Analysen zu den Kosten der Beteiligungswürdigkeitsprüfung der Median zur Beschreibung der einzelnen Segmentcharakteristika verwendet.

Abbildung 38: Segmentspezifische Kapazitätsbindung in den einzelnen Phasen der Beteiligungswürdigkeitsprüfung

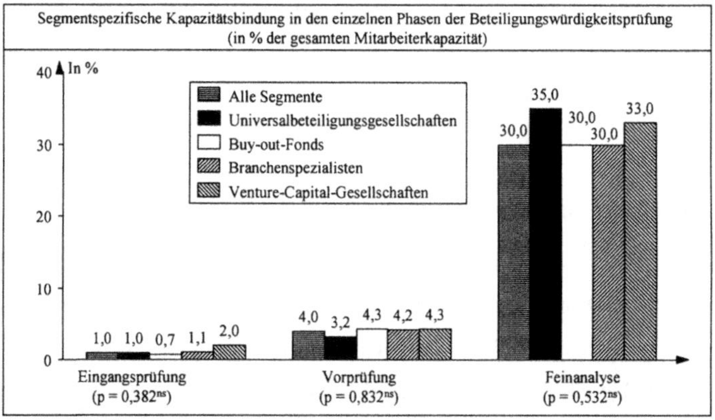

Angaben als Mediane
Quelle: Eigene empirische Untersuchung; Fragen 13, 18 und 23; N =54

In der Eingangsprüfung binden die Beteiligungskapitalgesellschaften mit nur durchschnittlich 1,0 % ihrer gesamten Mitarbeiterkapazität einen, wie nicht anders zu erwarten, geringen Teil ihrer insgesamt verfügbaren Mitarbeiterressourcen. Auffällig ist hierbei nur die um fast das Dreifache höhere Kapazitätsbindung der Venture-Capital-Gesellschaften (2,0 %) im Vergleich zu den Buy-out-Fonds (0,7 %). Mit durchschnittlich 4,0 % der gesamten Kapazität der Beteiligungskapitalgesellschaft nimmt die Vorprüfung wie vermutet ebenfalls nicht allzu viele Ressourcen in Anspruch. Die Kapazitätsbindung der Universalbeteiligungsgesellschaften liegt dabei mit 3,2 % fast 25 % unter der durchschnittlichen Mitarbeiterkapazität der übrigen Segmente, die zwischen 4,2 % und 4,3 % ihrer Kapazität für die Vorprüfung der Beteiligungsanfragen vorhalten. Die Feinanalyse bindet mit durchschnittlich 30,0 % der gesamten Mitarbeiterkapazität die meisten Personalressourcen der drei Phasen der Beteiligungswürdigkeitsprüfung. In dieser Phase setzen die Universalbeteiligungsgesellschaften mit 35,0 % den höchsten Teil ihrer Mitarbeiterkapazitäten ein. Bei den übrigen Segmenten liegt der Anteil zwischen 30,0 % und 33,0 % ihrer gesamten Mitabeiterkapazität. Interessanterweise führt somit die höhere Bearbeitungsdauer und Produktivität der Branchenspezialisten und der Venture-Capital-Gesellschaften nicht zu Einsparungen bei der generellen Kapazitätsausstattung der Beteiligungswürdigkeitsprüfung. Vielmehr scheinen die

Vorteile einer schnelleren Bearbeitung genutzt zu werden, um eine höhere Anzahl von Beteiligungsanfragen zu bewältigen, was in der Summe zu einer ähnlichen Kapazitätsbindung in der Beteiligungswürdigkeitsprüfung führt wie bei den anderen beiden Segmenten.

Zur Bestimmung der durchschnittlichen Kosten der Beteiligungskapitalgesellschaften in der Beteiligungswürdigkeitsprüfung müssen in einem nächsten Schritt die einzelnen Kapazitätsbindungen mit einem durchschnittlichen Personalkostensatz bewertet werden, um sie in entsprechende Kostenpositionen zu überführen. Der durchschnittliche Personalkostensatz wird dabei von zwei wesentlichen Faktoren beeinflusst. Zum einen von dem unterschiedlichen Grad der Beteiligung der einzelnen Hierarchiestufen der Beteiligungskapitalgesellschaft an der jeweiligen Phase der Beteiligungswürdigkeitsprüfung. Zum anderen ist der Durchschnittspersonalkostensatz von den entsprechenden Gehältern der einzelnen Hierarchiestufen der Beteiligungskapitalgesellschaften abhängig. Der unterschiedliche Grad der Beteiligung der einzelnen Hirachiestufen konnte im Rahmen der empirischen Erhebung mittels Befragung tatsächlich für die einzelnen Phasen der Beteiligungswürdigkeitsprüfung erhoben werden. Die Bestimmung der einzelnen Gehaltsstrukturen der Beteiligungskapitalgesellschaften konnte hingegen mangels Informationsbereitschaft der Befragten nicht erfolgen.[368]

Aus diesem Grunde wurde für sämtliche in der Untersuchung befragten Beteiligungskapitalgesellschaften eine einheitliche Gehaltsstruktur angenommen.[369] Für die Geschäftsführer bzw. Vorstände der Beteiligungskapitalgesellschaften wurde dabei ein jährliches Durchschnittsgehalt von TDM 600 unterstellt, und für Seniors wurden durchschnittlich TDM 300 p. a. angenommen. Die Annahme für das durchschnittliche Jahresbruttogehalt der Juniors betrug

---

[368] Die Erkenntnis über die eher restriktive Haltung der Beteiligungskapitalgesellschaften bei der Angabe der individuellen Gehaltsstrukturen musste bereits im Pre-Test der empirischen Untersuchung gewonnen werden. Aus diesem Grunde hatte man sich gegen eine Aufnahme der Frage nach der Gehaltsstruktur in den Fragebogen entschieden, um die ansonsten entgegen der eigenen Erwartung und bisherigen Erfahrungen anderer empirischer Untersuchungen sehr auskunftsfreudige Haltung der befragten Beteiligungskapitalgesellschaften nicht zu gefährden.

[369] Eine derartige Vereinheitlichung über alle Segmente der Beteiligungskapitalgesellschaften hinweg entspricht sicherlich nicht voll der Realität der Praxis. Da es sich aber bei sämtlichen befragten Gesellschaften um primär erwerbswirtschaftlich orientierte Beteiligungskapitalgesellschaften handelt und die Kosten der Beteiligungswürdigkeitsprüfung ohnehin maßgeblich von der Kapazitätsbindung und nicht von dem durchschnittlichen Personalkostensatz beeinflusst werden, sollte die Annahme dennoch die Realität akzeptabel wiederspiegeln.

TDM 120 und für die Support-Mitarbeiter TDM 60.[370] Aufgrund der teilweise beeindruckenden Vorkenntnisse und Qualifikationen der Beteiligungsmanager handelt es sich bei diesen Gehältern um relativ hohe Beträge im Vergleich zu entsprechenden Positionen in anderen Industrien.[371] Zur Plausibilisierung der angenommenen Gehaltsstruktur werden die angegebenen Gesamtkapazitäten der Beteiligungskapitalgesellschaften mit den angenommenen Gehältern bewertet und dann als Gesamtpersonalkosten in das Verhältnis zu dem Fondsvolumen bzw. dem investierten Kapital der Beteiligungskapitalgesellschaft gesetzt (vgl. Abbildung 39).

Abbildung 39: Personalkosten der Beteiligungskapitalgesellschaft im Verhältnis zum Fondsvolumen bzw. zur Portfoliogröße

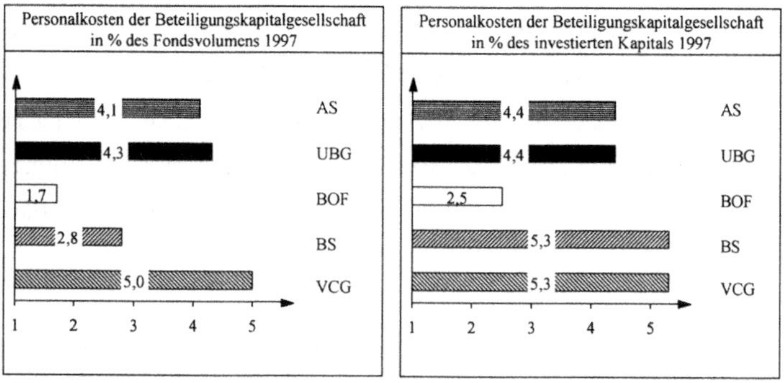

Angaben als Mediane
Abkürzungen: AS = Alle Segmente; UBG = Universalbeteiligungsgesellschaften; BOF = Buy-out-Fonds; BS = Branchenspezialisten; VCG = Venture-Capital-Gesellschaften
Quelle: Eigene empirische Untersuchung; N = 46 bzw. 43

Der durchschnittliche Wert über alle Beteiligungskapitalgesellschaften in Höhe von 4,1 % bzw. 4,4 % bezogen auf das Fondsvolumen bzw. auf das investierte Kapital erscheint im

[370] Für die Berechnung der durchschnittlichen Personalkostensätze wurden zusätzlich zu den reinen Bruttogehältern Lohnnebenkosten von durchschnittlich 50 % des Jahresbruttogehaltes der jeweiligen Mitarbeiter angenommen. Die Werte für die Jahresbruttogehälter und die Lohnnebenkostensätze basieren dabei im Wesentlichen auf Angaben einzelner Beteiligungsmanager, die im Rahmen der qualitativen Interviews bereit waren zu einem derart sensiblen Themenfeld Auskunft zu geben. Zu den Gehaltsstrukturen deutscher Beteiligungsmanager vgl. aber auch u. a. *Schröder, C.*, Strategien, 1992, S. 108.

[371] Vgl. *Pichotta, A.*, Prüfung, 1990, S. 53.

Vergleich zu anderen empirischen Untersuchungen in Deutschland und in Europa plausibel, sodass die jeweiligen Kapazitätsbindungen mit den entsprechenden Gehaltsannahmen in Personalkosten überführt werden können.[372]

Betrachtet man die segmentspezifischen Personalkosten in den einzelnen Phasen der Beteiligungswürdigkeitsprüfung, so lassen sich, wie nicht anders zu erwarten, auch hier keine signifikanten Unterschiede zwischen den einzelnen Segmenten feststellen. Wie in Abbildung 40 dargestellt, betragen die durchschnittlichen jährlichen Personalkosten der Eingangsprüfung knapp TDM 11.

Abbildung 40: Segmentspezifische Personalkosten in den einzelnen Phasen der Beteiligungswürdigkeitsprüfung

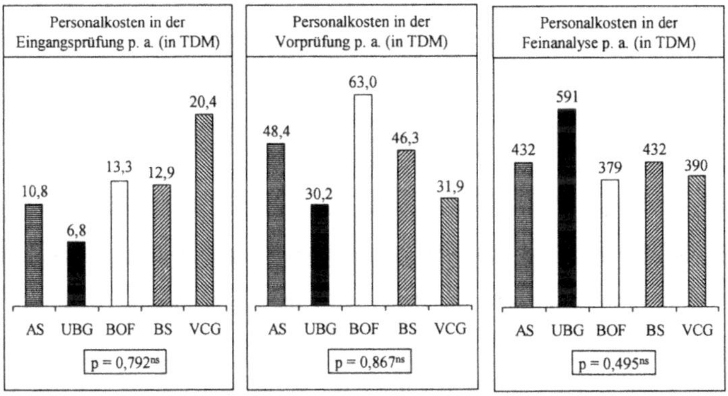

Abkürzungen: AS = Alle Segmente; UBG = Universalbeteiligungsgesellschaften; BOF = Buy-out-Fonds; BS = Branchenspezialisten; VCG = Venture-Capital-Gesellschaften
Quelle: Eigene empirische Untersuchung

Die im Vergleich zur Kapazitätsbindung veränderte Rangfolge der Segmente in Abhängigkeit der Höhe der Personalkosten deutet auf die Bindung unterschiedlicher Hierarchiestufen bei den Beteiligungskapitalgesellschaften in der Eingangsprüfung hin.[373] Die Personalkosten der

[372] Die durchschnittlichen Werte anderer empirischer Untersuchungen reichen von 2 bis 5 % des zur Verfügung stehenden Fondsvolumens; vgl. *Kulicke, M./Muller, E.*, Renditen, 1994, S. 16; *Pichotta, A.*, Prüfung, 1990, S. 52 ff.; *Gillner, G.*, Venture-Capital, 1984, S. 67 f.; *Dungern, F. v.*, Risikokapital, 1983, S. 131.

[373] Vgl. für eine detaillierte Analyse der Beteiligung unterschiedlicher Hierarchiestufen an der Beteiligungswürdigkeitsprüfung Abschnitt 3.3.1.

Beteiligungskapitalgesellschaften in der Vorprüfung sind mit TDM 63 im Jahr bei den Buy-out-Fonds am höchsten. Dennoch liegen sie nicht weit über dem Durchschnittswert aller Beteiligungskapitalgesellschaften in Höhe von TM 48 p. a. Der mit Abstand größte Teil der gesamten Personalkosten der Beteiligungswürdigkeitsprüfung fällt mit durchschnittlich TDM 432 jährlich auf die Feinanalyse. Bemerkenswert ist der mit TDM 591 im Jahr um knapp 40 % höhere Durchschnittswert der Universalbeteiligungsgesellschaften in dieser Phase.

Insgesamt ergibt sich damit für die internen Personalkosten der gesamten Beteiligungswürdigkeitsprüfung ein Durchschnittswert von jährlich TDM 491 (vgl. Abbildung 41). Mit durchschnittlich TDM 628 im Jahr weisen die Universalbeteiligungsgesellschaften die höchsten internen Personalkosten für die Beteiligungswürdigkeitsprüfung aus, gefolgt von den Branchenspezialisten mit insgesamt TDM 491 p. a. Die Buy-out-Fonds liegen mit TDM 455 jährlich knapp unter dem allgemeinen Durchschnitt. Die Venture-Capital-Gesellschaften verfügen mit TDM 442 p. a. über die günstigste Kostenposition der Beteiligungskapitalgesellschaften in der Beteiligungswürdigkeitsprüfung bezogen auf die internen Personalkosten.

Doch zur endgültigen Ermittlung der Gesamtkosten der Beteiligungswürdigkeitsprüfung sollten, neben den eigenen Personalkosten der Beteiligungskapitalgesellschaft, aufgrund ihrer nicht zu unterschätzenden Bedeutung die Kosten für die, insbesondere im Rahmen der Feinanalyse eingesetzten, externen Dritten erhoben werden. Wie aus Abbildung 41 zu erkennen, stellen diese mit durchschnittlich DM 1,4 Mio. im Jahr sogar eine noch größere Kostenposition für die Beteiligungswürdigkeitsprüfung dar als die internen Personalkosten. Außerdem scheinen sie sich sehr signifikant in den einzelnen Segmenten zu unterscheiden ($p = 0{,}004^{**}$). Insbesondere bei den Buy-out-Fonds stellen die Kosten für externe Dritte in Höhe von durchschnittlich DM 5,6 Mio. jährlich den dominierenden Teil ihrer Gesamtkosten der Beteiligungswürdigkeitsprüfung in Höhe von DM 6,1 Mio. p. a. dar. Doch auch bei den Venture-Capital-Gesellschaften sind die Aufwendungen für externe Dritte mit TDM 675 im Jahr in der Summe höher als die eigenen Personalkosten für die Beteiligungswürdigkeitsprüfung. Mit den jährlichen Gesamtkosten der Beteiligungswürdigkeitsprüfung in Höhe von DM 1,1 Mio. verfügen die Venture-Capital-Gesellschaften damit nicht mehr über die günstigste Kostenposition. Diese können mit Kosten für externe Dritte in Höhe von TDM 309 p. a. und Gesamtkosten der Beteiligungswürdigkeitsprüfung von TDM 800 jährlich jetzt die Branchenspezialisten vorweisen.

Abbildung 41: Segmentspezifische Gesamtkosten in der Beteiligungswürdigkeitsprüfung (inkl. Kosten für externe Dritte)

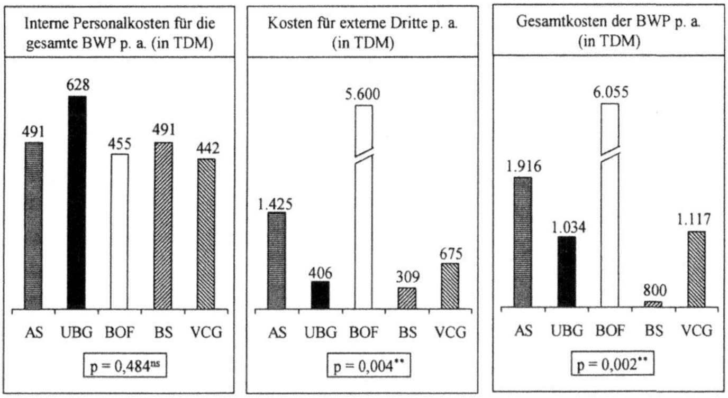

Abkürzungen: AS = Alle Segmente; UBG = Universalbeteiligungsgesellschaften; BOF = Buy-out-Fonds; BS = Branchenspezialisten; VCG = Venture-Capital-Gesellschaften
Quelle: Eigene empirische Untersuchung

Wenn man bei der segmentspezifischen Analyse der Kosten der Beteiligungswürdigkeitsprüfung abschließend nochmal die Relation der Kosten der einzelnen Phasen der Beteiligungswürdigkeitsprüfung zu den jeweils bearbeiteten Beteiligungsanträgen untersucht, werden drei wesentliche Erkenntnisse der Analyse deutlich. Erstens sind die durchschnittlichen Kosten pro Beteiligungsantrag in der Eingangsprüfung (DM 46) und in der Vorprüfung (DM 450) tatsächlich deutlich geringer als in der Feinanalyse mit internen und externen Durchschnittskosten in Höhe von TDM 38. Zweitens sind die durchschnittlichen Prüfungskosten der Buy-out-Fonds in der Vorprüfung mit DM 1.440 und insbesondere in der Feinanalyse, aufgrund der hohen Ausgaben für externe Dritte mit TDM 291 pro Beteiligungsanfrage, mit Abstand am höchsten. Als letzte Erkenntnis bleibt festzuhalten, dass die Branchenspezialisten und die Venture-Capital-Gesellschaften insbesondere in der Feinanalyse mit TDM 18 bzw. 19 über die günstigste Kostenposition der Beteiligungskapitalgesellschaften verfügen.

Abbildung 42: Segmentspezifische Kosten pro Beteiligungsanfrage in den einzelnen Phasen der Beteiligungswürdigkeitsprüfung

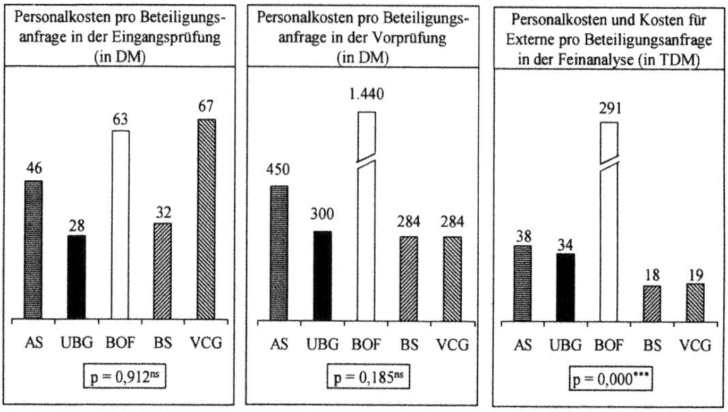

Abkürzungen: AS = Alle Segmente; UBG = Universalbeteiligungsgesellschaften; BOF = Buy-out-Fonds; BS = Branchenspezialisten; VCG = Venture-Capital-Gesellschaften
Quelle: Eigene empirische Untersuchung; N = 51

Diese günstige Kostenposition insbesondere der Venture-Capital-Gesellschaften scheint aber auch die in der Literatur oftmals angemahnte ungünstige Kosten-Erlös-Situation der Beteiligungskapitalgesellschaften für Early-Stage-Finanzierungen zu relativieren.[374] Bei Betrachtung der in Abbildung 43 dargestellten relativen Prüfungskosten der Beteiligungsanfragen im Verhältnis zur Beteiligungshöhe bestätigt sich diese Vermutung. Denn für die relativen Prüfungskosten im Verhältnis zur sowohl minimal als auch maximal angestrebten Beteiligungshöhe konnten keine signifikanten Unterschiede der einzelnen Segmente festgestellt werden. Bei den Prüfungskosten in Relation zur maximal angestrebten Beteiligungshöhe liegen die Venture-Capital-Gesellschaften mit einem Wert von 0,4 % genau im Durchschnitt aller Beteiligungskapitalgesellschaften, bei der Relation zu der minimal angestrebten Beteiligungshöhe befinden sich sie sich mit 4,8 % leicht über dem Durchschnitt der anderen Gesellschaften von 4,1 %. Verwendet man als Vergleichswert die tatsächliche Beteiligungshöhe bei den bereits bestehenden Portfoliounternehmen, so können die Venture-Capital-Gesellschaften mit 1,0 % sogar die günstigste Relation vorweisen.

[374] Vgl. u. a. *Zemke, I.*, Unternehmensverfassung, 1995, S. 39 f. und die dort angegebene Literatur.

Abbildung 43: Relative Prüfungskosten eines Beteiligungsantrages im Verhältnis zur Beteiligungshöhe

Segmentspezifische relative Gesamtprüfungskosten eines Beteiligungsantrages im Verhältnis zur tatsächlichen, minimal und maximal angestrebten Beteiligungshöhe (in %)

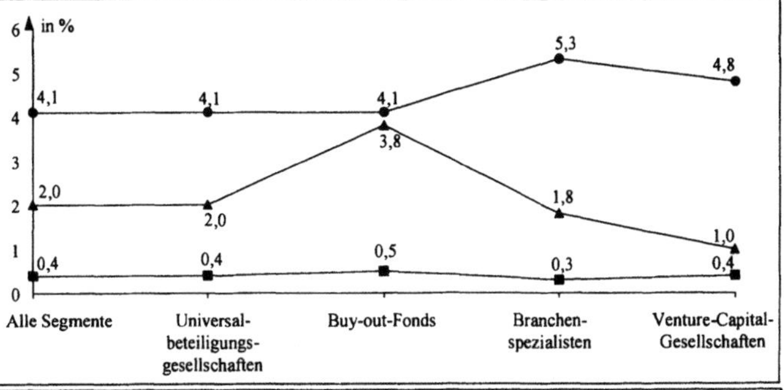

- ▲ Prüfungskosten in % der tatsächlichen Beteiligungshöhe ($p=0,042^{*}$)
- ● Prüfungskosten in % der minimal angestrebten Beteiligungshöhe ($p=0,572^{ns}$)
- ■ Prüfungskosten in % der maximal angestrebten Beteiligungshöhe ($p=0,586^{ns}$)

Angaben als Mediane
Quelle: Eigene empirische Untersuchung

Die Venture-Capital-Gesellschaften scheinen somit ihren Prüfungsaufwand den ökonomischen Erfordernissen, die aus ihren geringeren Investitionsvolumina pro Portfoliounternehmen resultieren, anzupassen. Ob diese Anpassung des Prüfungsaufwandes möglicherweise ohne Verringerung der notwendigen Analysenintensität und damit Qualität der Beteiligungswürdigkeitsprüfung erfolgt, muss im weiteren Verlauf der Arbeit noch geklärt werden.

Abschließend stellt sich die Frage, ob die relative Kostenposition der einzelnen Beteiligungskapitalgesellschaft auch eine entsprechende Auswirkung auf die Qualität der Beteiligungswürdigkeitsprüfung hat. Zur Beantwortung dieser Frage gilt es, den Zusammenhang zwischen den Kosten der Beteiligungswürdigkeitsprüfung und den Qualitätsmaßen zu untersuchen. Doch wie bei den anderen Eigenschaften zur Abschätzung des Aufwandes der Beteiligungswürdigkeitsprüfung lässt sich auch zwischen den Kosten und der Qualität der Beteiligungswürdigkeitsprüfung kein signifikanter Zusammenhang feststellen. Bemerkenswerterweise scheinen die Kosten der Beteiligungswürdigkeitsprüfung deren Qualität nicht signifikant zu beeinflussen.[375]

Zusammenfassend lässt sich bei der Analyse des Aufwandes der Beteiligungswürdigkeitsprüfung feststellen, dass dieser zwar segmentspezifisch meist signifikant unterschiedlich ist, aber keinen Einfluss auf die Qualität der Beteiligungswürdigkeitsprüfung zu haben scheint. Zur Bestimmung einer geeigneten Relation zwischen Analysenintensität und Aufwand zur Erreichung einer optimalen Qualität der Beteiligungswürdigkeitsprüfung würde danach der Analysenintensität eine überragende Bedeutung zukommen. Ob diese Vermutung sich tatsächlich bestätigt, soll im nun folgenden Abschnitt untersucht werden.

3.2.2 Analysenintensität der Beteiligungswürdigkeitsprüfung

Vor dem Hintergrund der zeitlichen Restriktionen und der entstehenden Transaktionskosten sollten im Zuge der Untersuchung der Analysenintensität der Beteiligungswürdigkeitsprüfung zwei wesentliche Fragestellungen beantwortet werden. Zum einen gilt es im Sinne des deskriptiven Wissenschaftszieles festzustellen, welche Beurteilungsobjekte von den einzelnen Beteiligungskapitalgesellschaften bei der Prüfung der Beteiligungswürdigkeit grundsätzlich berücksichtigt werden, d. h. wie breit die Beteiligungskapitalgesellschaften das potenzielle Portfoliounternehmen analysieren bzw. auf welche Beurteilungsobjekte sie sich in ihrer Analyse fokussieren (Analysenbreite der Beteiligungswürdigkeitsprüfung). Gleichzeitig sollte im Zuge dieses Analysefokus ermittelt werden, wie tief die Beteiligungskapitalgesellschaften die einzelnen Beurteilungskriterien analysieren (Analysentiefe der Beteiligungswürdigkeitsprüfung). Die Analysenbreite und die Analysentiefe der Beteiligungskapitalgesellschaften in der Beteiligungswürdigkeitsprüfung treten somit in den Mittelpunkt der Untersuchung.

Zum anderen sollte dann im Sinne des explikativen Wissenschaftszieles der Untersuchung erarbeitet werden, welcher Zusammenhang zwischen der Analysenintensität und der Qualität der Beteiligungswürdigkeitsprüfung besteht. Hierbei gilt es zu untersuchen, auf welchen

---

[375] Bereits Zemke fand in seiner empirischen Untersuchung heraus, dass den Prüfungskosten kaum Bedeutung seitens der Beteiligungskapitalgesellschaften beigemessen wird. Da diese scheinbar die Qualität der Beteiligungswürdigkeitsprüfung nicht signifikant beeinflussen, erscheint dieses Ergebnis kaum verwunderlich; vgl. *Zemke, I.*, Unternehmensverfassung, 1995, S. 221 ff.

Beurteilungsobjekten der Fokus möglicherweise liegen sollte, um die Qualität der Beteiligungswürdigkeitsprüfung zu verbessern. Zusätzlich sollte erarbeitet werden, bei welchen Beurteilungsobjekten wie tief analysiert werden müsste, um einen gewünschten qualitätssteigernden Effekt zu erzielen.

Generell steht bei der Beantwortung der Fragen nicht nur im Vordergrund, welche Bedeutung die Beteiligungskapitalgesellschaften den einzelnen Beurteilungsobjekten bzw. den Beurteilungskriterien beimessen.[376] Vielmehr besteht ein zentrales Ziel der Untersuchung darin herauszufinden, welche Objekte bzw. Kriterien tatsächlich im Rahmen der Beteiligungswürdigkeitsprüfung berücksichtigt werden und wie tief die Beteiligungskapitalgesellschaften die einzelnen Kriterien analysieren, um die gewünschte Transparenz über das Beurteilungsobjekt zu erhalten.[377] Im Folgenden soll daher zunächst die Analysenbreite der Beteiligungswürdigkeitsprüfung im Detail auf Basis der empirischen Ergebnisse untersucht werden, bevor dann im darauffolgenden Abschnitt die Analysentiefe Gegenstand der Untersuchung ist.

3.2.2.1 Analysenbreite der Beteiligungswürdigkeitsprüfung

Zur Ermittlung des eigentlichen Stellenwertes der einzelnen Beurteilungsobjekte wird durch die Betrachtung der Analysenbreite zunächst herausgearbeitet, welche Beurteilungsobjekte von den einzelnen Beteiligungskapitalgesellschaften tatsächlich im Rahmen der Beteiligungswürdigkeitsprüfung berücksichtigt werden. Die Analysenbreite wird dabei segmentspezifisch sowohl für die Vorprüfung als auch für die Feinanalyse detailliert untersucht und miteinander verglichen.

---

376 Der größte Teil empirischer Studien zu diesem Themenfeld analysiert vor allem immer wieder die angenommene Bedeutung der einzelnen Kriterien für die Beteiligungskapitalgesellschaften, eine tatsächliche Messung der Anwendung dieser Kriterien bleibt aber meistens aus; vgl. für den US-amerikanischen Beteiligungskapitalmarkt u. a. *Tyebjee, T. T./ Bruno, A. V.*, Investment-Activity, 1984, S. 1051-1066; *Robinson, R. B.*, Strategies, 1987, S. 69; *MacMillan, I. C./Siegel, R./Narasimha, S. P. N.*, Proposals, 1985, S. 119-128; für den Beteiligungskapitalmarkt in Deutschland vgl. *Schröder, C.*, Strategien, 1992, S. 175 ff. und *Wupperfeld, U.*, Seed-Capital-Markt, 1996, S. 168 ff.

377 Die empirische Messmethodik der Breite bzw. Tiefe der Analyse erfolgt dabei in Anlehnung an die empirischen Modelle von Rosman/O'Neill und Rah/Jung/Lee, welche erstmals die Informationsbeschaffungsstrategien einzelner Beteiligungskapitalgesellschaften und die dafür notwendige Analysenintensität empirisch untersuchten; vgl. *Rosman, A. J./O'Neill, H. M.*, Strategies, 1993, S. 443 ff.; *Rah, J./Jung, K./Lee, J.*, Validation, 1994, S. 509 ff.

In der Vorprüfung lassen sich in der Analysenbreite der Beteiligungskapitalgesellschaften insgesamt keine signifikanten, segmentspezifischen Unterschiede feststellen. Dennoch sind in den einzelnen Segmenten unterschiedliche Schwerpunkte in der Berücksichtigung einzelner Beurteilungsobjekte zumindest tendenziell und teilweise sogar signifikant erkennbar. Wie in Abbildung 44 dargestellt, können die Venture-Capital-Gesellschaften im Vergleich zu den anderen Segmenten die größte Analysenbreite ihrer Vorprüfung vorweisen.

Abbildung 44: Analysenbreite der Vorprüfung nach den vier Beurteilungskategorien

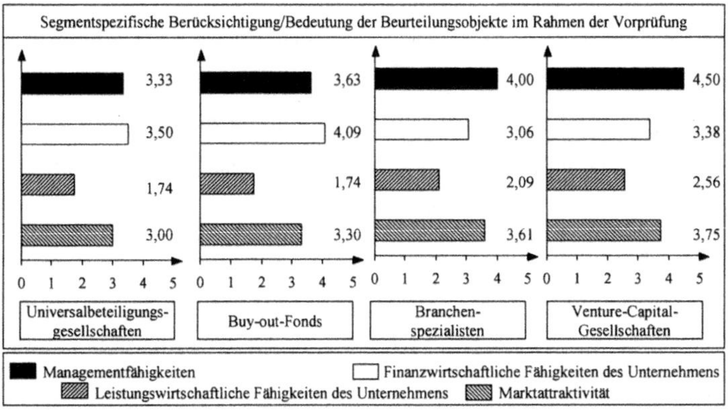

Angaben: (Arithmetischer) Mittelwert: 0,0: keine Berücksichtigung/Bedeutung; 1,0: geringe Berücksichtigung/Bedeutung; 3,0: mittlere Berücksichtigung/Bedeutung; 5,0: sehr hohe Berücksichtigung/Bedeutung
Quelle: Eigene empirische Untersuchung; Frage 20; N = 53

Betrachtet man die einzelnen Beurteilungsobjekte auf einem nach den Kategorien des Abschnitts 3.1.2.1.2 aggregierten Niveau, so lässt sich bei den Venture-Capital-Gesellschaften insbesondere bei der Prüfung der leistungswirtschaftlichen Fähigkeiten die höchste relative Berücksichtigung der entsprechenden Beurteilungsobjekte im Segmentvergleich feststellen. Vor allem die Bedeutung des Produktes (4,5) und der Forschung und Entwicklung (3,5) scheint bei den Venture-Capital-Gesellschaften bereits in der Vorprüfung einen höheren Stellenwert als bei den anderen Beteiligungskapitalgesellschaften einzunehmen (vgl. Tabelle 12). Vor dem Hintergrund des spezifischen Risikoprofiles der Gründungsunternehmen als wesentlichem Investitionsobjekt der Venture-Capital-Gesellschaften erscheint dieser Befund nicht überraschend.[378] Denn gerade bei diesem Unternehmenstyp ist meist nur ein Prototyp des Produktes vorhanden. Aufgrund der mangelnden Erfahrung des Gründungsunternehmens wird daher frühzeitig eine Einschätzung der technischen Realisierbarkeit des Produktes und der möglichen Kundenakzeptanz im Markt durch die Beteiligungskapitalgesellschaft vorgenommen. Auch der besonderen Bedeutung des Unternehmers bei Gründungsunternehmen scheinen die Venture-Capital-Gesellschaften durch eine bereits in der Vorprüfung im Vergleich zu den anderen Segmenten intensiveren Berücksichtigung dessen Managementfähigkeiten gerecht zu werden. Aufgrund des in den meisten Fällen vorhandenen Innovationscharakters der Produkte von Gründungsunternehmen und der damit verbundenen höheren Prognoseschwierigkeit der Marktgröße und des Wachstumspotenzials nimmt die frühzeitige Berücksichtigung der Marktattraktivität ebenfalls einen tendenziell höheren Stellenwert für Venture-Capital-Gesellschaften ein. Insbesondere die Einschätzung der Exitmöglichkeiten scheint im Segmentvergleich bereits in der Vorprüfung eine immense Bedeutung für die Venture-Capital-Gesellschaft zu besitzen (4,8).

Neben den Venture-Capital-Gesellschaften verfügt das zweite Segment mit ausgesprochener Branchenfokussierung, die Branchenspezialisten, über die durchschnittlich zweithöchste Analysenbreite ihrer Vorprüfung. In Bezug auf die Prüfung der leistungswirtschaftlichen Fähigkeiten, der Managementfähigkeiten und der Marktattraktivität zeigen sich die gleichen Tendenzen mit einer gering abgeschwächten Intensität im Verhältnis zu den Venture-Capital-Gesellschaften ab. Durch den ebenfalls relativ hohen Anteil an Early-Stage-Finanzierungen in Höhe von fast 40 % erscheinen auch die gleichen Ursachen wie bei den Venture-Capital-Gesellschaften für die relativ hohe Analysenbreite der Branchenspezialisten verantwortlich.

Im Vergleich zu den anderen Segmenten ist im Wesentlichen nur die geringe Berücksichtigung der finanzwirtschaftlichen Fähigkeiten des Unternehmens durch die Branchenspezialisten auffällig. Sowohl die vergangenheitsbezogene Analyse der Finanzdaten (2,3) als auch die Berücksichtigung der zukunftsbezogenen Finanzplanung (3,8) findet bei den Branchenspezialisten im Rahmen der Vorprüfung die geringste Bedeutung aller Beteiligungskapitalgesellschaften. Die vergangenheitsbezogenen Finanzdaten werden sogar von 22 % der befragten Branchenspezialisten im Rahmen der Vorprüfung überhaupt nicht berücksichtigt.

---

[378] Zum Risikoprofil von Gründungsunternehmen vgl. Abschnitt 2.2.1.1.

Tabelle 12: Analysenbreite der Vorprüfung nach den einzelnen Beurteilungsobjekten

	Universal-beteiligungsgesellschaften		Buy-out-Fonds		Branchenspezialisten		Venture-Capital-Gesellschaften	
	Mittelwert	BoB[1]	Mittelwert	BoB[1]	Mittelwert	BoB[1]	Mittelwert	BoB[1]
Management	3,50	0,0 %	3,56	6,3 %	4,11	0,0 %	4,50	0,0 %
Finanzdaten (Vergangenheit)	3,25	4,2 %	4,06	0,0 %	2,33	22,2 %	2,50	25,0 %
Finanzplanung (Zukunft)	3,75	0,0 %	4,12	0,0 %	3,78	0,0 %	4,25	0,0 %
Produkt	3,33	4,2 %	3,50	0,0 %	3,89	0,0 %	4,50	0,0 %
Forschung & Entwicklung	1,58	37,5 %	1,06	75,0 %	2,11	22,2 %	3,50	0,0 %
Beschaffung	1,13	66,7 %	1,31	62,5 %	1,44	44,4 %	1,25	50,0 %
Produktion	1,54	50,0 %	1,69	50,0 %	1,89	33,3 %	2,50	25,0 %
Vertrieb	2,63	8,3 %	2,31	31,3 %	2,89	11,1 %	3,25	25,0 %
Organisation	1,54	45,8 %	1,38	56,3 %	1,78	33,3 %	2,00	25,0 %
Personal	1,17	62,5 %	1,19	62,5 %	1,56	44,4 %	2,25	25,0 %
Standorte	1,25	58,3 %	1,31	62,5 %	1,22	66,7 %	1,00	50,0 %
Rechtliche Rahmenbedingungen	1,50	54,2 %	1,88	50,0 %	2,00	33,3 %	2,75	25,0 %
Markt	3,33	0,0 %	3,63	0,0 %	4,00	0,0 %	4,00	0,0 %
Wettbewerb	3,08	4,2 %	3,50	6,3 %	4,00	0,0 %	3,50	0,0 %
Kunden	2,79	4,2 %	2,38	25,0 %	3,33	0,0 %	2,75	25,0 %
Exitmöglichkeiten	2,79	25,0 %	3,69	6,3 %	3,11	11,1 %	4,75	0,0 %

(1) Beteiligungskapitalgesellschaft ohne Berücksichtigung des Beurteilungsobjektes (in %)
Angaben: (Arithmetischer) Mittelwert: 0,0: keine Berücksichtigung/Bedeutung; 1,0: geringe Berücksichtigung/Bedeutung; 3,0: mittlere Berücksichtigung/Bedeutung; 5,0: sehr hohe Berücksichtigung/Bedeutung
Quelle: Eigene empirische Untersuchung; Frage 20; N = 53

Bei den Buy-out-Fonds hingegen nehmen gerade die finanzwirtschaftlichen Fähigkeiten des Unternehmens den höchsten Stellenwert in ihrer Vorprüfung ein. Insbesondere die vergangenheitsbezogene Analyse der Finanzdaten (4,1) erreicht bei den Buy-out-Fonds die höchste Bedeutung aller Beteiligungskapitalgesellschaften. Durch das Vorhandensein entsprechender Daten bei derartigen Spätphasenfinanzierungen erscheint eine Kurzbewertung der bisherigen Leistungsfähigkeit des Unternehmens als Indikator für den Erfolg zukünftiger Vorhaben auf Basis dieser Informationen auch am geeignetsten. Bis auf die Prüfung des Produktes ist die Berücksichtigung der leistungswirtschaftlichen Fähigkeiten des Unternehmens bei den Buy-out-Fonds im Rahmen der Vorprüfung nur von untergeordneter Bedeutung.

Die Universalbeteiligungsgesellschaften weisen insgesamt die geringste Analysenbreite in der Vorprüfung aller vier Segmente auf. Sowohl die Managementfähigkeiten als auch Marktattraktivität und die leistungswirtschaftlichen Fähigkeiten finden bei den Universalbeteiligungsgesellschaften im Rahmen der Vorprüfung nur die geringste Berücksichtigung unter den Beteiligungskapitalgesellschaften. Bemerkenswert erscheint die im Vergleich zu den anderen Segmenten geringe Beachtung der Exitmöglichkeiten (2,8) und des Wettbewerbes (3,1). Immerhin findet bei 25 % der befragten Universalbeteiligungsgesellschaften überhaupt keine Berücksichtigung der Exitmöglichkeiten statt.

Werden bei der Untersuchung der Analysenbreite der Vorprüfung die einzelnen Beurteilungsobjekte nochmals untereinander verglichen, kann die zukunftsbezogene Finanzplanung (3,91) als das Beurteilungsobjekt mit dem höchsten Stellenwert aller Beteiligungskapitalgesellschaften identifiziert werden (vgl. Abbildung 45). Nur von geringer Bedeutung für die Beteiligungskapitalgesellschaften ist die Prüfung der rechtlichen Rahmenbedingungen während der Vorprüfung. Mit einem Wert von durchschnittlich 1,79 beginnt sie die Liste der Beurteilungsobjekte, die während der Vorprüfung scheinbar kaum eine Berücksichtigung finden. Neben den rechtlichen Rahmenbedingungen haben die Produktion (1,72), die Forschung & Entwicklung (1,66), die Organisation (1,57), das Personal (1,32), die Beschaffung (1,25) und die Standorte (1,25) des potenziellen Portfoliounternehmens nur eine geringe Bedeutung bei der Vorprüfung der Beteiligungsanfrage.

Abbildung 45: Die wichtigsten Beurteilungsobjekte aus Sicht der Beteiligungskapitalgesellschaft in der Vorprüfung

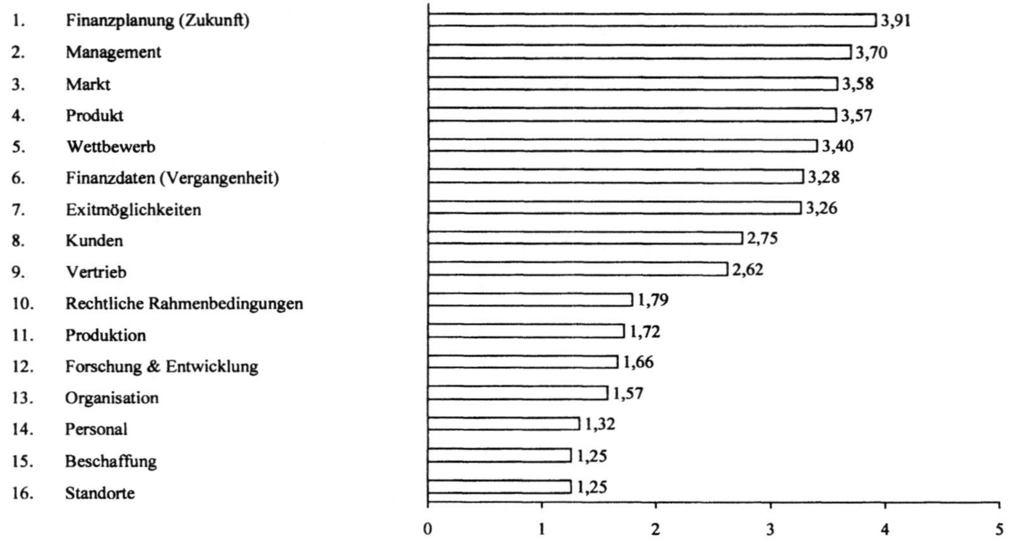

Angaben: (Arithmetischer) Mittelwert: 0,0: keine Berücksichtigung/Bedeutung; 1,0: geringe Berücksichtigung/Bedeutung; 3,0: mittlere Berücksichtigung/Bedeutung; 5,0: sehr hohe Berücksichtigung/Bedeutung
Quelle: Eigene empirische Untersuchung; Frage 20; N = 53

In der Feinanalyse nimmt die Analysenbreite der Beteiligungswürdigkeitsprüfung wie nicht anders zu erwarten über alle Beurteilungsobjekte hinweg zu. Interessanterweise ergeben sich auch jetzt bis auf die Berücksichtigung der Managementfähigkeiten signifikante Unterschiede zwischen den einzelnen Segmenten der Beteiligungskapitalgesellschaften.

Die höchste Erweiterung in der Breite der Analyse im Vergleich zur Vorprüfung nehmen die Buy-out-Fonds vor. Dabei hat die Analysenbreite insbesondere bei der Berücksichtigung der leistungswirtschaftlichen Fähigkeiten deutlich zugenommen (vgl. Abbildung 46). Wie in Tabelle 13 zu erkennen, nimmt jetzt die Analyse des Produktes (4,8) und der rechtlichen Rahmenbedingungen (4,3) einen wesentlich höheren Stellenwert ein als noch in der Vorprüfung. Doch auch die Bedeutung des Vertriebes (4,1) und der Produktion (4,0) ist deutlich angestiegen. Die Beurteilung der Marktattraktivität konnte in seiner Bedeutung ebenfalls erheblich anwachsen. Insbesondere die Beurteilung der Kunden wird im Rahmen der Feinanalyse detaillierter berücksichtigt. Der Stellenwert der finanzwirtschaftlichen Fähigkeiten konnte im Vergleich zur Vorprüfung noch weiter gesteigert werden und kann im Segmentvergleich nach wie vor die höchste Bedeutung vorweisen.

Abbildung 46: Analysenbreite der Feinanalyse nach den vier Beurteilungskategorien

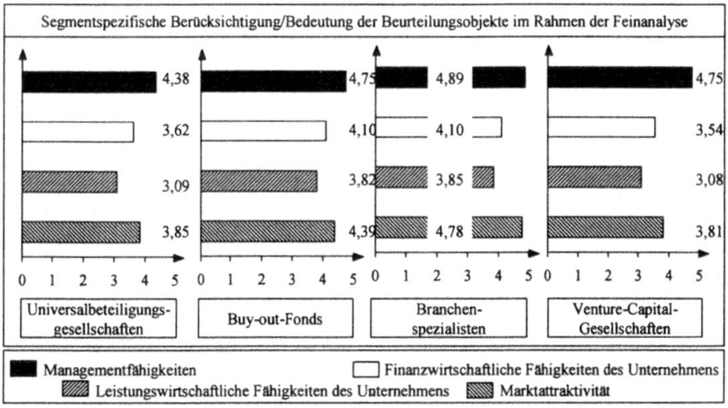

Angaben: (Arithmetischer) Mittelwert: 0,0: keine Berücksichtigung/Bedeutung; 1,0: geringe Berücksichtigung/Bedeutung; 3,0: mittlere Berücksichtigung/Bedeutung; 5,0: sehr hohe Berücksichtigung/Bedeutung
Quelle: Eigene empirische Untersuchung; Frage 24; N = 53

Noch breiter als die Buy-out-Fonds scheinen die Branchenspezialisten ihre potenziellen Portfoliounternehmen in der Feinanalyse zu untersuchen. Die Beurteilung der Managementfähigkeiten nimmt dabei den höchsten Stellenwert (4,9) aller Beteiligungskapitalgesellschaften ein. Doch auch die Beurteilung der Marktattraktivität hat im Vergleich mit den anderen Segmenten für die Branchenspezialisten mit Abstand die höchste Bedeutung. Spitzenreiter sind sie auch in der Berücksichtigung der leistungswirtschaftlichen Fähigkeiten der Unternehmen. Neben dem Produkt (4,7) und der Forschung & Entwicklung (4,2) des potenziellen Portfoliounternehmens berücksichtigen die Branchenspezialisten in der Feinanalyse insbesondere den Vertrieb (4,4), das Personal (4,0) und die rechtlichen Rahmenbedingungen (4,0).

Die Universalbeteiligungsgesellschaften steigern zwar auch im Vergleich zur Vorprüfung ihre Analysenbreite deutlich, sie erreichen aber nicht das breite Niveau der Feinanalysen der Branchenspezialisten und der Buy-out-Fonds. Im Vergleich zu den anderen Beteiligungskapitalgesellschaften finden die Managementfähigkeit, die Marktattraktivität sowie die leistungswirtschaftlichen Fähigkeiten nach wie vor die geringste Berücksichtigung durch die Universalbeteiligungsgesellschaften. Auffällig ist die relativ geringe Bedeutung der Exitmöglichkeiten (3,6) und des Produktes (3,8) im Vergleich mit den anderen Segmenten.

Die Venture-Capital-Gesellschaften verändern bemerkenswerter Weise kaum ihre Analysenbreite in der Feinanalyse im Vergleich zur Vorprüfung. Konnten sie in der Vorprüfung noch die höchste Analysenbreite sämtlicher Beteiligungskapitalgesellschaften vorweisen, so verfügen sie durch diesen Effekt in der Feinanalyse nur noch über die niedrigste Analysenbreite. Bei der Beurteilung der Marktattraktivität und der finanzwirtschaftlichen Fähigkeiten des potenziellen Portfoliounternehmens haben die Venture-Capital-Gesellschaften die Analysenbreite nahezu unverändert gelassen. Leicht verbreitert haben sie ihre Analysen in Bezug auf die leistungswirtschaftlichen Fähigkeiten und die Managementfähigkeiten des Unternehmens. Die Venture-Capital-Gesellschaften scheinen somit statt in die Breite bei den ausgewählten Beurteilungsobjekten in die Tiefe mit ihren Analysen gegangen zu sein.

Tabelle 13: Analysenbreite der Feinanalyse nach den einzelnen Beurteilungsobjekten

	Universal-beteiligungsgesellschaften		Buy-out-Fonds		Branchenspezialisten		Venture-Capital-Gesellschaften	
	Mittelwert	BoB[(1)]	Mittelwert	BoB[(1)]	Mittelwert	BoB[(1)]	Mittelwert	BoB[(1)]
Management	4,38	0,0 %	4,75	0,0 %	4,89	0,0 %	4,75	0,0 %
Finanzdaten (Vergangenheit)	3,63	4,2 %	4,63	0,0 %	3,33	11,1 %	2,75	25,0 %
Finanzplanung (Zukunft)	4,33	0,0 %	4,88	0,0 %	4,89	0,0 %	4,25	0,0 %
Produkt	3,83	0,0 %	4,75	0,0 %	4,67	0,0 %	4,75	0,0 %
Forschung & Entwicklung	2,92	8,3 %	3,31	12,5 %	4,22	0,0 %	4,00	0,0 %
Beschaffung	2,63	16,7 %	3,56	0,0 %	3,33	0,0 %	1,75	50,0 %
Produktion	3,08	12,5 %	4,00	0,0 %	3,78	0,0 %	3,00	25,0 %
Vertrieb	3,83	4,2 %	4,13	0,0 %	4,44	0,0 %	3,50	25,0 %
Organisation	3,00	0,0 %	3,56	0,0 %	3,56	0,0 %	2,75	25,0 %
Personal	2,88	12,5 %	3,38	6,3 %	4,00	0,0 %	3,00	25,0 %
Standorte	2,33	25,0 %	3,38	6,3 %	2,67	22,2 %	2,00	25,0 %
Rechtliche Rahmenbedingungen	3,29	8,3 %	4,31	0,0 %	4,00	0,0 %	3,00	25,0 %
Markt	4,17	0,0 %	4,75	0,0 %	4,89	0,0 %	4,50	0,0 %
Wettbewerb	3,96	0,0 %	4,56	0,0 %	4,89	0,0 %	4,00	0,0 %
Kunden	3,71	0,0 %	4,13	0,0 %	4,56	0,0 %	2,25	50,0 %
Exitmöglichkeiten	3,58	12,5 %	4,13	6,3 %	4,78	0,0 %	4,50	0,0 %

(1) Beteiligungskapitalgesellschaft ohne Berücksichtigung des Beurteilungsobjektes (in %)
Angaben: (Arithmetischer) Mittelwert: 0,0: keine Berücksichtigung/Bedeutung; 1,0: geringe Berücksichtigung/Bedeutung; 3,0: mittlere Berücksichtigung/Bedeutung; 5,0: sehr hohe Berücksichtigung/Bedeutung
Quelle: Eigene empirische Untersuchung; Frage 24; N = 53

Bei dem Vergleich der einzelnen Beurteilungsobjekte untereinander lässt sich ebenfalls anhand der deutlich höheren Durchschnittswerte die allgemeine Zunahme der Analysenbreite der Feinanalyse im Vergleich zur Vorprüfung feststellen. Wie der Abbildung 47 zu entnehmen ist, führt jetzt die Liste der wichtigsten Objekte die Beurteilung des Managements (4,60) an. Die zukunftsbezogene Finanzplanung findet mit einem Durchschnittswert von 4,58 aber immer noch die zweithöchste Berücksichtigung aus Sicht der Beteiligungskapitalgesellschaften. Interessanterweise hat sich an der Reihenfolge der übrigen Beurteilungsobjekte im Vergleich zur Vorprüfung nichts Wesentliches verändert. Nur die vergangenheitsbezogenen Finanzdaten haben zu Gunsten der Exitmöglichkeiten und des Vertriebes an Bedeutung verloren.

Die Untersuchung der Analysenbreite der Beteiligungswürdigkeitsprüfung hat bisher gezeigt, dass sich die Berücksichtigung einzelner Beurteilungsobjekte insbesondere in der Feinanalyse segmentspezifisch signifikant voneinander unterscheidet.

Im Sinne des explikativen Wissenschaftszieles gilt es nun herauszufinden, ob die unterschiedliche Fokussierung auf bestimmte Beurteilungsobjekte auch mit einer entsprechenden Veränderung der Qualität der Beteiligungswürdigkeitsprüfung einhergeht. Im Mittelpunkt der Analyse steht somit die Fragestellung, auf welche Beurteilungsobjekte man sich möglicherweise fokussieren sollte, um die Qualität der Beteiligungswürdigkeitsprüfung zu verbessern.

Zur Beantwortung dieser Fragestellung müsste zuerst ein grundsätzlicher Zusammenhang zwischen der Analysenbreite und den in der Untersuchung verwendeten Qualitätsmaßen der Beteiligungswürdigkeitsprüfung nachgewiesen werden. Doch vor dem Hintergrund des fehlenden Zusammenhanges zwischen Aufwand und Qualität der Beteiligungswürdigkeitsprüfung wird vermutet, dass sich eine Relation zur Analysenbreite identifizieren lässt.[379]

---

[379] Zum fehlenden Zusammenhang zwischen Aufwand und Qualität der Beteiligungswürdigkeitsprüfung vgl. Abschnitt 3.2.1.

Abbildung 47: Die wichtigsten Beurteilungsobjekte aus Sicht der Beteiligungskapitalgesellschaft in der Feinanalyse

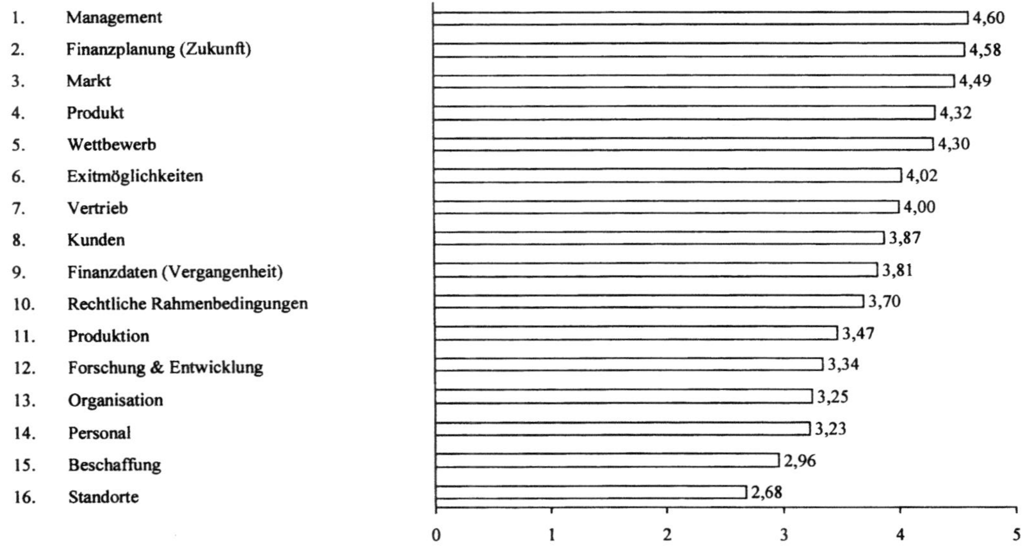

Angaben: (Arithmetischer) Mittelwert: 0,0: keine Berücksichtigung/Bedeutung; 1,0: geringe Berücksichtigung/Bedeutung; 3,0: mittlere Berücksichtigung/Bedeutung; 5,0: sehr hohe Berücksichtigung/Bedeutung
Quelle: Eigene empirische Untersuchung; Frage 24; N = 53

Zusätzlich deutet die vorangegangene Analyse dieses Abschnittes daraufhin, dass ein Großteil der Beteiligungskapitalgesellschaften ganz bewusst eine von der Tendenz her unterschiedliche Priorisierung in der Berücksichtigung einzelner Beurteilungsobjekte vornimmt, um ihren spezifischen Prüfungserfordernissen gerecht zu werden und somit die Qualität ihrer Beteiligungswürdigkeitsprüfung zu steigern. Diese Überlegungen führen zur Formulierung der folgenden grundsätzlichen Forschungshypothesen:

H_{10}: Mit zunehmender Analysenbreite der Vorprüfung insgesamt steigt die Qualität der Beteiligungswürdigkeitsprüfung der Beteiligungskapitalgesellschaft.

H_{11}: Mit zunehmender Analysenbreite der Feinanalyse insgesamt steigt die Qualität der Beteiligungswürdigkeitsprüfung der Beteiligungskapitalgesellschaft.

Zwischen der Analysenbreite der Vorprüfung und der Nettorendite bzw. der Ausfallquote der Beteiligungskapitalgesellschaft als Qualitätsmaß für die Beteiligungswürdigkeitsprüfung konnte zwar insgesamt kein signifikanter Zusammenhang identifiziert werden, eine separate Untersuchung der einzelnen Beurteilungsobjekte zeigt jedoch, bei dreien eine signifikante Wechselwirkung. Am deutlichsten stellt sich der Zusammenhang bei der Berücksichtigung der Exitmöglichkeiten dar. Bei diesem Beurteilungsobjekt konnte sowohl ein signifikant positiver Zusammenhang zur Nettorendite ($r = + 0{,}355^{*}$) als auch ein höchst signifikant negativer zur Ausfallquote ($r = -0{,}516^{***}$) festgestellt werden, d. h. mit steigender Bedeutung bzw. Berücksichtigung der Exitmöglichkeiten bereits in der Vorprüfung scheint die Nettorendite der Beteiligungskapitalgesellschaft zu steigen bzw. die Ausfallquote zu sinken. Somit könnte möglicherweise bei einer besonderen Berücksichtigung der Exitmöglichkeiten bereits während der Vorprüfung die Qualität der Beteiligungswürdigkeitsprüfung verbessert werden. Dieser Befund deckt sich mit zahlreichen Aussagen der Beteiligungsmanager in den qualitativen Interviews der empirischen Erhebung. Diese hatten immer wieder darauf hingewiesen, wie wichtig die frühzeitige Transparenz über die Exitmöglichkeit der Beteiligung für den Erfolg des Gesamtinvestments ist.

Ein weiterer signifikant positiver Zusammenhang zur Nettorendite der Beteiligungskapitalgesellschaft ergibt sich zur Bedeutung der Analyse des Wettbewerbs im Rahmen der

Vorprüfung (r = +0,338*). Somit scheint auch ein frühzeitiges intensiveres Augenmerk auf die Wettbewerbssituation des Portfoliounternehmens im Rahmen der Vorprüfung, die Qualität der Beteiligungswürdigkeitsprüfung zu verbessern. Ein signifikant negativer Zusammenhang zur Ausfallquote zeigt sich bei der Berücksichtigung des Produktes in der Vorprüfung (r = -0,337*). Somit könnte eine frühzeitige Prüfung insbesondere der technischen Realisierbarkeit und der Marktakzeptanz des Produktes das Risiko der Beteiligungskapitalgesellschaft in Form der Ausfallquote reduzieren und somit die Qualität der Beteiligungswürdigkeitsprüfung erhöhen. Da neben diesen drei signifikanten Zusammenhängen keine weiteren Korrelationen zwischen der Analysenbreite der Vorprüfung und den Qualitätsmaßen festgestellt wurden, muss die entsprechende Forschungshypothese (H_{10}) aufgrund ihrer zu pauschalen Vermutung abgelehnt werden, d. h. eine grundsätzliche Erhöhung der Analysenbreite in der Vorprüfung scheint die Qualität der Beteiligungswürdigkeitsprüfung nicht zu verbessern. Nur die selektive Prüfung bestimmter Beurteilungsobjekte in der Vorprüfung zeigt qualitätssteigernde Auswirkungen auf die Beteiligungswürdigkeitsprüfung.

Die Überprüfung der zweiten Forschungshypothese in Bezug auf den Zusammenhang zwischen der Analysenbreite in der Feinanalyse und der Qualität der Beteiligungswürdigkeitsprüfung kommt, wie in Tabelle 14 erkennbar, zu einem anderen Ergebnis. So konnten zwischen der gesamten Analysenbreite der Feinanalyse und den einzelnen Qualitätsmaßen signifikante Zusammenhänge ermittelt werden. Zur Nettorendite der Beteiligungskapitalgesellschaft zeigt sich ein höchst signifikanter positiver Zusammenhang von r = + 0,689***. Zu der Ausfallquote der Beteiligungskapitalgesellschaft lässt sich eine sehr signifikant negative Korrelation von r = -0,439** ermitteln. Somit scheint sich durch eine Erhöhung der Analysenbreite in der Feinanalyse, die Qualität der Beteiligungswürdigkeitsprüfung insgesamt zu verbessern. Die Forschungshypothese (H_{11}) kann daher angenommen werden. Für ein besseres Verständnis dieses Zusammenhanges sollte man aber die einzelnen Kategorien der Beurteilungsobjekte nochmal detaillierter untersuchen.

Tabelle 14: Zusammenhänge zwischen Analysenbreite und Qualität der Beteiligungswürdigkeitsprüfung in der Feinanalyse

	Nettorendite der Beteiligungskapitalgesellschaft	Ausfallquote der Beteiligungskapitalgesellschaft
Managementfähigkeiten	—	–0,438**
Finanzwirtschaftliche Fähigkeiten des Unternehmens	+0,516***	–0,467**
Leistungswirtschaftliche Fähigkeiten des Unternehmens	+0,659***	–0,383*
Marktattraktivität	+0,722***	–0,426**
Gesamte Analysenbreite in der Feinanalyse	+0,689***	–0,439**

* : $p \leq 0{,}05$; **: $p \leq 0{,}01$; ***: $p \leq 0{,}001$
Zusammenhänge mit $p > 0{,}10$ werden nicht gezeigt
Quelle: Eigene empirische Untersuchung

Denn bei der Betrachtung der vier Kategorien der Beurteilungsobjekte zeigt sich zwar für die Berücksichtigung der Marktattraktivität die höchste Korrelation. Sowohl der höchst signifikant positive Zusammenhang zur Nettorendite der Beteiligungskapitalgesellschaft ($r = +0{,}722^{***}$) als auch der sehr signifikante Zusammenhang zur Ausfallquote ($r = -0{,}426^{**}$) scheint demnach die Relevanz einer breiten Analyse der Marktattraktivität im Rahmen der Feinanalyse zu verdeutlichen. Doch zeigen sich in der Untersuchung auch für die anderen Kategorien signifikante Zusammenhänge. Dieser insgesamt signifikante Zusammenhang zwischen der Analysenbreite und der Qualität der Beteiligungswürdigkeitsprüfung könnte darauf hindeuten, dass es in der Feinanalyse im Gegensatz zu Vorprüfung nicht darauf ankommt, sich auf bestimmte Beurteilungsobjekte zu fokussieren. Die Beteiligungskapitalgesellschaften müssen scheinbar in erster Linie sicherstellen, dass sie in ihrer Analyse alle möglichen Beurteilungsfelder grundsätzlich abdecken. Zu vermuten wäre, dass dann bei der Bestimmung der notwendigen Analysentiefe deutlich erfolgswirksame Unterschiede bestehen, die aber erst im folgenden Abschnitt untersucht werden.

Zusammenfassend lassen sich bei der Untersuchung der Analysenbreite der Beteiligungskapitalgesellschaften folgende Ergebnisse festhalten. In der Vorprüfung bestehen zwischen den einzelnen Segmenten nur bei einzelnen Beurteilungsobjekten signifikante Unterschiede in der Berücksichtigung bzw. Bedeutung. Tendenziell lassen sich aber dennoch segmentspezifische Unterschiede in der Vorprüfung erkennen. Die Venture-Capital-Gesellschaften verfügen über die höchste Analysenbreite in der Vorprüfung. Zur Steigerung der Qualität der Beteiligungswürdigkeitsprüfung scheint es während der Vorprüfung darauf anzukommen, sich auf bestimmte Beurteilungsobjekte zu fokussieren. Insbesondere die frühzeitige Berücksichtigung der Exitmöglichkeiten, des Wettbewerbes und des Produktes des potenziellen Portfoliounternehmens erscheint hierbei erfolgsversprechend zu sein. In der Feinanalyse nimmt die Analysenbreite über alle Beurteilungsobjekte hinweg deutlich zu. Nur die Venture-Capital-Gesellschaften steigern ihre Analysenbreite in der Feinanalyse nur unwesentlich gegenüber der Vorprüfung. Insgesamt lassen sich signifikante Unterschiede in der Analysenbreite der Feinanalyse zwischen den einzelnen Segmenten feststellen. Das Ergebnis der Untersuchung deutet darauf hin, dass es für die Verbesserung der Qualität der Beteiligungswürdigkeitsprüfung in der Feinanalyse wichtiger ist, sämtliche Beurteilungsaspekte in der Breite abzudecken als einige Beurteilungsobjekte überhaupt nicht zu untersuchen. In diesem Zusammenhang wird vermutet, dass es neben einer Basisanalyse der einzelnen Beurteilungsobjekte eher darauf ankommt zu entscheiden, bei welchen Beurteilungsobjekten wie tief analysiert werden sollte, um eine notwendige Qualität in der Beteiligungswürdigkeitsprüfung zu erreichen. Im nachfolgenden Abschnitt wird nun diese Vermutung näher untersucht.

3.2.2.2 Analysentiefe der Beteiligungswürdigkeitsprüfung

Zur Erklärung einer möglichen Qualitätsvarianz in der Beteiligungswürdigkeitsprüfung scheint folglich als Hauptdeterminante immer mehr die Analysentiefe der Feinanalyse in den Mittelpunkt der Betrachtungen zu rücken. Somit gilt es im Rahmen der Untersuchung herauszufinden, welche Beurteilungsobjekte bzw. Beurteilungskriterien in der Feinanalyse von einer Beteiligungskapitalgesellschaft wie tief analysiert werden sollten, um eine entsprechende Qualität in der Beteiligungswürdigkeitsprüfung zu erreichen.[380] Die Analysentiefe wird dabei anhand der durch die Beteiligungskapitalgesellschaft angegebenen

[380] Die Analysentiefe sagt dabei auch etwas über die Anstrengungen der Beteiligungskapitalgesellschaft aus, wie fundamental wichtig ihr das tiefgehende Verständnis des Beurteilungskriteriums bzw. Beurteilungsobjektes ist, um erfolgreiche Portfoliounternehmen zu identifizieren.

Intensität ihrer Analyse zur Erreichung einer bestimmten Transparenz über das Beurteilungsobjekt gemessen.[381] In einem ersten Schritt wird zunächst die Analysentiefe der Feinanalyse auf einem aggregierten Niveau nach den vier Beurteilungskategorien untersucht, bevor dann eine detaillierte Analyse der einzelnen Beurteilungsobjekte entlang dieser Kategorien folgt. Dem deskriptiven Wissenschaftsziel der Arbeit folgend wird dabei das segmentspezifische Beurteilungsverhalten der einzelnen Beteiligungskapitalgesellschaften untersucht und anschließend im Sinne des explikativen Wissenschaftszieles der Zusammenhang zu den Qualitätsmaßen betrachtet.

Bis auf die Untersuchung der Marktattraktivität ($p = 0{,}014^{*}$) ergeben sich auf einem aggregierten Niveau interessanterweise keine signifikanten Unterschiede in der Analysentiefe der Feinanalyse zwischen den einzelnen Segmenten. Wie bei der Analysenbreite der Vorprüfung lassen sich aber tendenzielle Unterschiede zwischen den Segmenten der Beteiligungskapitalgesellschaften erkennen. Die größte Tiefe in ihrer Feinanalyse können demnach mit einem Durchschnittswert von 4,11 die Branchenspezialisten vorweisen (vgl. Abbildung 48). Bemerkenswert ist dabei die Tatsache, dass sie diese Spitzenposition bei drei von vier Kategorien der Beurteilungsobjekte inne haben. Insbesondere bei der Beurteilung der Marktattraktivität (4,34) und bei der Prüfung der leistungswirtschaftlichen Fähigkeiten des Unternehmens (3,63) sind die Differenzen zu den anderen Segmenten auffällig.

Wie aus der folgenden Tabelle 15 hervorgeht, beabsichtigen die Branchenspezialisten, sich scheinbar durch detailliertere Analysen des Marktes (4,15), des Wettbewerbes (4,58) und der Exitmöglichkeiten (4,50) des potenziellen Portfoliounternehmens eine umfassendere Transparenz über die Attraktivität des Marktes insbesondere im Vergleich zu den Universalbeteiligungsgesellschaften zu verschaffen. Die Höhe der Analysenintensität bei der Prüfung der leistungswirtschaftlichen Fähigkeiten des Unternehmens wirkt vor allem im Vergleich mit den Venture-Capital-Gesellschaften auffällig. Im direkten Vergleich beider

---

381 Pro einzelnem Beurteilungskriterium konnten die Beteiligungskapitalgesellschaften dabei angeben, wie intensiv sie das jeweilige Kriterium analysieren, um eine entsprechende Transparenz über das zugrunde liegende Beurteilungsobjekt zu erreichen. Die Antwortmöglichkeiten reichen dabei von „geringer Analysenintensität“, bei der sich die Beteiligungskapitalgesellschaft nur einen oberflächlichen Eindruck von dem Beurteilungskriterium verschafft und somit nur eine geringfügige Transparenz über das zugrunde liegende Beurteilungsobjekt erreichen kann, bis zu „sehr hoher Analysenintensität“, bei der die Beteiligungskapitalgesellschaft eine detaillierte Analyse des Beurteilungskriteriums vornimmt, um eine vollständige Transparenz über das Beurteilungsobjekt zu erhalten; vgl. Frage 25 des Fragebogens im Anhang.

Segmente lassen sich insbesondere in dieser Kategorie bei sämtlichen Beurteilungsobjekten erhebliche Differenzen identifizieren. Doch auch bei der aus Sicht der Venture-Capital-Gesellschaft so wichtigen Analyse der zukünftigen Finanzdaten scheinen die Branchenspezialisten ein deutlich höheres Transparenzniveau (4,76) erreichen zu wollen.

Generell lässt sich für die Venture-Capital-Gesellschaften feststellen, dass sie insgesamt nur die geringste Analysentiefe in ihrer Feinanalyse im Vergleich zu den anderen Segmenten erzielen (3,54). Bei separater Betrachtung der einzelnen Beurteilungsobjekte separat scheint sich die im vorangegangenen Abschnitt geäußerte Vermutung, dass sich die Venture-Capital-Gesellschaften in ihrer Analyse auf wenige ausgewählte Beurteilungsobjekte fokussieren, die sie in der Tiefe untersuchen, zu bestätigen. So deuten die wesentlich höheren Intensitätswerte bei den rechtlichen Rahmenbedingungen (4,0), dem Produkt (3,56), dem Vertrieb (3,55) und der Forschung & Entwicklung (3,50) des Unternehmens darauf hin, dass die Venture-Capital-Gesellschaften hier detailliertere Analysen durchführen und sich bei den restlichen Beurteilungsobjekten der leistungswirtschaftlichen Fähigkeiten des Unternehmens nur einen groben Überblick verschaffen.

Bei der Beurteilung der Marktattraktivität scheinen sie sich auf die Analyse der Exitmöglichkeiten (4,38) zu konzentrieren. Vor diesem Hintergrund wäre auch der im Abschnitt 3.2.1.1 ermittelte deutlich geringere Zeitbedarf und die daraus resultierende höhere Produktivität der Venture-Capital-Gesellschaften nachvollziehbar.

Wie schon bei der Analysenbreite sowohl in der Vorprüfung als auch in der Feinanalyse erreichen die Buy-out-Fonds bei der Tiefe der Analysen der finanzwirtschaftlichen Fähigkeiten des Unternehmens ebenfalls mit 4,53 den mit Abstand höchsten Wert aller Beteiligungskapitalgesellschaften. Sowohl die vergangenheitsbezogenen Finanzdaten (4,26) als auch die zukunftsbezogene Finanzplanung (4,81) scheinen von den Buy-out-Fonds am detailliertesten analysiert zu werden. Insgesamt verfügen sie ohnehin um fast die gleich hohe Analysenintensität wie die Branchenspezialisten (4,10). In den drei anderen Kategorien erzielen sie jeweils nur leicht geringere Intensitäten als die Spitzenwerte der Branchenspezialisten. Die im Vergleich zu anderen Beteiligungskapitalgesellschaften deutlich höhere

Abbildung 48: Analysentiefe der Feinanalyse nach den vier Beurteilungskategorien

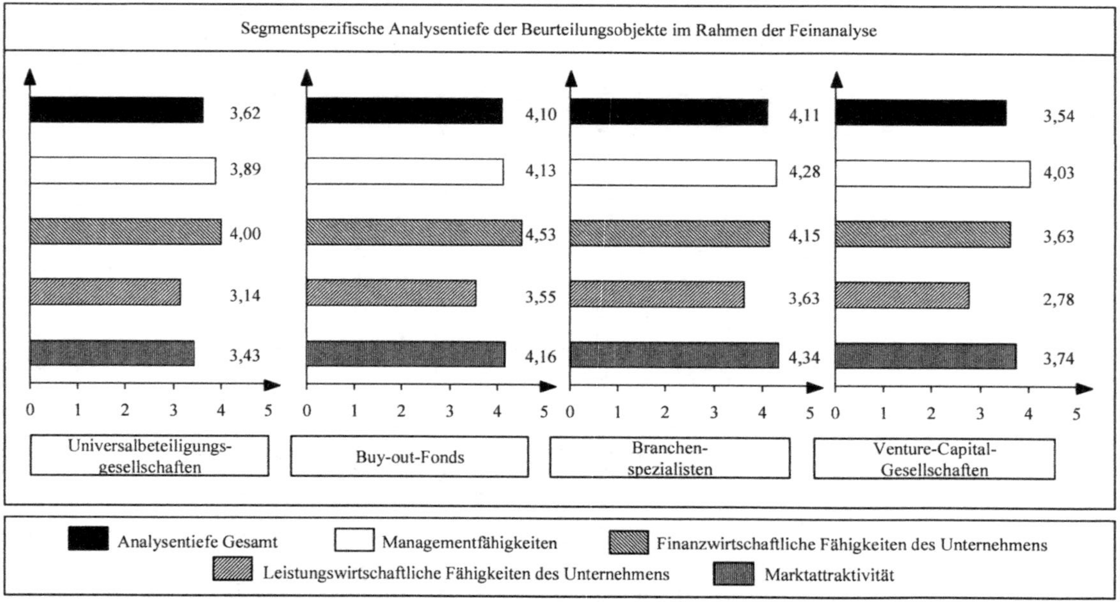

Angaben: (Arithmetischer) Mittelwert: 0,0: keine Berücksichtigung; 1,0: geringe Analysenintensität 3,0: mittlere Analysenintensität 5,0: sehr hohe Analysenintensität

Quelle: Eigene empirische Untersuchung; Frage 25; N = 51

Tabelle 15: Analysentiefe der Feinanalyse nach den einzelnen Beurteilungsobjekten

	Signifikanz-niveau	Alle Segmente		Universal-beteiligungs-gesellschaften		Buy-out-Fonds		Branchen-spezialisten		Venture-Capital-Gesellschaften	
		M	Md	M	Md	M	Md	M	Md	M	Md
Management	$0,678^{ns}$	4,04	4,25	3,89	4,13	4,13	4,38	4,28	4,25	4,03	4,13
Finanzdaten (Vergangenheit)	$0,259^{ns}$	3,87	4,00	3,83	4,00	4,26	4,57	3,54	3,43	3,39	3,29
Finanzplanung (Zukunft)	$0,008^{**}$	4,44	4,71	4,17	4,00	4,81	5,00	4,76	5,00	3,86	4,21
Produkt	$0,164^{ns}$	3,76	3,78	3,54	3,56	3,91	3,89	4,20	4,00	3,56	3,72
Forschung & Entwicklung	$0,056^{ns}$	3,12	3,50	2,78	3,00	2,87	3,00	4,22	4,50	3,50	3,50
Beschaffung	$0,088^{ns}$	3,22	3,40	3,00	3,20	3,75	4,00	3,42	3,80	2,05	1,80
Produktion	$0,303^{ns}$	3,34	3,50	3,30	3,33	3,63	3,67	3,35	3,50	2,46	2,08
Vertrieb	$0,770^{ns}$	3,62	3,80	3,48	3,60	3,67	3,80	3,91	3,60	3,55	4,00
Organisation	$0,215^{ns}$	3,23	3,33	3,14	3,33	3,53	3,83	3,37	3,83	2,21	2,08
Personal	$0,246^{ns}$	3,02	3,20	2,85	3,20	3,35	3,60	3,27	3,40	2,15	2,20
Standorte	$0,099^{ns}$	2,64	2,67	2,49	2,67	3,27	3,33	2,44	2,33	1,58	1,67
Rechtliche Rahmenbedingungen	$0,269^{ns}$	3,96	4,00	3,72	4,00	4,00	4,00	4,50	5,00	4,00	4,25
Markt	$0,013^{*}$	3,67	3,88	3,35	3,63	4,04	4,00	4,15	4,25	3,09	3,00
Wettbewerb	$0,029^{*}$	4,06	4,25	3,67	3,75	4,40	4,50	4,58	5,00	3,81	4,13
Kunden	$0,134^{ns}$	3,84	4,00	3,54	3,67	4,18	4,00	4,11	4,00	3,67	3,67
Exitmöglichkeiten	$0,037^{*}$	3,75	4,00	3,17	3,00	4,03	4,50	4,50	5,00	4,38	5,00

Abkürzungen: M = (Arithmetischer) Mittelwert; Md = Median
Angaben zur Analysentiefe der einzelnen Beurteilungsobjekte: 0,0: keine Berücksichtigung; 1,0: geringe Analysenintensität 3,0: mittlere Analysenintensität 5,0: sehr hohe Analysenintensität
Quelle: Eigene empirische Untersuchung; Frage 25; N = 51

Analysenintensität der Buy-out-Fonds lässt sich auch hier insbesondere bei der Prüfung der Marktattraktivität feststellen. Bei allen vier zugrunde liegenden Beurteilungsobjekten scheinen die Buy-out-Fonds eine höhere Transparenz anzustreben als die Venture-Capital-Gesellschaften und die Universalbeteiligungsgesellschaften.

Gerade bei der Beurteilung der Attraktivität des Marktes erreichen die Universalbeteiligungsgesellschaften nur die geringsten Intensitätswerte aller Beteiligungskapitalgesellschaften (3,43). Auffallend niedrig ist hierbei insbesondere die Analysentiefe bei der Beurteilung der Exitmöglichkeiten des potenziellen Portfoliounternehmens (3,17). Die Absicht der Universalbeteiligungsgesellschaften hier nur teilweise Transparenz zu erzielen, könnte auch als Indiz für eine grundsätzlich geringere Exitorientierung gesehen werden. Im Vergleich zu den anderen Beteiligungskapitalgesellschaften erfolgt die Beurteilung des Managements des potenziellen Portfoliounternehmens bei den Universalbeteiligungsgesellschaften ebenfalls nur mit der niedrigsten Analysenintensität (3,89).

Für eine inhaltlich detailliertere Auswertung der empirischen Ergebnisse erscheint es notwendig, die den einzelnen Beurteilungsobjekten zugrunde gelegten Beurteilungskriterien einzeln zu analysieren, um ein tieferes Verständnis über die segmentspezifische Beteiligungswürdigkeitsprüfung zu erreichen. Aus diesem Grunde werden in den folgenden Abschnitten die einzelnen Beurteilungsobjekte und deren Beurteilungskriterien entlang der vier Beurteilungskategorien detailliert untersucht.

Vor der segmentspezifischen Detailbetrachtung der Analysentiefe sollten aber noch einmal kurz die einzelnen Beurteilungsobjekte untereinander anhand ihrer Analysenintensität verglichen werden, um insgesamt den Analysefokus der Beteiligungskapitalgesellschaften in der Feinanalyse zu verstehen (vgl. Abbildung 49).

Die zukünftige Finanzplanung wird von den Beteiligungskapitalgesellschaften dabei am intensivsten analysiert. Mit einem Durchschnittswert von immerhin 4,44 scheinen sich hier nahezu alle Beteiligungskapitalgesellschaften eine vollständige Transparenz verschaffen zu wollen und analysieren die Finanzplanung daher im Detail. Bemerkenswerterweise steht nach der zukünftigen Finanzplanung die Prüfung des Wettbewerbes (4,06) im Analysefokus der

Beteiligungskapitalgesellschaften. Somit scheint aus ihrer Sicht eine gute Transparenz über die Positionierung des Portfoliounternehmens gegenüber dem Wettbewerb wichtig zu sein, um die Erfolgswahrscheinlichkeiten des Unternehmenskonzeptes richtig einschätzen zu können. In den Mittelpunkt der Feinanalyse rückt ebenfalls die Beurteilung der rechtlichen Rahmenbedingungen des potenziellen Portfoliounternehmens (3,96). Die Beteiligungskapitalgesellschaften scheinen die zugrunde liegenden Beurteilungskriterien an dieser Stelle ebenfalls detaillierter zu untersuchen, um sich möglicherweise gegenüber bestehenden oder zukünftig eintretenden Risiken abzusichern. Einen eher gröberen Überblick verschaffen sie sich offensichtlich über die Produktion (3,34), die Organisation (3,23), die Beschaffung (3,22), die Forschung & Entwicklung (3,12), das Personal (3,02) und die Standorte (2,64) des finanzierungssuchenden Portfoliounternehmens.

Im Sinne des explikativen Wissenschaftszieles stellt sich für eine zieladäquatere und damit fokussiertere segmentspezifische Detailanalyse der einzelnen Beurteilungsobjekte die Frage, welche Auswirkungen die Analysentiefe insgesamt und differenziert nach den einzelnen Beurteilungskategorien auf die Qualität der Beteiligungswürdigkeitsprüfung hat. Auf Basis der bisherigen Ergebnisse ließe sich vermuten, dass eine insgesamt zunehmende Analysentiefe die Qualität der Beteiligungswürdigkeitsprüfung grundsätzlich positiv beeinflusst. Folgende Forschungshypothese könnte somit formuliert werden:

H_{12}: Mit zunehmender Analysentiefe der Feinanalyse insgesamt steigt die Qualität der Beteiligungswürdigkeitsprüfung der Beteiligungskapitalgesellschaft.

Versucht man diese allgemeine Vermutung nach den einzelnen Beurteilungskategorien zu differenzieren, müssten sich auf Basis der vorhandenen Literatur insbesondere für die Überprüfung der Managementfähigkeiten und der Marktattraktivität entsprechende Forschungshypothesen ableiten lassen. So wird in diversen empirischen Untersuchungen immer wieder auf die überragende Bedeutung der Managementqualifikation für den Erfolg

Abbildung 49: Die Beurteilungsobjekte der Beteiligungskapitalgesellschaft nach der Reihenfolge ihrer Analysentiefe

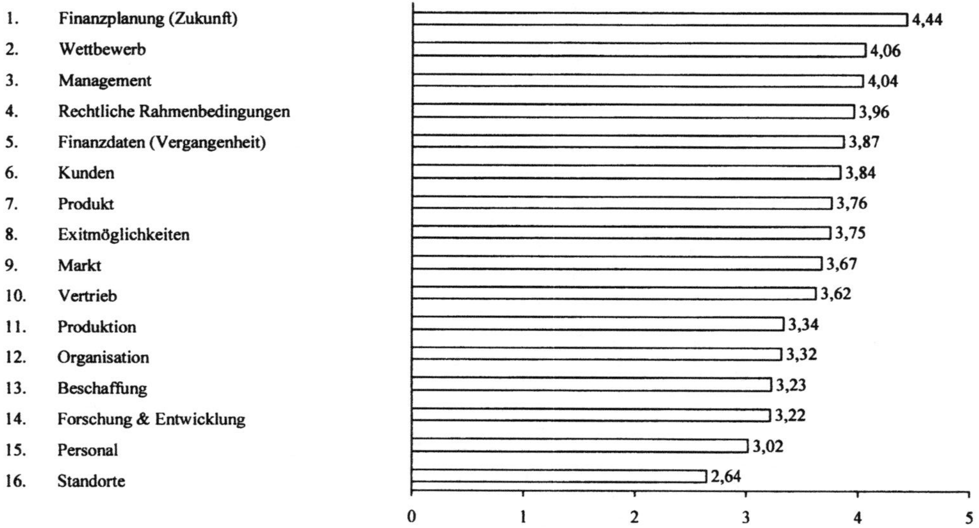

Angaben: (Arithmetischer) Mittelwert: 0,0: keine Berücksichtigung; 1,0: geringe Analysenintensität 3,0: mittlere Analysenintensität 5,0: sehr hohe Analysenintensität
Quelle: Eigene empirische Untersuchung; Frage 25; N = 51

des Portfoliounternehmens hingewiesen.[382] Tyebjee/Bruno relativierten erstmalig mit ihrer empirischen Untersuchung diese wissenschaftlichen Ergebnisse. Sie fanden heraus, dass die Managementfähigkeiten nur das Verlustrisiko des Portfoliounternehmens bestimmen, dass aber die Renditeerwartungen in erster Linie mit der Marktattraktivität hoch positiv korreliert sind.[383] Für eine eindeutige Klärung der Behandlung der Managementfähigkeiten bei der Analyse der Beteiligungswürdigkeit sollte folgende Hypothese überprüft werden:

H_{13}: Mit zunehmender Analysentiefe bei der Beurteilung der Managementfähigkeiten des potenziellen Portfoliounternehmens steigt die Qualität der Beteiligungswürdigkeitsprüfung der Beteiligungskapitalgesellschaft.

Die Literaturanalyse zur Bedeutung der Marktattraktivität für den Erfolg eines Unternehmens liefert dabei ein eindeutigeres Bild. Denn grundsätzlich wird der Attraktivität des Marktes eine hohe Bedeutung beigemessen.[384] Zwar wird die Wichtigkeit dieses Kriteriums meist erst hinter der Beurteilung der Managementfähigkeiten eingeordnet, doch sind sich die Untersuchungen über den hohen Stellenwert der Berücksichtigung der Marktattraktivität einig.[385] Aus diesem Grunde erscheint die Ableitung der folgenden Forschungshypothese sinnvoll:

H_{14}: Mit zunehmender Analysentiefe bei der Beurteilung der Attraktivität des Marktes, in dem sich das potenzielle Portfoliounternehmen positioniert, steigt die Qualität der Beteiligungswürdigkeitsprüfung der Beteiligungskapitalgesellschaft.

---

[382] Für die Untersuchungen im US-amerikanischen Beteiligungskapitalmarkt vgl. u. a. *Tyebjee, T. T./ Bruno, A. V.*, Venture-Capital, 1981, S. 217-245; *Robinson, R. B.*, Strategies, 1987, S. 69; *MacMillan, I. C./Siegel, R./Narasimha, S. P. N.*, Proposals, 1985, S. 119-128; *Briskman, E. F.*, Venture-Capital, 1966, S. 65; für empirische Untersuchungen in Deutschland vgl. u. a. *Schröder, C.*, Strategien, 1992, S. 176 und *Wupperfeld, U.*, Seed-Capital-Markt, 1996, S. 168 ff.

[383] In der Studie konnte der Erfolgszusammenhang allerdings nur auf Basis von Gewinn- und Verlusterwartungen der Beteiligungskapitalgesellschaften und nicht tatsächlich erzielter Erfolgsgrößen gemessen werden; vgl. *Tyebjee, T. T./ Bruno, A. V.*, Investment-Activity, 1984, S. 1055 ff.; Schröder schließt sich in seiner Untersuchung trotz gegenteiliger eigener empirischer Befunde mit dem Querverweis auf andere exogene Einflüsse ebenfalls der Auffassung von Tyebjee/Bruno an und bezeichnet die Managementqualifikation als eine notwendige, aber keinesfalls hinreichende Bedingung für ein erfolgreiches Unternehmen; vgl. *Schröder, C.*, Strategien, 1992, S. 179.

[384] Vgl. u. a. *Bygrave, W. D./Timmons J. A.*, Venture-Capital, 1992, S. 5 ff.; *Rah, J./Jung, K./Lee, J.*, Validation, 1994, S. 517.

[385] Schefczyk kritisiert berechtigterweise in seiner empirischen Untersuchung die teilweise nur sehr oberflächliche Berücksichtigung von Marktaspekten durch deutsche Beteiligungskapitalgesellschaften; vgl. *Schefczyk, M.*, Erfolgsstrategien, 2000, S. 359 ff.

Wie in der Tabelle 16 zu erkennen, zeigt sich bei der Beobachtung der Zusammenhänge zwischen der Analysentiefe und der Qualität der Beteiligungswürdigkeitsprüfung folgendes Ergebnis. Zwischen der Tiefe der Feinanalyse insgesamt und der Qualität der Beteiligungswürdigkeitsprüfung lässt sich ein signifikant positiver Zusammenhang feststellen. Denn sowohl zur Nettorendite als auch zur Ausfallquote der Beteiligungskapitalgesellschaft besteht mit $r = +0{,}503^{***}$ bzw. $r = -0{,}396^{*}$ ein höchst signifikant positiver bzw. ein signifikant negativer Zusammenhang. Mit zunehmender Analysentiefe scheint somit generell die Qualität der Beteiligungswürdigkeitsprüfung anzusteigen. Die entsprechende Forschungshypothese (H_{12}) kann demnach bestätigt werden.

Bei differenzierter Betrachtung der einzelnen Beurteilungskategorien ergibt sich die höchste Korrelation zu den Qualitätsmaßen der Beteiligungswürdigkeitsprüfung bei der Analysentiefe der Marktattraktivität. Hier lässt sich für die Nettorendite mit $r = +0{,}625^{***}$ der höchste signifikante Zusammenhang unter den Beurteilungskategorien identifizieren.

Tabelle 16: Zusammenhänge zwischen Analysentiefe und Qualität der Beteiligungswürdigkeitsprüfung in der Feinanalyse

	Nettorendite der Beteiligungskapitalgesellschaft	Ausfallquote der Beteiligungskapitalgesellschaft
Managementfähigkeiten	—	$-0{,}354^{*}$
Finanzwirtschaftliche Fähigkeiten des Unternehmens	$+0{,}516^{***}$	$-0{,}350^{*}$
Leistungswirtschaftliche Fähigkeiten des Unternehmens	$+0{,}401^{**}$	—
Marktattraktivität	$+0{,}625^{***}$	$-0{,}423^{**}$
Gesamte Analysentiefe in der Feinanalyse	$+0{,}503^{***}$	$-0{,}396^{*}$

*: $p \leq 0{,}05$; **: $p \leq 0{,}01$; ***: $p \leq 0{,}001$
Zusammenhänge mit $p > 0{,}10$ werden nicht gezeigt
Quelle: Eigene empirische Untersuchung

Doch auch zu der Ausfallquote der Beteiligungskapitalgesellschaft besteht mit $r = -0{,}423^{**}$ eine sehr signifikante negative Korrelation. Somit scheint sich mit steigender Analysentiefe und damit zunehmender Transparenz über die Marktattraktivität die Qualität der Beteiligungswürdigkeitsprüfung zu erhöhen. Die Forschungshypothese (H_{14}) kann folglich angenommen werden.

Bemerkenswert erscheinen die Ergebnisse bei der Überprüfung der Hypothese über den Zusammenhang zwischen der Analysentiefe der Managementfähigkeiten und der Qualität der Beteiligungswürdigkeitsprüfung. Denn trotz des immer wieder erwähnten herausragenden Bedeutungsanteils des Managements und der allgemein hohen Analysenintensität der Managementfähigkeiten unter den Beteiligungskapitalgesellschaften, konnte zwischen der Analysentiefe der Managementfähigkeiten und der Nettorendite der Beteiligungskapitalgesellschaften kein signifikanter Zusammenhang ermittelt werden. Nur zur Ausfallquote der Beteiligungskapitalgesellschaft ließ sich ein signifikanter Zusammenhang mit $r = -0{,}354^{*}$ identifizieren. Somit scheint sich durch eine detailliertere Analyse der Managementfähigkeiten zwar das Insolvenzrisiko des Portfoliounternehmens begrenzen zu lassen, doch kann trotz einer ausreichenden Transparenz über die Qualifikation des Managements nicht von der Erzielung einer entsprechenden Rendite durch das Unternehmen ausgegangen werden. Verkürzt ausgedrückt bedeutet dies, dass ein gutes Management ohne entsprechende Attraktivität des Marktes keinen überdurchschnittlichen Erfolg erzielen, sondern nur eine mögliche Insolvenz des Unternehmens verhindern kann.[386]

Eigentlich bestätigt dieser Befund die Ergebnisse vieler anderer Studien zur Frage, welche Faktoren den Erfolg eines Portfoliounternehmens bestimmen. Denn auch hier wurde immer wieder herausgefunden, dass bei vielen gescheiterten Unternehmen die Ursache des Scheiterns in Managementfehlern bzw. in der schlechten Qualität des Managements im Allgemeinen zu suchen war.[387] Diese Ergebnisse wurden dann aber in der weiterführenden Wissenschaft oder auch in der Praxis nicht im Sinne einer Negativselektion weiterverwendet, sondern von einigen dahingehend interpretiert, dass mit einem guten Management auch der Erfolg eines Unternehmens gewährleistet ist. Diese weitergehende Interpretation könnte auch

---

[386] Die Ergebnisse decken sich somit mit den Erkenntnissen von Tyebjee/Bruno für den US-amerikanischen Markt; vgl. *Tyebjee, T.T./ Bruno, A.V.*, Investment Activity, 1984, S.1055 ff.

[387] Vgl. u. a. *Rea, R. H.*, Factors, 1989, S. 155.

zu dieser immer wieder angeführten überragenden Bedeutung des Managements bei Portfoliounternehmen geführt haben. Die Ergebnisse der Studie von Tyebjee/Bruno und der vorliegenden Arbeit zeigen aber, dass genau dieser Umkehrschluss nicht möglich ist.

Diesen Zusammenhang zwischen den Managementfähigkeiten und der Ausfallquote des Portfoliounternehmens gilt es auch entsprechend in der Beteiligungswürdigkeitsprüfung bei der Ausgestaltung der notwendigen Analysentiefe zu berücksichtigen. Die entsprechende Forschungshypothese (H_{13}) könnte demnach trotz des fehlenden Zusammenhangs zur Nettorendite von der Tendenz her angenommen werden, da sich durch eine intensive Analyse des Managements immerhin das Verlustrisiko des Portfoliounternehmens zu begrenzen scheint, und somit die Qualität der Beteiligungswürdigkeitsprüfung zumindest in diesem Punkt gesteigert wird.

Neben Managementfähigkeiten und der Marktattraktivität lassen sich aber auch noch für die verbleibenden Beurteilungskategorien entsprechende Zusammenhänge identifizieren. So ergibt sich insbesondere für die Analysentiefe der finanzwirtschaftlichen Fähigkeiten des Unternehmens eine signifikante Korrelation. Mit $r = + 0{,}516^{***}$ und $r = -0{,}350^{*}$ zeigt sich sowohl zur Nettorendite als auch zur Ausfallquote der Beteiligungskapitalgesellschaften ein höchst signifikant positiver bzw. signifikant negativer Zusammenhang. Mit zunehmender Transparenz über die finanzwirtschaftlichen Fähigkeiten des Unternehmens scheint sich demnach auch die Qualität der Beteiligungswürdigkeitsprüfung zu verbessern. Im Gegensatz dazu würde ein detailliertes Verständnis der leistungswirtschaftlichen Fähigkeiten des Unternehmens nur zur besseren Abschätzung der Erfolgsaussichten des Portfoliounternehmens nützlich sein. Ein drohendes Verlustrisiko lässt sich dadurch aber anscheinend nicht vorhersehen. Denn mit $r = +0{,}401^{**}$ wird nur ein sehr signifikant positiver Zusammenhang zwischen der Analysentiefe der leistungswirtschaftlichen Fähigkeiten und der Nettorendite der Beteiligungskapitalgesellschaft ermittelt. Zur Ausfallquote der Beteiligungskapitalgesellschaft existiert scheinbar keine Beziehung.

Die Ergebnisse über die Zusammenhänge zwischen Analysentiefe der Feinanalyse und der Qualität der Beteiligungswürdigkeitsprüfung auf diesem aggregierten Niveau ermöglichen es nun, bei den segmentspezifischen Detailanalysen fokussierter entlang der einzelnen

Beurteilungskategorien vorzugehen. Vor dem Hintergrund der spezifischen Risikoprofile der Portfoliounternehmen werden in den folgenden Abschnitten die den einzelnen Beurteilungsobjekten zugrunde liegenden Beurteilungskriterien im Detail analysiert, segmentspezifisch ausgewertet und auf ihren Erklärungsbeitrag für eine mögliche Qualitätsvarianz hin untersucht.

3.2.2.2.1 Managementfähigkeiten

Vor dem Hintergrund der zentralen Stellung des Unternehmers bei Gründungsunternehmen hätte man eigentlich davon ausgehen müssen, dass die Analysentiefe bei der Prüfung der Managementfähigkeiten bei Venture-Capital-Gesellschaften im Vergleich zu den anderen Marktsegmenten am höchsten ist.[388] Jedoch bei Betrachtung des aggregierten Durchschnittswertes dieses Segmentes können die Venture-Capital-Gesellschaften mit 4,03 nur die dritthöchste Tiefe bei der Analyse der Managementfähigkeiten nach den Branchenspezialisten und den Buy-out-Fonds vorweisen. Wenn aber die in Tabelle 17 angegebenen Werte für die einzelnen Beurteilungskriterien genauer untersucht werden, scheinen die Venture-Capital-Gesellschaften dennoch die spezifischen Anforderungen, die sich aus der Position des Managements in Gründungsunternehmen ergeben, in der Analyse der Managementfähigkeiten zu berücksichtigen.

Denn gerade bei Gründungsunternehmen können die Agency-Kosten, die aus der Principal-Agent-Beziehung zwischen Beteiligungskapitalgesellschaft und Unternehmer entstehen, am höchsten sein. Die Risiken aus einer übertriebenen Darstellung der Qualifikation des Managements, der übertriebenen Darstellung der Geschäftsentwicklung oder der Überbetonung von Wachstumszielen aufgrund von Macht- und Vergütungsinteressen des Unternehmers sind aufgrund der zentralen Funktion des Managements bei diesem Unternehmenstyp am größten.[389] Insofern müssen von der Beteiligungskapitalgesellschaft zur Minimierung dieser Kosten hohe Anforderungen an die Vertrauensbeziehung zu dem Unternehmer gestellt werden. Die im Segmentvergleich mit Abstand höchste Analysentiefe

---

[388] Vgl. hierzu auch *Bader, H.*, Private Equity, 1996, S. 233.

[389] Zu einer fundierten Aufbereitung der aus der Agency-Beziehung heraus resultierenden Probleme zwischen Unternehmer und Beteiligungskapitalgesellschaft vgl. *Scheuermann, I.*, Venture-Capital, 2000, S. 2-6; *Schefczyk, M.*, Erfolgsstrategien, 2000, S. 113 ff.

der Venture-Capital-Gesellschaften bei der Prüfung der persönlichen Eigenschaften des Managements (5,0) wie dem Charakter, der Offenheit und der Integrität des Unternehmers könnte ein Indiz für die besondere Berücksichtigung dieser Vertrauensbeziehung sein. Auch das Streben nach einer nahezu vollständigen Transparenz über die technischen Fähigkeiten des Managements wäre der Überprüfung dieses Vertrauensverhältnisses dienlich. Denn zum einen kann durch die detaillierte Analyse der technischen Fähigkeiten überprüft werden, ob das Management über die notwendige fachliche Qualifikation verfügt, die zur erfolgreichen Bewältigung des entsprechenden Unternehmenskonzeptes erforderlich ist. Zum anderen kann hierdurch aber auch beurteilt werden, ob das Management seine eigene Qualifikation nicht in übertriebener Weise darstellt und somit eine mögliche Vertrauensbeziehung frühzeitig belastet. Die detaillierteste Analyse der Vergangenheit der Manager des potenziellen Portfoliounternehmens unter den Beteiligungskapitalgesellschaften (4,75) könnte ebenfalls als weiteres Indiz für eine besondere Berücksichtigung der zentralen Stellung des Unternehmers durch die Venture-Capital-Gesellschaften gesehen werden.

Die Beteiligungskapitalgesellschaften des Segmentes mit dem zweithöchsten Anteil an Gründungsunternehmen in ihrem Portfolio, die Branchenspezialisten, lassen interessanterweise bei der Analysentiefe der Managementfähigkeiten die gleichen Anzeichen für eine besondere Berücksichtigung der zentralen Stellung des Unternehmers erkennen wie die Venture-Capital-Gesellschaften. Auch hier weisen die Prüfung der persönlichen Eigenschaften (4,67), der technischen Fähigkeiten (4,67) und der Vergangenheit des Unternehmers (4,22) eine vergleichsweise höhere Analysentiefe auf als bei den anderen Beteiligungskapitalgesellschaften. Der Ausbau der Unternehmensorganisation und die sich hieraus ergebenden innerbetrieblichen Veränderungen führen speziell bei Wachstumsunternehmen zu erhöhten Anforderungen an das Führungsverhalten und die Durchsetzungsfähigkeit der Manager. Diesem Umstand scheinen die Branchenspezialisten ebenfalls durch die im Vergleich zu anderen Beteiligungskapitalgesellschaften höchste Analysentiefe bei der Prüfung des Führungsverhaltens (4,44), der unternehmerischen Fähigkeiten (4,78) und des Erscheinungsbildes (3,78) der Unternehmer gerecht zu werden. Die Überprüfung , ob in dem potenziellen Portfoliounternehmen eine Abhängigkeit von einzelnen Managern besteht, erfolgt bei den Branchenspezialisten nur mit der niedrigsten Analysentiefe (3,67). Die grobe Analyse dieses Beurteilungskriteriums scheint ihnen hier ausreichend zu sein.

Tabelle 17: Analysentiefe zur Beurteilung der Managementfähigkeiten in der Feinanalyse

	Signifikanzniveau	Alle Segmente		Universalbeteiligungsgesellschaften		Buy-out-Fonds		Branchenspezialisten		Venture-Capital-Gesellschaften	
		M	Md	M	Md	M	Md	M	Md	M	Md
<u>Fachliche Qualifikation:</u>											
• Kaufmännische Fähigkeiten	$0{,}974^{ns}$	4,10	4,00	4,09	4,00	4,13	4,00	4,00	4,00	4,25	4,50
• Technische Fähigkeiten	$0{,}090^{ns}$	4,12	4,00	3,91	4,00	3,93	4,00	4,67	5,00	4,75	5,00
• Unternehmerisches Verhalten	$0{,}255^{ns}$	4,25	5,00	4,08	4,00	4,40	5,00	4,78	5,00	3,50	4,50
<u>Soziale Qualifikation:</u>											
• Führungsverhalten	$0{,}250^{ns}$	4,08	5,00	4,04	4,00	4,20	5,00	4,44	5,00	3,00	3,50
• Erscheinungsbild	$0{,}647^{ns}$	3,49	4,00	3,52	4,00	3,47	3,00	3,78	4,00	2,75	3,00
• Persönliche Eigenschaften	$0{,}130^{ns}$	4,25	5,00	3,96	4,00	4,27	5,00	4,67	5,00	5,00	5,00
<u>Sonstiges:</u>											
• Abhängigkeiten von einzelnen Managern	$0{,}371^{ns}$	4,12	5,00	4,00	5,00	4,53	5,00	3,67	4,00	4,25	4,50
• Vergangenheit der Manager	0,047*	3,90	4,00	3,45	4,00	4,13	4,00	4,22	5,00	4,75	5,00

Abkürzungen: M = (Arithmetischer) Mittelwert; Md = Median
Angaben zur Analysentiefe der einzelnen Beurteilungsobjekte: 0,0: keine Berücksichtigung; 1,0: geringe Analysenintensität; 3,0: mittlere Analysenintensität; 5,0: sehr hohe Analysenintensität
Quelle: Eigene empirische Untersuchung; Frage 25

Völlig gegensätzlich verhalten sich die Buy-out-Fonds bei der Analyse dieses Beurteilungskriteriums. Mit einem Durchschnittswert von 4,53 weisen sie nicht nur die höchste Analysentiefe aller Beteiligungskapitalgesellschaften bei der Untersuchung dieses Beurteilungskriteriums auf, sondern bei der Prüfung der Abhängigkeit von einzelnen Managern versuchen die Buy-out-Fonds die höchste Transparenz unter den Beurteilungskriterien zur Bestimmung der Managementfähigkeiten ihrer potenziellen Portfoliounternehmen zu erhalten. Die Beteiligung interner oder externer Manager im Rahmen einer Buy-out-Finanzierung ist oftmals mit erheblichen Veränderungen insbesondere in der Ausrichtung und/oder Struktur des Unternehmens verbunden. Derartige Veränderungsprozesse können aber auch zu dem ungewollten Verlust qualitativ hochwertiger Manager führen. Besteht zu diesen Personen eine hohe Abhängigkeit, sei es in Form von Spezial Know-how oder von exklusiven Kundenbeziehungen, würde das Portfoliounternehmen damit nicht nur gutes Personal, sondern auch entsprechendes Ertragspotenzial verlieren. Aus diesem Grunde erscheint das Bestreben der Buy-out-Fonds, gerade bei diesem Beurteilungskriterium eine hohe Transparenz herzustellen, verständlich.

Ebenso plausibel ist die vergleichsweise geringe Analysentiefe bei der Prüfung der technischen Fähigkeiten des Managements des Portfoliounternehmens (3,93). Denn die Portfoliounternehmen der Buy-out-Fonds befinden sich größtenteils in einem Entwicklungsstadium, in dem das Topmanagement des Unternehmens eher über Finanzierungskenntnisse und kaufmännische Fähigkeiten verfügen muss als über tiefes technisches Verständnis.[390] Trotz der Berücksichtigung dieser segmentspezifischen Prüfungsanforderungen erscheint die gesamte Analysentiefe der Buy-out-Fonds bei der Prüfung der Managementfähigkeiten (4,13) vor dem Hintergrund ihrer investmentpolitischen Ziele fast zu hoch zu sein. Sowohl die Tatsache, dass das Management meist nicht mehr über einzigartiges (technisches) Know-how verfügt, als auch die Absicht der Buy-out-Fonds primär Mehrheitsbeteiligungen einzugehen und somit über dominante Entscheidungsrechte zu verfügen, sollten die Abhängigkeit zu den Managern des potenziellen Portfoliounternehmens erheblich verringern. Insofern dürfte die Analysentiefe bei der Beurteilung der Managementfähigkeiten eigentlich nicht höher sein als beispielweise bei den Venture-Capital-Gesellschaften.

Aufgrund ihres höheren Anteils an Wachstumsunternehmen müsste im Grunde die Analysentiefe der Universalbeteiligungsgesellschaften bei der Prüfung der Managementfähigkeiten höher sein als die der Buy-out-Fonds. Doch mit einem Durchschnittswert von 3,89 können die Universalbeteiligungsgesellschaften nur die niedrigste Analysentiefe bei der Beurteilung der Managementfähigkeiten vorweisen. Die spezifischen Anforderungen an das Führungsverhalten und die Durchsetzungsfähigkeit der Manager bei Wachstumsunternehmen scheinen bei den Universalbeteiligungsgesellschaften ebenfalls keine besondere Berücksichtigung zu finden. Auffällig ist auch die im Vergleich mit anderen Beteiligungskapitalgesellschaften deutlich geringere Auseinandersetzung mit der Vergangenheit der Manager des potenziellen Portfoliounternehmens (3,45). Insgesamt sind somit nur bei den Universalbeteiligungsgesellschaften als einzigem Segment der Beteiligungskapitalgesellschaften keine spezifischen Vorgehensweisen bei der Prüfung der Managementfähigkeiten der Portfoliounternehmen erkennbar.

Im vorangegangenen Abschnitt wurde bereits der überraschenderweise ausschließlich negative Zusammenhang zwischen der Analysentiefe der Managementfähigkeiten und der Ausfallquote der Beteiligungskapitalgesellschaften erläutert. Die Untersuchung der einzelnen zugrunde liegenden Beurteilungskriterien liefert noch weitere Erkenntnisse für die Zusammenhänge zur Qualität der Beteiligungswürdigkeitsprüfung (vgl. Tabelle 18).

So können bei der Analysentiefe zur Beurteilung der Abhängigkeit von einzelnen Managern nicht nur sehr signifikant negative Korrelationen zur Ausfallquote der Beteiligungskapitalgesellschaften ($r = -0{,}417^{**}$) festgestellt werden. Die Überprüfung dieser Eigenschaft weist auch als einzige der Kriterien zur Beurteilung der Managementfähigkeiten einen signifikant positiven Zusammenhang zur Nettorendite der Beteiligungskapitalgesellschaften aus ($r = +0{,}327^{*}$). Dieser Befund könnte sich auf Basis des bereits bei der Untersuchung der Buy-out-Fonds dargestellten Zusammenhangs erklären lassen.

[390] Vgl. zu dem besonderen Risikoprofil etablierter kleiner und mittlerer Unternehmen Abschnitt 2.2.1.3.

Tabelle 18: Zusammenhänge zwischen Analysentiefe der Managementfähigkeiten und Qualität der Beteiligungswürdigkeitsprüfung

	Nettorendite der Beteiligungskapitalgesellschaft	Ausfallquote der Beteiligungskapitalgesellschaft
Fachliche Qualifikation:		
• Kaufmännische Fähigkeiten	—	-0,325*
• Technische Fähigkeiten	—	—
• Unternehmerisches Verhalten	—	-0,395*
Soziale Qualifikation:		
• Führungsverhalten	—	—
• Erscheinungsbild	—	—
• Persönliche Eigenschaften	—	—
Sonstiges:		
• Abhängigkeit von einzelnen Managern	+0,327*	-0,417**
• Vergangenheit der Manager	—	-0,304ns

*: $p \leq 0{,}05$; **: $p \leq 0{,}01$; ***: $p \leq 0{,}001$; ns: nicht signifikant
Zusammenhänge mit $p > 0{,}10$ werden nicht gezeigt.
Quelle: Eigene empirische Untersuchung

Demnach könnte die Beteiligungskapitalgesellschaft nach einer detaillierten Analyse und der vollständigen Transparenz über die Abhängigkeiten von bestimmten Managern auf diese gezielt und proaktiv reagieren, um mögliche Kündigungen zu vermeiden. Dadurch würden aber auch die mit den Personen verbundenen Ertragspotenziale nicht wegfallen, und der Erfolg des Portfoliounternehmens könnte verbessert und das Insolvenzrisiko verringert werden.

Signifikante Korrelationen zwischen der Analysentiefe der Managementfähigkeiten und der Qualität der Beteiligungswürdigkeitsprüfung lassen sich auf der Ebene der Beurteilungskriterien ansonsten nur noch für die Beurteilung der fachlichen Qualifikation der Manager feststellen. Demnach besteht zwischen der Analysentiefe zur Beurteilung der kaufmännischen Fähigkeiten und der Ausfallquote der Beteiligungskapitalgesellschaften ein signifikant negativer Zusammenhang in Höhe von $r = -0{,}325^{*}$. Bereits Schefczyk mahnte in seiner empirischen Untersuchung die durch die Beteiligungskapitalgesellschaften nur unzureichende Berücksichtigung von Erfahrungen der Manager von Portfoliounternehmen in kaufmännischen Funktionen wie Marketing/Vertrieb und Planung/Strategie an.[391] Die Ergebnisse

[391] Vgl. *Schefczyk, M.*, Erfolgsstrategien, 2000, S. 351.

dieser empirischen Untersuchung bestätigen noch einmal die Bedeutung einer ausreichenden Berücksichtigung der kaufmännischen Fähigkeiten des Managements des Portfoliounternehmens. Denn mit einer detaillierten Prüfung der kaufmännischen Fähigkeiten des Unternehmers scheint ein mögliches Verlustrisiko des Investments absehbarer.

Das detaillierte Verständnis des unternehmerischen Verhaltens der Manager des Portfoliounternehmens sollte ebenfalls ein mögliches Verlustrisiko begrenzen, denn mit einer signifikant negativen Korrelation von $r = -0{,}395^{*}$ besteht auch hier ein Zusammenhang mit der Ausfallquote der Beteiligungskapitalgesellschaft. Erst eine hohe Transparenz über die Risikobereitschaft und die Durchsetzungsfähigkeit des Managements scheint es der Beteiligungskapitalgesellschaft zu ermöglichen, die Risiken der Beteiligung richtig einzuschätzen.

Zusammenfassend lassen sich bei der Untersuchung der Analysentiefe der Managementfähigkeiten zwei wesentliche Erkenntnisse festhalten. Zum einen scheinen die Beteiligungskapitalgesellschaften mit Ausnahme der Universalbeteiligungsgesellschaften die Intensität ihrer Prüfung der Managementfähigkeiten an den besonderen Gegebenheiten ihrer Portfoliounternehmen auszurichten. Zum anderen deuten die empirischen Ergebnisse daraufhin, dass die Qualität der Beteiligungswürdigkeitsprüfung insbesondere durch eine detaillierte Analyse möglicher Abhängigkeiten von einzelnen Managern und durch eine ausführliche Beurteilung der fachlichen Qualifikation der Unternehmer der Portfoliounternehmen gesteigert werden könnte.

3.2.2.2.2 Finanzwirtschaftliche Fähigkeiten des Unternehmens

Zur optimalen Strukturierung einer Buy-out-Finanzierung ist die tiefe Kenntnis der finanzwirtschaftlichen Fähigkeiten des potenziellen Portfoliounternehmens erforderlich.[392] Aus diesem Grunde erscheint es nicht verwunderlich, dass die Buy-out-Fonds bei der Prüfung der finanzwirtschaftlichen Fähigkeiten die höchste Analysentiefe insgesamt (4,53) vorweisen. Doch auch bei einer Differenzierung in die Beurteilung der vergangenheitsbezogenen

392 Vgl. *Bader, H.*, Private-Equity, 1996, S. 233.

Finanzdaten (4,26) und der zukunftsbezogenen Finanzplanung (4,81) erreichen die Buy-out-Fonds die höchsten Werte in der Analysentiefe aller Beteiligungskapitalgesellschaften. Bei Betrachtung sowohl der Analyse der Finanzdaten als auch der Finanzplanung kann man eine gewisse Fokussierung der Buy-out-Fonds auf Rentabilitäts- bzw. Ertragsgrößen feststellen. Wie in Tabelle 19 dargestellt, werden bei den vergangenheitsbezogenen Finanzdaten insbesondere die Kennzahlen zur Entwicklung der Rentabilität (4,53) und zur Entwicklung und Struktur der Gewinn- und Verlustrechnung (4,47) einer detaillierten Analyse unterzogen.

Bei den zukunftsbezogenen Finanzdaten streben die Buy-out-Fonds ebenfalls bei den Kennzahlen zur Entwicklung der Rentabilität (4,87) und zur Entwicklung und Struktur der Gewinn- und Verlustrechnung (4,87) eine nahezu vollständige Transparenz an.

Doch zusätzlich werden die Kennzahlen zur zukünftigen Entwicklung des Cashflows (4,87) und der Liquidität (4,87) detailliert analysiert. Beide Größen sind dabei im Zusammenhang mit der Analyse der Ertragsgrößen zu sehen. Denn im Rahmen einer langfristigen Finanzplanung ist durch die Entwicklung des Cashflows ersichtlich, inwieweit der Liquiditätsbedarf des Portfoliounternehmens aus eigenen Mitteln gesichert ist und in welchem Maße Investitionen vorgenommen und Schulden getilgt werden können.[393]

Die insgesamt niedrigste Analysentiefe bei der Beurteilung der finanzwirtschaftlichen Fähigkeiten der Unternehmen kann man bei den Venture-Capital-Gesellschaften feststellt werden. Die insbesondere bei der Prüfung der vergangenheitsbezogenen Finanzdaten niedrige Analysentiefe (3,39) ergibt sich dabei als Folge der spezifischen Eigenarten der Portfoliounternehmen der Venture-Capital-Gesellschaften. Denn aufgrund der meist nur kurzen Vergangenheit der von den Venture-Capital-Gesellschaften primär finanzierten Gründungsunternehmen ist eine vergangenheitsbezogene Analyse kaum möglich bzw. wenig zielführend. Dieser spezielle Hintergrund verlangt eine Fokussierung der Venture-Capital-Gesellschaften auf die prospektive Prüfung der zukunftsbezogenen Finanzdaten des Portfoliounternehmens. Neben einer detaillierten Analyse der zukünftigen Entwicklung und

---

[393] Vgl. *Neukirchen, D.*, Steuerung, 1996, S. 76 f.

Tabelle 19: Analysentiefe zur Beurteilung der finanzwirtschaftlichen Fähigkeiten des Unternehmens in der Feinanalyse

	Signifikanzniveau	Alle Segmente		Universalbeteiligungsgesellschaften		Buy-out-Fonds		Branchenspezialisten		Venture-Capital-Gesellschaften	
		M	Md	M	Md	M	Md	M	Md	M	Md
Finanzdaten (Vergangenheit):											
• Entwicklung/Struktur Umsatz	0,242^{ns}	4,04	4,00	3,96	4,00	4,27	5,00	3,56	4,00	4,75	5,00
• Entwicklung Rentabilität	0,011*	3,94	4,00	4,09	4,00	4,53	5,00	3,00	3,00	3,00	3,50
• Entwicklung/Struktur Bilanz	0,095^{ns}	3,69	4,00	3,70	4,00	4,07	4,00	3,67	4,00	2,25	2,00
• Entwicklung/Struktur G+V	0,037*	3,90	4,00	3,87	4,00	4,47	5,00	3,56	4,00	2,75	3,00
• Entwicklung Cashflow	0,318^{ns}	3,94	4,00	3,83	4,00	4,40	5,00	3,67	4,00	3,50	4,50
• Entwicklung/Struktur Investitionen	0,567^{ns}	3,71	4,00	3,57	4,00	4,07	4,00	3,44	3,00	3,75	5,00
• Entwicklung Liquidität	0,967^{ns}	3,86	4,00	3,78	4,00	4,00	5,00	3,89	5,00	3,75	5,00
Finanzplanung (Zukunft):											
• Entwicklung/Struktur Umsatz	0,006**	4,51	5,00	4,13	4,00	4,80	5,00	4,89	5,00	4,75	5,00
• Entwicklung Rentabilität	0,133^{ns}	4,53	5,00	4,39	5,00	4,87	5,00	4,44	5,00	4,25	5,00
• Entwicklung/Struktur Bilanz	0,001***	4,24	5,00	4,00	4,00	4,67	5,00	4,78	5,00	2,75	3,00
• Entwicklung/Struktur G+V	0,005**	4,41	5,00	4,17	4,00	4,87	5,00	4,78	5,00	3,25	4,00
• Entwicklung Cashflow	0,045*	4,55	5,00	4,35	4,00	4,87	5,00	4,89	5,00	3,75	5,00
• Entwicklung/Struktur Investitionen	0,024*	4,35	5,00	3,96	4,00	4,73	5,00	4,67	5,00	4,50	4,50
• Entwicklung Liquidität	0,034*	4,49	5,00	4,22	4,00	4,87	5,00	4,89	5,00	3,75	5,00

Abkürzungen: M = (Arithmetischer) Mittelwert; Md = Median
Angaben zur Analysentiefe der einzelnen Beurteilungsobjekte: 0,0: keine Berücksichtigung; 1,0: geringe Analysenintensität; 3,0: mittlere Analysenintensität; 5,0: sehr hohe Analysenintens.
Quelle: Eigene empirische Untersuchung; Frage 25

Struktur des Umsatzes (4,75) und der Rentabilität (4,25) des Unternehmens versuchen die Venture-Capital-Gesellschaften, eine weitestgehende Transparenz über die zukünftige Entwicklung der Investitionen des Portfoliounternehmens (4,50) zu erzielen. Denn nur durch ein detailliertes Verständnis dieser Größen lässt sich der Gesamtfinanzierungsbedarf des Portfoliounternehmens abschätzen und mögliche Finanzierungsengpässe, welche die Unternehmen in bedrohliche Situationen bringen könnten, lassen sich frühzeitig feststellen. Trotz dieser Prüfungsanstrengungen erscheint die Analysentiefe der zukunftsbezogenen Finanzplanung insgesamt insbesondere im Vergleich mit den anderen Beteiligungskapitalgesellschaften relativ gering zu sein. So erzielen die Venture-Capital-Gesellschaften mit 3,86 auch den niedrigsten Wert der vier Segmente bei der zukunftsbezogenen Finanzplanung.

Die Branchenspezialisten hingegen erreichen bei der zukunftsbezogenen Finanzplanung mit einem Durchschnittswert von 4,76 fast das hohe Analyseniveau der Buy-out-Fonds. Die deutlich niedrigere Analysentiefe bei der Beurteilung der vergangenheitsbezogenen Finanzdaten scheint auch hier im Wesentlichen durch die spezifischen Eigenarten der Gründungsunternehmen verursacht zu sein. Bei den Analysen in Bezug auf die zukunftsbezogene Finanzplanung des Portfoliounternehmens bezieht sich das Bestreben nach einer nahezu vollständigen Transparenz auf fast alle Beurteilungskriterien. Ein bestimmter Fokus auf ausgewählte Kriterien ist in diesem Segment nicht unbedingt festzustellen.

Ein ähnlicher Befund lässt sich für die Analyse der finanzwirtschaftlichen Fähigkeiten durch die Universalbeteiligungsgesellschaften konstatieren. Bis auf die erkennbar höhere Analysentiefe bei der Beurteilung der Entwicklung der Rentabilität sowohl in der Vergangenheit (4,09) als auch in der Zukunft (4,39) lassen sich keine besonderen Auffälligkeiten an dieser Stelle der Beteiligungswürdigkeitsprüfung für die Universalbeteiligungsgesellschaften identifizieren.

Die Untersuchung der Zusammenhänge zwischen der Analysentiefe der aggregierten Beurteilungskriterien und der Qualität der Beteiligungswürdigkeitsprüfung hatte bereits die signifikante Korrelation der Analysentiefe der finanzwirtschaftlichen Fähigkeiten mit den beiden Qualitätsmaßen gezeigt. Betrachtet man jetzt, wie in Tabelle 20 dargestellt, die einzelnen Zusammenhänge auf der Ebene der Beurteilungskriterien werden die wesentlichsten Korrelationen transparent.

So wird der positive Zusammenhang zur Qualität der Beteiligungswürdigkeitsprüfung insbesondere durch die höchst signifikante Korrelation der zukünftigen Finanzplanung mit der Nettorendite der Beteiligungskapitalgesellschaften getragen ($r = +0{,}562^{***}$). Auffällig sind hier insbesondere die ebenfalls höchst signifikant positiven Zusammenhänge zwischen der Analysentiefe der Entwicklung des Cashflows ($r = +0{,}598^{***}$) und der Entwicklung der Liquidität ($r = +0{,}578^{***}$) auf der einen Seite und der Nettorendite der Beteiligungskapitalgesellschaften auf der anderen Seite. Beide Beurteilungskriterien weisen jeweils auch mit $r = -0{,}366^{*}$ und $r = -0{,}409^{**}$ signifikant bzw. sehr signifikant negative Korrelationen zur Ausfallquote der Beteiligungskapitalgesellschaften aus.

Tabelle 20: Zusammenhänge zwischen Analysentiefe der finanzwirtschaftlichen Fähigkeiten und Qualität der Beteiligungswürdigkeitsprüfung

	Nettorendite der Beteiligungskapitalgesellschaft	Ausfallquote der Beteiligungskapitalgesellschaft
Finanzdaten (Vergangenheit)	$+0{,}345^{*}$	—
• Entwicklung/Struktur Umsatz	$+0{,}292^{ns}$	$-0{,}338^{*}$
• Entwicklung Rentabilität	—	—
• Entwicklung/Struktur Bilanz	—	—
• Entwicklung/Struktur G+V	$+0{,}344^{*}$	—
• Entwicklung Cashflow	$+0{,}385^{*}$	—
• Entwicklung/Struktur Investitionen	$+0{,}339^{*}$	—
• Entwicklung Liquidität	$+0{,}268^{ns}$	—
Finanzdaten (Zukunft)	$+0{,}562^{***}$	$-0{,}404^{*}$
• Entwicklung/Struktur Umsatz	$+0{,}541^{***}$	$-0{,}473^{**}$
• Entwicklung Rentabilität	$+0{,}359^{*}$	$-0{,}416^{**}$
• Entwicklung/Struktur Bilanz	$+0{,}440^{**}$	$-0{,}328^{*}$
• Entwicklung/Struktur G+V	$+0{,}531^{***}$	$-0{,}332^{*}$
• Entwicklung Cashflow	$+0{,}598^{***}$	$-0{,}366^{*}$
• Entwicklung/Struktur Investitionen	$+0{,}504^{***}$	—
• Entwicklung Liquidität	$+0{,}578^{***}$	$-0{,}409^{**}$

*: $p \leq 0{,}05$; **: $p \leq 0{,}01$; ***: $p \leq 0{,}001$; ns: nicht signifikant
Zusammenhänge mit $p > 0{,}10$ werden nicht gezeigt.
Quelle: Eigene empirische Untersuchung

Durch die intensive Prüfung dieser Kennzahlen scheint somit eine bessere Prognose der Erfolgswahrscheinlichkeit und des Verlustrisikos des Portfoliounternehmens möglich. Denn nur wenn über die zukünftige Entwicklung des Cashflows des Unternehmens eine ausreichende Transparenz vorliegt, kann der Liquiditätsbedarf des Portfoliounternehmens abgeschätzt werden, und mögliche finanzielle Engpässe können so frühzeitig identifiziert und vermieden werden.

Darüber hinaus lassen sich zwischen der Analysentiefe der zukunftsbezogenen Finanzplanung insgesamt und der Ausfallquote der Beteiligungskapitalgesellschaften ebenfalls signifikant negative Zusammenhänge ($r = -0{,}404^{*}$) ausmachen. Insbesondere zur Analysentiefe bei der Beurteilung der Entwicklung des zukünftigen Umsatzes ($r = -0{,}473^{**}$) und der Rentabilität ($r = -0{,}416^{**}$) des Unternehmens lassen sich sehr signifikant negative Korrelationen identifizieren. Die Zusammenhänge zwischen den vergangenheitsbezogenen Finanzdaten und der Qualität der Beteiligungswürdigkeitsprüfung erscheinen im Vergleich insgesamt weit weniger intensiv zu sein ($r = +0{,}345^{*}$) als die der zukünftigen Finanzplanung (vgl. Tabelle 20).

Nach der Untersuchung der Analysentiefe der finanzwirtschaftlichen Fähigkeiten der Unternehmen durch die einzelnen Beteiligungskapitalgesellschaften lassen sich die Ergebnisse wieder in zwei wesentliche Erkenntnisse zusammenfassen. Erstens erscheinen die einzelnen Beteiligungskapitalgesellschaften auch bei der Prüfung der finanzwirtschaftlichen Fähigkeiten ihre Analysentiefe an den spezifischen Eigenschaften ihrer Portfoliounternehmen und an ihren eigenen investmentpolitischen Zielen festzumachen. Nur die Universalbeteiligungsgesellschaften streben offensichtlich auch hier wieder keine besondere Spezialisierung in ihrer Prüfung an. Zweitens scheint bei der Analyse der einzelnen Beurteilungskriterien vor allem eine detaillierte Untersuchung der zukünftigen Finanzplanung erfolgsversprechend. Die Beteiligungskapitalgesellschaften sollten demnach vorwiegend bei der zukünftigen Entwicklung des Cashflows und der Liquidität des Portfoliounternehmens versuchen, eine nahezu vollständige Transparenz zu erzielen.

3.2.2.2.3 Leistungswirtschaftliche Fähigkeiten des Unternehmens

Die Prüfung der leistungswirtschaftlichen Fähigkeiten des Portfoliounternehmens lassen sich in drei wesentliche Untersuchungsblöcke unterteilen: die Produkte, die Infrastruktur und den Wertschöpfungsprozess. Die Branchenspezialisten, die insgesamt bei der Beurteilung der leistungswirtschaftlichen Fähigkeiten ihrer potenziellen Portfoliounternehmen die höchste Analysentiefe vorweisen (3,63), scheinen diese hohe Transparenz vor allem aufgrund einer detaillierten Analyse der Produkte des Unternehmens zu erzielen (4,20).

Wie in der folgenden Tabelle 21a dargestellt, streben die Branchenspezialisten insbesondere bei der Beurteilung der Vorteile der Produkte des Portfoliounternehmens gegenüber Konkurrenzprodukten (4,78) und bei der Analyse der verwendeten Produkttechnologie (4,67) eine nahezu vollständige Transparenz an. Dabei steht bei dem Vergleich mit Konkurrenzprodukten vor allem die Identifizierung der "Unique Selling Preposition" (USP) der Produkte im Vordergrund der Analyse. Das tiefe Verständnis der Produkttechnologie ermöglicht den Branchenspezialisten insbesondere bei ihren Gründungsunternehmen eine realistischere Einschätzung der technischen Realisierbarkeit der meist innovativen Produkte. Die Analysentiefe bei der Beurteilung des Kundennutzens der Produkte (4,33) und der Substitutionsgefahr einzelner Produkte (4,33) erscheint im Segmentvergleich ebenfalls auffällig hoch.

Die Werte für die Analysentiefe werden nur noch von den Venture-Capital-Gesellschaften übertroffen. Beide Beurteilungskriterien werden von diesen auch im Quervergleich mit ihren übrigen Kriterien zur Einschätzung der Produkte des Portfoliounternehmens am intensivsten analysiert. Bei der detaillierten Prüfung der Substitutionsgefahr einzelner Produkte (4,75) wird durch die Venture-Capital-Gesellschaft zunächst verifiziert, ob das Produkt des Gründungsunternehmens als einziges Produkt des Marktes die entsprechenden spezifischen Bedürfnisse der Kunden befriedigt oder ob sich dafür auch alternative Produkte eignen könnten. Aus diesem Grunde ist auch die Höhe der Analysentiefe des Kundennutzens des Produktes des Portfoliounternehmens verständlich (4,50). Denn erst bei einem ausreichenden Verständnis des Kundennutzens ist es der Beteiligungskapitalgesellschaft möglich, die relevanten Bedürfnisse der Kunden daraus abzuleiten. Falls als Ergebnis der Analyse feststeht, dass das Produkt des Gründungsunternehmens zur Zeit tatsächlich schwierig substituierbar ist, müssen für eine vollständige Transparenz der Substitutionsgefahr auch noch die zukünftigen Entwicklungen abgeschätzt werden. So wird die Venture-Capital-Gesellschaft die angemeldeten Patente und deren Laufzeiten analysieren und die Möglichkeit einer Produktnachahmung durch den Wettbewerb bewerten.

Eine vergleichsweise tiefe Analyse der Substitutionsgefahr einzelner Produkte (4,33) wird ebenfalls von den Buy-out-Fonds durchgeführt. Da es sich bei den Portfoliounternehmen der Buy-out-Fonds im Wesentlichen um bereits etablierte Unternehmen handelt, wird ihr Analyseschwerpunkt im Vergleich zu den Venture-Capital-Gesellschaften vor allem in der Betrachtung der zukünftigen Entwicklung der Substitutionsgefahr liegen. Doch gerade vor dem Hintergrund der spezifischen Eigenschaften ihrer Portfoliounternehmen erscheint auch die vergleichsweise hohe Analysentiefe bei der Beurteilung des Lebenszyklus der Produkte (4,00) nachvollziehbar. Denn die Buy-out-Fonds werden darauf achten, dass sich im Produktportfolio ihrer bereits etablierten Unternehmen nicht zu viele Produkte befinden, die bereits die Reifephase überschritten haben und sich in der Degeneration bzw. Überalterungsphase befinden.[394] Interessant erscheint auch die im Vergleich zu anderen Beteiligungskapitalgesellschaften deutlich tiefere Analyse der Kostenstruktur der Produkte des Portfoliounternehmens (4,20). Wie bereits bei der Beurteilung der finanzwirtschaftlichen Fähigkeiten der Unternehmen scheinen die Buy-out-Fonds bei der Ertrags- und Kostenkalkulation an einer deutlich höheren Transparenz interessiert zu sein als die übrigen Beteiligungskapitalgesellschaften.

Die Universalbeteiligungsgesellschaften weisen zwar auf dem aggregierten Niveau die gleich niedrige Analysentiefe bei der Beurteilung der Produkte des Portfoliounternehmens (3,54) auf wie die Venture-Capital-Gesellschaften, doch lassen sich im Gegensatz zu den Frühphasenfinanzierern auf der Ebene der Beurteilungskriterien keine signifikanten Schwerpunkte in ihrer Analyse erkennen. Somit wird auch bei diesem Beurteilungsobjekt kein spezifisches Profil der Universalbeteiligungsgesellschaften erkennbar.

---

[394] Zum Produktlebenszyklus vgl. u. a. *Bischof, P.*, Produktlebenszyklen, 1976 und *Pfeiffer, W./Bischof, P.*, Produktlebenszyklen, 1974, S. 635 ff.

Tabelle 21a: Analysentiefe zur Beurteilung der leistungswirtschaftlichen Fähigkeiten des Unternehmens in der Feinanalyse (I)

Produkte des Unternehmens

	Signifikanzniveau	Alle Segmente		Universalbeteiligungsgesellschaften		Buy-out-Fonds		Branchenspezialisten		Venture-Capital-Gesellschaften	
		M	Md	M	Md	M	Md	M	Md	M	Md
Produkt:											
• Produktprogramm	$0{,}108^{ns}$	3,63	4,00	3,35	3,00	3,80	4,00	4,22	4,00	3,25	4,00
• Produkttechnologie	0,032*	3,73	4,00	3,35	4,00	3,80	4,00	4,67	5,00	3,50	4,50
• Lebenszyklus	$0{,}313^{ns}$	3,76	4,00	3,52	4,00	4,00	4,00	4,11	4,00	3,50	3,00
• Kundennutzen	$0{,}201^{ns}$	3,76	4,00	3,57	3,00	3,53	4,00	4,33	5,00	4,50	4,50
• Produktqualität	$0{,}344^{ns}$	3,59	4,00	3,57	4,00	3,60	4,00	4,00	4,00	2,75	3,00
• Kostenstruktur	$0{,}325^{ns}$	3,76	4,00	3,48	3,00	4,20	4,00	3,89	4,00	3,50	4,50
• Vorteil gegenüber Konkurrenzprodukten	0,009**	4,31	4,00	3,91	4,00	4,53	5,00	4,78	5,00	4,75	5,00
• Substitutionsgefahr einzelner Produkte	$0{,}152^{ns}$	4,12	4,00	3,83	4,00	4,33	4,00	4,33	5,00	4,75	5,00
• Image der Produkte	0,039*	3,22	3,00	3,26	3,00	3,40	4,00	3,56	4,00	1,50	1,00

Abkürzungen: M = (Arithmetischer) Mittelwert; Md = Median
Angaben zur Analysentiefe der einzelnen Beurteilungsobjekte: 0,0: keine Berücksichtigung; 1,0: geringe Analysenintensität; 3,0: mittlere Analysenintensität; 5,0: sehr hohe Analysenintensität
Quelle: Eigene empirische Untersuchung; Frage 25

Als Element der Infrastruktur wird die Organisation des Portfoliounternehmens von den Buy-out-Fonds am detailliertesten von allen Beteiligungskapitalgesellschaften analysiert (3,53). Wie in der Tabelle 21b zu erkennen, versuchen sich die Buy-out-Fonds insbesondere über die Qualität der Controlling- und Steuerungssysteme (4,33) und des Rechnungswesens (4,27) eine nahezu vollständige Transparenz zu verschaffen. Gerade bei etablierten Unternehmen ist aus Sicht der Buy-out-Fonds ein funktionierendes Rechnungswesen und Controlling notwendig, um zum einen während der Prüfungsphase einen guten und vor allem realen Einblick in die Kosten- und Ertragslage des Portfoliounternehmens zu erhalten und um zum anderen nach einer erfolgten Finanzierung eine regelmäßige Berichterstattung des Portfoliounternehmens im Rahmen des Monitorings der Beteiligung zu gewährleisten. Der Zustand der EDV-Systeme (3,67) wird von den Buy-out-Fonds ebenfalls vergleichsweise detailliert begutachtet, um die Leistungsfähigkeit der Systeme zu testen und einen möglichen Investitionsbedarf besser abschätzen zu können.

Die Branchenspezialisten verschaffen sich über den Zustand der EDV-Systeme im Gegensatz zu den übrigen Beteiligungskapitalgesellschaften immerhin auch noch einen groben Überblick (3,11). Die Qualität der Controlling- und Steuerungssysteme wird ähnlich wie bei den Buy-out-Fonds von ihnen ebenfalls detailliert untersucht (3,78). Die Aufbauorganisation des Portfoliounternehmens wird im Rahmen der Gesamtbeurteilung der Organisation im Vergleich zu den anderen Beurteilungskriterien besonders tief von den Branchenspezialisten analysiert (3,56). Der Grund für diese vergleichsweise hohe Analysentiefe lässt sich besser verstehen, wenn die noch höhere Analysentiefe der Venture-Capital-Gesellschaften bei diesem Beurteilungskriterium betrachtet wird.

Denn gerade bei dem Kriterium der Aufbauorganisation versuchen vor allem die Venture-Capital-Gesellschaften eine größere Transparenz zu erhalten (3,75). Oftmals ist bei Gründungsunternehmen aber auch bei Wachstumsunternehmen zu beobachten, dass der operative Bereich deutlich schneller gewachsen ist als die organisatorische Einrichtung. Die unternehmerischen Herausforderungen werden dann mit einem organisatorischen Apparat bewältigt, der hierfür gar nicht mehr eingerichtet ist. Es ist möglich diese Defizite oftmals an den Mehrfachzuständigkeiten einzelner Personen festzumachen.[395] Durch eine entsprechend detaillierte Organisationsanalyse können die Venture-Capital-Gesellschaften das Gefährdungspotenzial einer eventuellen Unterversorgung besser abschätzen. Ansonsten spielt die Prüfung der übrigen Kriterien zur Beurteilung der Organisation bei den Venture-Capital-Gesellschaften eine eher untergeordnete Rolle. Vor dem Hintergrund der relativ kurzen Existenz ihrer Portfoliounternehmen erscheint eine nur oberflächliche Prüfung der Qualität des Rechnungswesens (1,0) und der Zustand der EDV-Systeme (1,0) verständlich.

Wie bei den Buy-out-Fonds und bei den Branchenspezialisten zeigt sich bei den Universalbeteiligungsgesellschaften in der Beurteilung der Qualität der Controlling- und Steuerungssysteme (3,87) und des Rechnungswesens (3,74) die höchste Analysentiefe bei der Prüfung der Organisation des Unternehmens. Die Motivation für die Fokussierung auf diese beiden Kriterien dürfte die gleiche sein wie bei den Buy-out-Fonds.

Die Beurteilung des Personals als Bestandteil der Prüfung der leistungswirtschaftlichen Fähigkeiten des Unternehmens spielt bei den meisten Beteiligungskapitalgesellschaften, wie bereits bei der aggregierten Auswertung der Analysentiefe der Feinanalyse gezeigt, eine eher untergeordnete Rolle. Bei der Untersuchung der zugrunde liegenden Beurteilungskriterien werden im Wesentlichen drei Detailergebnisse ersichtlich. Zum einen scheint sich die hohe Abhängigkeit junger Unternehmen von gutem Personal durch die hohe Analysentiefe der Venture-Capital-Gesellschaften (4,75) und der Branchenspezialisten (4,56) bei der Prüfung der Qualifikation des Personals zu verdeutlichen. Zum anderen zeigt sich auch hier wieder das allgemeine Interesse der Buy-out-Fonds an der Ertrags- und Kostensituation des Portfoliounternehmens. Denn die Beurteilung der Personalkosten (3,87) wird auch hier von den Buy-out-Fonds am detailliertesten von allen Kriterien zur Beurteilung des Personals analysiert. Als drittes Ergebnis bei der Untersuchung der Analysentiefe des Personals lassen sich die geringen Werte der Venture-Capital-Gesellschaften bei der Prüfung der Fluktuation (1,75), des Betriebsklimas (0,75) und der Altersstruktur (0,00) festhalten. Aufgrund der kurzen Existenz ihrer Portfoliounternehmen scheinen diese Beurteilungskriterien zumindest für Venture-Capital-Gesellschaften keine Berücksichtigung bei der Beurteilung des Personals zu finden.

---

[395] Vgl. *Koch, W./Wegmann, J.*, Due-Diligence, 1998, S. 75.

Tabelle 21b: Analysentiefe zur Beurteilung der leistungswirtschaftlichen Fähigkeiten des Unternehmens in der Feinanalyse (II)

Infrastruktur des Unternehmens

	Signifikanzniveau	Alle Segmente		Universalbeteiligungsgesellschaften		Buy-out-Fonds		Branchenspezialisten		Venture-Capital-Gesellschaften	
		M	Md	M	Md	M	Md	M	Md	M	Md
<u>Organisation:</u>											
• Aufbauorganisation (Struktur)	0,631^{ns}	3,25	3,00	3,09	3,00	3,20	3,00	3,56	3,00	3,75	4,00
• Ablauforganisation (Prozesse)	0,314^{ns}	2,92	3,00	2,78	3,00	3,20	3,00	3,33	3,00	1,75	1,50
• Qualität der Controlling-/ Steuerungssysteme	0,463^{ns}	3,94	4,00	3,87	4,00	4,33	5,00	3,78	4,00	3,25	4,00
• Qualität des Rechnungswesens	0,000***	3,63	4,00	3,74	4,00	4,27	5,00	3,44	4,00	1,00	0,00
• Zustand der EDV-Systeme	0,008**	3,02	3,00	2,91	3,00	3,67	4,00	3,11	3,00	1,00	0,00
• Kompetenzregelung	0,873^{ns}	2,59	3,00	2,48	3,00	2,53	3,00	3,00	4,00	2,50	3,00
<u>Personal:</u>											
• Qualifikation des Personals	0,021*	3,63	4,00	3,22	3,00	3,40	4,00	4,56	5,00	4,75	5,00
• Personalkosten	0,746^{ns}	3,59	4,00	3,57	4,00	3,87	4,00	3,22	3,00	3,50	4,50
• Betriebsklima	0,065^{ns}	2,53	3,00	2,35	3,00	3,00	3,00	3,00	4,00	0,75	0,00
• Altersstruktur	0,003**	2,51	3,00	2,57	3,00	3,13	4,00	2,44	3,00	0,00	0,00
<u>Standorte</u>:	0,198^{ns}	2,82	3,00	2,57	3,00	3,33	3,00	3,11	3,00	1,75	1,50
• Geographische Standortbedingungen	0,028*	2,69	3,00	2,17	2,00	3,47	4,00	3,00	2,00	2,00	2,00
• Politische Standortrisiken	0,551^{ns}	2,10	2,00	1,91	2,00	2,60	3,00	2,00	1,50	1,50	1,50
• Umweltschutzanforderungen	0,022*	3,14	3,00	3,39	4,00	3,73	4,00	2,33	1,25	1,25	0,00
<u>Rechtliche Rahmenbedingungen:</u>											
• Gesellschaftsverträge	0,137^{ns}	4,06	5,00	3,83	4,00	3,87	4,00	4,56	5,00	5,00	5,00
• Unternehmensverträge	0,110^{ns}	3,86	4,00	3,61	4,00	4,13	4,00	4,44	3,00	3,00	3,50

Abkürzungen: M = (Arithmetischer) Mittelwert; Md = Median
Angaben zur Analysentiefe der einzelnen Beurteilungsobjekte: 0,0: keine Berücksichtigung; 1,0: geringe Analysenintensität; 3,0: mittlere Analysenintensität; 5,0: sehr hohe Analysenintensität
Quelle: Eigene empirische Untersuchung; Frage 25

Ein noch niedrigeres Niveau in ihrer Analysentiefe als die Kriterien zur Beurteilung des Personals weisen die Beurteilungskriterien zur Prüfung der Standorte des Portfoliounternehmens auf (2,64). Bis auf die überdurchschnittlich detaillierte Analyse der Umweltschutzanforderungen bei den Buy-out-Fonds (3,87) und bei den Universalbeteiligungsgesellschaften (3,83) lassen sich bei den Beurteilungskriterien zur Analyse der Standorte keine signifikanten Auffälligkeiten identifizieren. Bei der Untersuchung der Umweltschutzanforderungen scheint sich die Beteiligungskapitalgesellschaft vor allem bei den etablierten Unternehmen Transparenz über vorliegende Umweltaltlasten verschaffen zu wollen, um mögliche Risiken und vor allem die Kosten für deren Beseitigung abschätzen zu können.[396]

Wie bereits im vorangegangenen Abschnitt beschrieben, werden die rechtlichen Rahmenbedingungen des Unternehmens im Rahmen der Feinanalyse einer detaillierten Analyse durch die Beteiligungskapitalgesellschaft unterzogen. Am intensivsten werden hierbei die Gesellschaftsverträge des potenziellen Portfoliounternehmens geprüft (4,06). Vor allem die Venture-Capital-Gesellschaften (5,00) und die Branchenspezialisten (4,56) beabsichtigen, eine vollständige Transparenz über die bestehenden Gesellschaftsverträge des Portfoliounternehmens zu erhalten. Die Branchenspezialisten sind darüber hinaus noch an einem tiefen Verständnis der bestehenden Unternehmensverträge des Portfoliounternehmens wie Lieferanten-, Kooperations-, Miet-, Mitarbeiter- und Kundenverträgen interessiert (4,44). Die überdurchschnittliche Höhe der Analysenintensität lässt sich aufgrund der Bedeutung potenzieller Rechtsrisiken nachvollziehen. Denn betriebswirtschaftliche Sachverhalte beruhen meist auf rechtlichen, die es dann im Detail zu prüfen gilt, da sie möglicherweise betriebswirtschaftlich gewonnene Ergebnisse bestätigen oder wieder in Frage stellen können.[397]

Als letzten Bestandteil der Untersuchung der Analysentiefe bei der Beurteilung der leistungswirtschaftlichen Fähigkeiten des Unternehmens gilt es nun, noch eine segmentspezifische Auswertung der Analysentiefe bei der Beurteilung des Wertschöpfungsprozesses des Unternehmens vorzunehmen. Auch hier scheinen insbesondere die Branchenspezialisten und

---

[396] Vgl. *Born, K.*, Unternehmensbewertung, 1995, S. 75.
[397] Vgl. *Koch, W./Wegmann, J.*, Due-Diligence, 1998, S. 93 ff.

die Venture-Capital-Gesellschaften die speziellen Notwendigkeiten ihrer Portfoliounternehmen zu berücksichtigen. Denn bei der Beurteilung der Forschung und Entwicklung als erster Stufe des Wertschöpfungsprozesses weisen sie die höchste Analysentiefe in ihrer Feinanalyse auf. Insbesondere die Entwicklung und Struktur des Forschungsbudgets werden sowohl von den Branchenspezialisten (4,33) als auch von den Venture-Capital-Gesellschaften (3,75) detailliert analysiert (vgl. Tabelle 21c). Dabei kann das reine Vorhandensein eines Forschungsbudgets als Bestandteil einer regelmäßigen Berichterstattung oder einer mittelfristigen Planung bereits ein guter Indikator für eine effiziente Durchführung der Forschungs- und Entwicklungsaktivitäten des Unternehmens sein. Gleichzeitig kann insbesondere bei Gründungsunternehmen auf Basis der bisherigen Forschungsbudgets der weitere Finanzierungsbedarf des Portfoliounternehmens realistischer abgeschätzt werden. Zusätzlich scheinen sich vor allem die Branchenspezialisten die bisherigen Realisierungsquoten der Forschungs- und Entwicklungsaktivitäten für bspw. neue Produkte oder Patente (4,11) genauer zu betrachten. Sie liefern gute Anzeichen darüber, ob das Unternehmen durch ausreichende Forschungstätigkeiten seine Teilnahme am technischen Fortschritt sichergestellt hat. Die anderen beiden Segmente belassen es bei der Beurteilung der Forschung und Entwicklung bei einer groben Analyse. Eine nur teilweise vorhandene Transparenz ist für sie an dieser Stelle scheinbar ausreichend.

Im Gegensatz dazu beabsichtigen die Buy-out-Fonds bei der Beurteilung der Beschaffung des potenziellen Portfoliounternehmens eine deutlich höhere Transparenz zu erreichen. Das Abhängigkeitsverhältnis des Portfoliounternehmens von einzelnen Lieferanten (4,20) und bestimmten Rohstoffen (3,93) steht bei ihnen im Mittelpunkt der Analyse. Damit einher geht auch die detaillierte Untersuchung der Einkaufsbedingungen des Unternehmens (3,73). Denn nur wenn keine Abhängigkeiten in den Lieferantenbeziehungen und in der Verwendung bestimmter Rohstoffe bestehen, können möglichst günstige Einkaufskonditionen erzielt werden. Die Branchenspezialisten lassen bei ihrer Beurteilung der Beschaffung der Portfoliounternehmen die gleichen Schwerpunkte wie die Buy-out-Fonds erkennen. Die Analysentiefe ist bei den Beurteilungskriterien nur geringfügig niedriger. Erstaunlich niedrig ist in diesem Zusammenhang die Analysentiefe der Venture-Capital-Gesellschaften. Sind diese bei der Beurteilung der Abhängigkeiten von einzelnen Lieferanten bzw. bestimmten Rohstoffen immerhin noch an einer teilweisen Transparenz interessiert, scheinen sie die übrigen Kriterien wie Lieferantenstruktur, Qualität der Rohstoffe oder Einkaufskonditionen nur geringfügig zu interessieren. Die Universalbeteiligungsgesellschaften scheinen wieder einmal über keinen ausgesprochenen Schwerpunkt in der Analysentiefe ihrer Beurteilungen zu verfügen. Einzig die Abhängigkeit von einzelnen Lieferanten wird von ihnen detaillierter analysiert (3,78).

Die Beurteilung der Produktion als Bestandteil des Wertschöpfungsprozesses wird wiederum von den Buy-out-Fonds am detailliertesten durchgeführt. Wie bereits bei anderen Elementen der Beteiligungswürdigkeitsprüfung wird auch hier erneut die intensive Ausrichtung der Buy-out-Fonds an Kosten- und Ertragsgrößen transparent. Denn auch bei der Beurteilung der Produktion des Portfoliounternehmens versuchen sich die Buy-out-Fonds, eine hohe Transparenz über die Kosten der Leistungserstellung (3,93) zu verschaffen.

Als weiteres Maß der Wirtschaftlichkeit scheinen sie ebenfalls die Produktivität (3,80) des Unternehmens detailliert zu untersuchen. Bei den Branchenspezialisten steht zusätzlich vor allem die tiefe Analyse der verwendeten Produktionstechnologie (3,89) im Vordergrund ihrer Beurteilung der Produktion insgesamt. Zur verlässlicheren Abschätzung des zukünftigen Investitions- bzw. Finanzierungsbedarfs versuchen auch die Venture-Capital-Gesellschaften, die Kosten der Leistungserstellung (4,25) detailliert zu hinterfragen. Bei den anderen Beurteilungskriterien in Bezug auf die Produktion des Portfoliounternehmens verschaffen sie sich aber nur einen eher oberflächlichen Eindruck. Die Universalbeteiligungsgesellschaften lassen wiederum keinen Analysefokus erkennen. Sie versuchen sämtliche Beurteilungskriterien grob zu analysieren, um teilweise Transparenz über die Produktion des potenziellen Portfoliounternehmens zu erhalten.

Als letztes Element des Wertschöpfungsprozesses und damit auch abschließendes Beurteilungsobjekt zur Einschätzung der leistungswirtschaftlichen Fähigkeiten des Unternehmens wird nun noch die segmentspezifische Analysentiefe des Vertriebes untersucht. Vor dem Hintergrund der hohen Bedeutung des Auf- und Ausbaus des Vertriebsnetzes insbesondere bei Wachstumsunternehmen erscheint die hohe Analysentiefe der Branchenspezialisten bei der Beurteilung des Vertriebes des potenziellen Portfoliounternehmens nicht verwunderlich. Insbesondere das Vertriebskonzept (4,56) steht dabei im

Tabelle 21c: Analysentiefe zur Beurteilung der leistungswirtschaftlichen Fähigkeiten des Unternehmens in der Feinanalyse (III)

Wertschöpfungsprozess des Unternehmens

	Signifikanzniveau	Alle Segmente		Universalbeteiligungsgesellschaften		Buy-out-Fonds		Branchenspezialisten		Venture-Capital-Gesellschaften	
		M	Md	M	Md	M	Md	M	Md	M	Md
<u>Forschung und Entwicklung:</u>											
• Entwicklung/Struktur Forschungsbudget	0,023*	3,16	3,00	2,74	3,00	2,93	3,00	4,33	5,00	3,75	4,00
• Realisierungsquote der F&E	0,172^{ns}	3,08	3,00	2,83	3,00	2,80	3,00	4,11	4,00	3,25	4,00
<u>Beschaffung:</u>											
• Lieferantenstruktur	0,020*	3,10	3,00	3,09	3,00	3,60	4,00	3,22	3,00	1,00	0,00
• Abhängigkeit von einzelnen Lieferanten	0,274^{ns}	3,94	4,00	3,78	4,00	4,20	5,00	4,33	5,00	3,00	3,50
• Abhängigkeit von bestimmten Rohstoffen	0,485^{ns}	3,49	4,00	3,26	4,00	3,93	4,00	3,56	4,00	3,00	3,50
• Qualität der Rohstoffe	0,072^{ns}	2,61	3,00	2,30	3,00	3,27	3,00	2,89	3,00	1,25	0,00
• Einkaufsbedingungen/-konditionen	0,064^{ns}	2,96	3,00	2,57	3,00	3,73	4,00	3,11	3,00	2,00	2,00
<u>Produktion:</u>											
• Produktionsablauf/-prozess	0,052^{ns}	3,00	3,00	2,91	3,00	3,40	3,00	3,22	3,00	1,50	1,50
• Kapazitätsauslastung	0,008**	3,20	4,00	3,35	4,00	3,53	4,00	3,22	3,00	1,00	0,00
• Kosten der Leistungserstellung	0,540^{ns}	3,69	4,00	3,48	4,00	3,93	4,00	3,56	4,00	4,25	4,00
• Produktivität	0,649^{ns}	3,59	4,00	3,65	4,00	3,80	4,00	3,33	3,00	3,00	4,00
• Produktionstechnologie	0,614^{ns}	3,41	4,00	3,26	4,00	3,47	4,00	3,89	4,00	3,00	3,50
• Zustand der Produktionsanlagen	0,139^{ns}	3,16	3,00	3,13	3,00	3,67	4,00	2,89	3,00	2,00	1,50
<u>Vertrieb:</u>											
• Vertriebskonzept	0,160^{ns}	4,12	4,00	3,91	4,00	3,93	5,00	4,56	5,00	5,00	5,00
• Vertriebsorganisation	0,621^{ns}	3,69	4,00	3,65	4,00	3,60	4,00	4,11	4,00	3,25	4,00
• Qualität der Vertriebskanäle	0,416^{ns}	3,61	4,00	3,35	3,00	3,67	4,00	3,89	4,00	4,25	4,00
• Kosten des Vertriebes	0,281^{ns}	3,27	3,00	3,13	3,00	3,60	4,00	3,56	3,00	2,25	2,00
• Preispolitik des Unternehmens	0,924^{ns}	3,39	4,00	3,35	4,00	3,53	4,00	3,44	3,00	3,00	3,50

Abkürzungen: M = (Arithmetischer) Mittelwert; Md = Median
Angaben zur Analysentiefe der einzelnen Beurteilungsobjekte: 0,0: keine Berücksichtigung; 1,0: geringe Analysenintensität; 3,0: mittlere Analysenintensität; 5,0: sehr hohe Analysenintens.
Quelle: Eigene empirische Untersuchung; Frage 25

Mittelpunkt der Betrachtungen der Branchenspezialisten. Hier versuchen sie ein nahezu vollständiges Verständnis über die spezifischen Erfordernisse des Portfoliounternehmens zu erhalten. Auch die bei Unternehmen in dieser Phase gerade meist im Aufbau befindlichen Vertriebsorganisation (4,11) wird von den Branchenspezialisten im Detail untersucht. Bei den Venture-Capital-Gesellschaften findet sogar eine noch tiefere Analyse des Vertriebskonzeptes des Portfoliounternehmens statt (5,00). Da es sich bei den von Gründungsunternehmen entwickelten Erzeugnissen meist um innovative Produkte handelt, die auf dem Markt erst noch eingeführt werden müssen, erscheint insbesondere bei diesem Unternehmenstyp eine intensive Prüfung des Vertriebskonzeptes angebracht zu sein. Sowohl die Buy-out-Fonds als auch die Universalbeteiligungsgesellschaften führen bei diesem Beurteilungsobjekt eine breite Prüfung der einzelnen Beurteilungskriterien durch. Ein eindeutiger Analysefokus ist hierbei nicht erkennbar.

Die aggregierte Analyse der Zusammenhänge zwischen der Analysentiefe bei der Beurteilung der leistungswirtschaftlichen Fähigkeiten der Unternehmen und der Qualität der Beteiligungswürdigkeitsprüfung hatte zwar keine signifikanten Korrelationen zur Ausfallquote der Beteiligungskapitalgesellschaft ermitteln können, aber zur Nettorendite wurde eine sehr signifikant positive Korrelation identifiziert. Zum besseren Verständnis dieses Zusammenhanges werden jetzt die einzelnen Beurteilungskriterien auf signifikante Korrelationen zu den Qualitätsmaßen der Untersuchung hin analysiert. Wie bei der Aufdeckung der segmentspezifischen Unterschiede werden hierfür die relevanten Zusammenhänge wieder entlang der drei Untersuchungsblöcke, der Produkte, der Infrastruktur und des Wertschöpfungsprozesses des Unternehmens ausgewertet.

Eine Untersuchung der in Tabelle 22a dargestellten Zusammenhänge zwischen der Analysentiefe bei der Beurteilung der Produkte des Unternehmens und der Qualität der Beteiligungswürdigkeitsprüfung zeigt zunächst zwar eine signifikant positive Korrelation der Analysentiefe der Produkte mit der Nettorendite der Beteiligungskapitalgesellschaft ($r = +0{,}335^{*}$), die Ausprägung des Zusammenhanges stellt sich aber als nicht besonders intensiv dar.

Tabelle 22a: Zusammenhänge zwischen Analysentiefe der leistungswirtschaftlichen Fähigkeiten und Qualität der Beteiligungswürdigkeitsprüfung (I)

Produkte des Unternehmens

	Nettorendite der Beteiligungskapitalgesellschaft	Ausfallquote der Beteiligungskapitalgesellschaft
Produkt:	+0,335*	—
• Produktprogramm	+0,367*	—
• Produkttechnologie	+0,338*	—
• Lebenszyklus	+0,386*	-0,318*
• Kundennutzen	—	—
• Produktqualität	—	—
• Kostenstruktur	+0,314*	—
• Vorteile gegenüber Konkurrenzprodukten	+0,519***	-0,441**
• Substitutionsgefahr einzelner Produkte	+0,394*	-0,543***
• Image der Produkte	—	—

*: $p \leq 0{,}05$; **: $p \leq 0{,}01$; ***: $p \leq 0{,}001$
Zusammenhänge mit $p > 0{,}10$ werden nicht gezeigt.
Quelle: Eigene empirische Untersuchung

Die detaillierte Analyse der zugrunde liegenden Beurteilungskriterien deckt hingegen drei auffälligere Beziehungen zu den Qualitätsmaßen der Untersuchung auf. Zum einen lässt sich für die Analysentiefe bei der Beurteilung der Vorteile gegenüber Konkurrenzprodukten sowohl ein höchst signifikant positiver Zusammenhang mit $r = +0{,}519^{***}$ zu der Nettorendite als auch ein sehr signifikant negativer Zusammenhang mit $r = -0{,}441^{**}$ zu der Ausfallquote der Beteiligungskapitalgesellschaften feststellen. Mit steigendem Verständnis des tatsächlichen USPs der Produkte des Portfoliounternehmens scheint sich die Qualität der Beteiligungswürdigkeitsprüfung somit nachhaltig zu verbessern. Da Portfoliounternehmen, die über Produkte mit einem eindeutigen Vorteil gegenüber Konkurrenzprodukten verfügen, scheinbar erfolgreicher sind und ein geringeres Insolvenzrisiko vorweisen, könnte eine vollständige Transparenz der Beteiligungskapitalgesellschaft über dieses Kriterium eine verbesserte Selektion von erfolgreichen und weniger erfolgreichen Unternehmen ermöglichen. Auch die detaillierte Kenntnis der Substitutionsgefahr einzelner Produkte scheint die Selektionsfähigkeiten der Beteiligungskapitalgesellschaft zu erhöhen. Insbesondere das Verlustrisiko sollte sich durch eine intensive Analyse der Substitutionsgefahr besser einschätzen lassen. Denn die Tiefe der Analyse dieses Kriteriums zeigt mit $r = -0{,}543^{***}$ einen höchst signifikanten Zusammenhang zur Ausfallquote der Beteiligungskapitalgesellschaft auf. Doch auch zur Nettorendite der Beteiligungskapitalgesellschaften lässt sich mit r = +0,394* eine signifikante Korrelation mit der Analysentiefe dieses Beurteilungskriteriums identifizieren. Die detaillierte Einschätzung der Substitutionsgefahr einzelner Produkte scheint somit die Qualität der Beteiligungswürdigkeitsprüfung insgesamt zu erhöhen.

Als dritte auffällige Beziehung zwischen der Beurteilung des Produktes und den Qualitätsmaßen erscheint der signifikante Zusammenhang in Bezug auf den Lebenszyklus des Produktes. Bei diesem Beurteilungskriterium lassen sich sowohl eine sehr signifikant positive Korrelation zu der Nettorendite ($r = +0{,}386^{*}$) als auch eine sehr signifikant negative Korrelation ($r = -0{,}318^{*}$) zu der Ausfallquote der Beteiligungskapitalgesellschaften feststellen. Da sich durch eine tiefe Analyse des Lebenszyklus der Produkte die heutigen und zukünftigen Kosten- und Erlösströme der einzelnen Produkte realer bestimmen lassen, müsste dadurch auch die Erfolgswahrscheinlichkeit und das Insolvenzrisiko des Portfoliounternehmens besser abzuschätzen sein. Durch eine höhere Transparenz über den Lebenszyklus der Produkte könnte somit möglicherweise die Qualität der Beteiligungswürdigkeitsprüfung gesteigert werden.

Bei der Untersuchung der Zusammenhänge zwischen der Analysentiefe der Beurteilung der Infrastruktur des Unternehmens und der Qualität der Beteiligungswürdigkeitsprüfung ergeben sich drei wesentliche Erkenntnisse. Zum einen scheint die Analysenintensität des Personals mit einer signifikant positiven Korrelation von r = +0,348* zu der Nettorendite der Beteiligungskapitalgesellschaften den höchsten Erklärungsbeitrag der infrastrukturellen Beurteilungsobjekte für eine mögliche Qualitätsvarianz der Beteiligungswürdigkeitsprüfung zu liefern (vgl. Tabelle 22b). Insbesondere eine detaillierte Analyse der Fluktuation ($r = +0{,}383^{*}$) könnte dabei die Qualität der Beteiligungswürdigkeitsprüfung verbessern. Da die Fluktuation oftmals Ausdruck der allgemeinen Attraktivität des Unternehmens gegenüber seinen Mitarbeitern ist, wäre durch eine genaue Analyse dieses Beurteilungskriteriums Rückschlüsse auf den Erfolg des Unternehmens zumindest aus Sicht der Mitarbeiter möglich.

Als zweite Erkenntnis der Untersuchung der Zusammenhänge zwischen Analysentiefe bei der Beurteilung der Infrastruktur des Unternehmens und den Qualitätsmaßen kann die scheinbar qualitätssteigernde Prüfung der Qualität der Controlling- und Steuerungssysteme festgehalten werden. Sowohl zur Nettorendite als auch zur Ausfallquote konnte bei diesem Beurteilungskriterium eine sehr signifikant positive (r = +0,428**) bzw. negative Korrelation (r = -0,428**) ermittelt werden. Die Qualität der Controlling- und Steuerungssysteme scheint somit ein guter Indikator für den Erfolg bzw. Misserfolg eines Unternehmens zu sein. Ein entsprechendes System kann dem Management des Unternehmens frühzeitig Informationen über die Kosten- und Ertragsentwicklung liefern. Bei entsprechender Qualität der Information ist die Unternehmensleitung dadurch in der Lage, rechtzeitig die Aussagen zu verarbeiten und geeignete Maßnahmen zu entscheiden und umzusetzen. Dies gilt gleichermaßen für Informationen über Chancen als auch Risiken für das Unternehmen. Somit könnte ein tiefes Verständnis der Qualität dieser Systeme helfen, die Erfolgsaussichten des Portfoliounternehmens besser einzuschätzen.

Das Vorhandensein einer signifikant negativen Korrelation zwischen Ausfallquote der Beteiligungskapitalgesellschaften und der Analysentiefe bei der Prüfung der rechtlichen Rahmenbedingungen (r = -0,353*) stellt die dritte wesentliche Erkenntnis dieser Zusammenhangsanalyse dar. Bereits bei der segmentspezifischen Analyse der Beurteilungskriterien wurde die Behauptung aufgestellt, dass die Beteiligungskapitalgesellschaften insbesondere aufgrund der hohen Rechtsrisiken und der möglichen Konsequenzen für betriebswirtschaftliche Zusammenhänge eine intensive Prüfung der rechtlichen Rahmenbedingungen des Portfoliounternehmens vornehmen. Der signifikant negative Zusammenhang zur Ausfallquote bestätigt die Richtigkeit der Vorgehensweise der Beteiligungskapitalgesellschaften. Denn durch eine intensive Analyse der rechtlichen Rahmenbedingungen scheint das latente Rechtsrisiko des Portfoliounternehmens für die Beteiligungskapitalgesellschaft besser abschätzbar zu sein.

Bei der Betrachtung des Zusammenhanges zwischen der Tiefe der Analyse des Wertschöpfungsprozesses als drittem und letztem Untersuchungsblock der leistungswirtschaftlichen Fähigkeiten des Unternehmens und der Qualität der Beteiligungswürdigkeitsprüfung zeigt sich der im Vergleich mit den anderen Beurteilungsobjekten bemerkenswert hohe Erklärungsbeitrag der Analysenintensität des Vertriebes (r = +0,454**) und der Beschaffung (r = +0,428**) für eine mögliche Qualitätsvarianz (vgl. Tabelle 22c). Bei Durchleuchtung der

Tabelle 22b: Zusammenhänge zwischen Analysentiefe der leistungswirtschaftlichen Fähigkeiten und Qualität der Beteiligungswürdigkeitsprüfung (II)

Infrastruktur des Unternehmens

	Nettorendite der Beteiligungskapitalgesellschaft	Ausfallquote der Beteiligungskapitalgesellschaft
Organisation:	+0,329*	—
• Aufbauorganisation (Struktur)	+0,344*	—
• Ablauforganisation (Prozesse)	+0,263ns	—
• Qualität der Controlling/Steuerungssysteme	+0,428**	-0,428**
• Qualität des Rechnungswesens	—	—
• Zustand der EDV-Systeme	+0,290ns	—
• Kompetenzregelung	—	—
Personal:	+0,348*	—
• Qualifikation des Personals	+0,328*	—
• Personalkosten	—	—
• Betriebsklima	—	—
• Altersstruktur	+0,277ns	—
• Fluktuation	+0,383*	—
Standorte:	+0,331*	—
• Geografische Standortbedingungen	+0,552***	—
• Politische Standortrisiken	+0,373*	—
• Umweltschutzanforderungen	—	—
Rechtliche Rahmenbedingungen:	—	-0,353*
• Gesellschaftsverträge	—	-0,324*
• Unternehmensverträge	—	-0,281ns

*: $p \leq 0,05$; **: $p \leq 0,01$; ***: $p \leq 0,001$; ns: nicht signifikant
Zusammenhänge mit $p > 0,10$ werden nicht gezeigt.
Quelle: Eigene empirische Untersuchung

zugrunde liegenden Beurteilungskriterien für die Beschaffung scheint insbesondere eine hohe Transparenz über die Abhängigkeit von einzelnen Lieferanten eine bessere Einschätzung der Erfolgswahrscheinlichkeiten und des Insolvenzrisikos des Portfoliounternehmens zu ermöglichen. Denn bei diesem Beurteilungskriterium lassen sich sowohl zur Nettorendite als auch zur Ausfallquote der Beteiligungskapitalgesellschaften sehr signifikant positive ($r = +0{,}447^{**}$) bzw. signifikant negative ($r = -0{,}323^{*}$) Korrelationen feststellen. Dieser Zusammenhang erscheint vor dem Einfluss einer möglichen Abhängigkeit bspw. auf die Einkaufskonditionen und damit auf die Wirtschaftlichkeit des Unternehmens nachvollziehbar.

Ein tiefes Verständnis des Vertriebes als letztem Beurteilungsobjekt zur Einschätzung der leistungswirtschaftlichen Fähigkeiten ermöglicht scheinbar eine verbesserte Prognose der Erfolgswahrscheinlichkeiten des potenziellen Portfoliounternehmens. Aufgrund der hohen Intensität des Zusammenhanges sollten dabei vor allem die Qualität der Vertriebskanäle ($r = +0{,}453^{**}$) und das Vertriebskonzept ($r = +0{,}435^{**}$) als solches einer detaillierten Analyse unterzogen werden.

Zusammenfassend lässt sich nach der Untersuchung der Analysentiefe bei der Beurteilung der leistungswirtschaftlichen Fähigkeiten der Portfoliounternehmen zum einen feststellen, dass insgesamt entweder die Branchenspezialisten oder die Buy-out-Fonds mit Abstand die einzelnen Beurteilungsobjekte am detailliertesten analysiert haben. Zum anderen konnten bei den meisten Beurteilungskriterien wieder von der Tendenz her segmentspezifische Unterschiede in der Intensität der Analysen festgestellt werden. In Abhängigkeit des Unternehmenstyps der finanzierungssuchenden Portfoliounternehmen wurden die Analysen der einzelnen Beurteilungskriterien unterschiedlich gewichtet. Nur bei den Universalbeteiligungsgesellschaften konnten selten spezifische Eigenschaften in der Analysenintensität festgestellt werden. Darüber hinaus erscheinen für eine gute Abschätzung der Erfolgswahrscheinlichkeiten des Portfoliounternehmens eine detaillierte Prüfung des Vertriebes und der Beschaffung sinnvoll. Zusätzlich könnte eine hohe Transparenz über den Vorteil des eigenen Produktes gegenüber Konkurrenzprodukten und über die Qualität der Controlling- und Steuerungssysteme die Selektion von erfolgreichen Portfoliounternehmen erleichtern.

Tabelle 22c: Zusammenhänge zwischen Analysentiefe der leistungswirtschaftlichen Fähigkeiten und Qualität der Beteiligungswürdigkeitsprüfung (III)

Wertschöpfungsprozess des Unternehmens

	Nettorendite der Beteiligungskapitalgesellschaft	Ausfallquote der Beteiligungskapitalgesellschaft
Forschung & Entwicklung:	+0,297^{ns}	—
• Entwicklung/Struktur Forschungsbudget	+0,363*	—
• Realisierungsquote der Forschung & Entwicklung	—	—
Beschaffung:	+0,428*	—
• Lieferantenstruktur	—	—
• Abhängigkeit von einzelnen Lieferanten	+0,447**	-0,323*
• Abhängigkeit von bestimmten Rohstoffen	+0,373*	—
• Qualität der Rohstoffe	+0,369*	—
• Einkaufsbedingungen der Rohstoffe	+0,439**	—
Produktion:	+0,359*	—
• Produktionsablauf/-prozess	+0,324*	—
• Kapazitätsauslastung	—	—
• Kosten der Leistungserstellung	+0,423*	-0,342*
• Produktivität	+0,292^{ns}	-0,316*
• Produktionstechnologie	+0,291^{ns}	—
• Zustand der Produktionsanlagen	+0,287^{ns}	—
Vertrieb:	+0,454**	—
• Vertriebskonzept	+0,435**	—
• Vertriebsorganisation	+0,370*	—
• Qualität der Vertriebskanäle	+0,453**	—
• Kosten des Vertriebes	+0,331*	—
• Preispolitik des Unternehmens	+0,336*	-0,308^{ns}

*: $p \leq 0,05$; **: $p \leq 0,01$; ***: $p \leq 0,001$; ns: nicht signifikant
Zusammenhänge mit $p > 0,10$ werden nicht gezeigt.
Quelle: Eigene empirische Untersuchung

Zur verbesserten Einschätzung des Insolvenzrisikos des Portfoliounternehmens könnte eine tiefe Analyse der rechtlichen Rahmenbedingungen des Unternehmens und die Substitutionsgefahr einzelner Produkte nutzvoll sein.

3.2.2.2.4 Marktattraktivität

Bereits bei der Analyse der Beurteilungsobjekte auf einem aggregierten Niveau konnte man deutlich erkennen, dass die Branchenspezialisten mit durchschnittlich 4,34 eine nahezu vollständige Transparenz bei der Beurteilung der Attraktivität des Marktes ihrer potenziellen Portfoliounternehmen anstreben und damit die detailliertesten Analysen im Vergleich zu den anderen Beteiligungskapitalgesellschaften vornehmen. Erfolgt innerhalb dieser Beurteilungskategorie eine differenzierte Betrachtung der einzelnen Beurteilungsobjekte, so zeigt sich der hohe Stellenwert der Analyse des Wettbewerbes insgesamt und für die Branchenspezialisten im Besonderen. Denn mit einer Analysenintensität von 4,58 analysieren die Branchenspezialisten den Wettbewerb am tiefsten von allen vier Komponenten der Marktattraktivität. Selbst auf der Ebene der zugrunde liegenden Beurteilungskriterien findet eine konsistent tiefe Analyse der einzelnen Kriterien statt.

Wie in Tabelle 23 zu erkennen, wird zwar die Wettbewerberstruktur sogar noch detaillierter analysiert (4,67), doch bleibt die Untersuchung der anderen Beurteilungskriterien wie die Stärken und Schwächen der Wettbewerber, die Differenzierungsmöglichkeiten und die Markteintrittsbarrieren auf einem konstant hohen Niveau (4,56). Als Grund für die hohe Intensität der Wettbewerbsanalysen lassen sich letztlich nur die aus der Wettbewerbsgefahr entstehenden hohen Risiken für den Erfolg des Portfoliounternehmens vermuten. Da die Wettbewerberrisiko des Marktes aus einzelwirtschaftlicher Perspektive kaum beeinflussbar ist, versuchen die Branchenspezialisten durch detaillierte Analysen zumindest ein tiefes Verständnis und eine Bewertung der Wettbewerbsrisiken zu erreichen.[398] Doch muss eine detaillierte Wettbewerberanalyse nicht nur zur Einschätzung und Bewertung der

[398] Bereits Schefczyk weist in seiner Arbeit auf die negativen Auswirkungen der Wettbewerbsgefahr auf den zu erwartenden Beteiligungserfolg hin und appelliert daher, die spezifische Wettbewerbsgefahr bereits in der Beteiligungswürdigkeitsprüfung im Detail zu berücksichtigen; vgl. *Schefczyk, M.*, Erfolgsstrategien, 2000, S. 361 f.

Wettbewerbsrisiken dienen. Denn mit Hilfe dieser Analyse kann auch eine vergleichende Bewertung der eigenen Leistungsfähigkeit des zu untersuchenden Portfoliounternehmens erfolgen.

Die Buy-out-Fonds weisen bei der Analyse des Wettbewerbs mit einer durchschnittlichen Angabe von 4,40 eine fast gleich hohe Intensität auf wie die Branchenspezialisten. Auch sie untersuchen alle vier zugrunde liegenden Beurteilungskriterien zur Einschätzung des Wettbewerbs mit annähernd gleich hoher Analysenintensität. Die Venture-Capital-Gesellschaften hingegen scheinen sich in ihrer Wettbewerbsanalyse auch wieder auf bestimmte Kriterien zu fokussieren. Denn bei ihnen werden insbesondere die Stärken und Schwächen der Wettbewerber (4,25) und die Differenzierungsmöglichkeiten (4,25) detaillierter analysiert.

Bei den beiden übrigen Beurteilungskriterien, der Wettbewerberstruktur (3,25) und den Markteintrittsbarrieren (3,50), scheint ihnen hingegen ein grober Überblick auszureichen. Die geringste Analysentiefe bei der Beurteilung des Wettbewerbs weisen die Universalbeteiligungsgesellschaften aus (3,67). Wie schon bei den vorherigen Untersuchungen der einzelnen Eigenschaften zeigt sich auch hier keine Fokussierung der Universalbeteiligungsgesellschaften auf bestimmte Beurteilungskriterien.

Durch eine detaillierte Analyse des Wettbewerbs lassen sich ebenfalls wesentliche Trends zur allgemeinen Entwicklung des Marktes, in dem sich das Portfoliounternehmen positioniert, ableiten. Bei der eigentlichen Marktanalyse interessieren die Beteiligungskapitalgesellschaften dann vor allem das Wachstumspotenzial des Marktes in der Zukunft (4,35), die Erfolgsfaktoren im Markt (4,29) und die allgemeinen Markttrends (4,06). Die primäre Orientierung an den Wachstumsgrößen erscheint plausibel, da ein hohes Marktwachstum auch ein dynamischeres Wachstum des Portfoliounternehmens erleichtert.[399]

---

[399] Vgl. *Schefczyk, M.*, Erfolgsstrategien, 2000, S. 360.

Tabelle 23: Analysentiefe zur Beurteilung der Marktattraktivität in der Feinanalyse

	Signifikanzniveau	Alle Segmente		Universalbeteiligungsgesellschaften		Buy-out-Fonds		Branchenspezialisten		Venture-Capital-Gesellschaften	
		M	Md	M	Md	M	Md	M	Md	M	Md
Markt											
• Marktgröße	0,142^{ns}	3,67	4,00	3,39	3,00	3,73	4,00	4,44	5,00	3,25	4,00
• Marktwachstum in der Vergangenheit	0,045*	3,14	3,00	3,04	3,00	3,73	4,00	3,00	3,00	1,75	1,50
• Wachstumspotenzial in der Zukunft	0,013*	4,35	5,00	3,96	4,00	4,60	5,00	4,89	5,00	4,50	4,50
• Erfolgsfaktoren	0,041*	4,29	5,00	3,91	4,00	4,60	5,00	4,67	5,00	4,50	4,50
• Rentabilität des Marktes	0,008**	3,55	4,00	3,00	3,00	4,20	4,00	4,22	4,00	2,75	3,00
• Markttrends	0,001***	4,06	4,00	3,48	4,00	4,47	5,00	4,78	5,00	4,25	4,00
• Konjunkturabhängigkeit des Marktes	0,015*	3,31	3,00	3,13	3,00	3,73	4,00	3,78	4,00	1,75	1,50
• Politische Rahmenbedingungen	0,299^{ns}	3,02	3,00	2,87	3,00	3,27	3,00	3,44	3,00	2,00	1,50
Wettbewerb:											
• Wettbewerbsstruktur	0,011*	4,16	4,00	3,83	4,00	4,60	5,00	4,67	5,00	3,25	4,00
• Stärken/Schwächen der Wettbewerber	0,026*	4,00	4,00	3,52	3,00	4,33	5,00	4,56	5,00	4,25	4,50
• Differenzierungsmöglichkeiten	0,080^{ns}	4,08	4,00	3,61	4,00	4,47	5,00	4,56	5,00	4,25	4,50
• Markteintrittsbarrieren	0,149^{ns}	4,00	4,00	3,74	4,00	4,20	4,00	4,56	5,00	3,50	4,50
Kunden:											
• Kundenstruktur	0,103^{ns}	3,73	4,00	3,52	4,00	4,07	4,00	4,11	4,00	2,75	3,50
• Abhängigkeit von einzelnen Kunden	0,331^{ns}	4,22	5,00	3,96	4,00	4,53	5,00	4,22	4,00	4,50	5,00
• Bedarfsstruktur der Kunden	0,136^{ns}	3,57	4,00	3,13	3,00	3,93	4,00	4,00	4,00	3,75	4,00
Exitmöglichkeiten:											
• Alternative Exitmöglichkeiten	0,104^{ns}	3,96	4,00	3,52	4,00	4,13	5,00	4,56	5,00	4,50	5,00
• Potenzielle Käufer	0,028*	3,55	4,00	2,83	3,00	3,93	4,00	4,44	5,00	4,25	5,00

Abkürzungen: M = (Arithmetischer) Mittelwert; Md = Median
Angaben zur Analysentiefe der einzelnen Beurteilungsobjekte: 0,0: keine Berücksichtigung; 1,0: geringe Analysenintensität; 3,0: mittlere Analysenintensität; 5,0: sehr hohe Analysenintens.
Quelle: Eigene empirische Untersuchung; Frage 25

Interessanterweise existieren bei der Analysentiefe der einzelnen Beurteilungskriterien signifikante Unterschiede zwischen den Segmenten mit Phasen- oder Branchenfokus und den Universalbeteiligungsgesellschaften. So beabsichtigen die Universalbeteiligungsgesellschaften, nur einen groben Überblick zur Beurteilung des Marktes zu erhalten.[400] Dieser Befund ist um so verwunder-licher, als dass gerade die Universalbeteiligungsgesellschaften durch ihren hohen Anteil an Wachstumsunternehmen in ihrem Portfolio die relevanten Märkte detailliert beobachten müssten. Denn gerade die Märkte von Wachstumsunternehmen sind durch den Eintritt neuer Wettbewerber meist ständigen Veränderungen ausgesetzt. Nur ein tiefes Verständnis dieser möglichen Veränderungen sollte eine realistische Einschätzung der Leistungsfähigkeit des Portfoliounternehmens ermöglichen.[401]

Die spezialisierten Beteiligungskapitalgesellschaften hingegen wollen eine deutlich höhere Transparenz über den relevanten Markt erzielen. Insbesondere die Branchenspezialisten geben die höchste Analysenintensität bei diesen drei Beurteilungskriterien an. Sie beabsichtigen bei ihrer Marktanalyse, eine nahezu vollständige Transparenz über das zukünftige Wachstumspotenzial (4,89), über die aktuellen Trends (4,78) und über die relevanten Erfolgsfaktoren im Markt (4,67) zu erhalten. Über die anderen Beurteilungskriterien des Marktes verschaffen sie sich einen detaillierteren (Marktgröße mit 4,44) bis groben Überblick (Marktwachstum in der Vergangenheit mit 3,00). Das Verhalten der Buy-out-Fonds bei der Auswahl der Beurteilungskriterien und der Intensität ihrer Prüfung gleicht dem der Branchenspezialisten erheblich. Die Venture-Capital-Gesellschaften hingegen prüfen zwar auch die drei genannten Kriterien im Detail, aber die restlichen Beurteilungskriterien des Marktes finden kaum Berücksichtigung in ihrer Analyse. An dieser Stelle zeigt sich wieder das fokussierte Vorgehen der Venture-Capital-Gesellschaften bei der Analyse ihrer potenziellen Portfoliounternehmen.

Als weitere Determinante der Marktentwicklung gilt es, bei der Beurteilung der Marktattraktivität selbstverständlich auch die Kunden des Portfoliounternehmens und deren Nachfrageverhalten zu analysieren. Auch hier versuchen die Venture-Capital-Gesellschaften,

---

[400] Schefczyk konnte in seiner empirischen Untersuchung ebenfalls feststellen, dass sich Beteiligungskapitalgesellschaften in vielen Fällen nur sehr oberflächlich mit den Marktaspekten des Portfoliounternehmens auseinandergesetzt hatten; vgl. *Schefczyk, M.*, Erfolgsstrategien, 2000, S. 359 f.

[401] Zu den Marktrisiken von Wachstumsunternehmen vgl. auch Abschnitt 2.2.1.2.

im Rahmen ihres gezielten Anlagefokus insbesondere das Kriterium der Abhängigkeit von einzelnen Kunden detailliert zu analysieren (4,50). Bei den übrigen Beteiligungskapitalgesellschaften steht ebenfalls vor allem dieses Beurteilungskriterium im Fokus der Analyse. Die Branchenspezialisten und die Buy-out-Fonds versuchen aber, sich zusätzlich noch einen relativ detaillierten Überblick über die anderen zugrunde liegenden Beurteilungskriterien (Kundenstruktur und Bedarfsstruktur der Kunden) zur Einschätzung der Kunden des Portfoliounternehmens zu verschaffen.

Die Prüfung der Exitmöglichkeiten als letztem Bestandteil der Beurteilung der Marktattraktivität wird insbesondere von den Branchenspezialisten und den Venture-Capital-Gesellschaften detailliert durchgeführt. Dabei versuchen sich die Beteiligungskapitalgesellschaften beider Segmente bereits schon während der Prüfungsphase, einen möglichst vollständigen Überblick über die alternativen Exitmöglichkeiten (4,56 bzw. 4,50) und sogar über potenzielle Käufer des Portfoliounternehmens (4,44 und 4,25) zu verschaffen. Diese höhere Exitorientierung beider Segmente zeigt sich auch in der bereits im Abschnitt 3.1.1.2.1 dargestellten kürzeren Beteiligungsdauer in ihrer Investmentpolitik. Die Universalbeteiligungsgesellschaften beabsichtigen, sich bei diesem Beurteilungskriterium nur einen groben Überblick zu verschaffen. Aufgrund der längeren angestrebten Beteiligungs-dauer dieses Segmentes scheint eine frühzeitige Berücksichtigung dieses Kriteriums nicht angebracht zu sein.

Bereits bei der Analyse der aggregierten Beurteilungskategorien wurde zwischen der Analysentiefe bei der Beurteilung der Marktattraktivität und der Qualität der Beteiligungswürdigkeitsprüfung die höchste Korrelation festgestellt. Sowohl zur Nettorendite ($r = +0{,}625^{***}$) als auch zur Ausfallquote ($r = -0{,}423^{***}$) des Portfoliounternehmens konnten die signifikantesten Zusammenhänge identifiziert werden.[402] Aus diesem Grunde stellt sich selbstverständlich die Frage, welche der zugrunde liegenden Beurteilungskriterien können den größten Erklärungsbeitrag für eine mögliche Qualitätsvarianz der Beteiligungswürdigkeitsprüfung liefern.

---

[402] Die Marktattraktivität als eine der Bestimmungsgrößen für den Erfolg von Portfoliounternehmen konnte auch schon in verschiedenen US-amerikanischen Studien nachgewiesen werden; vgl. u. a. *Bygrave, W. D./Timmons J. A.*, Venture-Capital, 1992, S. 5 ff.; *Roure, J. B./Keeley, R. H.*, Predictors, 1990, S. 205 f.

Betrachtet man die Ergebnisse der Zusammenhangsanalyse in Tabelle 24 werden die vorherigen Vermutungen zur möglichen Einflussnahme des Wettbewerbs auf den Erfolg des Portfoliounternehmens bestätigt. Denn mit einer höchst signifikant positiven Korrelation zur Nettorendite ($r = +0{,}644^{***}$) und einer sehr signifikant negativen Korrelation zur Ausfallquote ($r = -0{,}464^{**}$) der Beteiligungskapitalgesellschaft scheint im Rahmen der Analyse der Marktattraktivität die Beurteilung des Wettbewerbs den höchsten Erklärungsbeitrag für eine mögliche Qualitätsvarianz der Beteiligungswürdigkeitsprüfung darzustellen. Insbesondere die Analysenintensität der Wettbewerbsstruktur als Basisgröße zur Bestimmung der Wettbewerbsintensitäten scheint einen erheblichen Einfluss auf die Qualität der Beteiligungswürdigkeitsprüfung zu haben.

Doch auch für die Analysentiefe bei der eigentlichen Beurteilung des Marktes lässt sich sowohl ein höchst signifikant positiver Zusammenhang zur Nettorendite ($r = +0{,}626^{***}$) als auch ein signifikant negativer Zusammenhang zur Ausfallquote der Beteiligungskapitalgesellschaften ($r = -0{,}388^{*}$) nachweisen. Unter den einzelnen Beurteilungskriterien kann dabei das Wachstumspotenzial des Marktes in der Zukunft als das Kriterium mit den signifikantesten Zusammenhängen identifiziert werden. Denn mit $r = +0{,}665^{***}$ und $r = -0{,}532^{***}$ besteht sowohl zur Nettorendite als auch zur Ausfallrate der Beteiligungskapitalgesellschaften eine höchst signifikante Korrelation. Die intensive Auseinandersetzung mit diesem Kriterium scheint somit die Qualität der Beteiligungswürdigkeitsprüfung und somit auch die Erfolgswahrscheinlichkeit des Investments deutlich zu erhöhen.

Einige Beteiligungsmanager hatten in den qualitativen Gesprächen im Rahmen der empirischen Untersuchung immer wieder die Wichtigkeit eines überdurchschnittlich wachsenden Marktes betont. Wenn sich ein Markt nämlich mit entsprechend hohen Wachstumsraten entwickelt, würde er mögliche Fehler des Managements verzeihen können und somit einen Erfolg des Unternehmens wahrscheinlicher und den Misserfolg unwahrscheinlicher machen. Aus diesem Grunde erscheint es nur verständlich, dass mit zunehmender Transparenz über das Wachstumspotenzial des Portfoliounternehmens dessen Erfolgsaussichten besser prognostizierbar sind.

Tabelle 24: Zusammenhänge zwischen Analysentiefe der Marktattraktivität und Qualität der Beteiligungswürdigkeitsprüfung

	Nettorendite der Beteiligungskapitalgesellschaft	Ausfallquote der Beteiligungskapitalgesellschaft
Markt:	+0,626***	-0,388*
• Marktgröße	+0,391*	-0,304ns
• Marktwachstum in der Vergangenheit	+0,317***	-0,387*
• Wachstumspotenzial in der Zukunft	+0,665***	-0,532***
• Erfolgsfaktoren	+0,633***	-0,383*
• Rentabilität des Marktes	+0,556***	-0,276ns
• Markttrends	+0,659***	-0,364*
• Konjunkturabhängigkeit des Marktes	+0,383*	—
• Politische Rahmenbedingungen	+0,277ns	—
Wettbewerb:	+0,644***	-0,464**
• Wettbewerberstruktur	+0,653***	-0,496***
• Stärken/Schwächen der Wettbewerber	+0,570***	-0,330*
• Differenzierungsmöglichkeiten	+0,572***	-0,425**
• Markteintrittsbarrieren	+0,576***	-0,482**
Kunden:	+0,462**	-0,345*
• Kundenstruktur	+0,428**	-0,342*
• Abhängigkeit von einzelnen Kunden	+0,434**	-0,394*
• Bedarfsstruktur der Kunden	+0,340*	—
Exitmöglichkeiten:	+0,482***	-0,309ns
• Alternative Exitmöglichkeiten	+0,420**	-0,331*
• Potenzielle Käufer	+0,487***	-0,268ns

* : $p \leq 0,05$; **: $p \leq 0,01$; ***: $p \leq 0,001$; ns: nicht signifikant
Zusammenhänge mit $p > 0,10$ werden nicht gezeigt.
Quelle: Eigene empirische Untersuchung

Als weitere Komponenten der Beurteilung des Marktes sind vor allem die hohen Korrelationen der Analysentiefe bei der Bewertung der Erfolgsfaktoren und der Markttrends auffällig. Beide Beurteilungskriterien lassen sowohl zu der Nettorendite als auch zur Ausfallquote höchst signifikante bzw. signifikante Zusammenhänge erkennen. Beide Kriterien haben auch wieder das tiefe Verständnis des Gesamtmarktes im Ist-Zustand und seine weitere Entwicklung im Blickwinkel der Betrachtungen. Die Transparenz über die Erfolgsfaktoren dient dabei in erster Linie zur Bestimmung der Leistungsfähigkeit der potenziellen Portfoliounternehmen. Denn durch einen Abgleich der Anforderungen des Marktes mit der Erfüllung der Erfolgsfaktoren durch das Portfoliounternehmen lassen sich auch sehr gut die Stärken und Schwächen des Unternehmens bestimmen.

Im Rahmen der Untersuchung der Zusammenhänge zwischen der Einschätzung der Marktattraktivität und der Qualität der Beteiligungswürdigkeitsprüfung sind abschließend noch die höchst signifikanten Korrelationen zur Prüfung der Exitmöglichkeiten erwähnenswert ($r = +0{,}482^{***}$). So erlaubt scheinbar insbesondere die intensive Analyse potenzieller Käufer eine Verbesserung der Qualität der Beteiligungswürdigkeitsprüfung ($r = +0{,}487^{***}$). Möglicherweise kann die Beteiligungskapitalgesellschaft den Wert und die Entwicklung eines potenziellen Portfoliounternehmens besser einschätzen, wenn es bereits vor dem Zeitpunkt der Investition eine konkrete Vorstellung hat, an wen es später die Beteiligung veräußern könnte.

Bei der Untersuchung der Analysentiefe der Marktattraktivität lässt sich zusammenfassend feststellen, dass ein Großteil der Beteiligungskapitalgesellschaften scheinbar ihre Analysenintensität zur Beurteilung der Marktattraktivität tatsächlich entsprechend des Erklärungsbeitrages des einzelnen Kriteriums zur Qualität der Beteiligungswürdigkeitsprüfung optimiert. So konzentrieren sich vor allem die Branchenspezialisten und die Buy-out-Fonds in ihrer Feinanalyse auf die relevanten Beurteilungskriterien zur Einschätzung des Marktes und des Wettbewerbes. Die Venture-Capital-Gesellschaften haben zwar ebenfalls vor allem diese Beurteilungsobjekte im Mittelpunkt ihrer Untersuchung, doch auch bei der Beurteilung der Marktattraktivität scheinen sich die Venture-Capital-Gesellschaften noch stärker auf diese ausgewählten Beurteilungskriterien zu fokussieren, die sie dann in der Tiefe analysieren. Zur Verbesserung der Qualität der Beteiligungswürdigkeitsprüfung scheint bei der Prüfung der Marktattraktivität vor allem die intensive Analyse des zukünftigen Wachstumspotenziales des Marktes und der Wettbewerberstruktur am geeignetsten zu sein.

Nach einer kritischen Reflektion der Untersuchung der Analysentiefe insgesamt zeigt sich, dass bis auf die Universalbeteiligungsgesellschaften ein eindeutiges segmentspezifisches Vorgehen der einzelnen Beteiligungskapitalgesellschaften festgestellt werden kann. Die Beteiligungskapitalgesellschaften werden dabei scheinbar insofern ihrer unterstellten Informationsverarbeitungskompetenz gerecht, als dass sie ihre jeweilige Analysentiefe auf die spezifischen Erfordernisse der einzelnen Portfoliounternehmen abstimmen. Darüber hinaus zeigen die Venture-Capital-Gesellschaften eine klare Fokussierung ihrer Analyse auf einige wenige Beurteilungskriterien, die sie dann aber in der Tiefe analysieren. Bei den Universalbeteiligungsgesellschaften ist trotz der zweifelsohne speziellen Bedürfnisse der Wachstumsunternehmen als einer ihrer Investitionsschwerpunkte keine segmentspezifische Spezialisierung in ihrer Analysentiefe erkennbar. Die Untersuchung der Zusammenhänge der einzelnen Beurteilungskriterien zu der Qualität der Beteiligungswürdigkeitsprüfung verdeutlichte nochmal den hohen qualitätssteigernden Effekt einer intensiven Analyse der Marktattraktivität. Die tiefe Analyse der Managementfähigkeiten scheint hingegen primär der Begrenzung des Insolvenzrisikos des Portfoliounternehmens zu dienen.

Bei Betrachtung der Analysenintensität der Beteiligungswürdigkeitsprüfung insgesamt konnte durch die Ergebnisse der empirischen Untersuchung festgestellt werden, dass es zur Erhöhung der Qualität der Beteiligungswürdigkeitsprüfung sinnvoll ist, sich im Rahmen der Vorprüfung auf ausgewählte Beurteilungsobjekte zu konzentrieren. In der Feinanalyse sollte dann aber eine breit angelegte Analyse der Beurteilungsobjekte durchgeführt werden. Eine Erhöhung der Analysenbreite ist damit aber nicht gleichbedeutend mit der Empfehlung, alle Beurteilungsobjekte gleich intensiv zu analysieren. Im Rahmen der Feinanalyse sollte die Beteiligungskapitalgesellschaft sich einen groben Überblick über die gesamte Bandbreite der relevanten Beurteilungsobjekte verschaffen. Dann muss sie sich aber in Abhängigkeit ihrer Spezialisierung bzw. ihres Investitionsfokus auf einzelne Beurteilungskriterien fokussieren. Diese sollte sie im Detail analysieren, um eine vollständige Transparenz über die ausgewählten Beurteilungskriterien zu erhalten.

Fokussiert sich die Beteiligungskapitalgesellschaft im Rahmen der Beteiligungswürdigkeitsprüfung auf die für sie relevanten Beurteilungskriterien scheint der Aufwand der Beteiligungswürdigkeitsprüfung zweitrangig für deren Qualität zu sein. Denn trotz der hohen Bedeutung der Beteiligungswürdigkeitsprüfung und ihrer stellenweise relativ ausgeprägten Kapazitätsbindungen bei den Beteiligungskapitalgesellschaften hat der damit verbundene Aufwand scheinbar bis jetzt noch keine Erfolgsrelevanz. Doch trotz dieses fehlenden Zusammenhangs zum Erfolg der Beteiligungskapitalgesellschaft scheinen die Venture-Capital-Gesellschaften und die Branchenspezialisten bereits heute ihre relativen Kosten bewußt zu steuern.

Zwar deuten die empirischen Ergebnisse darauf hin, dass sie ihren Analysefokus primär an den Erfordernissen ihrer Portfoliounternehmen ausrichten, doch könnte der ökonomische Kostendruck eine derartige Fokussierung ihrer Analyse deutlich erleichtern und zwangsläufig zu einer entsprechenden Spezialisierung führen.

Welche Einflussfaktoren ebenfalls eine Spezialisierung der Beteiligungskapitalgesellschaften bei der Beteiligungswürdigkeitsprüfung erleichtern bzw. die grundsätzlichen Eigenschaften der Beteiligungswürdigkeitsprüfung der Beteiligungskapitalgesellschaften verändern können und somit entsprechende Auswirkungen auf deren Qualität haben, soll im nachfolgenden Abschnitt detailliert untersucht werden.

3.3 Einflussfaktoren auf die Eigenschaften

Der erhebliche Einfluss der Investmentpolitik auf die Beteiligungswürdigkeitsprüfung wurde bereits in den beiden vorangegangenen Abschnitten durch die segmentspezifischen Analysen verdeutlicht.[403] Doch neben den Beweggründen und Zielsetzungen der einzelnen Segmente gelten üblicherweise die an der Beteiligungswürdigkeitsprüfung beteiligten Entscheidungsträger und deren Fähigkeiten ebenfalls als maßgebliche Einflussgröße betriebswirtschaftlicher Entscheidungsprozesse.[404] Aus diesem Grunde wird im nun folgenden Abschnitt untersucht,

---

[403] Bis auf die Universalbeteiligungsgesellschaften hatten die Beteiligungskapitalgesellschaften vor dem Hintergrund ihrer spezifischen investmentpolitischen Zielsetzungen grundsätzlich ihre Beteiligungswürdigkeitsprüfung an den spezifischen Risikoprofilen und an den ökonomischen Erfordernissen ausgerichtet.

[404] Vgl. *Heinen, E.*, Betriebswirtschaftslehre, 1982, S. 51.

welchen Einfluss das Management und die Struktur der Beteiligungskapitalgesellschaft im Allgemeinen sowie die Einbindung externer Dritter während des Prüfungsprozesses auf die Eigenschaften der Beteiligungswürdigkeitsprüfung haben, und ob diese Einflussfaktoren eine mögliche Veränderung in der Qualität der Beteiligungswürdigkeitsprüfung verursachen könnten.[405] Vor dem Hintergrund der Bedeutung der Analysenintensität für die Qualität der Beteiligungswürdigkeitsprüfung steht vor allem diese Eigenschaft im Mittelpunkt der Untersuchung der einzelnen Einflussfaktoren.

3.3.1 Einfluss des Managements der Beteiligungskapitalgesellschaft

Der Einfluss des Managements auf die Eigenschaften der Beteiligungswürdigkeitsprüfung lässt sich dabei auf unterschiedliche Weise untersuchen. Zum einen können sich die Eigenschaften aufgrund der generell unterschiedlich langen Berufserfahrung der am Prozess beteiligten Beteiligungsmanager verändern. Als Ausdruck des Erfahrungshorizontes kann dabei der entsprechende Hierarchielevel der Beteiligungsmanager untersucht werden. Zum anderen wäre es möglich, dass die Eigenschaften der Beteiligungswürdigkeitsprüfung aber auch durch die fachlichen Qualifikationen der Beteiligungsmanager beeinflusst werden. So können diese ihre Berufserfahrung in unterschiedlichen Branchen wie bspw. in der Finanzdienstleistung, in der Beratung oder in der Industrie im Allgemeinen gesammelt und dadurch einen Großteil ihrer fachlichen Qualifikation aufgebaut haben. Doch auch eine unterschiedlich lange Berufserfahrung in der Beteiligungskapitalbranche selbst kann als fachliche Qualifikation angesehen werden und müsste die Eigenschaften der Beteiligungswürdigkeitsprüfung beeinflussen. Darüber hinaus könnte sich ebenfalls durch eine unterschiedliche Arbeitsbelastung der einzelnen Beteiligungsmanager eine Veränderung der wesentlichen Eigenschaften der Beteiligungswürdigkeitsprüfung ergeben.

Als Messgröße für die grundsätzliche Arbeitsbelastung der Beteiligungsmanager in der Beteiligungswürdigkeitsprüfung erscheint hierbei die Anzahl Beteiligungsanfragen pro Professional in der Feinanalyse sinnvoll. Somit kann die bereits analysierte Produktivität der

[405] Die Beteiligungskapitalnehmer als weitere Entscheidungsträger während der Beteiligungswürdigkeitsprüfung werden an dieser Stelle bewusst außen vor gelassen, da ihre Berücksichtigung bereits durch die Darstellung der segmentspezifischen Eigenschaften quasi indirekt erfolgt ist.

Beteiligungsmanager nicht nur als eigene Einflussgröße für den Aufwand der Beteiligungswürdigkeitsprüfung dienen, sondern sie würde auch als Maß für die Arbeitsbelastung der Beteiligungsmanager in Betracht kommen. Die unterschiedliche Ausprägung dieser Größe sollte möglicherweise auch Konsequenzen für die übrigen Eigenschaften der Beteiligungswürdigkeitsprüfung haben. Aus diesem Grunde wird im Folgenden der Erfahrungshorizont, die fachliche Qualifikation und die Arbeitsbelastung der Beteiligungsmanager segmentspezifisch analysiert und auf eine mögliche Beeinflussung der Eigenschaften der Beteiligungswürdigkeitsprüfung hin untersucht.

3.3.1.1 Erfahrungshorizont der Beteiligungsmanager

Bei Betrachtung der in Abbildung 50 dargestellten segmentspezifischen Kapazitätsverteilung nach Hierarchielevel lassen sich für die einzelnen Phasen der Beteiligungswürdigkeitsprüfung keine statistisch signifikanten Unterschiede zwischen den Segmenten der Beteiligungskapitalgesellschaften feststellen. Von der Tendenz her erscheint aber eine höhere Involvierung von "Junior-Beteiligungsmanagern" bei der Beteiligungswürdigkeitsprüfung der Venture-Capital-Gesellschaften vorzuliegen. Auffällig ist auch eine tendenziell höhere Inanspruchnahme von Geschäftsführern bzw. Vorständen durch die Beteiligungswürdigkeitsprüfung bei den Buy-out-Fonds.

Abbildung 50: Segmentspezifische Kapazitätsverteilung nach Hierarchielevel und Phase der Beteiligungswürdigkeitsprüfung

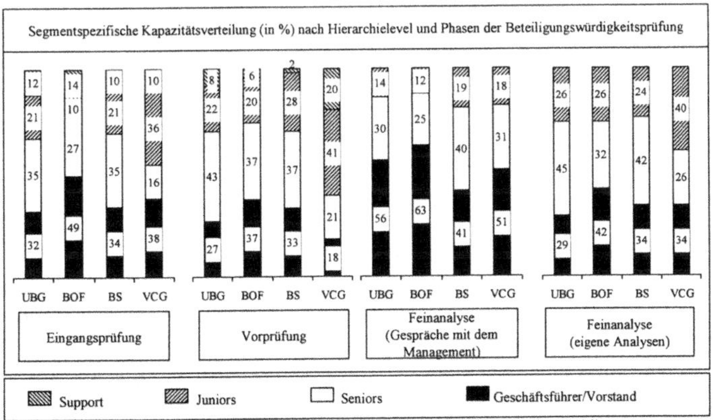

Abkürzungen: UBG = Universalbeteiligungsgesellschaften; BOF = Buy-out-Fonds; BS = Branchenspezialisten; VCG = Venture-Capital-Gesellschaften
Quelle: Eigene empirische Untersuchung

Segmentübergreifend interessant ist die mit durchschnittlich 55,1 % deutlich höhere Beteiligung der Geschäftsführer bzw. Vorstände der Beteiligungskapitalgesellschaften bei Gesprächen mit dem Management des Portfoliounternehmens während der Feinanalyse. Demnach vertrauen die Beteiligungskapitalgesellschaften scheinbar insbesondere bei den Gesprächen mit der Unternehmensleitung der Portfoliounternehmen auf die höhere Erfahrung der Geschäftsführer bzw. Vorstände. Auffällig erscheint ebenfalls die über die einzelnen Phasen der Beteiligungswürdigkeitsprüfung hinweg zunehmende Involvierung von Senior-Beteiligungsmanagern. So steigt der Anteil ihrer Beteiligung am Prüfungsprozess von durchschnittlich 30,8 % in der Eingangsprüfung auf durchschnittlich 39,5 % bei der Durchführung eigener Analysen in der Feinanalyse.

Bereits die nicht signifikanten Unterschiede zwischen den einzelnen Segmenten lassen einen geringen Einfluss des Erfahrungshorizontes auf die Eigenschaften der Beteiligungswürdigkeitsprüfung vermuten.[406] Die empirische Untersuchung bestätigt diese Vermutung. Dabei konnte als einziger statistisch signifikanter Zusammenhang eine positive Korrelation zwischen der Bearbeitungszeit in der Eingangsprüfung und der Kapazität der Junior-Beteiligungsmanager ermittelt werden. Mit einem Koeffizienten von $r = +0{,}290^{*}$ scheint somit eine höhere Beteiligung junger Beteiligungsmanager in der Eingangsprüfung zu einer längeren Bearbeitungszeit der Beteiligungsanfragen zu führen. Ein Zusammenhang der aufgrund der geringeren Erfahrung der "Juniors" nachvollziehbar wäre. Ansonsten konnte kein weiterer signifikanter Zusammenhang zwischen der Involvierung einzelner Beteiligungsmanager in Abhängigkeit ihres Hierarchielevels und den wesentlichen Eigenschaften wie Analysenbreite und Analysentiefe der Beteiligungswürdigkeitsprüfung festgestellt werden.[407]

[406] Da die einzelnen Beteiligungskapitalgesellschaften bis auf die Universalbeteiligungsgesellschaften die Eigenschaften ihrer Beteiligungswürdigkeitsprüfung segmentspezifisch ausgerichtet haben, würde man grundsätzlich auch bei der Kapazitätsverteilung segmentspezifische Unterschiede erwarten. Da dies nicht der Fall ist, könnte man im Umkehrschluss vermuten, dass wahrscheinlich auch kein Zusammenhang zwischen der Kapazitätsverteilung und den Eigenschaften der Beteiligungswürdigkeitsprüfung besteht.

[407] Selbstverständlich besteht ebenfalls ein Zusammenhang zwischen Erfahrungshorizont und Kosten der Beteiligungswürdigkeitsprüfung. Da sich diese Korrelation u. a. auch aufgrund der getroffenen Annahmen über die Gehaltsstruktur der Mitarbeiter der Beteiligungskapitalgesellschaften ergibt, wird an dieser Stelle von einer expliziten Auswertung dieses Zusammenhanges abgesehen.

Somit scheinen sich die einzelnen Eigenschaften der Beteiligungswürdigkeitsprüfung durch den Einsatz von Beteiligungsmanagern mit unterschiedlichen Erfahrungshorizonten nicht signifikant verändern zu lassen.[408] Dennoch könnte aufgrund der geringen Abweichungen zwischen den Segmenten eine bestimmte Involvierung erfahrener Beteiligungsmanager notwendig sein, um eine entsprechende Qualität in der Beteiligungswürdigkeitsprüfung zu erreichen. Ob sich diese Aussage auch auf die fachliche Qualifikation der Beteiligungsmanager übertragen lässt, soll im nun folgenden Abschnitt untersucht werden.

3.3.1.2 Fachliche Qualifikation der Beteiligungsmanager

Zur Untersuchung des Einflusses der fachlichen Qualifikation der Beteiligungsmanager auf die wesentlichen Eigenschaften der Beteiligungswürdigkeitsprüfung gilt es zunächst, zwei wesentliche Qualifikationsmöglichkeiten zu unterscheiden. Zum einen können sich die Beteiligungsmanager durch Berufserfahrung in anderen Branchen wie bspw. der Finanzdienstleistung, in der Beratung oder in der Industrie im Allgemeinen ihre Qualifikation aufgebaut haben. Zum anderen ist die Gewährleistung der fachlichen Qualifikation der Beteiligungsmanager selbstverständlich auch durch eine entsprechende Berufserfahrung in der Beteiligungskapitalbranche selbst möglich.[409]

Damit in der Untersuchung tatsächlich von einer fundierten Berufserfahrung in einer anderen Branche gesprochen werden kann, sollte man davon ausgehen, dass mindestens fünf Jahre Berufserfahrung in einer Branche vorzuweisen sind, um eine entsprechend nachhaltige Qualifikation aufzubauen. Vor dem Hintergrund dieser Prämisse verfügen 99,4 % der Geschäftsführer bzw. Vorstände aller befragten Beteiligungskapitalgesellschaften über nachhaltige Berufserfahrungen in anderen Branchen (vgl. Abbildung 51). 42,3 % scheinen vor ihrer Tätigkeit als Beteiligungsmanager in der Finanzdienstleistungsbranche beschäftigt

[408] Die Aussage muss aber dahingehend relativiert werden, dass es zwischen den untersuchten Beteiligungskapitalgesellschaften kaum signifikante Unterschiede im Erfahrungshorizont der Beteiligungsmanager gegeben hat. Somit lassen sich durch die fehlende Varianz kaum gesicherte Erkenntnisse über den Einfluss auf die Eigenschaften und somit auf die Qualität der Beteiligungswürdigkeitsprüfung ableiten.

[409] Da fachliche Qualifikationsunterschiede in Bezug auf das Ausbildungsniveau der Beteiligungsmanager in Deutschland aufgrund der hohen Anforderungen des Beteiligungskapitalgeschäftes nur in geringem Maße zu existieren scheinen, werden derartige Qualifikationsunterschiede im Rahmen der empirischen Untersuchung nicht analysiert. So konnten ca. 90 % der von Schröder befragten Beteiligungsmanager ein Hochschul- oder Fachhochschulstudium vorweisen; vgl. *Schröder, C.*, Strategien, 1992, S. 104.

gewesen zu sein. Fast den gleich hohen Anteil verzeichnen Geschäftsführer bzw. Vorstände, die zuvor in der Industrie gearbeitet haben (40,4 %). Aus der Beratungsbranche stammen nur 16,7 % der Geschäftsführer. Bei den Senior-Beteiligungsmanagern können insgesamt nur 51,7 % eine mindestens fünfjährige Berufserfahrung in einer anderen Branche vorweisen. Der Anteil der Beteiligungsmanager mit nachhaltiger Berufserfahrung in der Finanzdienstleistung beträgt dabei 19,1 %. 19,6 % bzw. 13,0 % der Seniors verfügen über entsprechende Berufserfahrung in der Industrie bzw. in der Beratung. Bei den Juniors geht der Anteil an Beteiligungsmanagern mit nachhaltiger Berufserfahrung auf 25,9 % zurück. Über die Hälfte davon stammen aus der Finanzdienstleistungsbranche (13,9 %), 9,5 % haben nachhaltige Erfahrungen in der Industrie gesammelt, und nur 2,5 % konnten entsprechenden Qualifikationen in der Beratungsbranche aufbauen.

Zwischen den einzelnen Segmenten können keine statistisch signifikanten Unterschiede ermittelt werden. Dennoch lassen sich auch hier wieder Tendenzen bei den einzelnen Beteiligungskapitalgesellschaften erkennen. Die Analyse der Berufserfahrung der Geschäftsführer bzw. Vorstände zeigt insbesondere bei den Universalbeteiligungsgesellschaften (52,4 %) und bei den Venture-Capital-Gesellschaften (50,0 %) einen relativ hohen Anteil an Beteiligungsmanagern mit nachhaltiger Erfahrung in der Finanzdienstleistung. Vor allem bei den Universalbeteiligungsgesellschaften wird hier nochmals der große Einfluss der Kreditinstitute als wesentlichem Beteiligungskapitalinvestor dieses Segmentes deutlich.[410] Im Vergleich zu den anderen Beteiligungskapitalgesellschaften zeigt sich bei den Buy-out-Fonds ein relativ ausgeglichenes Verhältnis an Geschäftsführern mit Erfahrungen in der Finanzdienstleistung (33,3 %), in der Industrie (39,9 %) und in der Beratung (23,5 %). Bei den Branchenspezialisten hingegen stammt der überwiegende Teil der Geschäftsführer aus der Industrie (46,4 %). Die segmentspezifische Analyse der Berufserfahrung der Seniors zeigt zunächst eine insgesamt höhere Berufserfahrung der Beteiligungsmanager der Buy-out-Fonds

[410] Zur Investorenstruktur der Universalbeteiligungsgesellschaften vgl. Abschnitt 2.2.3.3.

Abbildung 51: Berufserfahrung der Beteiligungsmanager in anderen Branchen

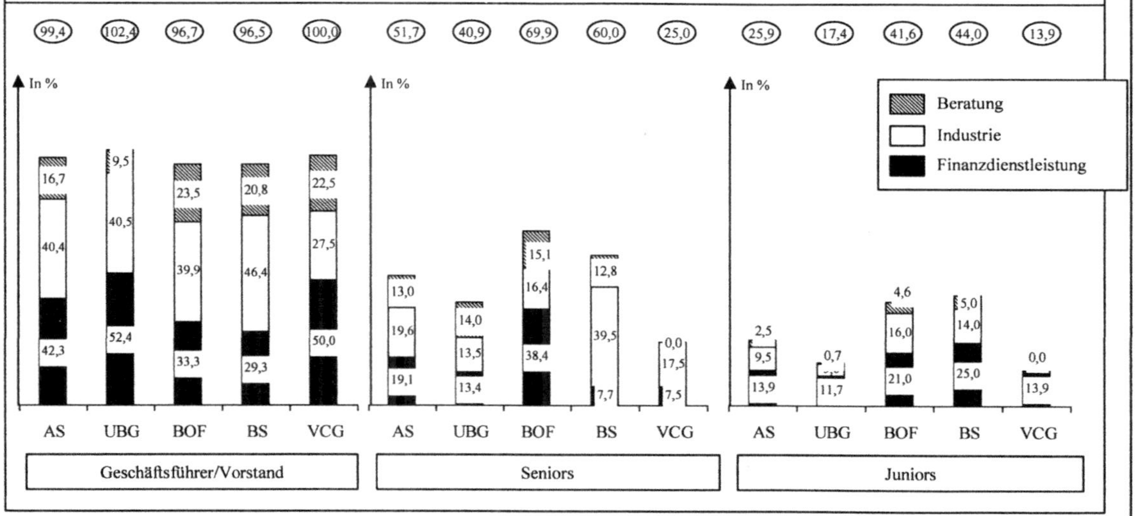

Angaben: (Arithmetischer) Mittelwert
Abkürzungen: AS = Alle Segmente; UBG = Universalbeteiligungsgesellschaften; BOF = Buy-out-Fonds; BS = Branchenspezialisten; VCG = Venture-Capital-Gesellschaften
Quelle: Eigene empirische Untersuchung; Frage 39a; N = 52

und der Branchenspezialisten. Denn mit einem Anteil von 69,9 % bzw. 60,0 % verfügen bei den Buy-out-Fonds und den Branchenspezialisten eine größere Anzahl von Senior-Beteiligungsmanagern über nachhaltige Berufserfahrung in anderen Branchen als bei den Universalbeteiligungsgesellschaften (40,9 %) und den Venture-Capital-Gesellschaften (25,0 %).

Insbesondere bei den Buy-out-Fonds wird aufgrund der spezifischen Eigenschaften der von ihnen durchgeführten Transaktionen immer wieder auf die Notwendigkeit hingewiesen, dass die Professionals über umfangreiches Know-how im Bereich des "Financial Engineering" verfügen müssen, d. h. Kenntnisse im Gesellschaftsrecht, in der Steuerrecht, Unternehmensbewertung und insbesondere der Finanzierung vorweisen sollten.[411] Die hohe Bedeutung des "Financial Engineering"-Know-hows bei den Buy-out-Fonds lässt sich im Rahmen dieser Untersuchung vor allem an der Qualifikation der Seniors erkenne, denn mit einem deutlich über dem allgemeinen Durchschnitt liegenden Anteil von 38,4 % hat ein Großteil der erfahreneren Seniors ihre Qualifikation in der Finanzdienstleistungsbranche aufgebaut. Bei den Universalbeteiligungsgesellschaften beträgt dieser Anteil hingegen nur 13,4 %, bei den Branchenspezialisten und bei den Venture-Capital-Gesellschaften sogar nur 7,7 % bzw. 7,5 %. Insbesondere die Branchenspezialisten scheinen bei der Qualifikation ihrer Senior-Beteiligungsmanager Wert auf eine nachhaltige Berufserfahrung in der Industrie zu legen, denn mit einem Anteil von 39,5 % stammt der Großteil bei den Branchenspezialisten aus der Industrie.

Bei den Juniors der Branchenspezialisten hingegen verfügt der überwiegende Teil der Beteiligungsmanager, die überhaupt eine fünfjährige Berufserfahrung in einer anderen Branche vorweisen können, über eine Qualifikation aus der Finanzdienstleistung. Annähernd so hoch ist ebenfalls der Anteil an Juniors mit nachhaltiger Berufserfahrung in der Finanzdienstleistung bei den Buy-out-Fonds (21,0 %). Generell lässt sich wie bei den Seniors auch bei den Juniors der Branchenspezialisten (44,0 %) und der Buy-out-Fonds (41,6 %) ein insgesamt deutlich höherer Anteil an Beteiligungsmanagern mit nachhaltiger Berufserfahrung

[411] Vgl. *Leopold, G./Frommann, H.*, Eigenkapital, 1998, S. 24 f.; *Bygrave, W. D./Timmons, J. A.*, Venture-Capital, 1992, S. 31.

feststellen als bei den Universalbeteiligungsgesellschaften (17,4 %) und den Venture-Capital-Gesellschaften (13,9 %).

Die Untersuchung der Berufserfahrung der Beteiligungsmanager in der Beteiligungskapitalbranche ergibt keinerlei signifikante Unterschiede zwischen den einzelnen Segmenten der Beteiligungskapitalgesellschaften. Selbst Tendenzen lassen sich bei der Auswertung dieser fachlichen Qualifikation nicht erkennen. Segmentübergreifend zeigt sich, wie in Abbildung 52 dargestellt, dass die Geschäftsführer bzw. Vorstände der Beteiligungskapitalgesellschaften mit durchschnittlich 9,6 Jahren erwartungsgemäß über die längste Erfahrung in der Beteiligungskapitalbranche verfügen. Der geringe Anteil an Beteiligungsmanagern mit einer Erfahrung von mehr als 15 Jahren (5,5 %) deutet auf die noch vergleichsweise junge Historie des Beteiligungskapitalmarktes in Deutschland hin.

Abbildung 52: Berufserfahrung der Beteiligungsmanager in der Beteiligungskapitalbranche

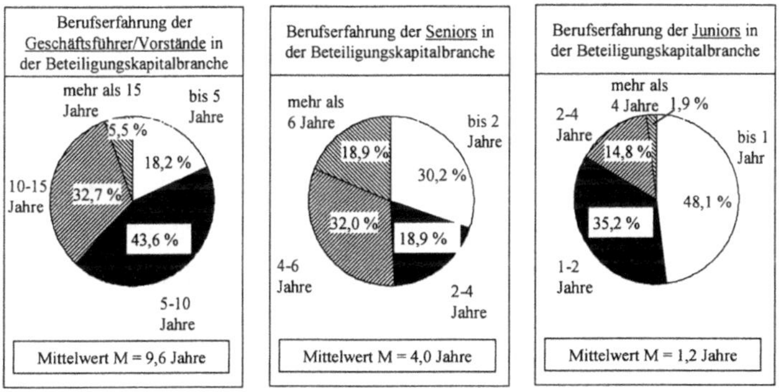

Quelle: Eigene empirische Untersuchung; Frage 39b; N = 53

Die Senior-Beteiligungsmanager können im Durchschnitt eine immerhin vierjährige Erfahrung im Beteiligungskapitalgeschäft vorweisen. Bei den Juniors hingegen beträgt die Erfahrung in der Beteiligungskapitalbranche durchschnittlich nur 1,2 Jahre. Knapp die Hälfte der Junior-Beteiligungsmanager hat dabei nicht einmal mehr als ein Jahr Erfahrung in der Beteiligungskapitalbranche.

Untersucht man den Einfluss der fachlichen Qualifikation der Beteiligungsmanager auf die Eigenschaften der Beteiligungswürdigkeitsprüfung ergibt sich folgendes Bild. Zwischen der Berufserfahrung der Beteiligungsmanager in anderen Branchen und den wesentlichen Eigenschaften der Beteiligungswürdigkeitsprüfung lässt sich grundsätzlich kein signifikanter Zusammenhang nachweisen.[412] Nur bei den Senior-Beteiligungsmanagern zeigt sich ein signifikanter Zusammenhang zwischen ihrer Erfahrung in der Finanzdienstleistung und der Bearbeitungszeit bei der Beteiligungswürdigkeitsprüfung. Sowohl für die Bearbeitungszeit in der Eingangsprüfung als auch in der Vorprüfung lässt sich ein signifikant positiver Zusammenhang von $r = +0{,}294^{*}$ bzw. $r = +0{,}312^{*}$ zu der Berufserfahrung der Seniors in der Finanzdienstleistung ermitteln. Für die Bearbeitungszeit in der Feinanalyse ergibt sich sogar eine höchst signifikant positive Korrelation von $r = 0{,}447^{***}$ zur Berufserfahrung der Senior-Beteiligungsmanager in der Finanzdienstleistung. Je mehr Seniors in der Beteiligungskapitalgesellschaft somit über nachhaltige Berufserfahrung in der Finanzdienstleistung verfügen, desto länger scheint die Bearbeitung der Beteiligungsanfragen zu dauern. Möglicherweise könnte die eher risikoaversere Einstellung der Senior-Beteiligungsmanager mit Erfahrung in der Finanzdienstleistung, die oftmals den traditionellen "Bankern" im Beteiligungskapitalgeschäft vorgeworfen wird, zu einer vorsichtigeren und damit auch zögerlicheren Bearbeitung der Anträge führen.[413]

Da sich kein Zusammenhang zwischen der Analysenbreite bzw. der Analysentiefe und der Berufserfahrung der Senior-Beteiligungsmanager in der Finanzdienstleistung identifizieren lässt, würde eine vorsichtigere und zögerlichere Bearbeitung in diesem Zusammenhang nicht mit einer intensiveren Analyse der Anfragen gleichzusetzen sein. Vielmehr scheint der Zeitraum zur Verarbeitung der einzelnen Informationen und insbesondere zur Abwägung der entsprechenden Entscheidungen bei Senior-Beteiligungsmanagern mit nachhaltiger Erfahrung in der Finanzdienstleistung länger zu dauern. Eine längere Erfahrung der Senior-Beteiligungsmanager in der Beteiligungskapitalbranche hingegen wirkt sich offensichtlich

---

[412] Diese Aussage sollte aufgrund der geringen Unterschiede in der Berufserfahrung der einzelnen Beteiligungsmanager in anderen Branchen ebenfalls relativiert werden. Denn erst bei Vorliegen einer tatsächlich unterschiedlichen Ausprägung könnte eine Einflussnahme auf die einzelnen Eigenschaften simuliert und ausgewertet werden.

[413] Zur Problematik von Beteiligungsmanagern mit Bankenhintergrund vgl. u. a. *Schween, K.*, Corporate-Venture-Capital, 1996, S. 45.

positiv auf die Qualität der Beteiligungswürdigkeits-prüfung aus, denn zwischen deren Erfahrung und der Analysentiefe zur Prüfung der Marktattraktivität besteht ein signifikant positiver Zusammenhang von $r = +0{,}308^{*}$.

Da aber insbesondere eine intensive Prüfung der Marktattraktivität die Qualität der Beteiligungswürdigkeitsprüfung erhöhen kann, sollte mit zunehmender Erfahrung der Seniors die Qualität der Beteiligungswürdigkeitsprüfung gesteigert werden.[414] Neben diesem Zusammenhang lässt sich durch die zunehmende Erfahrung der Geschäftsführer bzw. Vorstände in der Beteiligungskapitalbranche eine weitere Eigenschaft der Beteiligungswürdigkeitsprüfung beeinflussen, denn zwischen der Produktivität der Beteiligungswürdigkeitsprüfung und der Erfahrung der Geschäftsführer bzw. Vorstände in der Beteiligungskapitalbranche besteht mit $r = -0{,}366^{**}$ ein höchst signifikant negativer Zusammenhang. Somit scheint mit zunehmender Erfahrung der Geschäftsführer bzw. Vorstände der Beteiligungskapitalgesellschaft die Produktivität der Beteiligungswürdigkeitsprüfung abzunehmen. Versteht man hierbei die Produktivität nicht nur als Leistungsgröße, sondern interpretiert man sie als Maß für die Arbeitsbelastung der Beteiligungsmanager, könnte dieser Zusammenhang auch noch eine weitere Aussage beinhalten. Die Geschäftsführer bzw. Vorstände könnten als oberste Entscheidungsträger der Beteiligungskapitalgesellschaft aufgrund ihrer Erfahrung eine bewusste Steuerung der Anzahl der Beteiligungsanfragen pro Professional vornehmen, d. h. mit zunehmender Erfahrung würden sie versuchen, gezielt die Anfragen pro Beteiligungsmanager in einem akzeptablen Rahmen zu halten. Diese Vermutung erscheint aber nur sinnvoll, wenn mit steigender Arbeitsbelastung der Beteiligungsmanager einzelne Eigenschaften der Beteiligungswürdigkeitsprüfung und somit die Qualität insgesamt negativ beeinflusst würden. Aus diesem Grunde werden im folgenden Abschnitt die Zusammenhänge zwischen Arbeitsbelastung der Beteiligungsmanager und einzelner Eigenschaften der Beteiligungswürdigkeitsprüfung detaillierter analysiert.

---

[414] Doch gerade die erfahrenen Senior-Beteiligungsmanager stellen einen Engpaß in der gesamten Branche in Deutschland dar; vgl. *Rathmann, C.*, Fondsmanager, 2001, S. 25.

3.3.1.3 Arbeitsbelastung der Beteiligungsmanager

Die segmentspezifische Untersuchung der Arbeitsbelastung der Professionals insgesamt ist bereits im Abschnitt 3.2.1.2 bei der Analyse der Produktivität der einzelnen Beteiligungskapitalgesellschaften erfolgt.[415] In diesem Abschnitt sollen vielmehr die Zusammenhänge zwischen den wesentlichen Eigenschaften der Beteiligungswürdigkeitsprüfung und der Arbeitsbelastung der Beteiligungsmanager untersucht werden. Intuitiv würde man vermuten, dass eine höhere Arbeitsbelastung der Professionals eigentlich zu einer in der relativen Betrachtung geringeren Bearbeitungszeit pro Beteiligungsanfrage und dadurch zu einer geringeren Analysenintensität der Beteiligungswürdigkeitsprüfung insgesamt führen müsste. Vor dem Hintergrund dieser und den im vorangegangenen Abschnitt gemachten Überlegungen lässt sich folgende Forschungshypothese formulieren:

H_{15}: Mit zunehmender Arbeitsbelastung der Beteiligungsmanager in Form einer steigenden Anzahl an Beteiligungsanfragen pro Professional sinkt sowohl die Bearbeitungszeit pro Beteiligungsantrag als auch die Analysenintensität der Beteiligungswürdigkeitsprüfung insgesamt.

Die Überprüfung dieser Hypothese zeigt tatsächlich signifikante Zusammenhänge mit den genannten Eigenschaften. So lässt sich zwischen der Bearbeitungszeit der Beteiligungsanfragen und der Anzahl der Beteiligungsanfragen pro Professional in der Feinanalyse ein signifikant negativer Zusammenhang von $r = -0{,}305^{*}$ ermitteln. Auch zwischen der Analysenbreite und der Analysentiefe können sehr signifikant negative Korrelationen von $r = -0{,}376^{**}$ bzw. $r = -0{,}396^{**}$ zu der Anzahl der Beteiligungsanträge pro Beteiligungsmanager in der Feinanalyse festgestellt werden. Somit scheint tatsächlich durch die steigende Arbeitsbelastung der Beteiligungsmanager in Form einer zunehmenden Anzahl an Beteiligungsanfragen pro Professional sowohl die Bearbeitungszeit pro Beteiligungsanfrage als auch die Analysenintensität der Beteiligungswürdigkeitsprüfung abzunehmen. Die Forschungshypothese (H_{15}) kann somit angenommen werden.

---

[415] Zur detaillierten Analyse der Produktivität der Beteiligungskapitalgesellschaften vgl. Abschnitt 3.2.1.2.

Trotz dieses identifizierten Zusammenhanges insbesondere zur Analysenintensität der Beteiligungswürdigkeitsprüfung stellt sich die Frage, warum, wie bereits im Abschnitt 3.2.1.2 ausgeführt, kein Zusammenhang zur Qualität der Beteiligungswürdigkeitsprüfung besteht. Eigentlich existiert zwischen der Analysenintensität und der Qualität der Beteiligungswürdigkeitsprüfung ein signifikanter Zusammenhang und die Vermutung liegt nahe, dass demnach auch die Arbeitsbelastung die Qualität der Beteiligungswürdigkeitsprüfung beeinflussen müsste.[416] Die möglichen Ursachen hierfür werden bei einer detaillierteren Betrachtung der Zusammenhänge zwischen der Arbeitsbelastung der Beteiligungsmanager und der Analysentiefe der Beteiligungswürdigkeitsprüfung in der Feinanalyse deutlich. So lassen sich zwar höchst signifikant negative Zusammenhänge zwischen der Arbeitsbelastung und der Analysentiefe bei der Beurteilung der Standorte ($r = -0{,}512^{***}$), der vergangenheitsbezogenen Finanzdaten ($r = -0{,}481^{***}$) und der Beschaffung ($r = -0{,}479^{***}$) ermitteln, doch bei allen dreien handelt es sich um Beurteilungsobjekte, die einen geringen Zusammenhang zur Qualität der Beteiligungswürdigkeitsprüfung vorweisen.[417] Nur bei der Analysentiefe der zukünftigen Finanzplanung zeigt sich sowohl zur Arbeitsbelastung ($r = -0{,}470^{***}$) als auch zur Qualität der Beteiligungswürdigkeitsprüfung eine höchst signifikante Korrelation.

Somit lassen sich durch eine unterschiedliche Arbeitsbelastung der Beteiligungsmanager zwar die wesentlichen Eigenschaften der Beteiligungswürdigkeitsprüfung wie Bearbeitungsdauer und Analysenintensität verändern, die Qualität der Beteiligungswürdigkeitsprüfung kann jedoch offensichtlich nicht beeinflusst werden, denn bei einer Erhöhung der Arbeitsbelastung scheinen sich die Beteiligungskapitalgesellschaften auf die relevanten Beurteilungsobjekte zu fokussieren. Dadurch wird die Analysenintensität insgesamt zwar verringert, das Qualitätsniveau der Beteiligungswürdigkeitsprüfung kann aber scheinbar gehalten werden.

Für den Einfluss des Managements auf die wesentlichen Eigenschaften der Beteiligungswürdigkeitsprüfung lässt sich zusammenfassend Folgendes feststellen. Die einzelnen Eigenschaften der Beteiligungswürdigkeitsprüfung können durch den Einsatz von Beteiligungsmanagern mit unterschiedlichen Erfahrungshorizonten scheinbar nicht signifikant

---

[416] Vgl. Abschnitt 3.2.2.

[417] Vgl. für den Zusammenhang der Analysentiefe und der Qualität der Beteiligungswürdigkeitsprüfung Abschnitt 3.2.2.2.

verändert werden.[418] Dennoch könnte aufgrund der geringen Abweichungen zwischen den Segmenten eine bestimmte Involvierung erfahrener Beteiligungsmanager notwendig sein, um eine entsprechende Qualität in der Beteiligungswürdigkeitsprüfung zu erreichen. Die fachliche Qualifikation der Beteiligungsmanager scheint aufgrund der größeren Erfahrung in anderen Branchen insbesondere bei den Buy-out-Fonds und den Branchenspezialisten höher zu sein. Dennoch hat die höhere Erfahrung in anderen Branchen offensichtlich keinen signifikanten Einfluss auf die Eigenschaften der Beteiligungswürdigkeitsprüfung.[419] Eine zunehmende Erfahrung in der Beteiligungskapitalbranche als zweite betrachtete Möglichkeit zur Darstellung der fachlichen Qualifikation der Beteiligungsmanager scheint hingegen einen Einfluss auf die wesentlichen Eigenschaften der Beteiligungswürdigkeitsprüfung zu haben. So sind insbesondere Senior-Beteiligungsmanager mit größerer Erfahrung in der Beteiligungskapitalbranche besser in die Lage, tiefere Analysen des Marktes im Rahmen der Feinanalyse vorzunehmen und somit die Qualität der Beteiligungswürdigkeitsprüfung positiv zu beeinflussen. Darüber hinaus scheint die unterschiedliche Arbeitsbelastung der Beteiligungsmanager zwar einen Einfluss auf die Bearbeitungszeit pro Beteiligungsanfrage und die Analysenintensität der Beteiligungswürdigkeitsprüfung zu haben, doch durch einen verstärkten Analysefokus der Professionals wird die Qualität der Beteiligungswürdigkeitsprüfung durch die Arbeitsbelastung dennoch nicht signifikant beeinflusst.

3.3.2 Einfluss der Struktur der Beteiligungskapitalgesellschaft

Die grundsätzliche Struktur der Beteiligungskapitalgesellschaften lässt sich anhand ihrer Größe, ihres Alters und ihrer Trägerschaft festmachen.[420] Die einzelnen Parameter können durch das Management der Beteiligungskapitalgesellschaft zwar nur schwer unmittelbar und kurzfristig beeinflusst werden, dennoch sollte in diesem Abschnitt überprüft werden, ob sich durch Strukturunterschiede ebenfalls Veränderungen in wesentlichen Eigenschaften der Beteiligungswürdigkeitsprüfung ergeben.

[418] Zur Relativierung dieser Aussage vgl. Fn. 408 in diesem Kapitel.
[419] Auch hier gilt die relativierende Aussage der Fn. 412 in diesem Kapitel.
[420] Für die segmentspezifische Analyse der jeweiligen Strukturelemente vgl. Abschnitt 2.2.3.3.

3.3.2.1 Größe der Beteiligungskapitalgesellschaft

Zunächst gilt es im Verlauf der Untersuchung zu klären, ob sich durch eine zunehmende Größe der Beteiligungskapitalgesellschaft auch im Rahmen der Beteiligungswürdigkeitsprüfung Skalenvorteile erzielen lassen. Dabei stellt sich die Frage, ob sich die üblicherweise klassischen Ausprägungen der Skalenvorteile auch auf die Beteiligungswürdigkeitsprüfung übertragen lassen. Die bessere Bereitstellung von Ressourcen mit Fixkostencharakter wie z. B. der Büroinfrastruktur, der EDV oder des Controllings und Rechnungswesens sollte beispielsweise aufgrund des bereits festgestellten geringen Zusammenhanges zwischen den Kosten und der Qualität der Beteiligungswürdigkeitsprüfung kaum Auswirkungen auf die Eigenschaften haben. Die üblicherweise bei größeren Unternehmen vorhandenen Möglichkeiten für eine arbeitsteiligere Organisation der Mitarbeiter nach betrieblichen Funktionen kann aufgrund der primär projektorientierten Arbeitsweise der Beteiligungskapitalgesellschaften insbesondere während der Beteiligungswürdigkeitsprüfung nahezu ausgeschlossen werden.[421] Aufgrund des Problems der kritischen Massen wäre für größere Beteiligungskapitalgesellschaften höchstens eine einfachere Spezialisierung auf bestimmte Branchen vorstellbar. Skalenvorteile bei größeren Beteiligungskapitalgesellschaften, die sich darüber hinaus erzielen lassen würden, könnten durch eine möglicherweise zunehmende Bürokratisierung und abnehmende Flexibilität in der Beteiligungswürdigkeitsprüfung kompensiert werden.[422] Auf Basis dieser Überlegungen erscheint die Ableitung der folgenden Forschungshypothese sinnvoll:

H_{16}: Die Größe der Beteiligungskapitalgesellschaft hat keinen signifikanten Einfluss auf die wesentlichen Eigenschaften der Beteiligungswürdigkeitsprüfung und hat folglich für sich alleine genommen keine qualitätsbeeinflussende Auswirkung auf die Beteiligungswürdigkeitsprüfung.

Zur Überprüfung der Hypothese gilt es zunächst zu bestimmen, anhand welcher Merkmale die Größe einer Beteiligungskapitalgesellschaft gemessen werden kann. Grundsätzlich erscheinen als Maß für die Größe die Anzahl der Beteiligungsmanager, das Volumen des Portfolios bzw.

---

[421] Vgl. hierzu auch *Schröder, C.*, Strategien, 1992, S. 86 f.

[422] Zu möglichen Skalenvorteilen bei größeren Beteiligungskapitalgesellschaften vgl. *Schefczyk, M.*, Erfolgsstrategien, 1998, S. 182 f.

das investierte Kapital und die Anzahl der Portfoliounternehmen der Beteiligungskapitalgesellschaften sinnvoll. Eine Untersuchung der Zusammenhänge zwischen diesen drei Komponenten und den wesentlichen Eigenschaften der Beteiligungswürdigkeitsprüfung ergibt folgende Ergebnisse: Zur Bearbeitungsdauer in der Beteiligungswürdigkeitsprüfung lassen sich, wie in Tabelle 25 dargestellt, zu allen drei Größenindikatoren signifikante Zusammenhänge identifizieren. Insbesondere für die Bearbeitungszeit in der Eingangsprüfung und in der Vorprüfung können signifikant positive Korrelationen festgestellt werden.

Tabelle 25: Zusammenhänge zwischen Größe und Prozessgeschwindigkeit bzw. Produktivität der Beteiligungskapitalgesellschaft

Zusammenhänge zwischen Größe und Prozessgeschwindigkeit

	Anzahl Beteiligungsmanager	Investiertes Kapital	Anzahl Portfoliounternehmen
Bearbeitungszeit Eingangsprüfung	+0,363**	+0,459***	+0,295*
Bearbeitungszeit Vorprüfung	+0,294*	+0,371**	+0,312*
Bearbeitungszeit Feinanalyse	–	+0,522***	–

Zusammenhänge zwischen Größe und Produktivität

	Anzahl Beteiligungsmanager	Investiertes Kapital	Anzahl Portfoliounternehmen
Anzahl Beteiligungsanfragen pro Beteiligungsmanager in der			
• Eingangsprüfung	-0,340*	-0,387**	–
• Vorprüfung	–	-0,332*	–
• Feinanalyse	–	-0,323*	–

*: $p \leq 0{,}05$; **: $p \leq 0{,}01$; ***: $p \leq 0{,}001$
Zusammenhänge mit $p > 0{,}10$ werden nicht gezeigt.
Quelle: Eigene empirische Untersuchung

Somit scheint mit zunehmender Größe insbesondere bei diesen beiden Phasen der Beteiligungswürdigkeitsprüfung die Bearbeitungsdauer abzunehmen. Möglicherweise führt gerade am Beginn des Prüfungsprozesses die zunehmende Formalisierung des Prozesses bei größeren Unternehmen zu einer höheren Bürokratisierung und einer gleichzeitig abnehmenden Flexibilität in der Beteiligungswürdigkeitsprüfung. Im Ergebnis scheinen sie dadurch insbesondere bis zu Feinanalyse die Beteiligungsanfragen langsamer zu bearbeiten. Da für die Feinanalyse nur ein Zusammenhang zum investierten Kapital der Beteiligungskapitalgesellschaften besteht, eignet sich dieser Befund eher nicht für eine Verallgemeinerung.

Zwischen der Größe der Beteiligungskapitalgesellschaft und der Produktivität in der Beteiligungswürdigkeitsprüfung lässt sich ebenfalls ein signifikanter Zusammenhang für das investierte Kapital belegen (vgl. Tabelle 25). Dennoch scheint durch die zusätzliche Korrelation zu der Anzahl der Beteiligungsmanager insbesondere in der Eingangsprüfung ein negativer Zusammenhang zwischen der Produktivität und der Größe der Beteiligungskapitalgesellschaft zu bestehen. Für die niedrigere Schlagzahl in der Eingangsprüfung wären hier die gleichen Ursachen zu vermuten wie bei den Zusammenhängen zur Bearbeitungsdauer . Interessant erscheint hierbei noch ein zweiter Befund. Zwischen der Anzahl der betreuten Portfoliounternehmen und der Anzahl der Beteiligungsanfragen pro Junior-Beteiligungsmanager sowohl in der Vorprüfung als auch in der Feinanalyse lässt sich eine sehr signifikant positive Korrelation von $r = +0{,}483^{**}$ bzw. $r = +0{,}512^{**}$ identifizieren, d. h. mit zunehmender Portfoliogröße der Beteiligungskapitalgesellschaft scheinen die Junior-Beteiligungsmanager Aufgaben im Rahmen der Beteiligungswürdigkeitsprüfung zu übernehmen, da wahrscheinlich die anderen, erfahreneren Beteiligungsmanager intensiver in die Betreuung der Portfoliounternehmen eingebunden werden.

Zwischen den absoluten Kosten der Beteiligungswürdigkeitsprüfung und der Größe der Beteiligungskapitalgesellschaft findet sich erwartungsgemäß ein höchst signifikanter Zusammenhang. Von höherer Relevanz erscheint aber bei dieser Betrachtung der Vergleich der relativen Kosten der Beteiligungswürdigkeitsprüfung pro Beteiligungsantrag und der Größe der Beteiligungskapitalgesellschaft, um mögliche Skalenvorteile auf der Kostenseite zu identifizieren. Doch hier lassen sich keinerlei signifikante Korrelationen identifizieren. Somit scheint in Bezug auf die relativen Kosten der Beteiligungskapitalgesellschaft kein Zusammenhang zur Größe zu bestehen. Der gleiche Befund wird für die Analysenbreite und die Analysentiefe der Beteiligungswürdigkeitsprüfung erhalten. Auch hier können keinerlei signifikanter Zusammenhänge zur Größe der Beteiligungskapitalgesellschaft ermittelt werden. Auch lässt sich demnach kein Einfluss auf die Qualität der Beteiligungswürdigkeitsprüfung feststellen. Als Konsequenz dieses Ergebnisses kann die Forschungshypothese H_{16} trotz der teilweise aufgezeigten Zusammenhänge angenommen werden. Die Größe einer Beteiligungskapitalgesellschaft hat scheinbar keine nachhaltigen Auswirkungen auf die wesentlichen Eigenschaften der Beteiligungswürdigkeitsprüfung und somit auch nicht auf die Qualität der Beteiligungswürdigkeitsprüfung.

3.3.2.2 Alter der Beteiligungskapitalgesellschaft

Das Alter der Beteiligungskapitalgesellschaft als weitere Strukturdeterminante könnte aufgrund der Erfahrungskurveneffekte einen Einfluss auf die wesentlichen Eigenschaften der Beteiligungswürdigkeitsprüfung haben.[423] Bereits bei der Untersuchung der Berufserfahrung der Beteiligungsmanager in der Beteiligungskapitalbranche zeigten sich insbesondere bei den Seniors Anzeichen für einen positiven Einfluss auf die Qualität der Beteiligungswürdigkeitsprüfung. Nun stellt sich die Frage, ob sich dieser Zusammenhang auch auf die Beteiligungskapitalgesellschaft als Unternehmensorganisation übertragen lässt.[424] Da es sich aber bei dem Beteiligungskapitalgeschäft vor allem um eine Dienstleistung handelt, deren erfolgreiche Durchführung maßgeblich von den handelnden Personen beeinflusst wird, erscheint es grundsätzlich schwierig, dass sich die Erfahrungen der Beteiligungsmanager insgesamt auch auf die Organisation als ganzes übertragen lassen. Vorstellbar wäre höchstens, dass die Beteiligungskapitalgesellschaften bspw. durch den Einsatz von professionellen "Knowledge-Management-Systemen" versuchen, dass Know-how und die Erfahrung ihrer Mitarbeiter zu speichern und dadurch wieder der gesamten Unternehmensorganisation zur Verfügung zu stellen. Im Rahmen der Interviews konnte aber eine große Verbreitung derartiger Systeme nicht festgestellt werden. Vor dem Hintergrund dieser Überlegungen ergibt sich folgende Forschungshypothese:

H_{17}: Das Alter der Beteiligungskapitalgesellschaft hat keinen signifikanten Einfluss auf die wesentlichen Eigenschaften der Beteiligungswürdigkeitsprüfung und hat folglich für sich alleine genommen keine qualitätsbeeinflussende Auswirkung auf die Beteiligungswürdigkeitsprüfung.

Zur Untersuchung der Hypothese wurden sowohl wieder bivariate Zusammenhangsanalysen als auch t-Tests durchgeführt. Doch zwischen dem Alter der Beteiligungskapitalgesellschaft und den wesentlichen Eigenschaften der Beteiligungswürdigkeitsprüfung konnten keinerlei

---

[423] Vgl. *Schefczyk, M.*, Erfolgsstrategien, 1998, S. 182 f.

[424] Einige Untersuchungen bestätigen zwar einen positiven Zusammenhang zwischen Erfahrung von Beteiligungsgesellschaften bei der Bewertung von Unternehmen und ihrem Erfolg, doch bleibt dabei ungeklärt, ob sie aufgrund der Erfahrungen der Beteiligungsmanager auf die Erfahrung der Beteiligungskapitalgesellschaft im Allgemeinen schließen oder ob sie tatsächlich nur die Erfahrung der Beteiligungskapitalgesellschaft untersuchen; vgl. *Bygrave, W. D./Timmons, J. A.*, Venture-Capital, 1992, S. 201.

signifikante Zusammenhänge identifiziert werden. Die Forschungshypothese H_{17} kann somit angenommen werden. Das Alter der Beteiligungskapitalgesellschaft hat demnach scheinbar keinen Einfluss auf die wesentlichen Eigenschaften und somit auch nicht auf die Qualität der Beteiligungswürdigkeitsprüfung.

3.3.2.3 Trägerschaft der Beteiligungskapitalgesellschaft

In einer empirischen Untersuchung konnte Zemke bereits 1995 nachweisen, dass sich Beteiligungskapitalgesellschaften aufgrund der Abhängigkeit ihrer Existenz von den von ihnen bereitgestellten Mitteln in ihrer institutionellen Gestaltung nach den Interessen ihrer Beteiligungskapitalgesellschaften richten.[425] Die Ausprägung dieses Gestaltungsrahmens richtet sich folglich nach der Trägerschaft der Beteiligungskapitalgesellschaft. Offen blieb in der Untersuchung aber die Detailfrage, ob sich die Beteiligungswürdigkeitsprüfung der einzelnen Beteiligungskapitalgesellschaften in Abhängigkeit ihrer Trägerschaft unterscheidet. Zur Schließung dieser Forschungslücke folgt eine Untersuchung der wesentlichen Eigenschaften der Beteiligungswürdigkeitsprüfung auf mögliche Zusammenhänge zur Trägerschaft der Beteiligungskapitalgesellschaft. Dafür werden die Eigenschaften der Beteiligungswürdigkeitsprüfung der einzelnen Trägerschaftscluster separat analysiert und auf signifikante Unterschiede hin ausgewertet.

Bei der Analyse der Zusammenhänge zwischen der Trägerschaft der Beteiligungskapitalgesellschaften und den Eigenschaften der Beteiligungswürdigkeitsprüfung, die den Aufwand beeinflussen, lassen sich keinerlei signifikante Unterschiede zwischen den einzelnen Trägerschaftsclustern feststellen (vgl. Tabelle 26). Auffällig erscheinen zwei tendenzielle Unterschiede bei den einzelnen Eigenschaften. Zum einen benötigen die Captive-Beteiligungskapitalgesellschaften mit einer durchschnittlichen Bearbeitungszeit von 30 Tagen

---

[425] Vgl. *Zemke, I.*, Unternehmensverfassung, 1995.

in der Feinanalyse tendenziell länger als die Independent (15,0) und die Semi-captive-Beteiligungskapitalgesellschaften (10,0).[426] Insofern könnte die intensivere Entscheidungsabstimmung mit den relevanten Gremien insbesondere bei den Captive-Beteiligungskapitalgesellschaften zu einigen Prozessverzögerungen führen. Zum anderen liegen die internen Kosten der Beteiligungswürdigkeitsprüfung mit durchschnittlich TDM 713 bei den Captive-Beteiligungskapitalgesellschaften doch relativ deutlich über den Kosten der anderen Gesellschaften (TDM 492 bei Independent bzw. TDM 471 bei Semi-captive).

Tabelle 26: Zusammenhänge zwischen Trägergeschäft und Aufwand der Beteiligungswürdigkeitsprüfung

	Signifikanzniveau	Independent		Semi-captive		Captive	
		M	Md	M	Md	M	Md
Prozessgeschwindigkeit							
Bearbeitungszeit in der							
• Eingangsprüfung (in Min.)	0,876^{ns}	37,6	30,0	37,6	30,0	45,0	30,0
• Vorprüfung (in Stunden)	0,240^{ns}	13,7	5,0	6,2	4,0	7,0	4,0
• Feinanalyse (in Arbeitstagen)	0,331^{ns}	23,4	15,0	14,1	10,0	27.2	30,0
Produktivität							
Anzahl Anfragen pro Beteiligungsmanager							
• Eingangsprüfung	0,213^{ns}	53,6	47,7	48,9	37,5	82,3	33,3
• Vorprüfung	0,379^{ns}	21,2	13,9	24,6	18,8	35,5	11,7
• Feinanalyse	0,307^{ns}	9,1	5,7	10,8	10,0	16,6	5,0
Kosten							
• Nur interne Kosten der BWP (in TDM)	0,610^{ns}	621	492	568	471	756	713
• Interne und externe Kosten der BWP (in TDM)	0,806^{ns}	3.580	1.852	3.168	2.250	2.725	1.954

Abkürzungen: M = (Arithmetischer) Mittelwert; Md = Median
*: $p \leq 0{,}05$; **: $p \leq 0{,}01$; ***: $p \leq 0{,}001$; ns: nicht signifikant
Quelle: Eigene empirische Untersuchung

Wie in Tabelle 27 dargestellt, lassen sich bei der Analyse der Zusammenhänge zwischen Trägerschaft und der Analysenintensität der Beteiligungswürdigkeitsprüfung im Wesentlichen ebenfalls keine signifikanten Unterschiede zwischen den einzelnen Trägerschaftsclustern feststellen. Lediglich bei der Analysentiefe der Marktattraktivität findet sich mit $p = 0{,}037^{*}$ ein signifikanter Unterschied ermitteln. Demnach versuchen die Independent- Beteiligungskapitalgesellschaften, mit 4,33 die höchste Transparenz bei der Analyse der Marktattraktivität zu erreichen. Zwischen den sonstigen Beurteilungskategorien lassen sich aber keine weiteren

426 Zur Erhöhung der Aussagequalität wurde bei der Untersuchung der einzelnen Trägerschaftscluster wiederum der Median zur Beschreibung der einzelnen Charakteristika herangezogen, um die Wirkung „statistischer Ausreißer“ bei der Bildung des arithmetischen Mittels zu relativieren.

Auffälligkeiten erkennen. Aufgrund der geringen Unterschiede zwischen den einzelnen Trägerschaftsclustern lässt sich somit festhalten, dass die Trägerschaft der Beteiligungskapitalgesellschaft scheinbar keinen Einfluss auf die wesentlichen Eigenschaften und somit auf die Qualität der Beteiligungswürdigkeitsprüfung hat.

Tabelle 27: Zusammenhänge zwischen Trägerschaft und Analysenintensität der Beteiligungswürdigkeitsprüfung

	Signifikanzniveau	Independent		Semi-captive		Captive	
		M	Md	M	Md	M	Md
Analysenbreite Gesamt							
• Vorprüfung	0,053^ns^	2,73	2,94	2,14	2,00	2,65	3,13
• Feinanalyse	0,116^ns^	4,01	3,94	3,54	3,69	3,55	3,44
Analysentiefe in der Feinanalyse							
• Managementfähigkeiten	0,304^ns^	4,71	5,00	4,38	5,00	4,67	5,00
• Finanzwirtschaftliche Fähigkeiten des Unternehmens	0,478^ns^	4,01	4,06	3,52	3,82	3,79	3,85
• Leistungswirtschaftliche Fähigkeiten des Unternehmens	0,219^ns^	3,71	3,56	3,15	3,22	3,09	3,00
• Marktattraktivität	0,037*	4,33	4,50	3,95	4,13	4,06	4,00
• Gesamt	0,129^ns^	4,01	3,94	3,54	3,69	3,55	3,44

Abkürzungen: M = (Arithmetischer) Mittelwert; Md = Median
* : $p \leq 0{,}05$; **: $p \leq 0{,}01$; ***: $p \leq 0{,}001$, ns: nicht signifikant
Quelle: Eigene empirische Untersuchung

Zusammenfassend hat sich gezeigt, dass die grundsätzliche Struktur der Beteiligungskapitalgesellschaften, sei es in Form der Größe, des Alters oder der Trägerschaft, keinen signifikanten Einfluss auf die wesentlichen Eigenschaften der Beteiligungswürdigkeitsprüfung hat.

3.3.3 Einfluss der Einbindung externer Dritter

Die Beteiligungskapitalgesellschaften sind aufgrund des teilweise begrenzten Potenzials an internem Know-how und vor allem an internen Arbeitskräften oftmals nicht in der Lage, die Beteiligungswürdigkeitsprüfung vollständig durch die eigenen Beteiligungsmanager vornehmen zu lassen.[427] Aus diesem Grunde nehmen sie in einem nicht unerheblichen

[427] Vgl. *Pichotta, A.*, Prüfung, 1990, S. 50; *Zemke, I.*, Unternehmensverfassung, 1995, S. 197.

Umfang Beratungsleistungen von dritter Stelle in Anspruch.[428] Die Beteiligungskapitalgesellschaften müssen sich dabei entscheiden, zu welchen Themen sie externe Dritte während der Beteiligungswürdigkeitsprüfung mit hinzuziehen und welche Art Dienstleister sie mit den entsprechenden Prüfungsaufgaben beauftragen. Vergleichbar zu Produktionsunternehmen stehen die Beteiligungskapitalgesellschaften dabei immer wieder vor einer Make-or-Buy-Entscheidung, d. h. der Frage, ob die notwendigen Know-how- bzw. Mitarbeiterressourcen intern vorgehalten oder extern am Markt eingekauft werden sollen.[429] Vor diesem Hintergrund erscheint eine Untersuchung des Einflusses der Einbindung externer Dritter auf die wesentlichen Eigenschaften der Beteiligungswürdigkeitsprüfung sehr hilfreich. Denn wenn sich feststellen ließe, wie sich die einzelnen Eigenschaften der Beteiligungswürdigkeitsprüfung durch die Einbindung externer Dritter verändern, dann könnte deren Einsatz möglicherweise zielgerichteter gesteuert werden.

Vorab scheint sich bereits die Vermutung zu bestätigen, dass externe Dritte auch gerne als Ersatz für die eigenen erfahreneren Arbeitskräfte eingesetzt werden. Denn betrachtet man den Zusammenhang zwischen der Relation der Senior-Beteiligungsmanager an der Gesamtkapazität der Professionals der Beteiligungskapitalgesellschaft und der Anzahl der Prüfungsfälle mit der Beteiligung externer Dritter, so lässt sich eine signifikant negative Korrelation von $r = -0{,}281^{*}$ feststellen. Somit scheint mit einem sinkenden Anteil an Seniors an der Gesamtkapazität der Beteiligungskapitalgesellschaften die Anzahl der Prüfungsfälle mit externer Begleitung zu steigen. Dieser Befund deutet darauf hin, dass die Beteiligungskapitalgesellschaften scheinbar auch bewusst externe Dritte als Ersatz für eigene erfahrene Mitarbeiter einsetzen.

Untersucht man den Einfluss der Einbindung externer Dritter auf die wesentlichen Eigenschaften der Beteiligungswürdigkeitsprüfung gilt es zwei Fragstellungen zu unterscheiden. Zum einen sollte im Rahmen der empirischen Untersuchung analysiert werden, wie durch den Einsatz externer Dritter bei unterschiedlichen Themenschwerpunkten die Eigenschaften der Beteiligungswürdigkeitsprüfung verändert werden kann, zum anderen

---

[428] Zu den segmentspezifischen Unterschieden bei der Wahrnehmung von Beratungsleistungen durch externe Dritte vgl. 3.1.2.2.

[429] Vgl. *Zemke, I.*, Unternehmensverfassung, 1995, S. 190.

sollte die Fragestellung beantwortet werden, mit welcher Art von Dienstleister die wesentlichen Eigenschaften wie beeinflusst werden können. Die beiden Fragestellungen gilt es entlang der Eigenschaften der Beteiligungswürdigkeitsprüfung im Folgenden zu beantworten.

Die Analyse der Zusammenhänge zwischen der Einbindung externer Dritter und der Bearbeitungsdauer der Beteiligungswürdigkeitsprüfung zeigt weder signifikante Korrelationen in Bezug auf bestimmte Themenschwerpunkte noch auf bestimmte Arten von Dienstleistern. Nur ein genereller Zusammenhang konnte identifiziert werden. So besteht zwischen dem relativen Anteil von Prüfungsfällen mit externer Begleitung und der Bearbeitungszeit in der Feinanalyse eine signifikant positive Korrelation von $r = +0{,}292^{*}$. Demnach scheint mit zunehmender Beteiligung Externer die Bearbeitungszeit anzusteigen. Vor dem Hintergrund eines möglicherweise höheren Abstimmungsaufwandes zwischen der Beteiligungskapitalgesellschaft und den Externen erscheint dieser Zusammenhang nicht verwunderlich.

Auch bei der Zusammenhangsanalyse zur Produktivität der Beteiligungswürdigkeitsprüfung lassen sich keine signifikanten Korrelationen ermitteln. Eine Ausnahme konnte hierbei aber ebenfalls identifiziert werden. Zwischen dem Einsatz externer Dritter für die Untersuchung des Produktes des potenziellen Portfoliounternehmens und der Anzahl an Anträgen pro Beteiligungsmanager in der Feinanalyse lässt sich ein sehr signifikant positiver Zusammenhang von $r = +0{,}384^{**}$ feststellen. Somit scheinen die Beteiligungskapitalgesellschaften bei höherer Arbeitsbelastung pro Professional insbesondere zur Analyse des Produktes externe Dritte einzusetzen.

Betrachtet man bei der Analyse der Zusammenhänge der Kosten zunächst die generelle Stoßrichtung, so besteht erwartungsgemäß zwischen dem Anteil der Prüfungsfälle mit externer Unterstützung und den Gesamtkosten für externe Dritte pro Beteiligungskapitalgesellschaft im Jahr mit $r = +0{,}492^{***}$ eine höchst signifikant positive Korrelation. An dieser Stelle sollte deshalb vielmehr die Frage geklärt werden, ob sich durch den Einsatz externer Dritter bei unterschiedlichen Themenschwerpunkten bzw. durch den Einsatz unterschiedlicher Arten von Dienstleistern die Kosten verschieden stark beeinflussen lassen. Wie in Tabelle 28 zu erkennen, existiert tatsächlich eine unterschiedliche Intensität in der Beeinflussung der Kosten.

Tabelle 28: Zusammenhänge zwischen der Einbindung und den Kosten für externe Dritte

Zusammenhänge zwischen Einsatz externer Dritter für bestimmte Themenschwerpunkte und Kosten		Zusammenhänge zwischen Einsatz einer bestimmten Art von Dienstleister und Kosten	
Einsatz externer Dritter zur Beurteilung von:	**Gesamtkosten für externe Dritte pro BKG**	**Art der Dienstleister:**	**Gesamtkosten für externe Dritte pro BKG**
• Finanzdaten (Vergangenheit)	+0,485***	• Rechtsanwälte	+0,415**
• Finanzplanung (Zukunft)	+0,440***	• Steuerberater	+0,525***
• Produkt	+0,284*	• Wirtschaftsprüfer	+0,547***
• Forschung & Entwicklung	—	• Unternehmensberater	+0,596***
• Beschaffung	+0,297*	• Informelles Netzwerk	—
• Produktion	—	• Universitäten	—
• Vertrieb	—	• Technische Gutachter	—
• Organisation	+0,388**		
• Personal	—		
• Standorte	+0,298*		
• Rechtliche Rahmenbedingungen	+0,514***		
• Markt	+0,361**		
• Wettbewerb	+0,366**		
• Kunden	+0,442***		
• Exitmöglichkeiten	—		

*: $p \leq 0{,}05$; **: $p \leq 0{,}01$; ***: $p \leq 0{,}001$
Zusammenhänge mit $p > 0{,}10$ werden nicht gezeigt.
Quelle: Eigene empirische Untersuchung

Die signifikantesten Zusammenhänge in Bezug auf die Gesamtkosten für externe Dritte pro Beteiligungskapitalgesellschaft bestehen demnach zum Einsatz für die Prüfung der rechtlichen Rahmenbedingungen ($r = +0{,}514^{***}$), der vergangenheitsbezogenen Finanzdaten ($r = +0{,}485^{***}$), der Kunden ($r = +0{,}442^{***}$) und der zukunftsbezogenen Finanzplanung ($r = +0{,}440^{***}$). Insbesondere bei dem Einsatz Externer für die vorgenannten Themenschwerpunkte scheinen die Kosten besonders stark anzusteigen. Zu den Arten von Dienstleistern bestehen ebenfalls unterschiedlich signifikante Zusammenhänge. So scheint insbesondere der Einsatz von Unternehmensberatern die Gesamtkosten für externe Dritte mit $r = +0{,}596^{***}$ höchst signifikant zu beeinflussen. Doch auch zu den Wirtschaftsprüfern ($r = +0{,}547^{***}$), den Steuerberatern ($r = +0{,}525^{***}$) und den Rechtsanwälten ($r = +0{,}415^{**}$) lassen sich größtenteils höchst signifikante Zusammenhänge ermitteln.

Abschließend müsste nun noch die Frage beantwortet werden, ob sich die erhöhten Kosten durch den Einsatz externer Dritter auch durch eine Zunahme der Analysenintensität und folglich der Qualität der Beteiligungswürdigkeitsprüfung rechtfertigen lassen. Betrachtet man hierfür zunächst die Analysenbreite der Feinanalyse, so lässt sich hier keinerlei Zusammenhang zwischen der Einbindung externer Dritter und der Analysenbreite feststellen. Anders hingegen verhält es sich mit der Analysentiefe der Feinanalyse. Hier lässt sich vor allem zwischen der Analysentiefe in der Feinanalyse insgesamt und dem Einsatz externer Dritter für die Prüfung der vergangenheitsbezogenen Finanzdaten ($r = +0{,}276^{*}$) ein signifikant positiver Zusammenhang ermitteln. Auch der verstärkte Einsatz von Steuerberatern scheint die Analysentiefe der Feinanalyse insgesamt zu erhöhen, denn hier zeigt sich ebenfalls eine signifikant positive Korrelation von $r = +0{,}294^{*}$.

Bei einer detaillierteren Untersuchung der einzelnen Beurteilungskategorien lassen sich für die Prüfung der Marktattraktivität und der Managementfähigkeiten zwar keine signifikanten Zusammenhänge identifizieren, aber für die Analysentiefe bei der Beurteilung der leistungs- und finanzwirtschaftlichen Fähigkeiten des potenziellen Portfoliounternehmens können einige signifikante Korrelationen ermittelt werden. So besteht zwischen der Analysentiefe der leistungswirtschaftlichen Fähigkeiten und dem Einsatz von externen Dritten zur Prüfung des Personals bzw. der Organisation ein signifikant positiver Zusammenhang von $r = +0{,}292^{*}$ bzw. $r = +0{,}277^{*}$. Für die Analysentiefe der finanzwirtschaftlichen Fähigkeiten lässt sich mit $r = +0{,}339^{*}$ eine ebenfalls signifikante Korrelation zum Einsatz externer Dritter bei der Beurteilung der vergangenheitsbezogenen Finanzdaten feststellen. Zwischen dem Einsatz von Wirtschaftsprüfern und der Analysentiefe bei der Prüfung der finanzwirtschaftlichen Fähigkeiten des potenziellen Portfoliounternehmens existiert sogar ein sehr signifikant positiver Zusammenhang von $r = +0{,}386^{**}$. Somit lässt sich scheinbar insbesondere durch den Einsatz von Wirtschaftsprüfern die Analysentiefe bei der Beurteilung der finanzwirtschaftlichen Fähigkeiten erhöhen. Die Analysentiefe insgesamt scheint sich ebenfalls durch den verstärkten Einsatz von Steuerberatern zu steigern. Insbesondere durch den Einsatz dieser beiden Arten von Dienstleistern verbessert sich offensichtlich die Qualität der Beteiligungswürdigkeitsprüfung insgesamt.

Bei der Analyse des Einflussfaktors der Einbindung externer Dritter auf die wesentlichen Eigenschaften lassen sich zusammenfassend folgende Erkenntnisse festhalten. Zum einen beeinflusst der verstärkte Einsatz externer Ressourcen zunächst wie nicht anders zu erwarten, die Kosten der Beteiligungswürdigkeitsprüfung. Doch insbesondere durch den Einsatz von

Wirtschaftsprüfern und Steuerberatern bei der Analyse der finanzwirtschaftlichen Fähigkeiten des potenziellen Portfoliounternehmens scheint sich auch die Qualität der Beteiligungswürdigkeitsprüfung steigern zu lassen.

Die im Rahmen dieses Abschnittes untersuchten Einflussfaktoren scheinen insgesamt deutlich geringere Auswirkungen auf die Beteiligungswürdigkeitsprüfung zu haben als die bereits analysierten investmentpolitischen Zielsetzungen der einzelnen Beteiligungskapitalgesellschaften. Dennoch konnten mit der Untersuchung der Einflussfaktoren zwei wesentliche Erkenntnisse gewonnen werden. Zum einen wurde durch den positiven Einfluss der Berufserfahrung in der Beteiligungskapitalbranche auf die Qualität der Beteiligungswürdigkeitsprüfung die zentrale Bedeutung der Senior-Beteiligungsmanager innerhalb der Beteiligungskapitalgesellschaft deutlich. Zum anderen scheint trotz der entstehenden Kosten ein gezielter Einsatz von Wirtschaftsprüfern und Steuerberatern die Qualität der Beteiligungswürdigkeitsprüfung insgesamt zu verbessern.

Die Hauptergebnisse der Qualitätsbeurteilung der Beteiligungswürdigkeitsprüfung im Kapitel 3 dieser Arbeit lassen sich in sieben wesentlichen Erkenntnissen zusammenfassen:

Erstens ist die in Abhängigkeit ihres jeweiligen Investitionsfokus ausgerichtete Investmentpolitik von elementarer und vor allem prägender Bedeutung für die Beteiligungswürdigkeitsprüfung der einzelnen Segmente der Beteiligungskapitalgesellschaften.

Zweitens kann auf Basis dieser investmentpolitischen Ziele eine fokussierte Strategie der Beteiligungsakquisition eine sowohl in quantitativer als auch vor allem in qualitativer Hinsicht gute Basis für eine zielgerichtete Beteiligungswürdigkeitsprüfung bilden.

Drittens wird die Qualität der Beteiligungswürdigkeitsprüfung im Wesentlichen durch ihre Analysenintensität bestimmt. Eigenschaften, die den Aufwand der Beteiligungswürdigkeitsprüfung determinieren, haben für die Qualität der Beteiligungswürdigkeitsprüfung eine eher nachrangige Bedeutung. Die Analysenintensität setzt sich dabei aus der Analysenbreite und der Analysentiefe, mit der einzelne Beurteilungsobjekte im Rahmen der Beteiligungswürdigkeitsprüfung untersucht werden, zusammen. Zur Optimierung der Analysenbreite gilt es für die Beteiligungskapitalgesellschaft, sich zunächst während der Vorprüfung auf ausgewählte Beurteilungsobjekte zu fokussieren. In der Feinanalyse scheint es dann vorteilhafter für die Beteiligungskapitalgesellschaften zu sein, die Analysenbreite deutlich auszuweiten, um sämtliche Beurteilungsaspekte im Rahmen der Analyse abzudecken. Neben diesem groben Überblick über die gesamte Bandbreite der relevanten Beurteilungsobjekte sollten sich die Beteiligungskapitalgesellschaften zur Optimierung der Analysenintensität insgesamt im Rahmen der Feinanalyse in Abhängigkeit ihres Investitionsfokus auf einzelne Beurteilungskriterien konzentrieren. Diese müssten sie detailliert analysieren, um eine vollständige Transparenz über die ausgewählten Beurteilungskriterien zu erhalten und somit die Qualität der Beteiligungswürdigkeitsprüfung insgesamt nachhaltig zu steigern.

Als *vierte* wesentliche Erkenntnis der Untersuchung lässt sich der hohe qualitätssteigernde Effekt einer intensiven Analyse der Marktattraktivität festhalten. Entgegen den allgemeinen Erwartungen dient eine tiefe Analyse der Managementfähigkeiten nur der Begrenzung des Insolvenzrisikos des Portfoliounternehmens, nicht aber einer verläßlichen Prognose der Erfolgswahrscheinlichkeiten des Portfoliounternehmens. Durch die detaillierte Untersuchung der Marktattraktivität lassen sich aber vor allem die Erfolgsaussichten des Portfoliounternehmens wesentlich besser einschätzen.

Die *fünfte* Erkenntnis stellt die zentrale Bedeutung der Senior-Beteiligungsmanager innerhalb der Beteiligungskapitalgesellschaft dar. Durch den positiven Einfluss der Berufserfahrung, die innerhalb der Beteiligungskapitalbranche aufgebaut wurde, auf die Qualität der Beteiligungswürdigkeitsprüfung sind diese Professionals von elementarer Wichtigkeit für die Beteiligungskapitalgesellschaften.

Als *sechste* wesentliche Erkenntnis der empirischen Untersuchung lässt sich festhalten, dass durch den gezielten Einsatz bestimmter Dienstleister für ausgewählte Themenschwerpunkte die Qualität der Beteiligungswürdigkeitsprüfung insgesamt verbessert werden kann.

Als *siebte* und letzte wesentliche Erkenntnis dieses Kapitels zeigt sich, dass ein Großteil der Beteiligungskapitalgesellschaften ihrer unterstellten Informationsverarbeitungskompetenz scheinbar gerecht wird. Denn die Ergebnisse der empirischen Untersuchung deuten darauf hin, dass sie ihre Beteiligungswürdigkeitsprüfung jeweils entlang der spezifischen Erfordernisse ihrer investmentpolitischen Zielsetzungen bzw. ihrer Portfoliounternehmen ausrichten. Nur die Universalbeteiligungsgesellschaften scheinen ihre Beteiligungswürdigkeitsprüfung nicht auf ihre spezifischen Erfordernisse abzustimmen.

Welche Optimierungspotenziale sich sowohl für die Universalbeteiligungsgesellschaften als auch für andere Beteiligungskapitalgesellschaften zur Ausgestaltung ihrer Beteiligungswürdigkeitsprüfung ergeben, soll im nachfolgenden Kapitel untersucht werden.

4 Normative Implikationen für die Ausgestaltung der BWP

Im Sinne der praktisch-normativen Betriebswirtschaftslehre soll im nun folgenden Kapitel versucht werden, auf Basis der vorangegangenen Analysen Optimierungspotenziale in Bezug auf die Ausgestaltung der vorhandenen Beteiligungswürdigkeitsprüfung der Beteiligungskapitalgesellschaften aufzuzeigen. Zur konkreten Unterstützung der Praxis werden dabei für die einzelnen Segmente der Beteiligungskapitalgesellschaften prinzipielle Maßnahmen zur Erhöhung der Chancenpotenziale und zur Verringerung der Risikopotenziale durch eine optimierte Ausrichtung der Beteiligungswürdigkeitsprüfung vorgeschlagen.

Vor dem Hintergrund der Ergebnisse der empirischen Untersuchung sollten sich prinzipielle Maßnahmen zur Erhöhung bzw. Verringerung der Chancen- und Risikopotenziale primär an einer Optimierung der Analysenintensität der Beteiligungswürdigkeitsprüfung orientieren. Denn wie bereits im Abschnitt 3.2.2 dieser Arbeit dargestellt, lässt sich durch eine zielgerichtete Veränderung der Analysenintensität die Qualität der Beteiligungswürdigkeitsprüfung am signifikantesten beeinflussen.

Zur Erarbeitung eines segmentspezifischen Handlungsbedarfes wird nach folgender Struktur vorgegangen. Zunächst werden auf Basis der empirischen Ergebnisse die wesentlichen Wirkungszusammenhänge zwischen Analysenintensität und Nettorendite bzw. Ausfallquote der Beteiligungskapitalgesellschaften nochmals zusammenfassend dargestellt. Anschließend werden in den nachfolgenden Abschnitten die einzelnen Segmente der Beteiligungskapitalgesellschaften untersucht, inwieweit sie die entsprechenden Beurteilungsobjekte bzw. Beurteilungskriterien in ihrer eigenen Beteiligungswürdigkeitsprüfung berücksichtigen. Auf Basis dieses Abgleiches lässt sich dann der segmentspezifische Handlungsbedarf bestimmen, und prinzipielle Maßnahmen zur Erhöhung bzw. Verringerung der Chancen- und Risikopotenziale der Beteiligungskapitalgesellschaft werden vorgeschlagen.

Zur Optimierung der Analysenbreite als einer Komponente der Analysenintensität sollten sich die Beteiligungskapitalgesellschaften zunächst während der Vorprüfung auf bestimmte Beurteilungsobjekte fokussieren. Insbesondere eine frühzeitige Berücksichtigung der Exitmöglichkeiten bereits während der Vorprüfung würde die Chancen- und Risikopotenziale der Beteiligungskapitalgesellschaften deutlich erhöhen. Die frühzeitige Berücksichtigung der Wettbewerbssituation des Portfoliounternehmens könnte zusätzlich insbesondere die Chancenpotenziale der Beteiligungskapitalgesellschaft verbessern. Zur Verringerung der Risikopotenziale würde bereits während der Vorprüfung die Beurteilung des Produktes des potenziellen Portfoliounternehmens beitragen.[430]

In Abhängigkeit ihrer Wirkungszusammenhänge mit den Erfolgsmaßen sind in Tabelle 29 die einzelnen Beurteilungsobjekte der Feinanalyse aufgeführt. Demnach sollte im Rahmen der Feinanalyse insbesondere das Produkt des potenziellen Portfoliounternehmens breit untersucht werden. Denn, falls sämtliche Aspekte im Rahmen der Produktanalyse berücksichtigt werden, könnten aufgrund des höchsten Wirkungszusammenhanges insbesondere zur Nettorendite der Beteiligungskapitalgesellschaft die Chancen- und Risikopotenziale des Investments deutlich besser abgeschätzt werden.

Tabelle 29: Zusammenhänge zwischen Analysenbreite und Erfolgsmaßen in der Feinanalyse

Beurteilungsobjekte:		Nettorendite der Beteiligungskapitalgesellschaft	Ausfallquote der Beteiligungskapitalgesellschaft
1.	Produkt	+0,734***	-0,422**
2.	Markt	+0,703***	-0,467**
3.	Wettbewerb	+0,662***	-0,419**
4.	Produktion	+0,656***	-0,315*
5.	Standorte	+0,635***	—
6.	Exitmöglichkeiten	+0,629***	-0,392*
7.	Beschaffung	+0,579***	—
8.	Forschung & Entwicklung	+0,576***	—
9.	Finanzplanung (Zukunft)	+0,485***	-0,354*
10.	Finanzdaten (Vergangenheit)	+0,463**	-0,468**
11.	Personal	+0,456**	-0,430**
12.	Kunden	+0,446**	—
13.	Rechtliche Rahmenbedingungen	+0,440**	-0,462**
14.	Organisation	+0,356*	-0,365*
15.	Vertrieb	+0,341*	—
16.	Management	—	-0,438**

*: $p \leq 0{,}05$; **: $p \leq 0{,}01$; ***: $p \leq 0{,}001$
Zusammenhänge mit $p > 0{,}10$ werden nicht gezeigt.
Quelle: Eigene empirische Untersuchung

[430] Zu den Details der Zusammenhänge zwischen Analysenbreite in der Vorprüfung und Qualität der Beteiligungswürdigkeitsprüfung vgl. Abschnitt 3.2.2.1.

Eine breite Berücksichtigung der Marktattraktivität mit den zugrunde liegenden Beurteilungsobjekten des Marktes, des Wettbewerbes und der Exitmöglichkeiten scheint ebenfalls die Chancen- und Risikopotenziale deutlich zu erhöhen. Die breite Berücksichtigung der Beurteilungskriterien zur Einschätzung des Managements hingegen führt scheinbar nur zu einer realistischeren Prognose der Risikopotenziale.

Zur Optimierung der Analysentiefe im Rahmen der Feinanalyse sollte sich die Beteiligungskapitalgesellschaft auf die detaillierte Analyse bestimmter Beurteilungskriterien fokussieren. Durch eine annähernd vollständige Transparenz bei den relevanten Beurteilungskriterien könnte die Beteiligungskapitalgesellschaft die Chancen- und Risikopotenziale der potenziellen Portfoliounternehmen wesentlich zielgerichteter einschätzen. Vor dem Hintergrund dieser Möglichkeiten stellt sich selbstverständlich die Frage, auf welche Beurteilungskriterien sich die Beteiligungskapitalgesellschaften fokussieren sollten.

Sortiert man zur Beantwortung dieser Fragestellung die im Rahmen der empirischen Untersuchung analysierten Beurteilungskriterien nach dem Grad ihres Wirkungszusammenhanges zu der Nettorendite bzw. der Ausfallquote der Beteiligungskapitalgesellschaft, sollte eine Priorisierung der Beurteilungskriterien für eine detaillierte Betrachtung innerhalb der Feinanalyse möglich sein. In Tabelle 30 sind daher die Beurteilungskriterien in der Feinanalyse mit einer hohen positiven Korrelation zur Nettorendite der Beteiligungskapitalgesellschaften abgebildet.

Demnach zeigt sich auch nochmal auf der Ebene der Beurteilungskriterien die hohe Bedeutung der detaillierten Analyse der Marktattraktivität. Denn die ersten fünf Kriterien sind allesamt der Beurteilungskategorie "Marktattraktivität" zuzuordnen. Die vollständige Transparenz über das Wachstumspotenzial des relevanten Marktes in der Zukunft scheint somit am besten geeignet, um die Chancenpotenziale des Portfoliounternehmens realistisch einschätzen zu können.

Tabelle 30: Beurteilungskriterien in der Feinanalyse mit hoher positiver Korrelation zur Nettorendite der Beteiligungskapitalgesellschaften

	Beurteilungskriterium	Pearson'scher Korrelationskoeffizient
1.	Wachstumspotenziale des Marktes in der Zukunft (MA)	+0,665***
2.	Markttrends (MA)	+0,659***
3.	Wettbewerberstruktur (MA)	+0,653***
4.	Erfolgsfaktoren (MA)	+0,633***
5.	Zukünftige Entwicklung des Cashflows (FwF)	+0,598***
6.	Zukünftige Entwicklung der Liquidität (FwF)	+0,578***
7.	Markteintrittsbarrieren (MA)	+0,576***
8.	Differenzierungsmöglichkeiten (MA)	+0,572***
9.	Stärken/Schwächen der Wettbewerber (MA)	+0,570***
10.	Rentabilität des Marktes (MA)	+0,556***
11.	Geografische Standortbedingungen (LwF)	+0,552***
12.	Zukünftige Entwicklung/Struktur des Umsatzes (FwF)	+0,541***
13.	Zukünftige Entwicklung/Struktur der G+V (FwF)	+0,531***
14.	Vorteil gegenüber Konkurrenzprodukten (LwF)	+0,519***
15.	Zukünftige Entwicklung/Struktur der Investitionen (FwF)	+0,504***

Abkürzungen: MA: Marktattraktivität; FwF: Finanzwirtschaftliche Fähigkeiten; LwF: Leistungswirtschaftliche Fähigkeiten; Mg: Managementfähigkeiten
*: $p \leq 0{,}05$; **: $p \leq 0{,}01$; ***: $p \leq 0{,}001$
Quelle: Eigene empirische Untersuchung

Zur Priorisierung der einzelnen Beurteilungskriterien, deren detaillierte Analyse eine bessere Beurteilung der Risikopotenziale des Portfoliounternehmens ermöglicht, sind in Tabelle 31 die Beurteilungskriterien mit einer hohen negativen Korrelation zur Ausfallquote der Beteiligungskapitalgesellschaften aufgeführt. Interessanterweise steht hier mit der Substitutionsgefahr einzelner Produkte ein Beurteilungskriterium an der Spitze dieser Liste, das der Beurteilungskategorie der leistungswirtschaftlichen Fähigkeiten des Unternehmens zuzurechnen ist.

Das Wachstumspotenzial des relevanten Marktes in der Zukunft kann aber auch zur Ausfallquote der Beteiligungskapitalgesellschaften den zweithöchsten Wirkungszusammenhang vorweisen. Somit eignet sich dieses Kriterium nicht nur, um die Chancenpotenziale des Portfoliounternehmens realistisch einzuschätzen. Die detaillierte Analyse dieses Kriteriums kann auch für eine verläßliche Prognose der Risikopotenziale des Portfoliounternehmens genutzt werden. Über eine derartige Doppelfunktion scheinen auch die Beurteilungskriterien der Wettbewerberstruktur, der Markteintrittsbarrieren, der Differenzierungsmöglichkeiten, der Entwicklung der Liquidität in der Zukunft, der Entwicklung und Struktur des Umsatzes in der Zukunft, der Erfolgsfaktoren und der Entwicklung und Struktur der Investitionen zu verfügen.

Tabelle 31: Beurteilungskriterien in der Feinanalyse mit hoher negativer Korrelation zur Ausfallquote der Beteiligungskapitalgesellschaften

	Beurteilungskriterium	Pearson'scher Korrelationskoeffizient
1.	Substitutionsgefahr einzelner Produkte (LwF)	-0,543***
2.	Wachstumspotenziale des Marktes in der Zukunft (MA)	-0,532***
3.	Wettbewerberstruktur (MA)	-0,496***
4.	Markteintrittsbarrieren (MA)	-0,482**
5.	Zukünftige Entwicklung/Struktur des Umsatzes (FwF)	-0,473**
6.	Vorteile gegenüber Konkurrenzprodukten (LwF)	-0,441**
7.	Qualität der Controlling-/Steuerungssysteme (LwF)	-0,428**
8.	Differenzierungsmöglichkeiten (MA)	-0,425**
9.	Abhängigkeit von einzelnen Managern (Mg)	-0,419**
10.	Zukünftige Entwicklung der Rentabilität (FwF)	-0,416**
11.	Zukünftige Entwicklung der Liquidität (FwF)	-0,409**
12.	Unternehmerisches Verhalten (Mg)	-0,395*
13.	Abhängigkeit von einzelnen Kunden (MA)	-0,394*
14.	Marktwachstum in der Vergangenheit (MA)	-0,387*
15.	Erfolgsfaktoren (MA)	-0,383*

Abkürzungen: MA: Marktattraktivität; FwF: Finanzwirtschaftliche Fähigkeiten; LwF: Leistungswirtschaftliche Fähigkeiten; Mg: Managementfähigkeiten
* : $p \leq 0{,}05$; **: $p \leq 0{,}01$; ***: $p \leq 0{,}001$
Quelle: Eigene empirische Untersuchung

Auf Basis der Beurteilungsobjekte bzw. der Beurteilungskriterien, die im Rahmen der Vorprüfung bzw. der Feinanalyse die höchsten Wirkungszusammenhänge zur Nettorendite oder zur Ausfallrate vorweisen, lassen sich nun die einzelnen Segmente der Beteiligungskapitalgesellschaften untersuchen. Dabei wird überprüft, inwieweit die Beteiligungskapitalgesellschaften die entsprechenden Beurteilungsobjekte bzw. Beurteilungskriterien in ihrer eigenen Beteiligungswürdigkeitsprüfung berücksichtigen. Lassen sich hierbei Differenzen feststellen, wird der segmentspezifische Handlungsbedarf bestimmt, und es werden prinzipielle Maßnahmen zur Erhöhung bzw. Verringerung der Chancen- und Risikopotenziale der Beteiligungskapitalgesellschaft vorgeschlagen.

4.1 Handlungsbedarf für Universalbeteiligungsgesellschaften

Im Rahmen der Vorprüfung sind die Universalbeteiligungsgesellschaften diejenigen Beteiligungskapitalgesellschaften, die sich am stärksten auf bestimmte Beurteilungsobjekte fokussieren und demnach die geringste Analysenbreite vorweisen. Vor dem Hintergrund der empirischen Ergebnisse erscheint dieser hohe Analysefokus während der Vorprüfung zunächst sehr erfolgsversprechend. Doch betrachtet man die durch die Universalbeteiligungsgesellschaften berücksichtigten Beurteilungsobjekte näher, entsteht der Eindruck, dass sie sich nicht auf die Beurteilungsobjekte fokussieren, welche auch die höchste Relevanz zur Einschätzung der Chancen- und Risikopotenziale haben. Denn die Universalbeteiligungsgesellschaften messen während der Vorprüfung der Analyse der zukünftigen Finanzplanung, des Managements und des Produktes die größte Bedeutung bei (vgl. Abbildung 53). Die Einschätzung der Wettbewerbssituation des potenziellen Portfoliounternehmens hingegen hat für die Universalbeteiligungsgesellschaften im Rahmen der Vorprüfung nur eine insgesamt mittlere Bedeutung. Auch die frühzeitige Berücksichtigung der Exitmöglichkeiten hat für die Universalbeteiligungsgesellschaften einen eher nachrangigen Stellenwert (Rangplatz 8). Beide Beurteilungsobjekte verfügen aber über einen hohen Wirkungszusammenhang zu den Erfolgsmaßen.

Die hohe Bedeutung der Analyse des Produktes während der Vorprüfung müsste es den Universalbeteiligungsgesellschaften ermöglichen, aufgrund der aufgezeigten Wirkungszusammenhänge die Risikopotenziale des potenziellen Portfoliounternehmens realistisch einschätzen zu können. Die Berücksichtigung der zukünftigen Finanzplanung und des Managements des Unternehmens wird durch die Universalbeteiligungsgesellschaften jedoch in der Vorprüfung scheinbar zu hoch eingeschätzt. Für eine verläßlichere Prognose der Chancenpotenziale des potenziellen Portfoliounternehmens könnte es für die Universalbeteiligungsgesellschaften eher dienlich sein, bereits im Rahmen der Vorprüfung die Exitmöglichkeiten und die Wettbewerbssituation intensiver zu berücksichtigen.

Wie in der Vorprüfung verfügen die Universalbeteiligungsgesellschaften auch in der Feinanalyse über eine relativ niedrige Breite in ihrer Analyse im Vergleich zu den anderen Beteiligungskapitalgesellschaften. Doch im Gegensatz zur Vorprüfung haben die Ergebnisse der empirischen Untersuchung gezeigt, dass eine tendenziell breitere Prüfung des potenziellen Portfoliounternehmens im Rahmen der Feinanalyse eine bessere Einschätzung der Chancen- und Risikopotenziale ermöglicht. Insofern scheinen die Universalbeteiligungsgesellschaften die einzelnen Beurteilungsobjekte insgesamt nicht ausreichend zu berücksichtigen. Neben diesem Handlungsbedarf besteht aber noch ein zweites Optimierungspotenzial bei der Ausrichtung der Analysenbreite in der Feinanalyse der Universalbeteiligungsgesellschaften.

Abbildung 53: Analysenbreite der Universalbeteiligungsgesellschaften in der Vorprüfung und in der Feinanalyse

Berücksichtigung/Bedeutung der Beurteilungsobjekte in der Vorprüfung aus Sicht der UBG

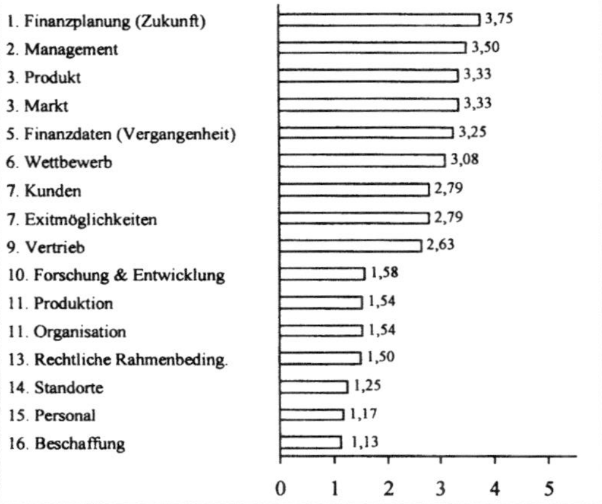

Berücksichtigung/Bedeutung der Beurteilungsobjekte in der Feinanalyse aus Sicht der UBG

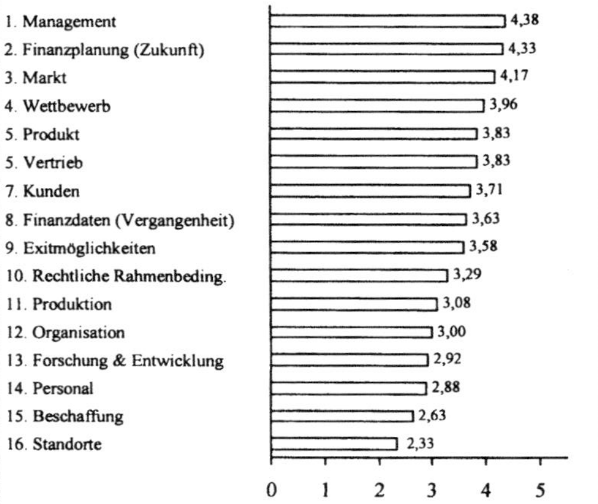

Abkürzungen: (Arithmetischer) Mittelwert: 0,0: keine Berücksichtigung/Bedeutung; 1,0: geringe Berücksichtigung/Bedeutung; 3,0: mittlere Berücksichtigung/Bedeutung; 5,0: sehr hohe Berücksichtigung/Bedeutung.

Quelle: Eigene empirische Untersuchung; Frage 20 und 24

Denn wie bereits in der Vorprüfung scheinen die Universalbeteiligungsgesellschaften auch in der Feinanalyse die einzelnen Beurteilungsobjekte nicht gemäß ihrer tatsächlichen Wirkungszusammenhänge zu den Erfolgsmaßen zu berücksichtigen.

Die Prüfung des Managements, der zukünftigen Finanzplanung und des Marktes haben offensichtlich die höchste Bedeutung für die Universalbeteiligungsgesellschaften im Rahmen der Feinanalyse (vgl. Abbildung 53). Ein Vergleich aber der Analysenbreite der Universalbeteiligungsgesellschaften in der Feinanalyse mit den tatsächlichen Wirkungszusammenhängen zu den Erfolgsmaßen aus Tabelle 29 vermittelt drei wesentliche Erkenntnisse. Als erstes zeigt die Untersuchung, dass die Bedeutung der Beurteilung des Managements durch die Universalbeteiligungsgesellschaften scheinbar bei weitem als zu hoch eingeschätzt wird. Denn auf der einen Seite lassen sich durch die Prüfung des Managements keine verläßlichen Aussagen über die Chancenpotenziale des Portfoliounternehmens ableiten, auf der anderen Seite scheint es noch bessere Indikatoren für die Risikopotenziale des Portfoliounternehmens zu geben. Mit den "Finanzdaten in der Vergangenheit" und dem "Markt" existieren vermutlich zwei Beurteilungsobjekte die eine höhere Korrelation zur Ausfallquote der Beteiligungskapitalgesellschaften vorweisen und deren Analyse somit eine realistischere Einschätzung der Risikopotenziale ermöglichen sollte als die Prüfung des Managements (vgl. Tabelle 29). Vor dem Hintergrund des hohen Portfolioanteiles an Wachstumsunternehmen sollte es den Universalbeteiligungsgesellschaften auch möglich sein, ausreichende Finanzdaten aus der Vergangenheit des Portfoliounternehmens zu erhalten und diese entsprechend auszuwerten.

Als zweite Erkenntnis zeigt sich, dass die Universalbeteiligungsgesellschaften ebenfalls den Stellenwert der zukünftigen Finanzplanung des Portfoliounternehmens scheinbar überbewerten. Die Wirkungszusammenhänge sowohl für die Einschätzung der Chancen- als auch der Risikopotenziale rechtfertigen nur eine nachrangigere Berücksichtigung der zukünftigen Finanzplanung, da andere Beurteilungsobjekte eine deutlich höhere Korrelation zu den Erfolgsmaßen vorweisen. Die adäquate Priorisierung des Marktes, des Wettbewerbes und des Produktes des Portfoliounternehmens durch die Universalbeteiligungsgesellschaften ist die dritte Erkenntnis der Untersuchung der Analysenbreite in der Feinanalyse.

Die Berücksichtigung dieser drei Beurteilungsobjekte sollte den Universalbeteiligungsgesellschaften eine realistische Einschätzung der Chancen- wie auch der Risikopotenziale des potenziellen Portfoliounternehmens ermöglichen. Zusätzlich könnte eine höhere Berücksichtigung der rechtlichen Rahmenbedingungen eine verläßlichere Prognose der Risikopotenziale in der Feinanalyse begünstigen.

Die Universalbeteiligungsgesellschaften verfügen neben den Venture-Capital-Gesellschaften über die insgesamt niedrigste Analysentiefe in der Feinanalyse. Dieser Befund ist für sich genommen zunächst noch nicht negativ zu werten, da entscheidend für die Qualität der Beteiligungswürdigkeitsprüfung ist, auf welche Beurteilungskriterien sich die Beteiligungskapitalgesellschaft in der Feinanalyse fokussiert, um diese dann im Detail zu analysieren. Doch schon bei der Betrachtung der Ebene der Beurteilungskategorien zeigt sich der Handlungsbedarf für die Universalbeteiligungsgesellschaften. Denn die zur realistischen Einschätzung der Chancen- und Risikopotenziale notwendige tiefe Analyse der Marktattraktivität weist im Vergleich zu den anderen Beteiligungskapitalgesellschaften eine nur geringe Analysenintensität auf.

Dieses Optimierungspotenzial wird noch deutlicher, bei Betrachtung der Beurteilungskriterien, die durch die Universalbeteiligungsgesellschaften am tiefsten analysiert werden. Wie in Abbildung 54 erkennbar, werden mit den Beurteilungskriterien, welche aus Sicht der Universalbeteiligungsgesellschaften die höchste Analysentiefe vorweisen, in erster Linie die finanzwirtschaftlichen Fähigkeiten und die Managementfähigkeiten des potenziellen Portfoliounternehmens untersucht. Die relevanten Kriterien insbesondere zur Beurteilung der Marktattraktivität, mit deren Hilfe eine realistischere Einschätzung der Chancen- und Risikopotenziale möglich wäre (vgl. Tabelle 30 und 31), scheinen durch die Universalbeteiligungsgesellschaften aber nicht ausreichend tief analysiert zu werden.

Die Beurteilungskriterien, die von den Universalbeteiligungsgesellschaften am tiefsten analysiert werden, zeigen in der Tendenz ohnehin höhere Wirkungszusammenhänge zur Einschätzung der Risikopotenziale als zur Beurteilung der Chancenpotenziale.

Abbildung 54: Beurteilungskriterien in der Feinanalyse mit höchster Analysentiefe aus Sicht der Universalbeteiligungsgesellschaften

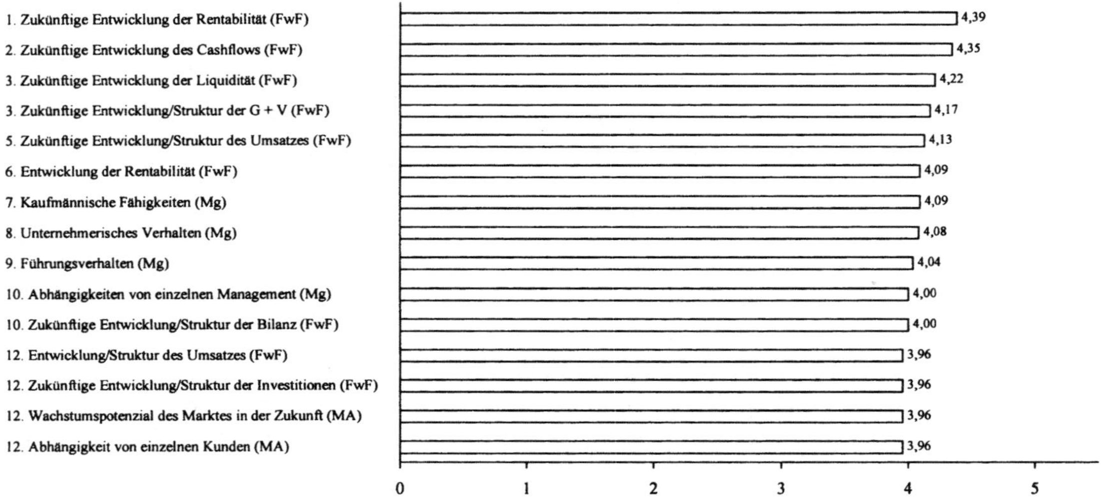

Angaben: (Arithmetischer) Mittelwert: 0,0: keine Berücksichtigung; 1,0: geringe Analysenintensität; 3,0: mittlere Analysenintensität
5,0: sehr hohe Analysenintensität
Abkürzungen: MA: Marktattraktivität; FwF: Finanzwirtschaftliche Fähigkeiten; LwF: Leistungswirtschaftliche Fähigkeiten; Mg: Managementfähigkeiten
Quelle: Eigene empirische Untersuchung; Frage 25

Die Universalbeteiligungsgesellschaften scheinen sich in ihrer Beteiligungswürdigkeitsprüfung somit primär auf Beurteilungskriterien zu fokussieren, die eine realistischere Beurteilung der Risikopotenziale ermöglichen. Die Abschätzung der Chancenpotenziale des potenziellen Portfoliounternehmens hat offensichtlich eine eher nachrangige Bedeutung für die Universalbeteiligungsgesellschaften.

Zur Verbesserung der Qualität der Beteiligungswürdigkeitsprüfung erscheint es somit für die Universalbeteiligungsgesellschaften erforderlich zu sein, sich auf eine intensivere Berücksichtigung der Chancenpotenziale der potenziellen Portfoliounternehmen zu fokussieren. Insbesondere durch eine detailliertere Prüfung der Beurteilungskriterien zur Einschätzung der Marktattraktivität müsste diese notwendige Fokussierung realisiert werden können.

4.2 Handlungsbedarf für Buy-out-Fonds

Die Buy-out-Fonds verfügen insgesamt über den zweitstärksten Analysefokus im Rahmen der Vorprüfung der Beteiligungsanfragen. Auffällig ist die hohe Berücksichtigung der finanzwirtschaftlichen Fähigkeiten der potenziellen Portfoliounternehmen. Wie in Abbildung 55 ersichtlich, messen die Buy-out-Fonds sowohl der Beurteilung der zukünftigen Finanzplanung (4,12) als auch der Analyse der Finanzdaten aus der Vergangenheit (4,06) die höchste Bedeutung im Rahmen der Vorprüfung bei. Trotz des geringeren Wirkungszusammenhanges zu den Erfolgsmaßen der Beteiligungswürdigkeitsprüfung erscheint eine frühzeitige und intensivere Berücksichtigung dieser beiden Beurteilungsobjekte vor dem Hintergrund der spezifischen Eigenschaften einer Buy-out-Transaktion gerechtfertigt.[431] Die realistische Einschätzung der Chancen- und Risikopotenziale scheint für die Buy-out-Fonds ohnehin durch eine ebenfalls frühzeitige Berücksichtigung der Exitmöglichkeiten möglich zu sein. Doch auch die Beurteilung des Produktes und des Wettbewerbes als weitere wesentliche Faktoren, die es im Rahmen der Vorprüfung zu berücksichtigen gilt, hat bei den Buy-out-Fonds einen Stellenwert der über das Mittelmaß hinausgeht.

---

[431] Zu den spezifischen Eigenschaften einer Buy-out-Transaktion und den hieraus entstehenden finanzwirtschaftlichen Anforderungen vgl. *Schwien, B.*, Management-Buy-out-Konzept, 1995, S. 58 ff.

Abbildung 55: Analysenbreite der Buy-out-Fonds in der Vorprüfung und in der Feinanalyse

Abkürzungen: (Arithmetischer) Mittelwert: 0,0: keine Berücksichtigung/Bedeutung; 1,0: geringe Berücksichtigung/Bedeutung; 3,0: mittlere Berücksichtigung/Bedeutung; 5,0: sehr hohe Berücksichtigung/Bedeutung.
Quelle: Eigene empirische Untersuchung; Frage 20 und 24

Handlungsbedarf bei der Ausrichtung der Vorprüfung scheint wie bei den Universalbeteiligungsgesellschaften bei der Einschätzung der Bedeutung des Managements zu bestehen. Denn auch die Buy-out-Fonds messen dem Management bereits in der Vorprüfung eine höhere Bedeutung bei als dem Produkt oder dem Wettbewerb, obwohl auf Basis der beiden letztgenannten Beurteilungsobjekte eine realistischere Einschätzung der Chancen- und Risikopotenziale möglich wäre.

In der Feinanalyse erweitern die Buy-out-Fonds die Breite ihrer Analyse deutlich. Diese Erweiterung scheint sich auf sämtliche Beurteilungsobjekte der Feinanalyse zu beziehen, sodass die Buy-out-Fonds tatsächlich versuchen, sämtliche Beurteilungsaspekte im Rahmen der Feinanalyse zu berücksichtigen. Die höchste Bedeutung für die Buy-out-Fonds hat nach wie vor die zukünftige Finanzplanung des Portfoliounternehmens. Vergleicht man diesen Bedeutungsanteil mit den Wirkungszusammenhängen der Tabelle 29, wird deutlich, dass einige andere Beurteilungsobjekte eine erheblich verläßlichere Einschätzung der Chancen- und Risikopotenziale ermöglichen. Die Beurteilungsobjekte mit der höchsten Korrelation zur Nettorendite der Beteiligungskapitalgesellschaften, das Produkt und der Markt, haben bei den Buy-out-Fonds aber immerhin den zweithöchsten Stellenwert in der Feinanalyse. Die Buy-out-Fonds sollten somit relativ kompetent in der Lage sein, die Chancen- und Risikopotenziale ihrer potenziellen Portfoliounternehmen einzuschätzen. Wie die Universalbeteiligungsgesellschaften scheinen aber auch die Buy-out-Fonds die relative Bedeutung des Managements in der Feinanalyse zu überschätzen. Durch die ebenfalls hohe Berücksichtigung der "Finanzdaten in der Vergangenheit" und des "Marktes" müsste es den Buy-out-Fonds eigentlich möglich sein, die Risikopotenziale der potenziellen Portfoliounternehmen realistisch beurteilen zu können. Die Analyse des Managements müsste folglich aufgrund des niedrigeren Wirkungszusammenhanges keine derartig hohe Bedeutung für die Buy-out-Fonds einnehmen.

Die Buy-out-Fonds erreichen gemeinsam mit den Branchenspezialisten die insgesamt höchste Analysentiefe in der Feinanalyse. Insbesondere für die Untersuchung der finanzwirtschaftlichen Fähigkeiten und der Marktattraktivität des potenziellen Portfoliounternehmens führen die Buy-out-Fonds detaillierte Analysen durch. Die diesen beiden Beurteilungsobjekten zugrunde liegenden Kriterien weisen demnach auch die höchste Analysentiefe in der Feinanalyse der Buy-out-Fonds auf (vgl. Abbildung 56).

Sämtliche der sechs Beurteilungskriterien, welche aus Sicht der Buy-out-Fonds am tiefsten analysiert werden müssen, dienen dabei dem Ziel der Buy-out-Fonds, eine nahezu vollständige Transparenz über die zukünftige Finanzplanung des potenziellen Portfoliounternehmens zu erhalten. Durch die intensive Prüfung dieser Kriterien verschaffen sich die Buy-out-Fonds eine sehr gute Möglichkeit, sowohl die Chancen- als auch die Risikopotenziale der Portfoliounternehmen kompetent einzuschätzen. Die ebenfalls hohe Priorisierung von Beurteilungskriterien wie "dem Wachstumspotenzial des Marktes in der Zukunft", "den Erfolgsfaktoren im Markt" oder "der Wettbewerberstruktur" ermöglichen den Buy-out-Fonds zusätzlich eine noch realistischere Bewertung der Chancenpotenziale. Interessant ist auch die Tatsache, dass sich mit der Abhängigkeit von einzelnen Managern und dem Vorteil gegenüber Konkurrenzprodukten zwei Beurteilungskriterien auf der Liste mit der höchsten Analysentiefe wiederfinden, die den Beurteilungskategorien der Managementfähigkeiten und den leistungswirtschaftlichen Fähigkeiten zuzurechnen sind.

Insgesamt erscheinen die von den Buy-out-Fonds primär berücksichtigten Beurteilungskriterien eine sehr gute Einschätzung der Chancen- und Risikopotenziale der potenziellen Portfoliounternehmen zu ermöglichen. Die Qualität der Beteiligungswürdigkeitsprüfung scheint somit vergleichsweise hoch zu sein. Dennoch könnten zur weiteren Erhöhung der Qualität zwei Möglichkeiten in Betracht kommen. Zum einen stellt sich die Frage, ob trotz der spezifischen Eigenschaften einer Buy-out-Transaktion tatsächlich eine derart detaillierte Analyse der zukünftigen Finanzplanung des Unternehmens notwendig ist oder ob nicht möglicherweise die Intensität bei der Beurteilung relevanterer Beurteilungskriterien wie bspw. der Markteintrittsbarrieren zu Lasten der Prüfung der finanzwirtschaftlichen Fähigkeiten erhöht werden könnte. Zum anderen gilt es für die Buy-out-Fonds kritisch zu hinterfragen, ob die im Vergleich zu anderen Beteiligungskapitalgesellschaften generell sehr hohe Analysentiefe bei den einzelnen Beurteilungsobjekten tatsächlich in dieser Ausprägung stattfinden muss oder ob es nicht sinnvoller sein könnte, sich im Rahmen der Feinanalyse noch mehr auf die entscheidenden Beurteilungskriterien zu fokussieren, die dann im Detail analysiert werden.

Abbildung 56: Beurteilungskriterien in der Feinanalyse mit höchster Analysentiefe aus Sicht der Buy-out-Fonds

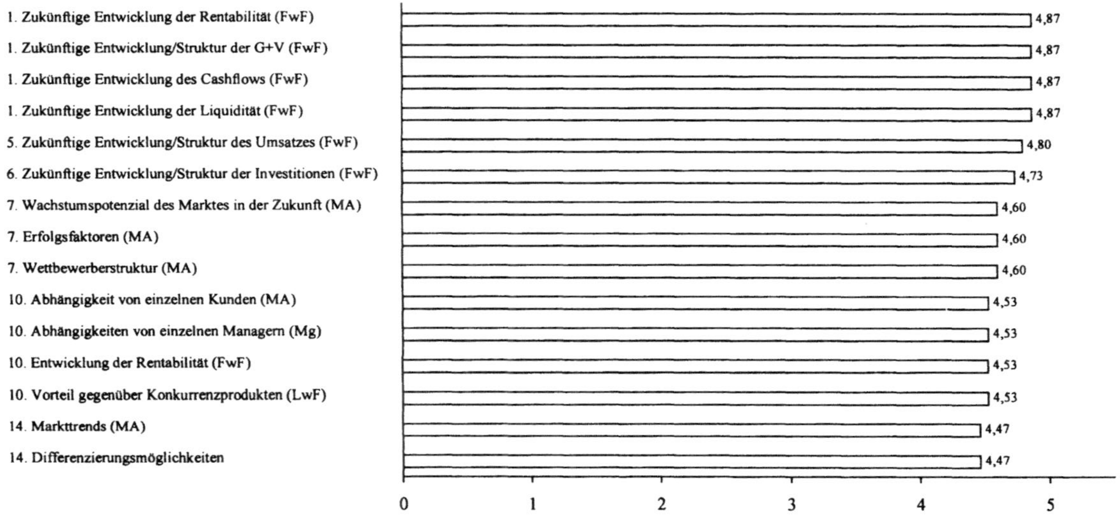

Angaben: (Arithmetischer) Mittelwert: 0,0: keine Berücksichtigung; 1,0: geringe Analysenintensität; 3,0: mittlere Analysenintensität 5,0: sehr hohe Analysenintensität

Abkürzungen: MA: Marktattraktivität; FwF: Finanzwirtschaftliche Fähigkeiten; LwF: Leistungswirtschaftliche Fähigkeiten; Mg: Managementfähigkeiten

Quelle: Eigene empirische Untersuchung; Frage 25

4.3 Handlungsbedarf für Branchenspezialisten

Im Vergleich zu den Universalbeteiligungsgesellschaften und den Buy-out-Fonds wird die Analysenbreite in der Vorprüfung durch die Branchenspezialisten nochmals gesteigert. Insbesondere die Managementfähigkeiten und die Marktattraktivität des Portfoliounternehmens werden von den Branchenspezialisten stärker berücksichtigt als von den beiden anderen Segmenten. Die Prüfung der finanzwirtschaftlichen Fähigkeiten des Unternehmens verliert bei den Branchenspezialisten hingegen an Bedeutung. Wie aus Abbildung 57 hervorgeht, nimmt bei den Branchenspezialisten auf der Ebene der Beurteilungsobjekte die Beurteilung des Managements den höchsten Stellenwert in der Vorprüfung ein. Auch hier erscheint die Bedeutung der Managementfähigkeiten vor dem Hintergrund der tatsächlichen Wirkungszusammenhänge überschätzt. Die intensive Berücksichtigung des Wettbewerbes und des Produktes im Rahmen der Vorprüfung könnte es den Branchenspezialisten aber ermöglichen, eine verläßliche Einschätzung der Chancen- und Risikopotenziale des potenziellen Portfoliounternehmens vorzunehmen.

Optimierungsbedarf in Bezug auf die Ausrichtung der Vorprüfung besteht bei den Branchenspezialisten neben einer Vernachlässigung der Beurteilung des Managements in der intensiveren Berücksichtigung der Exitmöglichkeiten des potenziellen Portfoliounternehmens. Denn im Vergleich zu den anderen Beurteilungsobjekten ist die Analyse der Exitmöglichkeiten nur von mittelmäßiger Bedeutung für die Branchenspezialisten, was ihrem tatsächlichen Wirkungszusammenhang aber nicht gerecht wird.

In der Feinanalyse nimmt die Analysenbreite der Branchenspezialisten nochmals deutlich zu und erreicht im Vergleich zu den anderen Segmenten der Beteiligungskapitalgesellschaften das höchste Niveau. Generell findet die Erweiterung des Analysespektrums bei allen Beurteilungsobjekten statt. Doch insbesondere bei der Einschätzung der leistungswirtschaftlichen Fähigkeiten des Unternehmens nimmt die Analysenbreite der Branchenspezialisten überproportional zu. Vergleicht man die Analysenbreite der Branchenspezialisten in der Feinanalyse mit den tatsächlichen Wirkungszusammenhängen zu den Erfolgsmaßen aus Tabelle 29, ergeben sich drei wesentliche Erkenntnisse.

Abbildung 57: Analysenbreite der Branchenspezialisten in der Vorprüfung und in der Feinanalyse

Abkürzungen: (Arithmetischer) Mittelwert: 0,0: keine Berücksichtigung/Bedeutung; 1,0: geringe Berücksichtigung/Bedeutung; 3,0: mittlere Berücksichtigung/Bedeutung; 5,0: sehr hohe Berücksichtigung/Bedeutung.
Quelle: Eigene empirische Untersuchung; Frage 20 und 24

Erstens zeigt die sehr hohe Berücksichtigung der Prüfung des Marktes und des Wettbewerbes, dass die Branchenspezialisten adäquat im Stande sein müssten, im Rahmen der Feinanalyse die Chancen- und Risikopotenziale der potenziellen Portfoliounternehmen richtig einzuschätzen. Als zweites lässt sich feststellen, dass die Branchenspezialisten wie auch die anderen Beteiligungskapitalgesellschaften die Bedeutung der Managementfähigkeiten als Indikator für zukünftige Chancen- und Risikopotenziale der Portfoliounternehmen überschätzen. Eine niedrigere Priorisierung zu Gunsten relevanterer Beurteilungskriterien könnte die Qualität der Beteiligungswürdigkeitsprüfung insgesamt wahrscheinlich verbessern. So sollten die Branchenspezialisten als dritte Erkenntnis sowohl die Beurteilung des Produktes als auch die Analyse der Produktion zu Lasten bspw. der Einschätzung des Managements oder der zukünftigen Finanzplanung intensiver im Rahmen der Feinanalyse berücksichtigen.

Im Vergleich der einzelnen Segmente der Beteiligungskapitalgesellschaften erreichen die Branchenspezialisten die höchste Analysentiefe in der Feinanalyse. Diese Spitzenposition erzielen sie sowohl bei der Beurteilung der Managementfähigkeiten als auch bei der Einschätzung der Marktattraktivität und der leistungswirtschaftlichen Fähigkeiten des Unternehmens. Das generell hohe Niveau der Analysentiefe zeigt aber, dass sich die Branchenspezialisten nicht unbedingt sehr stark in ihrer Analyse fokussieren, sondern eine Reihe von Beurteilungskriterien sehr intensiv analysieren. Die breite Berücksichtigung sämtlicher Beurteilungskategorien spiegelt sich auch auf der Ebene der Beurteilungskriterien mit der höchsten Analysentiefe aus Sicht der Branchenspezialisten wider. Wie in Abbildung 58 zu erkennen, wird die Liste zwar von dem Beurteilungskriterium mit dem tatsächlich höchsten Wirkungszusammenhang, dem Wachstumspotenzial des Marktes in der Zukunft, angeführt, die einzelnen Beurteilungskriterien verteilen sich aber breit auf die vier verschiedenen Beurteilungskategorien.

Auffällig erscheint, dass die Beurteilungskriterien mit der höchsten Analysentiefe aus Sicht der Branchenspezialisten insbesondere zur Nettorendite der Beteiligungskapitalgesellschaften hohe Korrelationen vorweisen. Somit scheinen die Branchenspezialisten die Chancenpotenziale des potenziellen Portfoliounternehmens zunächst mit höchster Intensität zu analysieren.

Abbildung 58: Beurteilungskriterien in der Feinanalyse mit höchster Analysentiefe aus Sicht der Branchenspezialisten

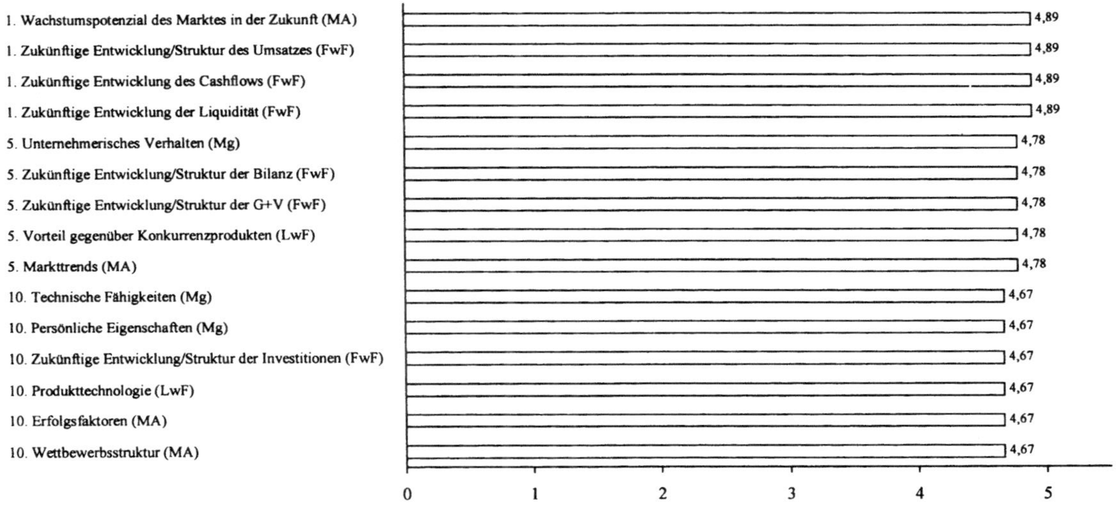

Angaben: (Arithmetischer) Mittelwert: 0,0: keine Berücksichtigung; 1,0: geringe Analysenintensität; 3,0: mittlere Analysenintensität
5,0: sehr hohe Analysenintensität
Abkürzungen: MA: Marktattraktivität; FwF: Finanzwirtschaftliche Fähigkeiten; LwF: Leistungswirtschaftliche Fähigkeiten; Mg: Managementfähigkeiten
Quelle: Eigene empirische Untersuchung; Frage 25

Doch durch die intensive Beurteilung des unternehmerischen Verhaltens des Managements und der detaillierten Einschätzung der Vorteile des Produktes gegenüber Konkurrenzprodukten erscheint den Branchenspezialisten ebenfalls eine realistische Bewertung der Risikopotenziale des potenziellen Portfoliounternehmens möglich.

Insgesamt vermittelt die Branchenspezialisten den Eindruck, als ob ihre Beteiligungswürdigkeitsprüfung aufgrund der guten Einschätzungsmöglichkeiten sowohl der Chancen- als auch der Risikopotenziale der potenziellen Portfoliounternehmen über eine hohe Qualität verfügt. Dennoch stellt sich wie bei den Buy-out-Fonds auch hier die Frage, ob sich die Branchenspezialisten im Rahmen ihrer Feinanalyse nicht noch besser auf einige ausgewählte Beurteilungskriterien mit hohem Wirkungszusammenhang zu den Erfolgsmaßen fokussieren können, um die Qualität ihrer Beteiligungswürdigkeitsprüfung weiter zu steigern.

4.4 Handlungsbedarf für Venture-Capital-Gesellschaften

Die insgesamt größte Analysenbreite in ihrer Vorprüfung scheinen die Venture-Capital-Gesellschaften vorzuweisen. Außer bei der Beurteilung der finanzwirtschaftlichen Fähigkeiten des Unternehmens nehmen sie diesen Spitzenplatz bei allen übrigen Kategorien ein. Insbesondere die Beurteilung der Marktattraktivität wird von den Venture-Capital-Gesellschaften im Vergleich zu den anderen Segmenten in ihrer Bedeutung deutlich höher eingeschätzt. Der hohe Stellenwert der Marktattraktivität zeigt sich auch durch die intensive Berücksichtigung der Exitmöglichkeiten bereits während der Vorprüfung. Vor dem Hintergrund ihrer tatsächlichen Wirkungszusammenhänge haben damit die Venture-Capital-Gesellschaften als einziges Segment der Beteiligungskapitalgesellschaften die Exitmöglichkeiten adäquat berücksichtigt.

Wie die anderen Beteiligungskapitalgesellschaften auch scheinen die Venture-Capital-Gesellschaften die Bedeutung der Beurteilung des Managements zur Abschätzung der Chancen- und Risikopotenziale des Portfoliounternehmens zu überschätzen. Durch eine intensivere Berücksichtigung des Wettbewerbes des Portfoliounternehmens im Rahmen der Vorprüfung könnte zu Lasten der Prüfung des Managements die Ausrichtung der Vorprüfung optimiert und damit die Qualität der Beteiligungswürdigkeitsprüfung verbessert werden.

Abbildung 59: Analysenbreite der Venture-Capital-Gesellschaften in der Vorprüfung und in der Feinanalyse

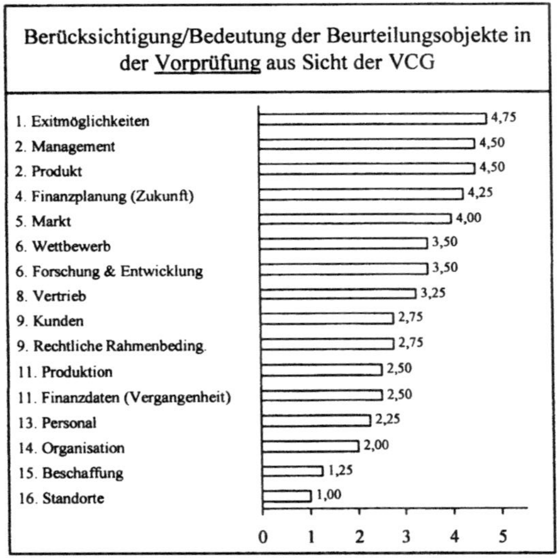

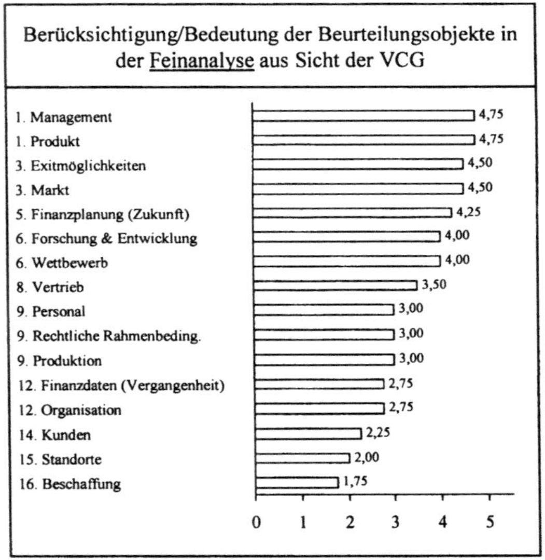

Abkürzungen: (Arithmetischer) Mittelwert: 0,0: keine Berücksichtigung/Bedeutung; 1,0: geringe Berücksichtigung/Bedeutung; 3,0: mittlere Berücksichtigung/Bedeutung; 5,0: sehr hohe Berücksichtigung/Bedeutung.
Quelle: Eigene empirische Untersuchung; Frage 20 und 24

Im Gegensatz zu den anderen Segmenten der Beteiligungskapitalgesellschaften nimmt die Analysenbreite in der Feinanalyse im Vergleich zur Vorprüfung nicht deutlich zu. Nur im Bereich der Prüfung der leistungswirtschaftlichen Fähigkeiten des Unternehmens wird die Analysenbreite überproportional vergrößert. Insgesamt verfügen die Venture-Capital-Gesellschaften demnach über den höchsten Analysefokus in ihrer Feinanalyse. Vor dem Hintergrund der empirischen Ergebnisse der Arbeit stellt sich dabei die Frage, ob diese hohe Fokussierung in der Feinanalyse erfolgsversprechend ist und ob wirklich sämtliche Beurteilungsaspekte von den Venture-Capital-Gesellschaften ausreichend berücksichtigt werden. Zweifel entstehen, wenn auf der Ebene der Beurteilungsobjekte festgestellt wird, dass das Management von den Venture-Capital-Gesellschaften am intensivsten berücksichtigt wird. Dennoch scheint den Venture-Capital-Gesellschaften durch die hohe Priorisierung der Beurteilung des Produktes und des Wettbewerbes eine adäquate Einschätzung der Chancen- und Risikopotenziale möglich.

Aufgrund dieser hohen Fokussierung verfügen die Venture-Capital-Gesellschaften insgesamt über die niedrigste Analysentiefe in der Feinanalyse. Nur bei der Beurteilung der Marktattraktivität ist die Analysentiefe der Universalbeteiligungsgesellschaften noch niedriger. Dieser Befund ist zunächst noch nicht negativ zu werten. Erst wenn transparent wird, auf welche Beurteilungskriterien sich die Venture-Capital-Gesellschaften fokussieren, kann eine Aussage über die Qualität ihrer Beteiligungswürdigkeitsprüfung getroffen werden. Vor dem Hintergrund der hohen Abhängigkeiten der Venture-Capital-Gesellschaften von dem Unternehmer des Portfoliounternehmens erscheint die hohe Analysentiefe zur Beurteilung der persönlichen Eigenschaften, der technischen Fähigkeiten und der Vergangenheit des Managements verständlich. Der geringe Wirkungszusammenhang zu den Erfolgsmaßen der Beteiligungskapitalgesellschaften lässt aber die hohe Analysentiefe bei der Prüfung des Vertriebskonzeptes eher kritisch erscheinen. Auch bei der intensiven Analyse von Beurteilungskriterien, die Transparenz über die leistungswirtschaftlichen Fähigkeiten des potenziellen Portfoliounternehmens verschaffen sollen, scheint bei zumindest zwei Kriterien aufgrund der geringen Wirkungszusammenhänge Optimierungsbedarf zu bestehen. Die dennoch detaillierte Analyse der Beurteilungskriterien zur Einschätzung der Marktattraktivität gibt den Venture-Capital-Gesellschaften offensichtlich eine gute Möglichkeit, die Chancen- und Risikopotenziale der potenziellen Portfoliounternehmen realistisch bewerten zu können.

Abbildung 60: Beurteilungskriterien in der Feinanalyse mit höchster Analysentiefe aus Sicht der Venture-Capital-Gesellschaften

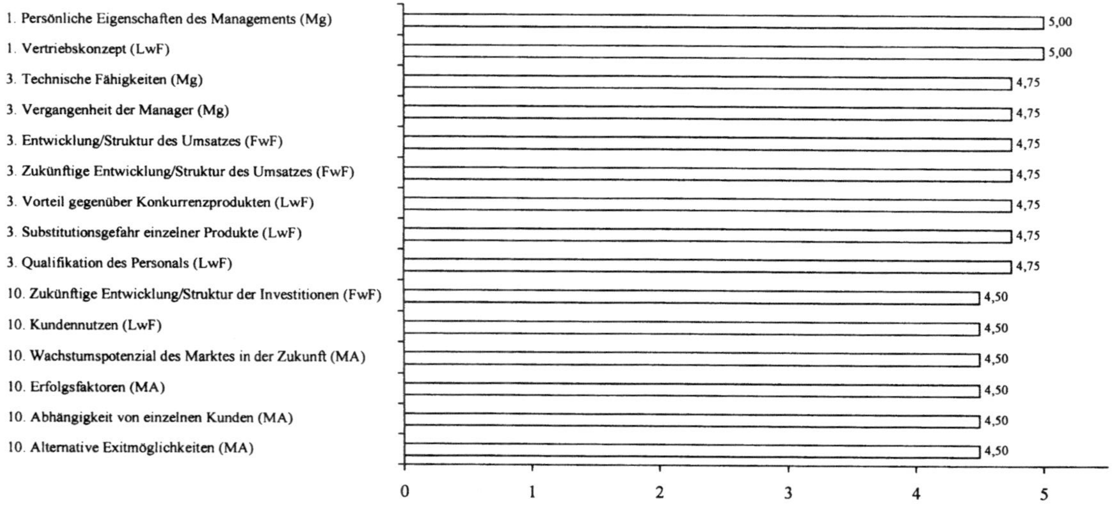

Angaben: (Arithmetischer) Mittelwert: 0,0: keine Berücksichtigung; 1,0: geringe Analysenintensität; 3,0: mittlere Analysenintensität
5,0: sehr hohe Analysenintensität
Abkürzungen: MA: Marktattraktivität; FwF: Finanzwirtschaftliche Fähigkeiten; LwF: Leistungswirtschaftliche Fähigkeiten; Mg: Managementfähigkeiten
Quelle: Eigene empirische Untersuchung; Frage 25

Die individuelle Berücksichtigung der besonderen Umstände bei der Analyse von Gründungsunternehmen und die dennoch tiefe Analyse von Beurteilungskriterien mit hohen Wirkungszusammenhängen zu den Erfolgsmaßen sprechen für eine relativ hohe Qualität der Beteiligungswürdigkeitsprüfung bei den Venture-Capital-Gesellschaften. Der hohe Analysefokus der Venture-Capital-Gesellschaften, der schon allein aufgrund der ökonomischen Erfordernisse notwendig ist, erfordert eine Optimierung der Ausrichtung der Beteiligungswürdigkeitsprüfung im Detail. Die Venture-Capital-Gesellschaften müssten auf Basis ihres Bewertungsverständnisses und auf Basis der empirischen Ergebnisse dieser Untersuchung ihre eigene Fokussierung auf ausgewählte Beurteilungskriterien kritisch hinterfragen, um dann vorhandene Optimierungsmöglichkeiten im Detail ihrer Beteiligungswürdigkeitsprüfung zu identifizieren.

Zusammenfassend lassen sich in Bezug auf die normativen Implikationen der Beteiligungswürdigkeitsprüfung drei wesentliche Erkenntnisse festhalten:
Erstens scheint die Notwendigkeit zur Beurteilung der Managementfähigkeiten als Indiz für eine realistischere Prognose der Erfolgwahrscheinlichkeiten des Portfoliounternehmens von nahezu allen Beteiligungskapitalgesellschaften in ihrer Bedeutung überschätzt zu werden. Die tatsächlichen Wirkungszusammenhänge zu den Erfolgsmaßen zeigen Beurteilungsobjekte bzw. Beurteilungskriterien auf, deren intensive Analyse eine deutlich realistischere Einschätzung der Chancen- und Risikopotenziale eines Portfoliounternehmens erlaubt.

Zweitens kann insbesondere bei den Universalbeteiligungsgesellschaften aufgrund ihrer geringen Berücksichtigung von Beurteilungskriterien, die eine verläßlichere Einschätzung von Chancenpotenzialen der Portfoliounternehmen ermöglichen, ein relativ hoher Optimierungsbedarf ihrer Beteiligungswürdigkeitsprüfung festgestellt werden.

Als *dritte* und letzte Erkenntnis dieses Kapitels lässt sich die relativ hohe Qualität der Beteiligungswürdigkeitsprüfung bei Beteiligungskapitalgesellschaften mit einem entsprechenden Investitionsfokus festhalten. Sicher bestehen auch hier Optimierungsmöglichkeiten im Detail, dennoch konnte im Rahmen der empirischen Untersuchung festgestellt werden, dass die fokussierten Beteiligungskapitalgesellschaften eine relativ gute Einschätzung der Chancen- und Risikopotenziale der potenziellen Portfoliounternehmen vornehmen können.

5 Zusammenfassung und Ausblick

Mit einer fokussierten Untersuchung der Qualität der Beteiligungswürdigkeitsprüfung sollte die vorliegende Arbeit einen Beitrag zur Erforschung der Erfolgswirkungen einzelner Wertschöpfungsaktivitäten deutscher Beteiligungskapitalgesellschaften leisten. Dabei stand die Zielsetzung im Vordergrund, einen möglichst breiten Überblick über den Stand der Beteiligungswürdigkeitsprüfung deutscher Beteiligungskapitalgesellschaften zu erlangen, um darauf aufbauend, Erkenntnisse über die Qualität und mögliche Optimierungspotenziale in der Ausgestaltung der Beteiligungswürdigkeitsprüfung zu gewinnen.

Erstmalig in Deutschland wurde im Rahmen einer empirischen Untersuchung nahezu eine Vollerhebung primär erwerbswirtschaftlich orientierter Beteiligungskapitalgesellschaften vorgenommen. Insgesamt wurden dabei 56 Beteiligungskapitalgesellschaften mit einem offiziellen Firmensitz in Deutschland befragt, die vor dem 31. Dezember 1997 gegründet wurden. Als Messgröße für die Qualität der Beteiligungswürdigkeitsprüfung wurde in der Untersuchung die durchschnittliche Nettorendite für Investoren und die durchschnittliche Ausfallquote als Erfolgsmaße der Beteiligungskapitalgesellschaften erhoben.

Zur Unterstützung einer zielgerichteten Analyse möglicher Unterschiede in den Eigenschaften der Beteiligungswürdigkeitsprüfung wurde als Erklärungsmuster ein neuer Segmentierungsansatz für die Beteiligungskapitalforschung entwickelt. Zentrale Annahme bei der Erarbeitung dieses Ansatzes war die Vermutung, dass die Beteiligungskapitalgesellschaften als Intermediäre eigentlich über eine erhöhte Informationsverarbeitungskompetenz verfügen müssen, um tatsächlich ihrer Intermediärfunktion gerecht zu werden und um über eine langfristige Existenzberechtigung im Beteiligungskapitalmarkt zu verfügen. Die erhöhte Informationsverarbeitungskompetenz müsste sich dabei insbesondere durch eine zunehmende Spezialisierung der Beteiligungskapitalgesellschaften ergeben.[432]

---

[432] Zu den Spezialisierungsvorteilen von Beteiligungskapitalgesellschaften aus finanzierungstheoretischer Sicht vgl. *Hartmann-Wendels, T.*, Venture-Capital, 1987, S. 28 f.; *Schröder, C.*, Strategien, 1992, S. 14 ff.

Vor dem Hintergrund dieser Spezialisierungshypothese wurden die Beteiligungskapitalgesellschaften in Deutschland nach zwei wesentlichen Kriterien segmentiert: der Intensität ihrer Fokussierung auf bestimmte Branchen und auf ausgewählte Unternehmens- bzw. Finanzierungsphasen. Durch die Segmentierung der Beteiligungskapitalgesellschaften nach ihrem Investitionsfokus konnten so insgesamt vier Segmente identifiziert werden: die "Universalbeteiligungsgesellschaften", die "Buy-out-Fonds", die "Branchenspezialisten" und die "Venture-Capital-Gesellschaften". Das hohe Bestimmtheitsmaß des neuen Segmentierungsansatzes bestätigte die Verwendung dieses Ansatzes als Erklärungsmuster für die Analyse möglicher Unterschiede in der Ausgestaltung und Qualität der Beteiligungswürdigkeitsprüfung deutscher Beteiligungskapitalgesellschaften.

Neben diesem neu entwickelten Segmentierungsansatz konnten auf Basis der Qualitätsbeurteilung der Beteiligungswürdigkeitsprüfung noch vier weitere zentrale Erkenntnisse durch die Studie erarbeitet werden:

Erstens wird die Ausgestaltung der Beteiligungswürdigkeitsprüfung maßgeblich durch die investmentpolitischen Ziele der Beteiligungskapitalgesellschaften geprägt. Die deskriptiven Analysen des Prozesses und der wesentlichen Eigenschaften der Beteiligungswürdigkeitsprüfung haben den immensen Einfluss des Investitionsfokus als Bestandteil der Investmentpolitik der Beteiligungskapitalgesellschaften bestätigt. Dabei scheint die Spezialisierung der Beteiligungskapitalgesellschaften eine adäquatere Ausrichtung der Beteiligungswürdigkeitsprüfung nach spezifischen Bedürfnissen zu ermöglichen, die sich aus den jeweiligen investmentpolitischen Zielsetzungen ergeben.

Zweitens scheint die Qualität der Beteiligungswürdigkeitsprüfung im Wesentlichen durch ihre Analysenintensität bestimmt zu werden. Eigenschaften wie bspw. die Bearbeitungsdauer oder die Kosten der Beteiligungswürdigkeitsprüfung, die den Aufwand der Beteiligungswürdigkeitsprüfung nachhaltig beeinflussen können, haben scheinbar keine signifikanten Auswirkungen auf die Qualität der Beteiligungswürdigkeitsprüfung. Zwei Faktoren bestimmen im Wesentlichen die Analysenintensität der Beteiligungswürdigkeitsprüfung. Zum einen zeigt die Analysenbreite der Beteiligungswürdigkeitsprüfung an, welche Beurteilungsobjekte bzw. Beurteilungskriterien durch die Beteiligungskapitalgesellschaften im Rahmen der Beteiligungswürdigkeitsprüfung grundsätzlich berücksichtigt werden, zum anderen kann durch die Erhebung der Analysentiefe der Beteiligungswürdigkeitsprüfung festgestellt werden, wie detailliert einzelne Beurteilungskriterien analysiert werden. Zur Optimierung der Analysenintensität in der Vorprüfung sollten nur ausgewählte Beurteilungsobjekte durch die Beteiligungskapitalgesellschaften analysiert werden. Ein hoher Analysefokus in der Vorprüfung verbessert demnach scheinbar die Qualität der Beteiligungswürdigkeitsprüfung insgesamt.

In der Feinanalyse hingegen kann eine hohe Qualität in der Beteiligungswürdigkeitsprüfung erreicht werden, wenn sämtliche Beurteilungsaspekte im Rahmen einer Grobanalyse berücksichtigt werden. Entscheidend in dieser Phase ist die Identifizierung der relevanten Beurteilungskriterien, deren tiefe Analyse eine adäquate Transparenz über die Chancen- und Risikopotenziale des Portfoliounternehmens ermöglicht. In Abhängigkeit ihres Investitionsfokus können die einzelnen Beurteilungskriterien eine unterschiedliche Relevanz für die Beteiligungskapitalgesellschaften haben.

So kann als *dritte* wesentliche Erkenntnis dieser Studie festgehalten werden, dass die Bedeutung der Beurteilung der Managementfähigkeiten der potenziellen Portfoliounternehmen von einem Großteil der Beteiligungskapitalgesellschaften überschätzt wird. Denn durch eine detaillierte Analyse der Managementfähigkeiten kann im Wesentlichen nur eine realistische Bewertung der Risikopotenziale des Portfoliounternehmens vorgenommen werden. Eine verläßliche Einschätzung der Chancenpotenziale ist aufgrund der Analyse der Managementfähigkeiten eigentlich nicht möglich. Die Chancenpotenziale der potenziellen Portfoliounternehmen lassen sich aber aufgrund einer detaillierten Beurteilung der Marktattraktivität abschätzen. Möchten die Beteiligungskapitalgesellschaften eine vollständige Transparenz über die Chancen- und Risikopotenziale ihrer potenziellen Portfoliounternehmen erhalten, sollten sie somit nicht nur die Qualität des Managements detailliert untersuchen, sondern insbesondere auch detaillierte Marktaspekte wie bspw. das Wachstumspotenzial des Marktes in der Zukunft oder die Wettbewerberstruktur in ihrer Beteiligungswürdigkeitsprüfung mit berücksichtigen.

Denn ein gutes Management ohne entsprechende Attraktivität des Marktes scheint keinen überdurchschnittlichen Erfolg erzielen zu können, sondern ist nur in der Lage, eine mögliche Insolvenz des Unternehmens zu verhindern.[433]

Die *vierte* wesentliche Erkenntnis dieser Untersuchung ergibt sich aus der Feststellung, dass insbesondere bei den Universalbeteiligungsgesellschaften großer Handlungsbedarf zur Ausgestaltung ihrer Beteiligungswürdigkeitsprüfung besteht. Die nicht vorhandene Spezialisierung dieser Beteiligungskapitalgesellschaften scheint tatsächlich zu Defiziten in der Beteiligungswürdigkeitsprüfung zu führen. Denn die spezifischen Risikoprofile ihrer Portfoliounternehmen finden in der Ausgestaltung ihrer Beteiligungswürdigkeitsprüfung offensichtlich kaum Berücksichtigung. Die Universalbeteiligungsgesellschaften können demnach möglicherweise ihrer unterstellten Informationsverarbeitungskompetenz als Finanzintermediär nicht ausreichend gerecht werden. Da es sich aber gerade bei den Universalbeteiligungsgesellschaften um das größte Segment innerhalb des Beteiligungskapitalmarktes in Deutschland handelt, wäre es möglich, dass die unzureichende Wahrnehmung ihrer Intermediärfunktion tatsächlich zu partiellem Marktversagen insgesamt führt. Durch eine Bereinigung der im Rahmen der Untersuchung ermittelten Qualitätsdefizite in ihrer Beteiligungswürdigkeitsprüfung müsste sich die Wahrnehmung ihrer Intermediärfunktion verbessern und ein Abbau des partiellen Marktversagens möglich sein. Da aber eine spezifische Ausrichtung der Beteiligungswürdigkeitsprüfung auch einen entsprechenden Investitionsfokus der Beteiligungskapitalgesellschaft voraussetzt, erscheint es auch für den deutschen Beteiligungskapitalmarkt denkbar, dass sich im Zuge des allgemeinen Konsolidierungsprozesses des Marktes einige Universalbeteiligungsgesellschaften durch eine entsprechende Spezialisierungsstrategie neu positionieren werden.[434]

---

[433] Letztlich wird diese Erkenntnis durch die aktuelle Entwicklung der sog. New-Economy bestätigt. Trotz teilweise hoch qualifizierter Manager mit entsprechender Ausbildung waren die Unternehmen der New-Economy in den vergangenen zwei Jahren nicht in der Lage, gegen den allgemein negativen Markttrend zu steuern. Ihre Fähigkeiten haben stellenweise nur geholfen, dass die Unternehmen nicht Konkurs gegangen sind. Überdurchschnittliche Renditen hingegen konnten sie bei dieser Marktsituation nicht erzielen; zur Personalqualität bei Internet-Start-ups vgl. *Franck, E./Opitz, C.*, Humankapital, 2000, S. 68 ff.

[434] In den USA vollziehen sich entsprechende Entwicklungen schon seit längerem. Immer mehr Beteiligungskapitalgesellschaften fokussieren sich in ihrer strategischen Ausrichtung auf bestimmte Branchen oder auf bestimmte Unternehmens- bzw. Finanzierungsphasen; vgl. *Bygrave, W. D./Timmons, J. A.*, Venture-Capital, 1992, S. 37 f. und S. 53ff.; *Gladstone, D. J.*, Venture-Capital, 1988, S. 237 f.

Anhang

Fragebogen der empirischen Untersuchung

Beteiligungswürdigkeitsprüfung
durch deutsche Beteiligungskapitalgesellschaften (BKG)

Eine empirische Studie zur Qualitätsmessung

Inhalt der Befragung

Investmentpolitik Ihres Unternehmens

Beteiligungswürdigkeitsprüfung

- **Eingangsprüfung**
- **Vorprüfung**
- **Feinanalyse**

Allgemeine Angaben zu Ihrem Unternehmen

Oktober/November 1998

Dirk Vater
c/o
The Boston Consulting Group
Grüneburgweg 18
60322 Frankfurt am Main
Tel. 069/9150-2151

Alle Daten werden streng vertraulich behandelt!

Investmentpolitik Ihres Unternehmens

1. **Bitte geben Sie an, bei welchen Finanzierungsphasen bzw. Branchen Sie Ihren Investitionsschwerpunkt sehen und bei welchen Sie eine Investition grundsätzlich ablehnen?** (Bitte Zutreffendes ankreuzen)

a) Finanzierungsphase

Unsere BKG strebt keinen Schwerpunkt in bestimmten Finanzierungsphasen an ☐
Unsere BKG lehnt keine bestimmten Finanzierungsphasen ab ☐

	Seed	Start-up	Expansion	Bridge	MBO/MBI	Turnaround
Schwerpunkt in	☐	☐	☐	☐	☐	☐
Ablehnung von	☐	☐	☐	☐	☐	☐

b) Branche

Unsere BKG strebt keinen Schwerpunkt in bestimmten Branchen an ☐
Unsere BKG lehnt keine bestimmten Branchen ab ☐

	Chemie	Eisen/Stahl	Maschinenbau	Elektrotechnik	EDV	Biotechnologie	Holz/Papier
Schwerpunkt in	☐	☐	☐	☐	☐	☐	☐
Ablehnung von	☐	☐	☐	☐	☐	☐	☐
	Leder/Textil	**Nahrung**	**Bau**	**Handel**	**Verkehr**	**Finanzdienstleistung**	**Sonstige**
Schwerpunkt in	☐	☐	☐	☐	☐	☐	☐
Ablehnung von	☐	☐	☐	☐	☐	☐	☐

2. **Welche Anlagegrundsätze geben Sie für Ihre einzelnen Investments vor?**

a) Angestrebte Beteiligungshöhe pro Einzelinvestment

min. Mio. DM
max. Mio. DM

b) Angestrebter Zeithorizont der Beteiligung (Beteiligungsdauer)

Ø Jahre
max. Jahre

c) Angestrebte Umsatzgrößenklasse der Portfoliounternehmen

min. Mio. DM
max. Mio. DM

d) Angestrebte Beteiligungsquote (Bitte Zutreffendes ankreuzen)

Nur Minderheitsbeteiligungen ☐
Minder- und Mehrheitsbeteiligungen ☐
Nur Mehrheitsbeteiligungen ☐

3. **Wie hoch ist Ihr erwartetes Rendite-/Risikoprofil für Ihr Portfolio?**

a) Erwartete Bruttorendite (vor Kosten)

min. %
Ø %

b) Kalkulierte Ausfallquote

Ø %

Beteiligungswürdigkeitsprüfung

4. **Wie wichtig ist aus Ihrer Sicht die Beteiligungswürdigkeitsprüfung im Vergleich zu den übrigen Aktivitäten Ihrer BKG (Kapitalakquisition, Beteiligungsakquisition, Beteiligungsverhandlung, Managementunterstützung, Desinvestition)?**
(Bitte Zutreffendes ankreuzen)

☐ Unwichtig ☐ Weniger wichtig ☐ Gleich wichtig ☐ Wichtiger ☐ Am wichtigsten

10. Entspricht der unten dargestellte Prozess der Beteiligungswürdigkeitsprüfung annähernd dem Ablauf in Ihrer BKG? (Bitte Zutreffendes ankreuzen)

☐ Ja ☐ Nein

Wenn nein, worin liegen die wesentlichen Unterschiede zu Ihrem Prozess?

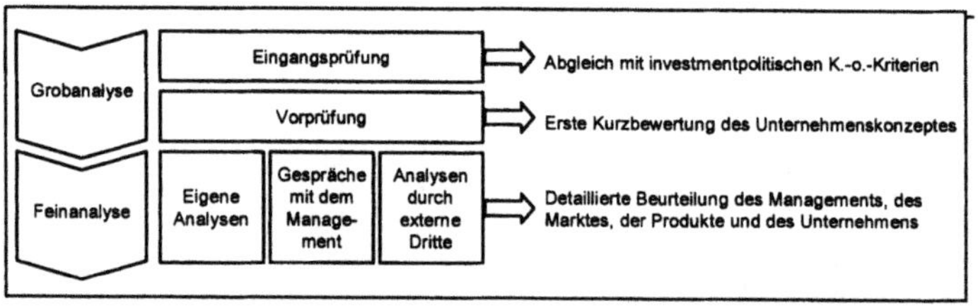

11. Wieviel Prozent der ursprünglich eingereichten Beteiligungsanträge bleiben in Ihrer BKG durchschnittlich nach den einzelnen Phasen der Beteiligungswürdigkeitsprüfung übrig?
(Bitte ungefähr schätzen)

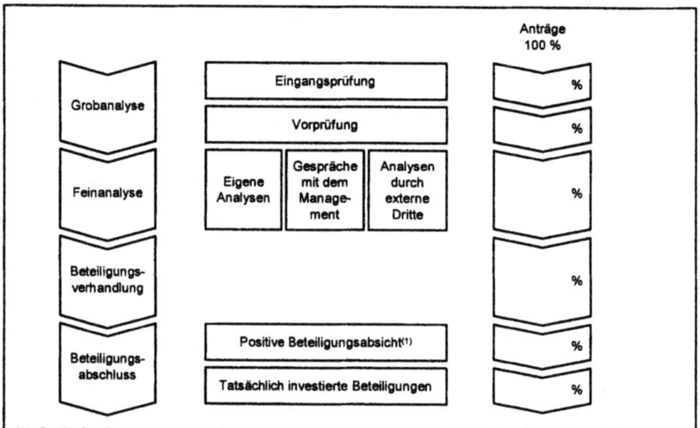

(1) Positive Beteiligungsabsicht umfasst alle Beteiligungen, bei denen die Absicht bestand, zu investieren (also auch die, die an den Wettbewerb verloren wurden)

Eingangsprüfung

Zeit und Aufwand der Eingangsprüfung

12. Wie lange dauert durchschnittlich die erste Eingangsprüfung der Beteiligungs-anfrage vom Eingang der Anfrage bis zur Ablehnung bzw. Weiterbearbeitung in der Vorprüfung?

Reine Bearbeitungszeit [Min.] Gesamtzeit (Bearbeitungs-, Liege- und Transportzeiten) [Min.]

13. Wieviel Prozent Ihrer gesamten Mitarbeiterkapazität (MAK) benötigen Sie durchschnittlich für die Eingangsprüfung? (Bitte ungefähren Anteil schätzen)

Kapazität für die Eingangsprüfung (in % der gesamten MAK) [%] davon:

- Geschäftsführer/Vorstand [%]
- Seniors [%]
- Juniors [%]
- Support [%]

Σ 100 %

Beurteilungsobjekte der Eingangsprüfung

14. Auf Basis welcher Informationen beurteilen Sie die Beteiligungsanfragen im Rahmen der Eingangsprüfung? (Bitte Zutreffendes ankreuzen)

	Niemals	Selten	Gelegentlich	Regelmäßig	Immer
- Vorliegender Businessplan des potentiellen Portfoliounternehmens	☐	☐	☐	☐	☐
- Telefongespräch mit dem Management des potentiellen Unternehmens	☐	☐	☐	☐	☐
- Persönliches Gespräch mit dem Management des Unternehmens	☐	☐	☐	☐	☐
- Briefwechsel mit dem Unternehmen	☐	☐	☐	☐	☐
- Eigene Analyse	☐	☐	☐	☐	☐
- [ ]	☐	☐	☐	☐	☐

15. Über welches Informationsniveau verfügen die Anfragen beim ersten Eingang?
(Bitte ungefähre Verteilung schätzen)

Nur sehr vage Angaben über das Unternehmenskonzept [%]

Grobes Unternehmenskonzept [%]

Vollständiger Geschäftsplan [%]

Σ 100 %

Beurteilungskriterien der Eingangsprüfung

16. Welche der nachfolgenden Beurteilungskriterien sind "K.-o.-Kriterien" und führen bei Nichterfüllung bereits bei der Eingangsprüfung zur Ablehnung des Beteiligungsantrages? (Bitte Zutreffendes ankreuzen)

	K.-o.-Kriterium
- Fehlende Übereinstimmung mit der Investmentpolitik	☐
• Unterschiedliche Finanzierungsphase	☐
• Unterschiedlicher Branchenschwerpunkt	☐
• Überschreitung/Unterschreitung der gewünschten Beteiligungshöhe	☐
• Zu geringe/zu lange Beteiligungsdauer	☐
• Zu geringe/zu hohe Umsatzgröße des potentiellen Portfoliounternehmens	☐
• Zu geringe Renditeerwartung	☐
• Unterschiedlich angebotene Beteiligungsquote	☐
- Schlechte Form der eingereichten Unterlagen	☐
- [ ]	☐

Vorprüfung

Zeit und Aufwand der Vorprüfung

17. Wie lange dauert durchschnittlich die Vorprüfung der Beteiligungsanfrage von der Weiterleitung nach der Eingangsprüfung bis zur Ablehnung bzw. Weiterbearbeitung in der Feinanalyse?

Reine Bearbeitungszeit [Std.] Gesamtzeit (Bearbeitungs-, Liege- und Transportzeiten) [Std.]

18. Wieviel Prozent Ihrer gesamten Mitarbeiterkapazität (MAK) benötigen Sie durchschnittlich für die Vorprüfung? (Bitte ungefähren Anteil schätzen)

Kapazität für die Vorprüfung (in % der gesamten MAK) [%] davon:

- Geschäftsführer/Vorstand	%
- Seniors	%
- Juniors	%
- Support	%
	Σ 100 %

Beurteilungsobjekte der Vorprüfung

19. Auf Basis welcher Informationen beurteilen Sie die Beteiligungsanfragen im Rahmen der Vorprüfung? (Bitte Zutreffendes ankreuzen)

	Nie-mals	Selten	Gele-gent-lich	Regel-mäßig	Immer
- Vorliegender Businessplan des potentiellen Portfoliounternehmens	☐	☐	☐	☐	☐
- Telefongespräch mit dem Management des potentiellen Unternehmens	☐	☐	☐	☐	☐
- Persönliches Gespräch mit dem Management des Unternehmens	☐	☐	☐	☐	☐
- Briefwechsel mit dem Unternehmen	☐	☐	☐	☐	☐
- Eigene Analyse	☐	☐	☐	☐	☐
- ________	☐	☐	☐	☐	☐

20. Welche der nachfolgenden Beurteilungsobjekte werden von Ihnen im Rahmen der Vorprüfung berücksichtigt und welche Bedeutung haben für Sie die einzelnen Beurteilungsobjekte? (Bitte Zutreffendes ankreuzen)

	Berücksichtigung		Bedeutung				
			Geringe		Mittlere		Sehr hohe
	Ja	Nein	1	2	3	4	5
- Markt	☐	☐	☐	☐	☐	☐	☐
- Wettbewerb	☐	☐	☐	☐	☐	☐	☐
- Kunden	☐	☐	☐	☐	☐	☐	☐
- Produkt	☐	☐	☐	☐	☐	☐	☐
- Management	☐	☐	☐	☐	☐	☐	☐
- Organisation des Unternehmens	☐	☐	☐	☐	☐	☐	☐
- Personal des Unternehmens	☐	☐	☐	☐	☐	☐	☐
- Standorte des Unternehmens	☐	☐	☐	☐	☐	☐	☐
- Finanzdaten (Vergangenheit)	☐	☐	☐	☐	☐	☐	☐
- Finanzplanung (Zukunft)	☐	☐	☐	☐	☐	☐	☐
- Rechtliche Rahmenbedingungen	☐	☐	☐	☐	☐	☐	☐
- Exitmöglichkeiten	☐	☐	☐	☐	☐	☐	☐
- Forschung und Entwicklung	☐	☐	☐	☐	☐	☐	☐
- Beschaffung	☐	☐	☐	☐	☐	☐	☐
- Produktion	☐	☐	☐	☐	☐	☐	☐
- Vertrieb und Absatz	☐	☐	☐	☐	☐	☐	☐
- ________	☐	☐	☐	☐	☐	☐	☐

Beurteilungskriterien der Vorprüfung

21. Welches sind aus Ihrer Sicht die <u>zentralen</u> Faktoren/Kenngrößen, auf Basis derer Sie eine Entscheidung im Rahmen der Vorprüfung treffen?

1.		6.	
2.		7.	
3.		8.	
4.		9.	
5.		10.	

Feinanalyse

Zeit und Aufwand der Feinanalyse

22. Wie lange dauert durchschnittlich die Feinanalyse der Beteiligungsanfrage von der Weiterleitung nach der Grobanalyse bis zur Ablehnung bzw. weiteren Beteiligungsverhandlung?

Reine Bearbeitungszeit [Tage] Gesamtzeit (Bearbeitungs-, Liege- und Transportzeiten) [Tage]

23. Wieviel Prozent Ihrer gesamten Mitarbeiterkapazität (MAK) benötigen Sie durchschnittlich für die Feinanalyse? (Bitte ungefähren Anteil schätzen)

Kapazität für die Feinanalyse (in % der <u>gesamten MAK</u>)	% davon:		
- davon eigene Analysen		% davon:	
• Geschäftsführer/Vorstand			%
• Seniors			%
• Juniors			%
			Σ 100 %
- davon Gespräche mit dem Management		% davon:	
• Geschäftsführer/Vorstand			%
• Seniors			%
• Juniors			%
			Σ 100 %

Beurteilungsobjekte der Feinanalyse

24. Welche der nachfolgenden Beurteilungsobjekte werden von Ihnen im Rahmen der Feinanalyse berücksichtigt und welche Bedeutung haben für Sie die einzelnen Beurteilungsobjekte? (Bitte Zutreffendes ankreuzen)

	Berücksichtigung		Bedeutung				
			Geringe		Mittlere		Sehr hohe
	Ja	Nein	1	2	3	4	5
- Markt	☐	☐	☐	☐	☐	☐	☐
- Wettbewerb	☐	☐	☐	☐	☐	☐	☐
- Kunden	☐	☐	☐	☐	☐	☐	☐
- Produkt	☐	☐	☐	☐	☐	☐	☐
- Management	☐	☐	☐	☐	☐	☐	☐

Fortsetzung Frage 24.

	Berücksichtigung		Bedeutung				
			Geringe		Mittlere		Sehr hohe
	Ja	Nein	1	2	3	4	5
- Organisation des Unternehmens	☐	☐	☐	☐	☐	☐	☐
- Personal des Unternehmens	☐	☐	☐	☐	☐	☐	☐
- Standorte des Unternehmens	☐	☐	☐	☐	☐	☐	☐
- Finanzdaten (Vergangenheit)	☐	☐	☐	☐	☐	☐	☐
- Finanzplanung (Zukunft)	☐	☐	☐	☐	☐	☐	☐
- Rechtliche Rahmenbedingungen	☐	☐	☐	☐	☐	☐	☐
- Exitmöglichkeiten	☐	☐	☐	☐	☐	☐	☐
- Forschung und Entwicklung	☐	☐	☐	☐	☐	☐	☐
- Beschaffung	☐	☐	☐	☐	☐	☐	☐
- Produktion	☐	☐	☐	☐	☐	☐	☐
- Vertrieb und Absatz	☐	☐	☐	☐	☐	☐	☐
- ______	☐	☐	☐	☐	☐	☐	☐

Beurteilungskriterien der Feinanalyse

25. Welche der nachfolgenden Beurteilungskriterien werden von Ihnen im Rahmen der Feinanalyse berücksichtigt, und wie intensiv analysieren Sie die einzelnen Beurteilungskriterien? (Bitte Zutreffendes ankreuzen)

(Geringe Analysenintensität = oberflächlicher Eindruck; geringfügige Transparenz über das Beurteilungsobjekt;
mittlere Analysenintensität = grobe Analyse; teilweise Transparenz über das Beurteilungsobjekt;
sehr hohe Analysenintensität = detaillierte Analyse; vollständige Transparenz über das Beurteilungsobjekt)

	Berücksichtigung		Bedeutung				
a) Markt			Geringe		Mittlere		Sehr hohe
	Ja	Nein	1	2	3	4	5
- Marktgröße	☐	☐	☐	☐	☐	☐	☐
- Marktwachstum in der Vergangenheit	☐	☐	☐	☐	☐	☐	☐
- Wachstumspotential in der Zukunft	☐	☐	☐	☐	☐	☐	☐
- Erfolgsfaktoren	☐	☐	☐	☐	☐	☐	☐
- Rentabilität des Marktes	☐	☐	☐	☐	☐	☐	☐
- Markttrends	☐	☐	☐	☐	☐	☐	☐
- Konjunkturabhängigkeit des Marktes	☐	☐	☐	☐	☐	☐	☐
- Politische Rahmenbedingungen/staatliche Einflüsse	☐	☐	☐	☐	☐	☐	☐
- ______	☐	☐	☐	☐	☐	☐	☐
b) Wettbewerb							
- Wettbewerberstruktur (relative Marktanteile, Wettbewerbsintensität)	☐	☐	☐	☐	☐	☐	☐
- Stärken und Schwächen der Wettbewerber	☐	☐	☐	☐	☐	☐	☐
- Differenzierungsmöglichkeiten	☐	☐	☐	☐	☐	☐	☐
- Markteintrittsbarrieren	☐	☐	☐	☐	☐	☐	☐
- ______	☐	☐	☐	☐	☐	☐	☐
c) Kunden							
- Kundenstruktur	☐	☐	☐	☐	☐	☐	☐
- Abhängigkeit von einzelnen Kunden	☐	☐	☐	☐	☐	☐	☐
- Bedarfsstruktur der Kunden	☐	☐	☐	☐	☐	☐	☐
- ______	☐	☐	☐	☐	☐	☐	☐

	Berücksichtigung		Bedeutung				
			Geringe		Mittlere		Sehr hohe
	Ja	Nein	1	2	3	4	5
d) Produkt							
- Produktprogramm (Breite, Tiefe etc.)	☐	☐	☐	☐	☐	☐	☐
- Produkttechnologie	☐	☐	☐	☐	☐	☐	☐
- Lebenszyklus der Produkte	☐	☐	☐	☐	☐	☐	☐
- Kundennutzen der Produkte	☐	☐	☐	☐	☐	☐	☐
- Produktqualität	☐	☐	☐	☐	☐	☐	☐
- Kostenstruktur der Produkte	☐	☐	☐	☐	☐	☐	☐
- Vorteil gegenüber Konkurrenzprodukten	☐	☐	☐	☐	☐	☐	☐
- Substitutionsgefahr einzelner Produkte	☐	☐	☐	☐	☐	☐	☐
- Image der Produkte	☐	☐	☐	☐	☐	☐	☐
- ______	☐	☐	☐	☐	☐	☐	☐
e) Management							
- Kaufmännische Fähigkeiten	☐	☐	☐	☐	☐	☐	☐
- Fachliche/technische Fähigkeiten	☐	☐	☐	☐	☐	☐	☐
- Abhängigkeit von einzelnen Managern	☐	☐	☐	☐	☐	☐	☐
- Unternehmerisches Verhalten (Risikobereitschaft, Initiative, Durchsetzungsfähigkeit, Flexibilität)	☐	☐	☐	☐	☐	☐	☐
- Führungsverhalten (Führungsstil, Kommunikations-, Delegationsfähigkeit)	☐	☐	☐	☐	☐	☐	☐
- Erscheinungsbild (Auftreten, Umgangsformen, Ausstrahlung)	☐	☐	☐	☐	☐	☐	☐
- Vergangenheit ("Track Record", Lebenslauf, Referenzen)	☐	☐	☐	☐	☐	☐	☐
- Persönliche Eigenschaften (Charakter, Willensstärke, Offenheit, Integrität)	☐	☐	☐	☐	☐	☐	☐
- ______	☐	☐	☐	☐	☐	☐	☐
f) Organisation des Unternehmens							
- Aufbauorganisation (Struktur)	☐	☐	☐	☐	☐	☐	☐
- Ablauforganisation (Prozesse)	☐	☐	☐	☐	☐	☐	☐
- Qualität der Controlling-/Steuerungssysteme	☐	☐	☐	☐	☐	☐	☐
- Qualität des Rechnungswesens	☐	☐	☐	☐	☐	☐	☐
- Zustand der EDV-Systeme	☐	☐	☐	☐	☐	☐	☐
- Kompetenzregelung	☐	☐	☐	☐	☐	☐	☐
- ______	☐	☐	☐	☐	☐	☐	☐
g) Personal des Unternehmens							
- Qualifikation des Personals	☐	☐	☐	☐	☐	☐	☐
- Personalkosten	☐	☐	☐	☐	☐	☐	☐
- Betriebsklima	☐	☐	☐	☐	☐	☐	☐
- Altersstruktur	☐	☐	☐	☐	☐	☐	☐
- Fluktuation	☐	☐	☐	☐	☐	☐	☐
- ______	☐	☐	☐	☐	☐	☐	☐
h) Standorte des Unternehmens							
- Geografische Standortbedingungen (Infrastruktur/ Verkehrslage)	☐	☐	☐	☐	☐	☐	☐
- Politische Standortrisiken	☐	☐	☐	☐	☐	☐	☐
- Umweltschutzanforderungen	☐	☐	☐	☐	☐	☐	☐
- ______	☐	☐	☐	☐	☐	☐	☐

	Berücksichtigung		Bedeutung				
			Geringe		Mittlere		Sehr hohe
	Ja	Nein	1	2	3	4	5
i) Finanzdaten (Vergangenheit)							
- Entwicklung und Struktur des Umsatzes	☐	☐	☐	☐	☐	☐	☐
- Entwicklung der Rentabilität	☐	☐	☐	☐	☐	☐	☐
- Entwicklung und Struktur der Bilanz	☐	☐	☐	☐	☐	☐	☐
- Entwicklung und Struktur der G+V	☐	☐	☐	☐	☐	☐	☐
- Entwicklung des Cash-Flows	☐	☐	☐	☐	☐	☐	☐
- Entwicklung und Struktur der Investitionen	☐	☐	☐	☐	☐	☐	☐
- Entwicklung der Liquidität	☐	☐	☐	☐	☐	☐	☐
- ☐	☐	☐	☐	☐	☐	☐	☐
j) Finanzplanung (Zukunft)							
- Zukünftige Entwicklung und Struktur des Umsatzes	☐	☐	☐	☐	☐	☐	☐
- Zukünftige Entwicklung der Rentabilität	☐	☐	☐	☐	☐	☐	☐
- Zukünftige Entwicklung und Struktur der Bilanz	☐	☐	☐	☐	☐	☐	☐
- Zukünftige Entwicklung und Struktur der G+V	☐	☐	☐	☐	☐	☐	☐
- Zukünftige Entwicklung des Cash-Flows	☐	☐	☐	☐	☐	☐	☐
- Zukünftige Entwicklung und Struktur der Investitionen	☐	☐	☐	☐	☐	☐	☐
- Zukünftige Entwicklung der Liquidität	☐	☐	☐	☐	☐	☐	☐
- ☐	☐	☐	☐	☐	☐	☐	☐
k) Rechtliche Rahmenbedingungen							
- Gesellschaftsverträge	☐	☐	☐	☐	☐	☐	☐
- Unternehmensverträge (Leasing-, Kooperations-, Miet-, Kundenverträge)	☐	☐	☐	☐	☐	☐	☐
- ☐	☐	☐	☐	☐	☐	☐	☐
l) Exitmöglichkeiten							
- Alternative Exitmöglichkeiten	☐	☐	☐	☐	☐	☐	☐
- Potentielle Käufer	☐	☐	☐	☐	☐	☐	☐
- ☐	☐	☐	☐	☐	☐	☐	☐
m) Forschung und Entwicklung							
- Entwicklung und Struktur des Forschungsbudgets	☐	☐	☐	☐	☐	☐	☐
- Realisierungsquote der F & E (neue Produkte, Patente, Lizenzen etc.)	☐	☐	☐	☐	☐	☐	☐
- ☐	☐	☐	☐	☐	☐	☐	☐
n) Beschaffung							
- Lieferantenstruktur	☐	☐	☐	☐	☐	☐	☐
- Abhängigkeit von einzelnen Lieferanten	☐	☐	☐	☐	☐	☐	☐
- Abhängigkeit von bestimmten Rohstoffen	☐	☐	☐	☐	☐	☐	☐
- Qualität bei zu beschaffenden Rohstoffen	☐	☐	☐	☐	☐	☐	☐
- Einkaufsbedingungen/-konditionen	☐	☐	☐	☐	☐	☐	☐
- ☐	☐	☐	☐	☐	☐	☐	☐

	Berücksichtigung		Bedeutung				
			Geringe		Mittlere		Sehr hohe
	Ja	Nein	1	2	3	4	5
o) Produktion							
- Produktionsablauf/-prozess	☐	☐	☐	☐	☐	☐	☐
- Kapazitätsauslastung	☐	☐	☐	☐	☐	☐	☐
- Kosten der Leistungserstellung	☐	☐	☐	☐	☐	☐	☐
- Produktivität	☐	☐	☐	☐	☐	☐	☐
- Produktionstechnologie	☐	☐	☐	☐	☐	☐	☐
- Zustand der Produktionsanlagen	☐	☐	☐	☐	☐	☐	☐
- __________	☐	☐	☐	☐	☐	☐	☐
p) Vertrieb und Absatz							
- Vertriebskonzept	☐	☐	☐	☐	☐	☐	☐
- Vertriebsorganisation	☐	☐	☐	☐	☐	☐	☐
- Qualität der Vertriebskanäle	☐	☐	☐	☐	☐	☐	☐
- Kosten des Vertriebes	☐	☐	☐	☐	☐	☐	☐
- Preispolitik des Unternehmens	☐	☐	☐	☐	☐	☐	☐
- __________	☐	☐	☐	☐	☐	☐	☐

26. Weiches sind aus Ihrer Sicht die zentralen Faktoren/Kenngrößen, auf Basis derer Sie eine Entscheidung im Rahmen der Feinanalyse treffen?

1. __________	6. __________
2. __________	7. __________
3. __________	8. __________
4. __________	9. __________
5. __________	10. __________

Analysen durch externe Dritte

27. Für welche Analyseobjekte setzen Sie externe Dritte ein? (Bitte Zutreffendes ankreuzen)

	Häufigkeit				
	Nie-mals	Selten	Gele-gent-lich	Regel-mäßig	Immer
- Markt	☐	☐	☐	☐	☐
- Wettbewerb	☐	☐	☐	☐	☐
- Kunden	☐	☐	☐	☐	☐
- Produkt	☐	☐	☐	☐	☐
- Management	☐	☐	☐	☐	☐
- Organisation des Unternehmens	☐	☐	☐	☐	☐
- Personal des Unternehmens	☐	☐	☐	☐	☐
- Standorte des Unternehmens	☐	☐	☐	☐	☐
- Finanzdaten (Vergangenheit)	☐	☐	☐	☐	☐
- Finanzplanung (Zukunft)	☐	☐	☐	☐	☐
- Rechtliche Rahmenbedingungen	☐	☐	☐	☐	☐
- Exitmöglichkeiten	☐	☐	☐	☐	☐
- Forschung und Entwicklung	☐	☐	☐	☐	☐
- Beschaffung	☐	☐	☐	☐	☐
- Produktion	☐	☐	☐	☐	☐
- Vertrieb und Absatz	☐	☐	☐	☐	☐
- __________	☐	☐	☐	☐	☐

28. In wieviel Prozent aller Prüfungsfälle setzen Sie externe Dritte ein? [%]

29. Welche externen Dritte werden im Rahmen der Feinanalyse eingesetzt?
(Bitte Zutreffendes ankreuzen)

	Häufigkeit				
	Niemals	Selten	Gelegentlich	Regelmäßig	Immer
- Rechtsanwälte	☐	☐	☐	☐	☐
- Steuerberater	☐	☐	☐	☐	☐
- Wirtschaftsprüfer	☐	☐	☐	☐	☐
- Unternehmensberater	☐	☐	☐	☐	☐
- Informelles Netzwerk	☐	☐	☐	☐	☐
- Universitäten	☐	☐	☐	☐	☐
- Technische Gutachter	☐	☐	☐	☐	☐
- [ ]	☐	☐	☐	☐	☐

30. Wie hoch schätzen Sie die durchschnittlichen Gesamtkosten für sämtliche externe Dritte pro Beteiligungsantrag in der Feinanalyse?
Kosten für externe Dritte pro Beteiligungsantrag [TDM]

Allgemeine Angaben zu Ihrem Unternehmen

Alter Ihres Unternehmens

31. Wann wurde Ihre BKG gegründet und wann haben Sie Ihre erste Investition durchgeführt?
Gründungsjahr [19__] Jahr der Erstinvestition [19__]

Größe Ihres Unternehmens

32. Wie hat sich Ihr Fondsvolumen (insgesamt verfügbares Kapital) von 1993 bis 1997 entwickelt?

1993	1994	1995	1996	1997
Mio. DM	Mio. DM	Mio. DM	Mio. DM	Mio. DM

33. Wie hat sich Ihr Beteiligungsportfolio von 1993 bis 1997 entwickelt?

a) Investiertes Kapital

1993	1994	1995	1996	1997
Mio. DM	Mio. DM	Mio. DM	Mio. DM	Mio. DM

b) Anzahl Portfoliounternehmen

1993	1994	1995	1996	1997
Mio. DM	Mio. DM	Mio. DM	Mio. DM	Mio. DM

Struktur Ihres Portfolios

34. Wie lässt sich Ihr investiertes Kapital zum 31.12.1997 auf die einzelnen Finanzierungsphasen verteilen?

Seed	Start-up	Expansion	Bridge	MBO/MBI	Turnaround	
%	%	%	%	%	%	Σ 100 %

35. Wie lässt sich Ihr investiertes Kapital zum 31.12.1997 auf die einzelnen Branchen verteilen?

Chemie	Eisen/Stahl	Maschinenbau	Elektrotechnik	EDV	Biotechnologie	Holz/Papier	
%	%	%	%	%	%	%	Σ 100 %
Leder/Textil	Nahrung	Bau	Handel	Verkehr	Finanzdienstl.	Sonstige	
%	%	%	%	%	%	%	

36. Wie lässt sich Ihr investiertes Kapital zum 31.12.1997 auf die Beteiligungsdauer Ihrer Portfoliounternehmen verteilen?

< 3 Jahre	3 bis 5 Jahre	5-7 Jahre	7-9 Jahre	> 9 Jahre	
%	%	%	%	%	Σ 100 %

Mitarbeiter Ihres Unternehmens

37. Wieviele Mitarbeiter arbeiten in Ihrer BKG (Stand: 31.12.1997)?

(Angaben in Mitarbeiterkapazitäten)

Anzahl Mitarbeiter "Professionals"	MAK
- davon Anzahl Mitarbeiter Geschäftsführung/Vorstand	MAK
- davon Anzahl Mitarbeiter "Seniors"	MAK
- davon Anzahl Mitarbeiter "Juniors"	MAK
Anzahl Mitarbeiter "Support"	MAK

38. Wie verteilt sich die Gesamtkapazität Ihrer Mitarbeiter auf die einzelnen Aktivitäten Ihrer BKG? (Bitte ungefähre Verteilung schätzen)

	Kapital-akquisition	Beteiligungs-akquisition	Beteiligungs-würdigkeits-prüfung	Beteiligungs-verhandlung	Management-unterstützung	Des-investition	
Gesamtkapazität	%	%	%	%	%	%	Σ 100 %

39. Über welche Qualifikation verfügen Ihre Mitarbeiter?

a) Anteil Mitarbeiter mit mindestens fünf Jahren Berufserfahrung (vor Eintritt in Ihre BKG)

	... in der Finanzdienstleistung	... in der Industrie	... in der Beratung
Geschäftsführung/Vorstand	%	%	%
Seniors	%	%	%
Juniors	%	%	%

b) Durchschnittliche Anzahl Jahre Berufserfahrung Ihrer Mitarbeiter in der Beteiligungskapitalbranche

Geschäftsführung/Vorstand	Jahre
Seniors	Jahre
Juniors	Jahre

Investorenstruktur Ihres Unternehmens

40. Aus welchen Quellen finanziert sich Ihre Gesellschaft?

Privat	Institutionelle Investoren	Industrie	Private Banken	Öffentliche Banken/ Sparkassen	Versicherungen	Staat	
%	%	%	%	%	%	%	Σ 100 %

41. Wie würden Sie die Trägerschaft Ihrer BKG bezeichnen?

☐ Independent (ohne Einflussnahme durch die Investoren) ☐ Semi-captive (begrenzte Einflussnahme durch die Investoren) ☐ Captive (mit Einflussnahme durch die Investoren)

Rentabilität Ihres Unternehmens

42. Bitte geben Sie an, wie hoch Ihre Nettorendite für Investoren im Durchschnitt der letzten fünf Jahre (1993 bis 1997) gewesen ist? (Bitte Zutreffendes ankreuzen; Definition gemäß EVCA; d. h. realisierte Erträge, nach Kosten, Gebühren und Gewinnbeteiligung der BKG)

☐ < 5 % ☐ 5-10 % ☐ 10-15 % ☐ 15-20 % ☐ 20-25 % ☐ > 25 %

43. Falls Sie keine Angaben zur Frage 42 machen können bzw. möchten, bitte geben Sie uns dann an, ob Ihre Nettorendite für Investoren im Durchschnitt der letzten fünf Jahre (1993 bis 1997) unter, gleich oder über 15 % gelegen hat?
(Bitte Zutreffendes ankreuzen)

☐ Kleiner als 15 % ☐ Gleich 15 % ☐ Größer als 15 %

44. Bitte geben Sie an, wie hoch Ihre Ausfallquote im Durchschnitt der letzten fünf Jahre gewesen ist? (Bitte Zutreffendes ankreuzen)

☐ < 2 % ☐ 2-4 % ☐ 4-6 % ☐ 6-8 % ☐ 8-10 % ☐ > 10 %

Vielen Dank für Ihre Unterstützung!

Alle Daten werden streng vertraulich behandelt!

Literaturverzeichnis

Achleitner, A.-K. (Hrsg.) [Investment-Banking, 1999]: Handbuch Investment-Banking, Wiesbaden: Gabler, 1999

Akerlof, G. A. [Market Mechanism, 1970]: The market for lemons: Quality uncertainty and the market mechanism, in: Quarterly Journal of Economics (1970), No. 84, S. 488-500

Albach, H. [Venture-Capital, 1983]: Venture Capital-Firmen in Japan und den USA, in: Zeitschrift für Forschung und Praxis (1983), 53. Jg., Heft 10, S. 993-1002

Albach, H. [Versorgung, 1983]: Zur Versorgung der deutschen Wirtschaft mit Risikokapital, Bonn: Institut für Mittelstandsforschung, 1983

Albach, H./Köster, D. [Risikokapital, 1997]: Risikokapital in Deutschland, Berlin: Wissenschaftszentrum Berlin für Sozialforschung, 1997

Alchemy Beteiligungsberatung GmbH [Privatkapital, 1998]: Unternehmensbroschüre – Schnelligkeit & Flexibilität bei der Anlage von Privatkapital, Eschborn, 1998

Amit, R./Glosten, L./Muller, E. [Entrepreneurial Firms, 1990]: Does Venture Capital foster the most promising entrepreneurial firms, in: California Management Review, 1990, S. 102 - 107

Anslow, M. [Time, 1992]: Time to stop calling it "Venture Capital", in: Venture-Capital Journal (1992), No. 2/3, S. 2-6

Baaken, T., [Bewertung, 1989]: Bewertung technologieorientierter Unternehmensgründungen: Kriterien und Methoden zur Bewertung von Gründerpersönlichkeit, Technologie und Markt für Banken und Venture Capital-Gesellschaften sowie für die staatliche Wirtschafts- und Technologieförderung, Berlin: Erich Schmidt, 1989

Backhaus, K./Erichson, B./Plinke, W./Weiber, R., [Analysemethoden, 1996]: Multivariate Analysemethoden – Eine anwendungsorientierte Einführung, Berlin/Heidelberg: Springer Verlag, 1996

Bader, H., [Private-Equity, 1996]: Private Equity als Anlagekategorie – Theorie, Praxis und Portfoliomanagement für institutionelle Investoren, Bern/Stuttgart/ Wien: Haupt, 1996

Barber, G. P. [Leveraged-Buyouts, 1985]: The key to successful leveraged buyouts: analysis of management; in: *Pratt, S. E./Morris, J. K. (Hrsg.)*, Guide, 1985, S. 72 - 74

Ballwieser, W. [Unternehmensbewertung, 1990]: Unternehmensbewertung und Komplexitätsreduktion, 3., überarbeitete Auflage, Wiesbaden: Gabler, 1990

Barry, C. C. [Research, 1994]: New directions in research on Venture Capital finance, in: Financial Management, Vol.23, No. 3, 1994, S. 3 - 9

Bellinger, B./Vahl, G. [Unternehmensbewertung, 1992]: Unternehmensbewertung in Theorie und Praxis, 2., vollständig überarbeitete Auflage, Wiesbaden: Gabler, 1992

Bell, M. G. [Angel, 1999]: Venture Capitalist oder Angel – Welcher Kapitalgeber stiftet größeren Nutzen, in: Die Bank (1999), Nr. 6, S. 372-377

Betsch, O./Groh, A. P./Lohmann, L. G. E. [Corporate-Finance, 1998]: Corporate-Finance: Unternehmensbewertung, M & A und innovative Kapitalmarktfinanzierung, München: Vahlen, 1998

Bischof, P. [Produktlebenszyklen, 1976]: Produktlebenszyklen im Investitionsgüterbereich, Göttingen: Vandenhoeck und Ruprecht, 1976

Bjordal, O. [Fantasie, 2000]: Internet-Firmen mit Fantasie, Vision und Mut bewerten, in: Finanz und Wirtschaft vom 16.2.2000, S. 29

Blackman, A. [Rewards, 1995]: A waiting game with rich rewards, in: Acquisitions Monthly (1995), April, S. 42 – 46

Boehm-Bezing von, C. L. [Business Angels, 1999]: Business Angels und ihre Netzwerke, in: Die Bank (1999), Nr. 9, S. 598-601

Boehringer, S., [Geld, 2001]: Geldsammeln, abwarten und hart arbeiten, in: Süddeutsche Zeitung v. 12.9.2001, S. 15

Born, K. [Unternehmensbewertung, 1995]: Unternehmensanalyse und Unternehmensbewertung, Stuttgart: Schäffer-Poeschel, 1995

Bortz, J. [Statistik, 1993]: Statistik für Sozialwissenschaftler, Berlin/Heidelberg/New York: Springer, 1993

Bovaird, C. [Introduction, 1990]: Introduction to Venture Capital Finance, London: Pitman, 1990

Breinlinger-O'Reilly, J. [Theorien, 1991]: Aufbau und Struktur wirtschaftswissenschaftlicher Theorien: eine Kritik am wissenschaftstheoretischen Entwurf von Dieter Schneider und die strukturalistische Alternative, Fuchsstadt: Wilfer, 1991

Breuer, R.-E. [Umfeld, 1997]: Venture Capital – besseres Umfeld ist notwendig, in: Die Bank (1997), Nr. 6, S. 324-329

Briskman, E. F. [Venture-Capital, 1966]: Venture Capital: The decision to finance technically-based enterprises, Master's thesis, MIT, Sloan School of Management, Cambridge, 1966

British Venture-Capital Association [Report, 1992]: Report on investment activity 1992, London, 1992

Bruhns, K. [Mittelstandspolitik, 1992]: Die Förderung von Kapitalbeteiligungsgesellschaften als Instrument der Mittelstandspolitik: Eine kritische Analyse der Wirkungen und Einsatzmöglichkeiten, Pfaffenweiler: Centaurus, 1992

Budäus, D./Gerum, E./Zimmermann, G. (Hrsg.) [Betriebswirtschaftslehre, 1988]: Betriebswirtschaftslehre und Theorie der Verfügungsrechte, Wiesbaden: Gabler, 1988

Büschgen, H. E. [Beteiligungsfinanzierung, 1976]: Die Beteiligungsfinanzierung in der betriebswirtschaftlichen Theorie, in: *Juncker, K./ Schlegelmilch, K.* (Hrsg.), Kapitalbeteiligungsgesellschaft, 1976, S. 49-71

Büschgen, H. E. [Venture-Capital, 1985]: Venture Capital – der deutsche Ansatz, in: Die Bank (1985), Nr. 5, S. 220-227

Büschgen, H. E. [Banken, 1985]: Banken und Venture Capital-Finanzierungen, in: Die Bank (1985), Nr. 6, S. 284-292

Bühl, A./Zöfel, P. [Datenanalyse, 2000]: SPSS Version 10 – Einführung in die moderne Datenanalyse, München: Addison Wesley, 2000

Bullen, C. V./Rockart, J. F. [Success-Factors, 1981]: A Primer On Critical Success Factors, Working Paper, Cambridge: Center For Information Systems Research, MIT, Juni 1981

Bundesministerium für Wirtschaft [Alte Bundesländer, 1995]: Wirtschaftliche Förderung in den alten Bundesländern, Bonn, Februar 1995

Bundesministerium für Wirtschaft [Neue Bundesländer, 1995]: Wirtschaftliche Förderung in den neuen Bundesländern, Bonn, Februar 1995

Bundesministerium für Wirtschaft [Wagniskapital, 1997]: Wagniskapital – Gutachten des Wissenschaftlichen Beirats beim Bundesministerium für Wirtschaft, Studienreihe Nr. 95, Bonn, 1997

BVK – Bundesverband deutscher Kapitalbeteiligungsgesellschaften – German Venture-Capital Association, [Jahrbuch, 1994]: Jahrbuch 1994, Berlin, 1994

BVK – Bundesverband deutscher Kapitalbeteiligungsgesellschaften – German Venture-Capital Association, [Jahrbuch, 1995]: Jahrbuch 1995, Berlin, 1995

BVK – Bundesverband deutscher Kapitalbeteiligungsgesellschaften – German Venture-Capital Association, [Jahrbuch, 1996]: Jahrbuch 1996, Berlin, 1996

BVK – Bundesverband deutscher Kapitalbeteiligungsgesellschaften – German Venture-Capital Association, [Jahrbuch, 1997]: Jahrbuch 1997, Berlin, 1997

BVK – Bundesverband deutscher Kapitalbeteiligungsgesellschaften – German Venture-Capital Association, [Jahrbuch, 1998]: Jahrbuch 1998, Berlin, 1998

BVK – Bundesverband deutscher Kapitalbeteiligungsgesellschaften – German Venture-Capital Association, [Directory, 1998]: Directory 1998 – Leitfaden für Unternehmer & Mitgliederverzeichnis, Berlin, 1998

BVK – Bundesverband deutscher Kapitalbeteiligungsgesellschaften – German Venture-Capital Association, [Jahrbuch, 1999]: Jahrbuch 1999, Berlin, 1999

BVK – Bundesverband deutscher Kapitalbeteiligungsgesellschaften – German Venture-Capital Association, [Jahrbuch, 2000]: Jahrbuch 2000, Berlin, 2000

Bygrave, W. D./Timmons, J. A. [Venture-Capital, 1992]: Venture Capital at the Crossroads, Boston: Harvard Business School Press, 1992

Campell, I./Kracaw, W. [Market-Signalling, 1980]: Information Production, Market Signalling, and Financial Intermediation, in: Journal of Finance (1980), Vol. 35, S. 863-883

Chiampou, G. F./Kallett, J. J. [Risk-Return-Profile, 1989]: Risk return profile of Venture Capital, in: Journal of Business Venturing (1989), Vol. 4, S. 1-10

Chmielewicz, K. [Forschungskonzeptionen, 1979]: Forschungskonzeptionen der Wirtschaftswissenschaften, 2. überarbeitete und erweiterte Auflage, Stuttgart: Poeschel, 1979

Christen, D. V. [Venture-Capital-Fonds, 1991]: Anlagen in Venture Capital-Fonds – Ein Beitrag zum besseren Verständnis des internationalen Venture Capital-Geschäfts aus Investorensicht, Bern/Stuttgart: Haupt, 1991

Cimbal, A. [Venture-Capital-Finanzierungen, 1995]: Entscheidung unter Unsicherheit: Relevanz für Venture Capital-Finanzierungen, Marburg: Tectum Verlag, 1995

Coase, R. H. [Social-Cost, 1960]: The problem of social cost, in: Journal of Law and Economics (1960), Vol. 3, S. 1-44

Coopers & Lybrand [Venture-Capital, 1998]: Venture Capital – Der Einfluss von Beteiligungskapital auf die Beteiligungsunternehmen und die deutsche Wirtschaft, Frankfurt: Fachverlag Moderne Wirtschaft, 1998

Copeland, T./Koller, T./Murrin, J. [Valuation, 1994]: Valuation: Measuring and managing the value of companies, 2nd edition, New York: John Wiley & Sons, 1994

Coutarelli, S. A. [Venture-Capital, 1977]: Venture Capital in Europe, New York: Praeger Publishers, 1977

Diller, H./Lücking, J. [Erfolgsfaktorenforschung, 1993]: Die Resonanz der Erfolgsfaktorenforschung beim Management von Großunternehmen, in: Zeitschrift für Betriebswirtschaft (1993), 63. Jg., Heft 12, S. 1229-1249

Dixon, R. [Appraisal, 1991]: Venture Capitalists and the Appraisal of Investments, in: Omega – The international Journal of Management Science (1991), Vol. 19, No. 5, S. 333-344

Drechsel, M., [Konzernabspaltungen, 2001]: Buy-outs im Rahmen von Konzernabspaltungen immer beliebter, in: Börsen-Zeitung v. 16.6.2001, Sonderbeilage, S. B 3

Drukarczyk, J. [Unternehmensbeteiligungsgesellschaft (UBG), 1991]: Unternehmensbeteiligungsgesellschaft (UBG), in: Die Betriebswirtschaft, Jg. 51, 1991, S. 529-531

Drukarczyk, J. [Finanzierung, 1996]: Finanzierung: eine Einführung, 7., neubearbeitete und erweiterte Auflage – Stuttgart: Lucius und Lucius, 1996

Drukarczyk, J. [Unternehmensbewertung, 1998]: Unternehmensbewertung, 2., überarbeitete und erweiterte Auflage, München: Vahlen, 1998

Dungern, F. v. [Risikokapital, 1983]: Amerikanisches Risikokapital für den europäischen Markt? Chancen für mittelständische Unternehmer, in: Zeitschrift für Betriebswirtschaft (1983), 53. Jg., Heft 10, S. 990-1002

Eilenberger, G. [Venture-Capital-Finanzierungen]: Zur Notwendigkeit von Venture Capital-Finanzierungen, in: Die Bank (1984), Nr. 4, S. 184-189

Engeken, G. [Mittelstandsförderung, 1976]: Die Kapitalbeteiligungsgesellschaft als Instrument der Mittelstandsförderung, in: *Juncker, K./Schlegelmilch, K. (Hrsg.)*, Kapitalbeteiligungsgesellschaft, 1976

EVCA-European Venture-Capital Association [Performance, 1994]: The EVCA Performance Measurement Principles, Zaventem, 1994

EVCA-European Venture-Capital Association [Yearbook, 1997]: 1997 Yearbook: Zaventem, 1997

EVCA-European Venture-Capital Association [Yearbook, 1998]: 1998 Yearbook: A Survey of Venture Capital and Private Equity in Europe, Zaventem, 1998

Fama, E. F. [Financing-Decisions, 1978]: The effects of a firm's investment and financing decisions on the welfare of its security holders, in: American Economic Review (1978), No. 68, S. 272-284

Fama, E. F. [Agency-Problems, 1980]: Agency Problems and Residual Claims, in: Journal of Political Economy (1980), Vol. 88, No. 2, S. 288-307

Fanselow, K.-H./Stedler, H. [Venture-Capital, 1988]: Venture Capital in Deutschland, in : Die Bank (1988), Heft 10, S. 554-560

Fanselow, K.-H./Stedler, H. [Mezzanine-Money, 1992]: Management-Buy-Out und Mezzanine Money, in: Die Bank (1992), Heft 7, S. 395-398

Feldbausch, F. K. . [Kapitalbeteiligungsgesellschaft, 1969]: Die Kapitalbeteiligungsgesellschaft in Großbritannien, in: Zeitschrift für das gesamte Kreditwesen (1969), 22. Jg., Heft 3, S. 90-92

Fendel, A. [Investmententscheidungsprozesse, 1987]: Investmententscheidungsprozesse in Venture Capital-Unternehmungen: Darstellung und Möglichkeiten der instrumentellen Unterstützung. Köln: Deutscher Wirtschaftsdienst, 1987

Fischer, L. [Problemfelder, 1987]: Problemfelder und Perspektiven der Finanzierung durch Venture Capital in der Bundesrepublik Deutschland, in: Die Betriebswirtschaft (1987), 47. Jahrgang, S. 8-32

Flynn, J./Bernier, L. [Springtime, 1995]: Springtime for Startups? in: Business Week vom 24.4.1995, S. 38-41

Franck, E./Opitz, C., [Humankapital, 2000]: Internet-Start-ups – Ein neuer Wettbewerber unter den Filteranlagen für Humankapital, in: Zeitschrift für Betriebswirtschaft (2000), S. 65-82

Franke, D. [Konsolidierung, 2001]: Beteiligungsmarkt vor der Konsolidierung, in: Die Bank (2001), Heft 9, S. 664-666

Friedrichs, J. [Methoden, 1983]: Methoden der empirischen Sozialforschung, 9. Auflage, Opladen: Westdeutscher Verlag, 1983

Gebhardt, G./Gerke, W./Steiner, M. (Hrsg.) [Handbuch, 1993]: Handbuch des Finanzmanagements, München: Beck, 1993

Gerke, W. [Kapitalbeteiligungsgesellschaften, 1974]: Kapitalbeteiligungsgesellschaften, ihre Problematik und ihre gesetzliche Regelung. Dissertation, Frankfurt, 1974

Gerke, W. [Wirtschaftspolitische Schlussfolgerungen , 1995]: Probleme deutscher mittelständischer Unternehmen beim Zugang zum Kapitalmarkt: Analyse und wirtschaftspolitische Schlußfolgerung, Baden-Baden: Nomos

Gerybadze, A./Müller, R. [Kapitalmarktdiskrepanz, 1990]: Finanzierung von technologieorientierten Unternehmensgründungen. Zur Hypothese der Kapitalmarktdiskrepanz in der Bundesrepublik Deutschland, Karlsruhe: Fraunhofer-Institut für Systemtechnik und Innovationsforschung, 1990

Gillner, G. [Venture-Capital, 1984]: Venture Capital: Leitfaden für die Praxis, Hannover: Liebrecht, 1984

Gladstone, D. J. [Venture-Capital, 1988]: Venture Capital Investing, the Complete Handbook for Investing in Small Private Business for Outstanding Profits, Englewood Cliffs, 1988

Gorman, W./Sahlmann, W. A., [Venture-Capital, 1989]: What do Venture Capitalists do? In: Journal of Business Venturing (1989), Vol. 4, S. 231-248

Grisebach, R. [Innovationsfinanzierung, 1989]: Innovationsfinanzierung durch Venture Capital - eine juristische und ökonomische Analyse, München: VVF, 1989

Grochla, E. (Hrsg.) [Handwörterbuch, 1980]: Handwörterbuch der Organisation, 2., völlig neu gestaltete Auflage, Stuttgart: Poeschel, 1980

Gröschel, U. [Beschäftigung, 1986]: Venture Capital – ein Instrument zur Förderung der Realkapitalbildung und der Beschäftigung, in: Sparkasse (1986), Jg. 103, S. 196-202

Grünig, R./Heckner, F./Zeus, A. [Erfolgsfaktoren, 1996]: Methoden zur Identifikation strategischer Erfolgsfaktoren, in: Die Unternehmung (1996), Nr. 1, S. 3-12

Gzuk, R. [Messung, 1975]: Messung der Effizienz von Entscheidungen: Beitrag zu einer Methodologie der Erfolgsfeststellung betriebswirtschaftlicher Entscheidungen, Tübingen: Mohr, 1975

Hake, B. [Firmengründer, 1998]: Wer finanziert die amerikanischen Firmengründer? in: Zeitschrift für das gesamte Kreditwesen (1998), Nr. 5, S. 226-227

Hamada, R. [Portfolio-Analysis, 1969]: Portfolio analysis, market equilibrium and corporation finance, in: Journal of Finance (1969), No. 24, S. 13-31

Hartmann-Wendels, T. [Venture-Capital, 1987]: Venture Capital aus finanzierungstheoretischer Sicht, in: Zeitschrift für betriebswirtschaftliche Forschung (1987), Heft 39, S. 16-30

Hax, H. [Theorie, 1991]: Theorie der Unternehmung – Information, Anreize und Vertragsgestaltung, in: *Ordelheide, D./Rudolph, B./Büsselmann, E. (Hrsg.)*, Betriebswirtschaftslehre, 1991, S. 51-76

Hax, K. [Kapitalbeteiligungsgesellschaften, 1969]: Kapitalbeteiligungsgesellschaften zur Finanzierung kleiner und mittlerer Unternehmen, Köln: Westdeutscher Verlag, 1969

Heinen, E. [Betriebswirtschaftslehre, 1982]: Einführung in die Betriebswirtschaftslehre, 8. Auflage, Wiesbaden: Gabler, 1982

Hennings, R./Vogt, M. [Exit-Alternativen, 2001]: Trade Sale oder IPO? – Exit-Alternativen im Beteiligungsmarkt, in: Börsen-Zeitung v. 16.6.2001, Sonderbeilage, S. B1

Hertz-Eichenrode, A. [Performancemessung, 1995]: Portfoliomanagement, Beteiligungscontrolling und Performancemessung, in: *BVK*, Jahrbuch 1995, 1995, S. 26-36

Heynen, A. [Kapitalbeteiligungsgesellschaften, 1970]: Betriebswirtschaftliche und bankwirtschaftliche Aspekte bei Finanzierung durch Kapitalbeteiligungsgesellschaften, Dissertation, München, 1970

Hielscher, U./Dorn, G./Lampe, G. [Innovationsfinanzierung, 1982]: Innovationsfinanzierung mittelständischer Unternehmungen: Problemsituation und Lösungsansätze, Stuttgart: Poeschel, 1982

Hierl, W. [Entscheidungsverhalten, 1986]: Banken und Venture Capital-Finanzierung, Determinanten bankbetrieblichen Entscheidungsverhaltens zur situationsgerechten Beteiligung an einer Venture Capital-Gesellschaft, Unterföhring: GBI-Verlag, 1986

Hippmann, H.-D. [Statistik, 1994]: Statistik für Wirtschafts- und Sozialwissenschaftler, Stuttgart: Schäffer-Poeschel, 1994

Hunsdieck, D./Kokalj, L. [Beseitigung, 1985]: Beseitigung des Mangels an Risikokapital, S. 839-867, in: *Ehrlicher, W./Simmert, D. (Hrsg.)* [Sparprozess, 1985]: Der volkswirtschaftliche Sparprozess, in: Beihefte zu Kredit und Kapital (1990), Heft 9

Jacob, A.-F./Klein, S., [Investment Banking, 1996]: Investment Banking: Bankpolitik, Methoden und Konzepte, Wiesbaden: Gabler, 1996

Jensen, M./Meckling, W. [Agency-Costs, 1976]: Theory of the firm: Managerial behavior, agency costs and ownership structure, in: Journal of Financial (1976), Economics, Vol. 3, S. 305-360

Juncker, K./ Schlegelmilch, K. (Hrsg.) [Kapitalbeteiligungsgesellschaft, 1976]: Die Kapitalbeteiligungsgesellschaft in Theorie und Praxis - Festschrift zum 60. Geburtstag von Prof. Dr. H. Joachim Krahnen, Frankfurt: Fritz Knapp Verlag, 1976

Kaufmann, F./ Kokalj, L. [Risikokapitalmärkte, 1996]: Risikokapitalmärkte für mittelständische Unternehmen, Stuttgart: Schäffer-Poeschel, 1996

Kirsch, W. [Entscheidungsprozesse, 1977]: Einführung in die Theorie der Entscheidungsprozesse, 2., durchgesehene und ergänzte Auflage der Bände 1 bis 3 als Gesamtausgabe, Wiesbaden: Betriebswirtschaftlicher Verlag Gabler, 1977

Kleimann, R. T./Shulmann, J. M. [Risk-Return-Attributes, 1992]: The risk-return attributes of publicly traded Venture Capital: Implications for investors and public policy, in: Journal of Business Venturing (1992), S. 195-208

Klemm, H. A. [Innovationsvorhaben, 1988]: Die Finanzierung und Betreuung von Innovationsvorhaben durch Venture Capital-Gesellschaften: Möglichkeiten und Grenzen der Übertragung des amerikanischen Venture Capital Konzeptes auf die Bundesrepublik Deutschland, Frankfurt/Bern/New York/Paris: Lang, 1988

Klemm, L. [Innovationsprozess, 1996]: Ein dynamischer Innovationsprozess verändert das Bankengeschäft, in: Sparkasse (1996), Nr. 6, S. 268-270

Knauth, K.-W., [Kapital, 2001]: Der Mittelstand braucht Kapital, in: Börsen-Zeitung v. 16.6.2001, S. B1-B2

Koch, W./Wegmann, J. [Due-Diligence, 1998]: Praktiker-Handbuch Due Diligence: Chancen-/Risiken-Analyse mittelständischer Unternehmen, Stuttgart: Schäffer-Poeschel, 1998

Köhler, P. [Unternehmensbeteiligungsgesellschaften, 1992]: Glanz und Elend der Unternehmensbeteiligungsgesellschaften, in: *BVK – Bundesverband deutscher Kapitalbeteiligungsgesellschaften (Hrsg.)*, Jahrbuch 1992, 1992, S. 39-43

Köhler, R. (Hrsg.) [Forschungskonzeptionen, 1977]: Empirische und handlungstheoretische Forschungskonzeptionen in der Betriebswirtschaftslehre, Stuttgart: Poeschel, 1977

Kosiol, E. [Organisation, 1959]: Organisation des Entscheidungsprozesses, Berlin: Duncker & Humblot, 1959

Krahnen, J. P. [Kapitalbeteiligungsgesellschaft, 1988]: Die Kapitalbeteiligungsgesellschaft, in: Zeitschrift für das gesamte Kreditwesen (1988), 41. Jg., Heft 15, S. 674 - 676

Krahnen, J. P. [Unternehmensfinanzierung, 1991]: Sunk costs und Unternehmensfinanzierung, Wiesbaden: Gabler, 1991

Krebs, A. [MBO-Konzept, 1998]: Das MBO-Konzept im Überblick: Grundstrukturen, Erfolgsfaktoren und Stolpersteine, in: *Krebs, A./Studer, T. (Hrsg.)*, Management-Buyout, 1998, S. 15 – 37

Krebs, A./Studer, T. (Hrsg.) [Management-Buy-out, 1998]: Management-Buyout: Probleme, Lösungen, Erfahrungen, Zürich: Rüegger, 1998

Kubicek, H. [Organisationsforschung, 1975]: Empirische Organisationsforschung – Konzeption und Methodik, Stuttgart: Poeschel, 1975

Kubicek, H. [Forschungsdesign, 1977]: Heuristische Bezugsrahmen und heuristisch angelegte Forschungsdesigns als Elemente einer Konstruktionsstrategie empirischer Forschung, in: *Köhler, R. (Hrsg.)*, Forschungskonzeptionen, 1977, S. 3-36

Kürten, S. [Unternehmensbeteiligungsgesellschaften, 1990]: Unternehmensbeteiligungsgesellschaften: Eine betriebswirtschaftliche Analyse unter besonderer Berücksichtigung der Besteuerung, Bergisch Gladbach: Eul, 1990

Kulicke, M./ Muller, E. [Renditen, 1994]: Renditen von Venture Capital-Gesellschaften – Eine Literaturauswertung zum amerikanischen und europäischen Venture Capital-Markt, Karlsruhe: Fraunhofer-Institut für Systemtechnik und Innovationsforschung, 1994

Laub, U. D. [Bewertung, 1989]: Zur Bewertung innovativer Unternehmensgründungen im institutionellen Zusammenhang: eine empirisch gestützte Analyse, München: VVF, 1989

Leidecker, J. K./Bruno, A. V. [Success-Factors, 1984]: Identifying and Using Critical Success Factors, in: Long Range Planning (1984), Vol. 17, No. 1, S. 23-32

Leland, H. E./Pyle, D. H. [Informational-Asymmetries, 1977]: Informational asymmetries, financial structure, and financial intermediation, in: Journal of Finance (1977), No. 32, S. 371-387

Leopold, G. [Gewinnung, 1993]: Gewinnung von externem Eigenkapital für nicht börsennotierte Unternehmen, in: *Gebhardt, G./Gerke, W./Steiner, M. (Hrsg.)*, Handbuch, 1993, S. 345-364

Leopold, G./Frommann, H. [Eigenkapital, 1998]: Eigenkapital für den Mittelstand, München: Beck, 1998

Lerner, J. [Private-Equity, 1997]: Venture Capital and Private Equity, in: HBS Current Research Summaries (1997), S. 1-6

Liles, P. R. [Venture-Capital-Firms, 1974]: Sustaining the Venture Capital Firm, Cambridge, 1974

Ludsteck, W. [Wagnis, 1993]: Lohnt sich das Wagnis der Wagnisfinanzierung? in: Süddeutsche Zeitung v. 14.9.1993, S. 21

Ludsteck, W. [Risikoscheu, 1994]: Risikoscheu macht Risikokapital zu schaffen, in: Süddeutsche Zeitung v. 21.11.1994, S. 23

Luippold, T. L. [Management-Buy-outs, 1991]: Management Buy-Outs: Evaluation ihrer Einsatzmöglichkeiten in Deutschland, Bern: Haupt, 1991

MacMillan, I. C./Siegel, R./Narasimha, S. P. N. [Proposals, 1985]: Criteria used by Venture Capitalists to evaluate new venture proposals, in: Journal of Business Venturing, Vol. 1, No. 1, S. 119-128

MacMillan, I. C./Narasimha, S. P. N. [Characteristics, 1986]: Characteristics distinguishing funded from unfounded Businessplans evaluated by Venture Capitalists, in: *Ronstadt, R. et al. (Hrsg.)*: Frontiers of Entrepreneurship Research 1986, Wellesley 1986, S. 404-413

MacMillan, I. C./Zemann, L./Subbanarasimha, P. N. [Criteria, 1987]: Criteria distinguishing successful from unsuccessful ventures in the venture screening process, in: Journal of Business Venturing (1987), Vol. 2, S. 123-137

MacMillan, I. C./Kulow, D. M./Khoylian, R., [Involvement, 1988]: Venture Capitalists'involvement in their investments: Extent and performance, in: Journal of Business Venturing (1988), Vol. 4, S. 27-47

Mancuso, J. R., [Businessplan, 1983]: How to prepare and present a Businessplan, Englewood Cliffs, 1983

Mancuso, J. R., [Write, 1986]: How to write a winning Businessplan, Englewood Cliffs, 1986

McNally, K. [Corporate-Venture-Capital, 1997]: Corporate Venture Capital – Bridging the equity gap in the small business sector, New York: Routledge, 1997

Misirli, O. [Intermediäre, 1988]: Venture Capital-Gesellschaften als Intermediäre auf dem Kapitalmarkt, Köln: Eul, 1988

Modigliani, F./Miller, M. H [Cost of Capital, 1958]: The cost of capital, corporation finance and the theory of investment, in: American Economic Review (1958), Vol. 48, S.261-297

Moser, U., [Wachstumsunternehmen, 2001]: Unternehmensbewertung bei jungen Wachstumsunternehmen, in: Börsen-Zeitung v. 16.6.2001, Sonderbeilage, S. B 6

Moxter, A. [Unternehmensbewertung, 1991]: Grundsätze ordnungsmäßiger Unternehmensbewertung, 2., vollständig umgearbeitete Auflage, Wiesbaden: Gabler, 1991

Müller-Stewens, G./Roventa, P./Bohnenkamp, G., [Wachstumsfinanzierung, 1996]: Wachstumsfinanzierung für den Mittelstand – Ein Leitfaden zur Zukunftssicherung durch Unternehmensbeteiligung, Stuttgart: Schäffer-Poeschel, 1996

Münch, D./Weber, H. [Wagnisfinanzierung, 1984]: Wagnisfinanzierung – eine Aufgabe der Kreditwirtschaft?, in: Zeitschrift für das gesamte Kreditwesen (1984), 37. Jg., Heft 12, S. 568-572

Münstermann, U. [Risikokapital, 1996]: Märkte für Risikokapital im Spannungsfeld von Organisationsfreiheit und Staatsaufsicht, Berlin: Verlag Wissenschaft und Praxis, 1996

Nathusius, K. [Venture-Management, 1979]: Venture Management - Ein Instrument zur innovativen Unternehmung, Berlin: Duncker & Humblot

Nathusius, K. [Erfahrungen, 1986]: Erfahrungen eines Venture Capitalisten mit öffentlichen Innovationsfinanzierungsprogrammen, in Die Betriebswirtschaft (1986), Jg. 46, S. 677-683

National Venture-Capital Association [Annual Report, 1998]: 1997 Annual Report, San Francisco: Venture One, 1998

Neukirchen, D. [Steuerung, 1996]: Steuerung von Management-Buy-Out-Minderheitsbeteiligungen: eine systemorientierte Betrachtung aus Sicht von Finanzinvestoren, Wiesbaden: Gabler, 1996

Neus, W. [Finanzierung, 1995]: Zur Theorie der Finanzierung kleinerer Unternehmungen, Wiesbaden: Gabler, 1995

Nevermann, H./ Falk, D. [Venture-Capital, 1986]: Venture Capital – Ein betriebswirtschaftlicher und steuerlicher Vergleich zwischen den USA und der BRD, Baden-Baden: Nomos,1986

Niemann, C. [Unternehmenskauf, 1995]: Informationsasymmetrien beim Unternehmenskauf: gesellschaftliche und auktionstheoretische Analyse unter besonderer Berücksichtigung des Management Buy-Outs, Wiesbaden: Deutscher Universitäts-Verlag, 1995

Nolte, B./Stummer, F. [Sparkassen, 2000]: Die Beteiligungskapitalgesellschaften der Sparkassen auf dem deutschen Venture-Capital-Markt, in: Zeitschrift für das gesamte Kreditwesen (2000), Heft 18, S. 36-37

Norton, E./Tenenbaum, B. [Specialization, 1993]: Specialization versus diversification as a Venture Capital investment strategy, in: Journal of Business Venturing, Vol. 8, No. 5, 1993, S. 431-442

Ordelheide, D./Rudolph, B./Büsselmann, E. (Hrsg.) [Betriebswirtschaftslehre, 1991]: Betriebswirtschaftslehre und ökonomische Theorie, Stuttgart: Schäffer-Poeschel, 1991

o. V. [Branchenspitze, 1998]: BW-Kap etabliert sich an der Branchenspitze, in: Frankfurter Allgemeine Zeitung v. 23.02.1998, S. 20

Pence, C. C [Investment-Decisions, 1981]: How Venture Capitalists make investment decisions, Ann Arbor: UMI Research Press, 1981

Pfeffer, J./Salancik, G. R. [Organizations, 1978]: The external control of organizations, New York, 1981

Pfeiffer, W./Bischof, P., [Produktlebenszyklen, 1974]: Produktlebenszyklen als Basis der Unternehmensplanung, in: Zeitschrift für Betriebswirtschaft (1974), Jg. 44, S. 635-666

Pichotta, A. [Prüfung, 1990]: Die Prüfung der Beteiligungswürdigkeit von innovativen Unternehmungen durch Venture Capital-Gesellschaften, Bergisch Gladbach: Eul, 1990

Picot, A. [Neuere Ansätze, 1991]: Ökonomische Theorien der Organisation – Ein Überblick über neuere Ansätze und deren betriebswirtschaftliches Anwendungspotenzial, in: *Ordelheide, D./Rudolph, B./Büsselmann, E. (Hrsg.)*, Betriebswirtschaftslehre, 1991, S. 143-169

Poindexter, J. B. [Efficiency, 1975]: The Efficiency of Financial Markets, Ph.D. Thesis, New York University, 1975

Popper, K. R. [Logik, 1994]: Logik der Forschung, 10. Auflage, Tübingen: Mohr, 1994

Porter, M. E. [Competitive-Advantage, 1985]: Competitive Advantage: Creating and Sustaining Superior Performance, New York: Free Press, 1985

Posner, D. [Early-Stage-Finanzierungen, 1996]: Early-Stage-Finanzierungen – Spannungsfeld zwischen Gründern, Investoren und staatlichen Rahmenbedingungen, Wiesbaden: Gabler, 1996

Pratt, S. E./Morris, J. K. (Hrsg.), [Guide, 1985]: Pratt's Guide to Venture Capital Sources, Wellesley Hills, 1985

Pratt, S. E. [Guide, 1982]: Guide to Venture Capital Sources, Wellesley Hills, 1982

Räbel, D. [Innovationsfinanzierung, 1986]: Venture Capital als Instrument für Innovationsfinanzierung – Eine kritische Analyse unter besonderer Berücksichtigung des Projektbewertungsproblems, Köln: Deutscher Wirtschaftsdienst, 1986

Rah, J./Jung, K./Lee, J. [Validation, 1994]: Validation of the venture evaluation model in Korea, in: Journal of Business Venturing (1994), Vol. 9, S. 509-524

Rams, A./Remmen, J. [Perspektiven, 1999]: Perspektiven der Venture-Finanzierung in Deutschland, in: Die Bank (1999), Nr. 10, S.687-691

Rasmusen, E. [Information, 1991]: Games and Information: An Introduction to Game Theory, Oxford: Basil Blackwell, 1991

Rathmann, C. [Fondsmanager, 2001]: "Es gibt zu wenige Fondsmanager für Private Equity", in: Börsen-Zeitung v. 1.9.2001, S. 25

Rea, R. H. [Factors, 1989]: Factors affecting success and failure of Seed Capital/Start-up negotiations, in: Journal of Business Venturing (1989), No. 2, S. 149-158

Rinne, H./Mittag, H.-J. [Qualitätssicherung, 1995]: Statistische Methoden der Qualitätssicherung, 3., überarbeitete Auflage, München/Wien: Hanser, 1995

Riquelme, H./Rickards, T. [Venture-Decisions, 1992]: Hybrid conjoint analysis: An estimation probe in new venture decisions, in: Journal of Business Venturing (1992), No. 7, S. 505-518

Robinson, R. B. [Strategies, 1987]: Emerging Strategies in the Venture Capital Industry, in: Journal of Business Venturing (1987), No. 2, S. 53-77

Roesner, G. [Kapitalgesellschaften, 1968]: Möglichkeiten und Grenzen einer Verbesserung der Eigenkapitalausstattung kleiner und mittlerer Unternehmungen mit Hilfe von erwerbswirtschaftlich ausgerichteten Kapitalgesellschaften, Frankfurt, 1968

Rosman, A. J./O'Neill, H. M. [Strategies, 1993]: Comparing the information acquisition strategies of Venture Capital and commercial lenders: A computer-based experiment, in : Journal of Business Venturing (1993), No. 8, S. 443-460

Roure, J. B./Keeley, R. H., [Predictors, 1990]: Predictors of success in new technology based ventures, in: Journal of Business Venturing (1990), No. 5, S. 201-220

Ruda, W. [Kapitalanleger, 1988]: Ziele privater Kapitalanleger, Wiesbaden: Gabler, 1988

Rudolph, B. [Venture-Capital, 1984]: Venture Capital, in Die Betriebswirtschaft (1984), 44. Jg., Heft 3, S. 499-500

Rudolph, B./Fischer, C. [Private-Equity, 2000]: Der Markt für Private Equity, in: Der Finanz Betrieb, 2000, S. 49-56

Ruhnka, J. C./Young, J. E. [Venture-Capital-Model, 1987]: A Venture Capital Model of the Development Process for new Ventures, in: Journal of Business Venturing (1987), No. 2, S. 167-184

Ruhnka, J. C./ Young, J. E. [Risk, 1991]: Some Hypothesis about Risk in Venture Capital Investing, in: Journal of Business Venturing (1991), Vol. 6, S. 115-133

Runzheimer, B./Barkovic, D. [Investitionsentscheidungen, 1998]: Investitionsentscheidungen in der Praxis: Quantitative Methoden als Entscheidungshilfen, Wiesbaden: Gabler, 1998

Sandberg, W. R./Schweiger, D. M./Hofer, D. W., [Criteria, 1987]: Determining Venture Capitalits' Decision Criteria: The use of verbal protocols, in: *Churchill, N. C. et al. (Hrsg.)*: Frontiers of Entrepreneurship Research 1987, Wellesley 1987, S. 392-407

Schefczyk, M. [Erfolgsstrategien, 1998]: Erfolgsstrategien deutscher Venture Capital-Gesellschaften, Stuttgart: Schäffer-Poeschel, 1998

Schefczyk, M. [Erfolgsstrategien, 2000]: Erfolgsstrategien deutscher Venture Capital-Gesellschaften, 2. überarbeitete und erweiterte Auflage, Stuttgart: Schäffer-Poeschel, 2000

Scheidegger, A./Hofer, H./Scheuenstuhl, G. (Hrsg.), [Innovation, 1998]: Innovation – Venture Capital – Arbeitsplätze – Antworten zu den Kernfragen, Bern, Stuttgart, Wien: Haupt, 1998

Scherer, H./Zimmermann, H., [Pensionskassen, 1998]: Sollen sich Pensionskassen als Venture Capitalists für Jungunternehmen engagieren, in: *Scheidegger, A./Hofer, H./Scheuenstuhl, G. (Hrsg.)*, Innovation, 1998, S. 159-168

Scheuermann, I., [Venture-Capital, 2000]: Venture Capital Finance under incomplete Information, Berlin: VWF 2000

Schierenbeck, H. [Beteiligungsentscheidungen, 1973]: Beteiligungsentscheidungen – Betriebswirtschaftliche Grundlagen des Erwerbs und der Veräußerung von Unternehmungsbeteiligungen, Berlin: Duncker & Humblot, 1973

Schlegelmilch, K. [Kapitalbeteiligungsgesellschaften, 1976]: Die Kapitalbeteiligungsgesellschaften in der Bundesrepublik Deutschland, in: *Juncker, K./Schlegelmilch, K. (Hrsg.)*, Kapitalbeteiligungsgesellschaft, 1976

Schmid, H. [Leveraged-Management-Buy-out, 1994]: Leveraged Management Buy-Out: Begriff, Gestaltung, optimale Kapitalstruktur und ökonomische Bewertung, Frankfurt: Lang, 1994

Schmidt, H. [Venture-Capital-Märkte, 1984]: Venture Capital-Märkte in Europa, in: Kredit und Kapital (1984), Nr. 17, S. 281-296

Schmidt, R. H [Finanzierungstheorie, 1985]: Venture Capital aus Sicht der Finanzierungstheorie, in: Betriebswirtschaftliche Forschung und Praxis (1985), Jg. 5, S. 421-437

Schmidt, R. H. [Qualität, 1988]: Venture Capital in Deutschland - Ein Problem der Qualität?, in: Die Bank (1988), Nr. 4, S. 184-188

Schmidt, R. H. [Property-Rights-Analysen, 1988]: Neuere Property-Rights-Analysen in der Finanzierungstheorie, in: *Budäus, D./Gerum, E./Zimmermann, G. (Hrsg.)*, Betriebswirtschaftslehre, 1988, S. 239-268

Schmidtke, A. [Praxis, 1985]: Praxis des Venture Capital-Geschäftes, Landsberg am Lech: Verlag Moderne Industrie, 1985

Schober, A. [Performancemessung, 1995]: Die EVCA-Richtlinien zur Performancemessung, in: *BVK*, Jahrbuch, 1995, S. 76-90

Schröder, C. [Strategien, 1992]: Strategien und Management von Beteiligungsgesellschaften: ein Einblick in Organisationsstrukturen und Entscheidungsprozesse von institutionellen Eigenkapitalinvestoren, Baden-Baden: Nomos, 1992

Schween, K. [Corporate-Venture-Capital, 1996]: Corporate Venture Capital: Risikokapitalfinanzierung deutscher Industrieunternehmen, Wiesbaden: Gabler, 1996

Schwien, B. [Management-Buy-out-Konzept, 1995]: Das Management-Buy-Out-Konzept in der Bundesrepublik Deutschland: ein Instrument zur Erhaltung und Schaffung mittelständischer Wirtschaftsstrukturen, insbesondere in den neuen Bundesländern, Frankfurt: Lang, 1995

Schwilling, W. [Kapitalanlage, 1989]: Venture Capital als Kapitalanlage von Versicherungsunternehmen, Bergisch Gladbach: Eul, 1989

Seifert, B. [Venture-Capital, 1989]: Venture Capital – bloß nichts riskieren, in: Wirtschaftswoche (1989), Nr. 5, S. 46

Servatius, H.-G. [New-Venture-Management, 1988]: New Venture Management – Erfolgreiche Lösungen von Innovationsproblemen für Technologieunternehmen, Wiesbaden: Gabler, 1988

Sewing, P. [Privatinvestoren, 1992]: Kauf von kleinen und mittleren Unternehmen durch aktive Privatinvestoren – Marktfaktoren in Deutschland, Unternehmensbewertung und Vermögenssteigerungseffekte, Bamberg: Difo-Druck, 1992

Shanley, R. P. [Decision-making-Models, 1998]: Financing technology's frontier: decision-making models for investors and advisors, New York: John Wiley & Sons, 1998

Sidler, S. [Jungunternehmen, 1996]: Risikokapital-Finanzierung von Jungunternehmen, Bern/Stuttgart/Wien: Haupt, 1996

Siegel, R./Siegel, E./ MacMillan, I. C. [Corporate-Venture-Capitalists, 1988]: Corporate Venture Capitalists: Autonomy, obstacles, and performance, in Journal of Business Venturing (1988), Vol. 3, S. 233-247

Silver, A. D. [Venture-Capital, 1984]: Who's who in Venture Capital, New York: John Wiley & Sons, 1984

Silver, A. D. [Venture-Capital, 1985]: Venture Capital: The complete Guide for Investors, New York: John Wiley & Sons, 1985

Spremann, K. [Information, 1990]: Asymmetrische Information, in: Zeitschrift für Betriebswirtschaft (1990), Jg. 60, Nr. 5/6, S. 561-586

Spremann, K. [Finanzierung, 1990]: Investition und Finanzierung, 3., vollständig überarbeitete und erweiterte Auflage, München/Wien: Oldenbourg, 1990

Stedler, H. [Venture-Capital, 1987]: Venture Capital und geregelter Freiverkehr - eine empirische Studie, Frankfurt: Fritz Knapp Verlag, 1987

Stedler, H. [Beteiligungskapital, 1993]: Beteiligungskapital im bankbetrieblichen Leistungsangebot, in: Die Bank (1993), Nr. 37, S. 347-351

Stedler, H. R./Peters, H. H. [Business Angels, 2001]: Business Angels sorgen für erfolgreiche Unternehmensgründungen, in: in: Sparkasse (2001), Jg. 7, S. 308-311

Stelzer, J. [Odyssee, 1990]: Odyssee eines Schlitzohrs, in: Management Wissen (1990), Nr. 5, S. 99-103

Stiglitz, J. E. [Irrelevance, 1974]: On the irrelevance of corporate financial policy, in: American Economic Review (1974), No. 64, S. 851-866

Strong, N./Walker, M. [Information, 1987]: Information and Capital Markets, New York: Basil Blackwell, 1987

Szyperski, N./Winand, U. [Grundbegriffe, 1980]: Grundbegriffe der Unternehmungsplanung, Stuttgart: Poeschel, 1980

Sykes, H. B. [Corporate-Venture-Capital, 1990]: Corporate Venture Capital: Strategies for success, in Journal of Business Venturing (1990), Vol. 5, S. 37-47

Terberger, E. [Ansätze, 1994]: Neoinstitutionalistische Ansätze. Entstehung und Wandel – Anspruch und Wirklichkeit, Wiesbaden: Gabler, 1994

Theis, S./Niederdrenk, R. [Fingerspitzengefühl, 2001]: Fingerspitzengefühl bei Buy-and-Build-Strategien von Vorteil, in: Börsen-Zeitung v. 16.6.2001, Sonderbeilage, S. B 5

Töpfer, P. [Sparkassen, 1984]: Der Sparkassen Siegerlandfonds I – Chancenkapital für die mittelständische Wirtschaft, in: Die Sparkasse (1984), Nr. 9, S. 333

Treptow, T. M. [Private-Equity, 1998]: Fokus Private Equity – Zur Existenz eines deutschen Venture Capital-Marktes, in: Bankarchiv ÖBA (1998), 46. Jg., Nr. 7, S. 515-523

Tyebjee, T. T./ Bruno, A. V. [Venture-Capital, 1981]: Venture Capital Decision Making, in: *Vesper, K. H. (Hrsg.)*: Frontiers of Entrepreneurship Research, Babson College, Wellesley, 1981, S. 217-245

Tyebjee, T. T./ Bruno, A. V. [Investment-Activity, 1984]: A Model of Venture Capitalist Investment Activity, in: Management Science (1984), Vol. 30, No. 9, S. 1051-1066

Voß, W. [Statistik, 2000]: Praktische Statistik mit SPSS, München/Wien: Hanser, 2000

Wallace, D. [Corporate-Venture-Capital, 2001]: Corporate-Venture-Capital – aus Risiko wird Mehrwert, in: Börsen-Zeitung v. 16.6.2001, Sonderbeilage, S. B 4

Wells, W. A. [Venture-Capital, 1976]: Venture Capital Decision Making, Ph. D. Thesis, Carnegie-Mellon University, 1976

Williamson, O. E. [Economic-Institutions, 1985]: The Economic Institutions of Capitalism: Firms, Markets, Relational Contracting, New York: Free Press, 1985

Willms, M./Schmidt, R. H. [Venture-Capital, 1987]: Venture Capital in Germany. A study prepared for the project Venture Capital in Europe, unveröffentlichte Studie, 1987

Wirz, W. [Qualitätsbegriff, 1915]: Zur Logik des Qualitätsbegriffes, in: Jahrbücher der Nationalökonomie und Statistik (1915), Nr. 104, S. 1-11

Witte, E. [Entscheidungsprozesse, 1980]: Entscheidungsprozesse, in: *Grochla, E. (Hrsg.)*, Handwörterbuch, 1980, Sp. 633-641

Wittek, B. [Buy-out-Fonds, 1990]: Buy-out-Fonds: Die dritte Kraft, in: Frankfurter Allgemeine Zeitung, Sonderbeilage "Unternehmensbeteiligungen" v. 26.06.1990, S. B17

Wrede, T. [Venture-Capital, 1987]: Venture Capital – Das US-amerikanische Modell und seine Umsetzung in der Bundesrepublik Deutschland, Bergisch Gladbach/Köln: Eul, 1987

Wupperfeld, U. [Seed-Capital-Markt, 1996]: Management und Rahmenbedingungen von Beteiligungsgesellschaften auf dem deutschen Seed-Capital-Markt: empirische Untersuchung, Frankfurt: Lang, 1996

Zapp, H. [Kapital, 1985]: Das Kapital folgt den guten Projekten, in: Die Bank (1985), Heft 5, S. 217-220

Zemke, I. [Unternehmensverfassung, 1995]: Die Unternehmensverfassung von Beteiligungskapitalgesellschaften: Analyse des institutionellen Designs deutscher Venture Capital-Gesellschaften, Wiesbaden: Deutscher Universitäts Verlag, 1995

Zöfel, P. [Varianzanalysen, 1992]: Univariate Varianzanalysen- achtzehn komplette Designs, Stuttgart/Jena: G. Fischer, 1992

GPSR Compliance

The European Union's (EU) General Product Safety Regulation (GPSR) is a set of rules that requires consumer products to be safe and our obligations to ensure this.

If you have any concerns about our products, you can contact us on ProductSafety@springernature.com

In case Publisher is established outside the EU, the EU authorized representative is:

Springer Nature Customer Service Center GmbH
Europaplatz 3
69115 Heidelberg, Germany

Batch number: 10815964

Printed by Printforce, the Netherlands